多维视角下的
三线建设历史、文化
与遗产研究

张勇　徐有威◎主编

陈君锋◎副主编

天津出版传媒集团

天津人民出版社

图书在版编目（CIP）数据

多维视角下的三线建设历史、文化与遗产研究 / 张勇，徐有威主编；陈君锋副主编. -- 天津 : 天津人民出版社，2024.1

ISBN 978-7-201-20205-1

Ⅰ. ①多… Ⅱ. ①张… ②徐… ③陈… Ⅲ. ①工业建设－工业史－中国 Ⅳ. ①F429

中国国家版本馆 CIP 数据核字(2024)第 046671 号

多维视角下的三线建设历史、文化与遗产研究
DUOWEI SHIJIAO XIA DE SANXIANJIANSHE LISHI、WENHUA YU YICHAN YANJIU

出　　版	天津人民出版社	
出 版 人	刘锦泉	
地　　址	天津市和平区西康路 35 号康岳大厦	
邮政编码	300051	
邮购电话	（022）23332469	
电子信箱	reader@tjrmcbs.com	

责任编辑	武建臣
装帧设计	卢炀炀

印　　刷	天津新华印务有限公司
经　　销	新华书店
开　　本	710 毫米×1000 毫米　1/16
印　　张	23.25
插　　页	2
字　　数	300 千字
版次印次	2024 年 1 月第 1 版　2024 年 1 月第 1 次印刷
定　　价	98.00 元

第三届全国三线建设学术研讨会集体照

第三届全国三线建设学术研讨会现场

序

"第三届全国三线建设学术研讨会"会议综述

徐有威

　　1964—1980 年开展的三线建设是中华人民共和国历史上一个规模空前的重大国防、交通、经济建设战略。近年来,三线建设研究日益成为中国当代史研究中的热点领域。2021 年恰逢中国共产党成立 100 周年,为了更好地推动三线建设研究向前发展,由中华人民共和国国史学会三线建设分会、上海大学和西南科技大学主办的"第三届全国三线建设学术研讨会"于 2021 年 10 月 22 日—24 日在西南科技大学召开。来自中国社会科学院、军事科学院、工业和信息化部、中国科学院、复旦大学、四川大学、国防科技大学、上海大学、西南科技大学等单位约 70 位领导、专家和学者,以及近 10 家学术期刊编辑就三线建设研究的过去、现状及未来进行探讨和交流。会议遴选出 50 多篇论文,涉及三线精神、政治工作、经济史、工业遗产保护与利用、社会史与文化史、民兵工作、小三线建设、后小三线时代等问题。本文拟对这次会议中的论文进行梳理和小结,以期助力三线建设后续研究。

一、研讨会的主要议题

（一）三线精神

自三线建设研究进入学界的视野以来,有关三线精神的探讨始终是一个备受关注的问题。有关三线精神的形成、内涵、当代价值等相关问题在此次会议中得到了关注和讨论。国务院参事室原副主任蒋明麟认为,三线精神是中国共产党精神谱系的重要组成部分,展现了奉献精神、团结精神和创新精神,是中国共产党红色基因的重要体现。中国社会科学院陈云与当代中国研究中心副主任、中国三线建设研究会副会长陈东林对三线精神的形成、特点及现实意义进行了分析,提出形成于三线建设时期的三线精神在国家的全面现代化建设中,仍具有强大的精神动力,对加强全国人民护国、卫国思想具有特殊价值。作为三线建设的亲历者与领导者,原国家计委三线建设调整办公室主任、中华人民共和国国史学会三线建设研究分会高级顾问王春才回顾了他在重庆江津参与三线建设的艰苦历程,用自己的亲身经历诠释了三线人"艰苦创业、无私奉献、团结协作、勇于创新"的精神。

此外,湖北汽车工业学院计毅波、闵清和马保青围绕第二汽车制造厂(以下简称"二汽")分析了"二汽"三线精神的内涵与实质,提出艰苦创业是"二汽"三线精神的非凡品格;无私奉献是其豪迈气质,团结协作是其宏大视野,勇于创新是其动力之源。攀枝花学院代俊、袁晓艳和朱云生以攀枝花三线建设为例,通过口述史这一独特视角来分析三线精神形成的影响因素,提出艰苦创业源于精神与物质的激励;无私奉献是家国情怀的体现;团结协作是制度优势的发挥;勇于创新是破解难题的使命。中央民族大学杨阳则是以"历史三调"为研究框架,从事件、经历和精神三个层面来分析三线精神,认为三线精神是基于"亲缘—业缘—地缘—事缘"认同体系的集体记忆与当前时空的权力交互的结果。尽管三线精神已被明确概括为"艰苦创业、无私奉献、团结协作、勇于创新",但是在具体问题中的研究仍有许多维度和角度可以进行分析和比较。

（二）三线建设中的政治工作

三线建设是一个特殊时代的产物,其政治工作也在很长一段时间内得到了关注。广州大学谢治菊和陆珍旭探讨了备战动员问题,提出当时国家利用制度安排、利益共享、精神鼓励等动员方式将大量的人力、物力和财力聚集到三线地区,使三线建设能够有效的开展。东北师范大学张震和李彩华从领导体制问题进行分析。三线建设领导体制是由中央、地方及建设单位三个层级构成。中央层面主要是进行宏观布局和领导;地方层面是根据中央的指示和要求进行具体的落实和安排;各基层单位则是在中央和地方的领导下开展具体的生产建设任务。这样一套领导体制在三线建设中发挥了重要作用。台州学院王永力以德阳工业区建设为例,提到了在建设过程中政治思想工作的经验与不足。政治思想工作的开展一方面有力保障了德阳工业区的建设,但是工作开展中存在的不够深入细致、方式简单粗暴等问题也对德阳重型机器厂等企业的生产生活产生了负面影响。这些经验与不足也为当前的思想政治工作提供了思考与启示。安徽师范大学黄华平对西南铁路大会战进行了剖析,通过史料梳理,提出在西南铁路大会战中党采用了"大会战"的模式进行建设。其核心是通过建立起高度集权的铁路管理机构,发动军民力量,开展群众性勘测设计与技术革命,加快铁路建设进程。但是在其中也出现了铁路建设质量较差、投资成本过高等问题。因此,从西南铁路大会战的历史经验中可以看到,政治工作能够起到鼓舞军民士气,加快工程建设进度的作用,但也出现了一些弊端和不足,应当引以为戒。这对于当前的重大工程建设管理同样具有借鉴意义。

（三）三线建设经济史

三线建设作为一场规模空前的经济建设战略，从经济史视角分析是该领域研究的重要组成部分。在本次会议中，有关经济史方面的论文共计12篇，是各专题中数量较多的一组。宜宾学院周明长以全国支援三线建设为视角，分析了东北对四川三线建设城市的支援问题。东北工业核心资源的嵌入，使四川数十个受援城市获得了新的发展资源，有力地推动了四川城市布局及经济版图的巨变。大连理工大学袁世超以银川长城机床铸件厂为个案研究，关注了在改革开放初期三线企业的技术引进与外资利用问题。银川长城机床铸件厂是一家全国重点三线企业，在改革开放初期，该厂通过引进日本企业的技术与资金，逐渐使该厂摆脱连年亏损的困境，并最终转型为具有一流生产能力的知名机床铸造商。这一个案研究对于分析改革开放初期三线企业的调整与转型具有重要意义。

中共绵阳市委党史研究室徐江山将目光聚焦于绵阳、北碚两地，由此探讨了两地推动成渝地区双城经济圈建设的问题。作为三线建设的两个重点区域，绵阳和北碚的城市发展在诸多方面都存在着相似之处，为当前成渝地区双城经济圈建设背景下的绵阳、北碚合作奠定了坚实的基础。三峡大学黄河和吉雅洁关注了焦枝铁路建设与当地城镇化发展的关系。焦枝铁路的修建为当地的枝城镇经济发展带来了新的契机与活力，在工业、农业、商业等方面推动着枝城镇的迅速崛起。青海师范大学方立江在分析青海三线建设的历史启示问题时认为，该建设为青海实现了解放以来第二次经济快速发展。

在对三线建设与城镇化关系进行探讨的同时，三线建设与工业化的关系同样是会议中关注的重要问题。中华人民共和国国史学会三线建设研究分会会长、当代中国研究所原副所长武力认为，三线建设的意义在于保障国家安全,促进区域平衡发展,为人力资本培育与发展提供精神支持。国防科技大学蔡珏着重分析了三线建设对中国国防工业的重要影响。在三线地区开展的航空、航天、船舶、电子等国防工业建设整体带动了内地工业化发展。四川外国语大学王毅聚焦三线建设与云贵地区工业化的关系。云贵地区是三线建设时期的重点区域。通过投资建设,云贵地区的工业生产能力和工业结构都得到了显著提升和优化,从而为该地区的现代工业发展打下了基础,促进了该地区的经济社会发展。辽宁社会科学院黄巍则是将目光集中于东北地区,分析了党对于东北工业的建设发展思路。其中,在三线建设时期,东北地区积极支援全国,有力推进了国家工业化进程。四川大学曾嫒圆与上海交通大学张杨从宏观层面剖析了三线建设对内地工业发展的影响。尽管存在着投资效率较低等问题,但是其布局使内地逐渐形成了一个个的以三线企业为中心的工业协作区,从较长的视野来看,其长期效益在逐步得到体现。此外,华东师范大学崔龙浩以"二汽"为例,梳理了三线建设时期中国汽车工业等复杂制造业的艰苦探索历程及其中的经验得失。

(四)三线工业遗产的保护与利用

三线工业遗产的保护与利用问题是近年来三线建设研究中的热点问题。该问题涉及历史学、经济学、社会学、建筑学等诸多学科领域,近年来其研究成果不断增长,受到了众多专家学者与社会各界人士的关注。

在本次会议中,工业和信息化部工业文化发展中心副主任孙星就"十四五"时期国家推动工业文化发展的形势和思路进行了总体性介绍,主要从背景形势、重点任务及保障措施三个方面来展开。上海大学吕建昌从多学科的视角下剖析了三线建设工业遗产保护与利用的路径,提出三线建设工业遗产的保护与利用对于当代中国工业遗产的保护与利用具有十分重要的意义。由于布局、选址等方面的原因,三线建设工业遗产有其特殊性。在保护与利用的过程中,需要从历史、社会、经济、文化、建筑等众多学科出发,以不同视角探讨保护和利用的有效路径,从而对中国当代其他工业遗产的保护与利用提供借鉴和思考。

除了从宏观层面探讨其保护与利用外,西南科技大学张勇等学者立足成渝地区双城经济圈的视角来探讨该问题,梳理了成渝地区双城经济圈内三线建设工业遗产的分布、数量以及现状,在此基础上对该地区三线工业遗产保护利用的基本原则、开发模式、实现路径等问题进行了分析。中共绵阳市委党校刘仲平关注到了绵阳市三线工业遗产的保护与开发工作。绵阳是三线建设时期的重点投资地区,因此该地也留下了数量众多的三线工业遗产。2017 年,绵阳市将市内的 41 个三线工业遗产列入保护目录,逐渐形成了以"两弹城"旧址、清华大学三线分校遗址、126 文化创意园为代表的特色工业遗产项目。在今后的保护与利用工作中,还需要从思想认识、系统普查、与当地特色资源相结合等方面去着手。攀枝花学院张治会从道路自信角度出发,梳理了攀枝花市三线建设工业遗产的保护与利用途径,提出三线工业遗产的保护利用应将其纳入攀枝花城市发展转型的战略中去,将攀枝花建成"三线建设遗产城"。

此外,有关三线工业遗产的研究还出现了一些新视角。成都信息工程大学丁小珊探讨了将三线工业遗产融入"四史"教育的问题,提出三线工业遗产是激发民族情感认同的重要场所,也是"四史"教育不可多得的红色资源,利用三线工业遗产融入"四史"教育可以从其历史价值、社会价值和再利用价值三个维度出发,努力将三线工业遗产资源融入"四史"教育的内核之中。成都工业学院赵立等学者还将三线工业建筑遗产的保护与乡村振兴战略相联系,并以大邑县雾山乡中国科学院光电所旧址改造项目为案例进行了深入调研。

从上述的参会论文中可以看到,三线工业遗产保护与利用是一项理论与实践并重的研究。在理论层面,需要打破单一学科视野,从多学科视角出发,共同推动研究的可持续开展。在实践层面,三线工业遗产的保护与利用工作需要来自政府、学界及社会各界的共同参与,在全社会形成关注并重视三线工业遗产的良好环境,共同促进三线工业遗产的保护与利用工作迈向新的高度。

(五)三线建设社会史与文化史

作为单位制度下的三线企业具有典型的"工厂办社会"的特征。企业不仅需要完成上级安排的生产任务,同时还需要保障职工的日常生活、衣食住行、教育医疗等众多社会职能。另外,由于布局的原因,地处城乡二元结构之间的三线企业还需协调处理同当地政府、百姓之间的关系。因此从这一角度来看,三线企业面临着特殊而复杂的社会环境。从第一届和第二届全国三线建设学术研讨会的情况来看,围绕这一方面的问题如上海小三线与当地农民的关系问题、上海小三线青年职工婚姻问题等展开过热烈的探讨。在本次会议中,围绕社会史与文化史问题的论文数量有 11 篇,仅次于经济史研究,是本次会议中的又一大热门问题。

部分学者对三线建设与单位制的问题进行了对话。四川外国语大学辛文娟以宁夏某个三线煤矿单位居民生活区为研究对象,分析其从单位大院到城市社区的变迁历程,通过田野调查等方式看到,在生活空间的重组中,逐渐形成了重叠多样的社会关系纽带,使得这些居民在老单位中的社交网络得到进一步拓展,进而形成了对社区的强烈归属感。东北林业大学刘博以某个三线社区的基层治理转型为案例,提出在社会资本由积聚于单位社会向社区扩散过程中,"后单位"社区治理的创新路径研究。在原先"国家—单位—个人"的纵向动员链条随着单位制的消解而新的基于居民利益的动员体系还未形成的情况下,该三线社区的治理创新活动就失去了内在动力。

因此,在当前的社区治理中,应从创新制度体制设计、发展各类社会组织、优化社区发展环境、培育公民公众精神等几个层面共同推动"后单位"背景下的社区治理创新发展。

另外,四川外国语大学张勇剖析了三线企业内部的群体构成和社会关系。在群体构成方面,主要由职工和家属两部分构成,而职工又可细分为多类。由于群体构成的多样性,加之血缘、业缘、婚姻等关系的相互联结,从而形成了错综复杂而又紧密联系的内部关系网络。在这样一个社会关系较为复杂的小社会中,其所面临的问题同样繁多。湖南工学院段锐、王思敬和邹召松关注了在湖北三线建设中所出现的一系列民生问题。由于参加湖北三线建设的职工很大一部分是从东部或沿海地区内迁而来的,因此在他们来到鄂西、鄂北地区后,随之而来的住房、医疗、教育、工资、户口、婚姻等民生问题亟待解决。当地政府从当地实际情况出发,通过优化政策、增强执行力度等办法来对三线企业职工反映较为突出的民生问题努力加以解决,以此来保障三线企业的正常生产生活秩序。但是由于各种条件的限制,仍有许多民生问题未能妥善解决,从而也对湖北三线建设产生了不利影响。

在关注三线企业内部社会关系的同时,也有参会学者关注到了三线企业与当地的关系问题。四川大学李德英和黄俊林围绕西北地区三线建设中出现的征地补偿问题展开研究。西北地区三线建设在征地补偿的问题处理中,在总体上采取了较为妥当的措施,一方面贯彻执行了中央关于维护工农关系的要求,同时在具体的工作实践中,各地也结合各自的情况逐渐形成了各具特色的补偿办法,为当地农民提供了力所能及的帮助和照顾,减少了因征地问题而产生的矛盾,从而为三线项目在这些地区的落地、开展创造了有利条件。西南科技大学崔一楠在分析三线建设中浦陵机器厂迁入重庆的个案研究时也注意到了该厂在迁入当地后注重构建互惠互利的工农关系。

在三线建设文化史的探讨中,攀枝花学院许见军分析了三线建设文学的概念、产生及其价值。三线建设文学是三线建设时期以三线建设为表述对象的文学创作,集中展现了三线建设的历史生活以及三线建设者的复杂心理和情感的文学作品。它是三线建设历史场域中的产物,具有重要的文学、社会认知以及三线精神的传承价值。王春才在其回顾与重庆江津三线建设历史渊源的文章中提到了重庆明泉三线文史收藏馆的建立,收藏馆所收藏的藏品对于三线建设文化史研究同样具有重要意义。此外,中国三线建设研究会特约研究员傅琳和广安职业技术学院杜柯就三线建设标语口号文化的概念、历史和当代价值进行研究。三线建设口号文化是丰富、系统和复杂的三线建设文化的一个组成部分,具有政治宣传、精神鼓动、榜样示范、行动宣言等历史价值以及精神传承、历史文化研究、政治思想教育、经济开放旅游等当代价值。

除此以外,中国科学院刘洋还就中国科学院参与三线建设的历史进行了梳理。在三线建设中,中国科学院通过加强西南分院、西北分院的科研力量,参加国家科委组织的重点科研项目等多种方式为三线建设提供了科技支撑,做出了自己的贡献。西南科技大学张勇等学者对清华大学三线分校的历史进行了回顾和梳理。可以看到,清华大学三线分校的建立,为三线地区培养人才、开展科学研究、推动社会服务等方面都做出了重要贡献。同时,他还就原四川省绵阳地区三线建设中央直属项目进行了调查研究,认为在中央、地方和项目三个管理层级上形成了高效顺畅的领导管理体制,有力保障了各个项目的推进。攀枝花学院王华关注到了三线建设时期的职工体育活动开展情况,地方政府在三线职工自发开展体育活动的基础上成立体育机构、投资基础设施和增加体育经费,并积极开展单位之间、地区之间等不同范围和层次的职工体育交流和比赛。体育活动的开展丰富了职工文化生活,提高了生产效率,并促进了工农关系。当然,因受到特殊的国际国内政治影响,三线建设时期的职工体育在发展过程中存在着"为政治服务"倾向,一定程度上阻碍了体育事业的发展。

从上述的参会论文中可以看出,三线建设作为计划体制的产物,其所面对的不仅仅是生产上的问题,同时还包含了一系列的社会问题。在这些社会问题的处理过程中,既需要去协调企业内部不同群体间的关系,还要妥善处理与当地政府和百姓的关系,这些社会问题的处理直接关乎三线企业的稳定与否。在当前的研究中,有关社会史的问题研究逐渐形成了历史学、社会学、政治学等学科交叉融合的发展态势,有利于从不同视角、不同层面去剖析三线企业这类单位制社会所包含的各个面相。

(六)民兵问题

在本次会议的参会论文中,有关三线民兵问题的文章也有一定的数量,这是研究中出现的一个新热点。四川大学李德英和蔡忆雯着重探讨了襄渝铁路学兵连的问题。一方面,这批学兵被组织派往襄渝铁路参加建设,是知识青年上山下乡的另一种形式,从这个角度来说他们应当被算作是知青。另一方面,他们与普通知青所不同的是,他们得到了在完成施工任务后,被安排工作的承诺。这是普通知青所没有的,因此从这个角度来说他们又不是知青。所以作者将这批学兵概括为:民兵,又非民兵;知青,又非知青。但无论是民兵也好,知青也罢,他们都为襄渝铁路的建设付出了努力,奉献了青春。西华师范大学朱华着眼于参与襄渝铁路建设的民兵群体,但与上一篇论文所关注到的学兵群体不同的是,这篇论文聚焦川东北民兵建设襄渝铁路中的民兵思想政治工作。作为建设襄渝铁路的一支重要力量,民兵队伍作为一批"军""民"结合的特殊群体,在动员和建设阶段都体现了很强的政治性,这与民兵思想政治工作的开展是密不可分的。在具体工作中主要通过教育讨论与批判整改相结合的办法来提高民兵的思想认识水平,以评优评先树立典型的措施来鼓舞更多的民兵投入铁路建设,也对新时代军民融合发展战略的贯彻实施提供了有益的思考。

此外,三峡大学冯明和冯吉还关注到了焦枝铁路建设中宜昌民兵师的后勤保障工作,这是三线民兵工作研究的又一个新视角。在宜昌民兵师参与铁路建设的过程中,逐渐形成了以生产保障优先、生活和卫勤保障为配套的后勤保障体系,这套后勤保障体系为民兵免除了后顾之忧,为焦枝铁路的顺利建设发挥了重要作用。但在其中也曾出现一些奢侈浪费、贪污盗窃的情况。这些问题同样值得关注。

在过往的研究中,更多探讨的是上述这些铁路工程的建设问题,而对其背后参与建设的群体关注较少。在本次会议中,有关民兵问题的探讨将有助于吸引更多的专家学者关注这批参与三线重大工程建设,却又默默无闻的群体。相信以此次会议为契机,有关三线民兵问题的探讨将会被推向一个新的高度,有助于进一步拓展三线建设研究的深度和广度。

(七)小三线建设

小三线建设研究在近年来异军突起,特别是以上海大学徐有威成功申报2013年度国家社科基金重大项目"小三线建设资料的整理和研究"为标志,有关小三线建设的研究呈现逐年升温的态势。徐有威在回顾自己从事小三线建设研究8年的时间中,同样认为该项目的立项对推动小三线建设研究的开展具有重要意义。

江西科技师范大学张志军分析了江西小三线建设兴衰背后的上海因素,提出江西小三线建设的兴衰与上海的支援建设存在着紧密的联系。在汇西小三线建设筹建之初,上海就调集了大批人力、物力和财力支援江西小三线建设。在20世纪80年代初,江西小三线建设面临调整改革时,上海的民品生产技术再一次支援了江西小三线建设的转型发展。综观江西小三线建设20余年的发展历程,来自上海的因素对推动江西小三线的发展,改善当地落后的工业基础和条件,促进当地经济社会的发展都曾产生过积极影响。内蒙古师范大学王利中以内蒙古清水河县红旗化工厂和先锋电厂为例,通过史料梳理了内蒙古小三线建设的历程,对于该地的这一问题研究具有积极意义。

除了上述对各地小三线建设进行梳理的论文以外,其他的相关论文同样值得关注。南京大学牛一凡以小三线企业山西前进机器厂1979年会议手记为分析对象,从中窥见文本内外的改革开放。这一视角将小三线建设与改革开放史紧密结合起来,较为新颖独特,认为,从山西前进机器厂1979年党委会议手记等史料中可以窥探小三线企业内部不同群体间在面对改革开放这一时代潮流时所体现的不同心理变化,从中可以体察到改革开放背景下的时代变迁。

(八)后小三线时代

在小三线建设研究如火如荼进行的同时,以上海大学徐有威为代表的一批学者开始将目光聚焦至后小三线时代的研究。所谓后小三线时代,徐有威将其认定为20世纪80年代小三线建设调整以后有关单位所处的时代,时间跨度是1981—2021年。这样一来,就将20世纪60年代中期开始的小三线建设与20世纪80年代以来的后小三线时代形成衔接,为中国当代史研究开辟了新领域。

根据徐有威对13个省市小三线企业现状的调查可以发现,尽管在小三线建设调整结束之后,许多企业面临停产倒闭的困境,但是仍有约26%的小三线企业通过各种渠道和路径在艰难转型后依然存活并持续发展。这些现存的小三线企业大致可以分为四类情况:第一种是继续从事军工生产;第二种是原小三线企业中的配套项目如今仍在继续经营;第三种是原小三线企业员工通过创业创办的企业;第四种是原小三线军工企业转产民品。可以看到,在改革开放的时代浪潮下,不少小三线企业因无法及时调整转型而破产倒闭,但仍有一定数量的小三线企业通过各种方式在前行中寻找机遇,不仅成功存活下来,而且还在不断发展中。

还有学者从具体案例入手来探讨后小三线时代。东华大学张胜和上海大学徐有威以安徽小三线为例,分析后小三线时代的企业发展情况。他们通过对安徽小三线企业调迁对当地经济社会发展的考察,提出原安徽小三线企业在迁移至合肥等城市后,对当地城市的人口、企业发展、应对自然灾害等方面都做出了贡献。但与此同时,也有许多原小三线企业在世纪之交再次面临发展困局,导致其举步维艰。淮北师范大学李云和上海大学徐有威将目光聚焦于安徽省,但是其研究对象是身处安徽池州的上海小三线企业。可以看到,位于安徽池州的上海小三线企业在20世纪80年代逐步调整搬迁后,当地利用上海小三线企业遗留下来的厂房、机器设备、生产物资等条件,通过合理的配置与利用,使其重新焕发活力,对助推池州当地的经济社会发展发挥了重要作用。

(九)三线建设学术史

在本次会议中,有关三线建设学术史的研究是一大亮点。复旦大学马克思主义学院陆婷借鉴文献计量方法,利用 CNKI(中国知网)核心期刊和 CSSCI(中文社会科学引文索引)数据库的文献数据对 1992—2021 年的三线建设研究进行可视化分析。同时,以 Excel 软件作为辅助工具,对核心作者分布、文献分布、研究机构等外部特征做整体描述。

他们将这一时期内的研究分为三个阶段:1992—1999 年为萌芽期,这一阶段发文量较少,只有 28 篇;2000—2010 年为起步期,这一时期的发文量共 128 篇,比上一阶段增加了 100 篇;2011 年以后为全面发展期,发文量共 180 篇。这一时期的全面发展不仅体现在文章数量的增加,还体现在论文质量的提升。仅以 2020 年为例,在这一年中,有 2 篇三线建设研究文章刊登于《中国社会科学报》,有 23 篇论文见刊于 CSSCI 收录的期刊中,约占当年发文总量的 24.2%。

通过上述分析,他们提出三线建设逐步成为学术研究的热门领域。从学科视角来看,研究期刊分布及研究机构分布反映出当前我国三线建设研究以党史、当代史、经济史等学科为主,目前有向多学科发展的趋势;从研究力量来看,核心力量主要分布于北京和上海,而政策的主要实施区,除西南地区有几支成熟的研究团队外,其他的三线地区研究力量薄弱;从研究内容来看,三线建设研究从之前的以宏观和中观为主,逐步向微观研究扩展;从研究前沿趋势来看,2010 年以来三线建设研究开始朝向工业遗产、工业布局、工业化、城市化、小三线建设等方面转变。

二、研讨会的新特点

第三届全国三线建设学术研讨会是时隔 8 年之后的又一次全国性三线建设学术盛会。与前两届的研讨会相比,本届会议呈现出了一些新的特点和内容:

(一)参会人员来源广泛,共同探讨三线建设研究发展方向

本次研讨会的办会规模和前两届相比大体相当,人数略有增加。尽管从规模上来看并没有显著的变化,但是从参会人员的来源来看,邀请范围进一步扩大。本次会议除了邀请相关领导、知名专家学者与会以外,其他参会人员出现了一些新变化。

本届会议特别邀请了部分学术期刊的编辑参会。这些期刊编辑的参会一方面有助于他们更好地了解三线建设研究的前沿动态及发展趋势,同时

对学者而言同样是一次难得的交流机会,通过倾听编辑的意见,从编辑的视角出发,把握什么样的文章是有价值的,从而进一步提升论文的质量,增加投稿的命中率。这有助于推动三线建设研究力量的进一步加强,也有利于三线建设研究的长期发展。

作为中国当代史研究中的一个热点领域,三线建设研究不仅需要来自相关领导的支持和知名专家的引领,还需要其他人员的广泛参与。这些人员中既包含着高校青年教师、博士及硕士,还应包括与此相关的社会各界人士,通过倾听他们的声音,更好地扩大三线建设研究影响力,推动三线建设研究的可持续发展。

(二)探讨热点问题,聚焦新兴领域

第三届全国三线建设研讨会与第二届时间相隔 8 年。在这 8 年期间,三线建设研究的热点问题和新兴领域已出现了新的方向。从本届会议的参会论文来看,在近年来三线建设研究中备受瞩目的一些热点问题,如三线精神研究、三线建设工业遗产的保护与利用、经济史与社会史、小三线建设研究等内容均得到了体现。这些热点问题,有的在前两届三线建设研讨会中有所涉及,但更多的内容是在前两届研讨会中所没有探讨或较少涉及的。即使是有所涉及的内容,在这次研讨会中已然出现了新的变化。如小三线建设研究在前两届研讨会中均是探讨的重点问题,但是彼时基本上只聚焦于上海小三线建设研究,而此届会议中,各地小三线建设研究的成果相继涌现,呈现出百花齐放的良好态势。

此外,在此届会议中呈现的民兵问题研究和后小三线时代研究则是三线建设研究中的新兴领域,如果说前者在此前还有所探讨过的话,那么后者则完全是一届全新的亮相。尽管后小三线时代的概念并非在此次会议中首次提出,但是集中论述和展示后小三线时代的研究路径却是第一次呈现,以

此为契机,也让更多的专家学者开始关注并重视后小三线时代的研究,也是此次会议的重要成果之一。随着三线建设研究的不断向前推进,新的热点和新领域将会被发掘。

(三)多学科交叉融合发展态势显著,共同助推三线建设研究版图不断延伸

三线建设研究是中国当代史研究中的一个热点领域。但是由于三线建设牵涉面极为广泛,在近年来的三线建设研究中,除了历史学领域的专家学者关注以外,还吸引了来自经济学、社会学、政治学、新闻学、人类学、建筑学、博物馆学等众多学科领域中的专家学者对其进行关注和探讨。在本届会议中,这种多学科交流融合的态势得到了非常显著的体现。如三线建设单位制的研究就是通过利用社会学中单位的概念对三线企业进行剖析,分析其作为城乡之间的单位社会所具有的特点。再比如对三线建设中思政元素的挖掘、从道路自信视域下看三线建设工业遗产的保护等问题则是将三线建设研究同马克思主义学科相联系,从而促进了三线建设研究的多元化发展。

在当前的中国当代史研究中,三线建设研究能够将如此多的学科融合至同一个问题中进行探讨,实属罕见。这也再一次展现了三线建设研究的巨大潜力和蓬勃的生命力。因此,在今后研究开展过程中,多学科交叉融合,共同促进三线建设研究向前发展的态势仍将持续进行下去,且趋势会得到进一步加强。三线建设研究的版图将会在众多学科的持续推动中得到不断拓展与延伸。

结　语

"其作始也简，其将毕也必巨。"三线建设研究是中国当代史研究中的新兴领域。综观近 30 年来三线建设研究的发展态势，这是相关专家学者以及社会各界共同参与三线建设研究的成果。在三线建设研究向前发展的道路上，及时回顾总结研究的经验得失，为今后研究谋划方向是极为重要的。正如中华人民共和国国史学会会长、中国社会科学院原副院长朱佳木在研讨会上所提到的，三线建设研究者要抓住机遇，乘势而上，用三线精神研究三线建设历史，把三线建设研究不断引向深入。同时，当代中国研究所经济史室主任、中国三线建设研究会副会长、秘书长郑有贵也认为，三线建设研究正迎来再出发的关键时期。可以看到，三线建设研究的前路仍然广阔和漫长，随着更多学者以及社会各界认识、关注并参与其中，三线建设研究在今后的道路中，将会收获更多、更有价值的研究成果，从而助推中国当代史研究不断向前发展。

本文曾载《西南科技大学学报（哲学社会科学版）》2022 年第 2 期，此处有删改

作者简介：徐有威，男，江苏吴县人，上海大学历史系教授，博士生导师。研究方向：中国当代史。

基金项目：国家社科基金重大项目"三线建设工业遗产保护与创新利用的路径研究"（项目编号：17ZDA207）；四川三线建设研究中心基金项目（项目编号：SXZ22 – 04）。

目录
CONTENTS

进一步认识三线建设史研究的意义与任务

朱佳木

2014 年，中华人民共和国国史学会三线建设研究分会成立时，我曾在贺词中说：分会的成立"标志三线建设史研究作为国史研究的分支学科，向学术殿堂迈出了重要一步"。7 年来，分会在组织广大会员进行史料收集、课题研究、论文写作、舆论宣传等方面做了大量工作，还参与了大型电视文献纪录片《大三线》的摄制，创办了《三线春秋》杂志，召开了主题为"三线建设与新时代中国特色社会主义文化"等学术研讨会。在电视片首映式、研讨会开幕式、杂志创刊号上，我都曾应邀致了辞、写了寄语、发了言。我结合当前的新形势，就如何进一步认识三线建设史研究的意义与任务，再讲几点意见，供大家参考。

一、三线建设史研究为党史学习教育和"四史"宣传教育服务

三线建设是 20 世纪 60 年代，以毛泽东同志为核心的党的第一代中央领导集体，针对当时严峻的国际形势，为加强战备和内地建设而做出的一项十分重大而英明的战略决策。它以沿海一些重要工业向西南、西北省份和中

部及沿海地区腹地等内陆地区转移为目标,以国防科技工业、机械与能源工业、原材料工业及铁路与公路干线建设为重点,前后投入2000多亿元和上千万人力①,构筑起了规模庞大、门类齐全的内地科研与生产相结合的现代工业交通体系,为改革开放前做好反侵略战争准备提供了强大而巩固的后方基地,也为改革开放后现代化建设的突飞猛进奠定了坚实而雄厚的物质基础,谱写出新中国史册上伟大而光辉的一页。

三线建设于1964年开始酝酿,1965年中共中央做出决策,紧接着成立了西南、西北、中南三个建设委员会,以及中央直接领导的工作组、指挥部,开始着手实施。到1983年,主体建设结束,总共耗时18年。加上从1984年到2006年进行的后续调整改造时期,三线建设前后长达40年,横贯了改革开放前后两个历史时期,囊括了云、贵、川、陕、甘、宁、青、湘、鄂、豫、晋、粤、桂13个省、自治区、直辖市,涉及1/3的国土面积,其中的重点是川、黔、甘、陕等地。另外,各省、自治区、直辖市还有自己的三线建设,俗称"小三线"。②

经过14年的三线建设,到1978年,中西部工业固定资产原值已经占全国的56%,超过了东部沿海地区;职工人数由325.65万增加到1129.5万;工业总产值增长3.92倍。尤其值得一提的是,在那一时期成功爆炸的第一颗原子弹、氢弹,发射的第一颗人造地球卫星,建成的第一个军用核反应堆,成功试射的第一枚远程导弹,建成的第一艘核潜艇和第一台电子加速器,制造的第一批国产喷气式歼击机,绝大部分研制、试验基地都在三线地区。三线地区还建成了攀枝花、酒泉等钢铁基地,金川、宝鸡等有色金属工业基地,四川合成氨、河南煤化工等化学工业基地,德阳东方、天水海林等机械制造

---

① 《中华人民共和国简史》编写组:《中华人民共和国简史》,人民出版社、当代中国出版社,2021年,第95~96页。

② 中国社会科学院当代中国研究所编:《新中国70年》,当代中国出版社,2019年,第103~105页。

工业基地,绵阳、都匀等电子工业基地,六盘水、渭北等煤炭工业基地,川、贵、陕等航空工业基地,葛洲坝、刘家峡、龙羊峡和焦作、秦岭等水电站、火电厂,成昆、襄渝、湘黔、枝柳、青藏(西宁至格尔木段)等铁路干线,以及西南合成、中南制药等轻纺医药企业;形成了攀枝花"钒钛之都"、绵阳"科学城"、六盘水"江南煤都"、德阳"重装城"、十堰"汽车城"、金昌"镍都"、梓潼"两弹城"、西昌"航天城"等60多个新兴工业城市。① 所有这些,极大地增强了新中国的工业实力,完善了新中国的工业体系。

2018年2月,习近平总书记考察四川时,对三线建设给予了高度评价。他指出:"三线建设,使一大批当时属于顶尖的军工企业、国有企业、科研院所来到西部,这些都是我们发展的宝贵财富。"②然而由于当年三线建设是以备战为中心的,整个建设处于保密状态,成千上万人都是悄悄地来,在深山僻野中隐姓埋名了几十年;加上当时正值"文化大革命"期间,建设中难免受到"左"的思潮影响,使后来在宣传上颇多顾虑,以至于许多感人事迹、重要成就,直到现在仍然鲜为人知。唯其如此,更需要三线建设史研究者深入研究和大力宣传,以揭开这段历史的神秘面纱,用无可辩驳的事实,证明三线建设的辉煌成就及其在新中国史上的重要地位,让全国人民特别是青少年从中受到生动的爱国主义教育,更加深刻地认识到中国共产党为国家为民族做出的伟大贡献,更加增强新中国的历史自信,更加坚定中国特色社会主义的理想信念,更加自觉地听党话、跟党走。

2021年,全党在开展党史学习教育的同时,全社会也在开展党史、新中国史、改革开放史、社会主义发展史的"四史"宣传教育活动。这"四史"合在一起,正是社会主义由空想变为科学,变为革命运动,在中国取得成功,再进

---

① 中国社会科学院当代中国研究所编:《新中国70年》,当代中国出版社,2019年,第104~105页。

② 中国社会科学院当代中国研究所编:《新中国70年》,当代中国出版社,2019年,第105页。

一步发展为中国特色社会主义的逻辑过程和有机整体。其中,改革开放前后两个历史时期都是我们党领导人民进行社会主义建设的实践探索。三线建设史刚好贯穿这两个历史时期,对于我们理解两个历史时期的关系进而更深刻地理解党史、新中国史、改革开放史、社会主义发展史,都有着直接的帮助。因此,研究三线建设史,是党史学习教育和"四史"宣传教育的重要基础之一,应当进一步加强。

二、三线建设史研究为丰富、弘扬、传承党的精神谱系服务

党的十八大以来,以习近平同志为核心的党中央高度重视用革命精神鼓舞人、教育人。2021 年 2 月 20 日,习近平总书记在党史学习教育动员大会上指出:"在一百年的非凡奋斗历程中,一代又一代中国共产党人顽强拼搏、不懈奋斗,涌现了一大批视死如归的革命烈士、一大批顽强奋斗的英雄人物、一大批忘我奉献的先进模范,形成了井冈山精神、长征精神、遵义会议精神、延安精神、西柏坡精神、红岩精神、抗美援朝精神、'两弹一星'精神、特区精神、抗洪精神、抗震救灾精神、抗疫精神等伟大精神,构筑起了中国共产党人的精神谱系。"①7 月 1 日,他在庆祝中国共产党成立 100 周年大会上又指出:"一百年来,中国共产党弘扬伟大建党精神,在长期奋斗中构建起中国共产党人的精神谱系,锤炼出鲜明的政治品格。"②他要求全党继续弘扬光荣传统、赓续红色血脉,永远把党的精神谱系继承下去,发扬光大。9 月,经党中央批准,中共中央宣传部梳理公布了第一批纳入中国共产党人精神谱系的伟大精神。③ 三线建设史研究者要借助这股东风,通过研究,更深入地挖

① 习近平:《在党史学习教育动员大会上的讲话》,《求是》,2021 年第 7 期。
② 习近平:《在庆祝中国共产党成立 100 周年大会上的讲话》,《人民日报》,2021 年 7 月 2 日。
③ 《中国共产党人精神谱系第一批伟大精神正式发布》,《人民日报》,2021 年 9 月 30 日。

掘三线建设史料,更系统地论述"三线精神",为丰富、弘扬和传承党的精神谱系贡献智慧和力量。

在以往的三线建设史研究中,"三线精神"曾被概括为"艰苦创业、无私奉献、团结协作、勇于创新"①。我认为,这十六个字对"三线精神"的概括是比较准确、比较深刻的,也是经得起时间检验和历史推敲的。

"艰苦创业"是"三线精神"的精髓,浸润着三线建设的历史全过程。当年出于战备需要,来自全国各地的数百万建设者,放弃相对舒适的生活和相对优厚的物质待遇,告别亲人,远离城市,奔赴人烟稀少的深山峡谷、大漠荒野,或扎根,或转战,与天斗,与地斗,与各种困难斗,披荆斩棘,顽强拼搏,锲而不舍,坚持不懈,涌现出无数可歌可泣的模范人物和英雄事迹。例如,攀枝花钢铁基地,选址在总面积仅 2.5 平方千米、自然地形坡度达 10% ~20% 的金沙江边弄弄坪上,被国际同行普遍认为不可能建大型企业。② 然而,攀枝花建设者偏不信这个邪,凭着"三块石头支口锅、帐篷搭在山窝窝"的精神,硬是靠人拉肩扛,把成千上万吨大型器材设备和生活物资运了上去。同时,他们又进行科学的总体布置,精心设计工艺流程,合理制定运输方案,终于在深山峡谷中建起了被誉为"象牙微雕"的现代化大型钢铁联合企业。③再如,成昆铁路沿线地形险峻、地质复杂,山体滑坡,危岩崩塌,以及岩溶、岩爆、泥石流等各种危险现象时有发生,被国外专家断定为"筑路禁区"。但是铁路建设者在这样的恶劣条件下,硬是逢山凿洞,遇水架桥,全线共建有各种桥梁991座、隧道427座,桥隧总延长达433.7千米,占线路总长度1100千米的40%,有些车站甚至建在了隧道中、桥梁上。④ 因此,成昆铁路也被联

① 甘霖:《培养担当民族复兴大任的时代新人》,《人民日报》,2019 年 11 月 29 日。
② 黄明全主编:《四川地名故事》,中国社会出版社,2011 年,第 61～62 页。
③ 《中国共产党简史》编写组:《中国共产党简史》,人民出版社、中共党史出版社,2021 年,第208 页。
④ 冯金声:《中国西南铁路纪事》,西南交通大学出版社,2017 年,第 160 页。

合国誉为"象征 20 世纪人类征服自然的三大奇迹"之一。①

"无私奉献"是"三线精神"的魂魄,传承着几代三线人的家国情怀。至今仍广为流传的"献了青春献终身、献了终身献子孙"的口头禅,正是三线人精神境界的真实写照。他们为了国家和人民的需要,把三线企业所在地当成了自己第二故乡,其深厚感情有的甚至超过了生育他们的第一故乡。在他们之中,有不畏烈火、保护油井的四川 32111 钻井队英雄集体②,有抱病牺牲在工地的好干部陶惕成。③ 修建成昆铁路时,有两千多名铁道兵干部战士牺牲④,相当于平均每修一千米就牺牲两个人。修建地下核反应堆 816 工程时,百余名官兵献出了宝贵的生命,但因为工程处于保密状态,家人很长时间不知道他们为何牺牲,埋在哪里。⑤ 在全国三线地区,到处可见当年修建的烈士墓园。它们是三线人英雄事迹的见证,默默传颂着三线人万世垂范的奉献精神。

"团结协作"是"三线精神"的根基,彰显着社会主义制度的优越性。在三线建设时期,一线企业向三线搬迁是一项重要任务。当时流传着一句口号:"好人好马上三线,备战备荒为人民",一方面说明无论援建职工还是企业都是同行业中的佼佼者;另一方面也说明,无论援建职工还是企业,都随时听从上级调遣,只要一声令下,不讲价钱,不计得失,闻风而动,打起背包就出发,从四面八方奔赴三线。那时,上海、沈阳、北京等一线城市的许多重点企业,直接和三线地区进行对口支援。如鞍钢支援攀钢、一汽支援二汽、上海支援四川,都是把最好的师傅和设备调过去。有两个车间的,调去一个

---

① 王一彪、孔祥武、王明峰等:《莽莽成昆出大山》,《人民日报》,2020 年 12 月 14 日。

② 四川省地方志编纂委员会:《四川省志·大事纪述》(下),四川科学技术出版社,1999 年,第 129 页。

③ 邓国超主编:《好人好马上三线:贵州三线记忆口述实录》,孔学堂书局,2019 年,第 191 页。

④ 曾从技:《成昆线上》,中国铁道出版社有限公司,2020 年,第 96 页。

⑤ 王翔:《一项工程——见证三线建设艰难辉煌》,《重庆日报》,2021 年 7 月 1 日。

车间;有一个车间的,调去半个车间。为了支援水城钢厂,鞍钢搬迁了1座568立方米高炉及相应配套的焦炉、烧结机、矿山、动力等一批设备到贵州六盘水。① 攀枝花钢铁基地的建设,更是冶金、化工、煤炭、铁道、电力、地质、机械、交通等十几个中央部委和云、贵、川三省团结协作的结果。据统计,1966—1976年,全国共内迁项目380个、职工14.5万人、设备3.8万余台,② 11个三线省区共投资1173.41亿元,从而形成了西南机械工业基地、华中机械工业中心和汉中、天水、银川、西宁工业区等一批新的、各具特点的工业中心。③ 正是当年各部门、地区、企业之间的这种团结协作,为改变全国工业布局和少数民族地区工业的落后面貌,起到了重要的历史性作用。

"勇于创新"是"三线精神"的旗帜,引导着三线人不断攀登高峰。与其他时期的大规模工业建设相比,三线建设一个最大的特点是在苏联终止援助、撤走专家之后的困境里艰难起步的,也是在西方实施物资禁运、技术封锁的情况下出奇制胜的,更是在荒山野岭、环境闭塞的条件下创造奇迹的。例如,以重庆为中心的常规兵器工业基地体系,不仅能够大批量生产轻武器,而且能够生产相当数量的先进重武器,到1975年兵器生产能力已占到全国的近一半;分布在四川、贵州、陕西的电子工业基地,形成了生产门类齐全、元器件与整机配套、军民用兼有的体系;四川、陕西等地的战略武器科研生产基地,拥有从铀矿开采提取、元件制造到核动力、核武器研制的核工业系统。④ 一个重要原因就在于,这些三线企业中的科技和人才,自力更生,刻苦钻研,成为自主创新的主体。如钒钛磁铁矿冶炼是当时国内外尚未解决

---

① 六盘水市地方志编纂委员会编:《六盘水市志·冶金工业志》,贵州人民出版社,2003年,第63页。

② 《攀西开发志》编纂委员会编:《攀西开发志·综合卷》,四川人民出版社,2007年,第14页。

③ 马洪、孙尚清主编:《现代中国经济大事典》(第2卷),中国财政经济出版社,1993年,第1582页。

④ 武力主编:《中华人民共和国经济史》(上),中国时代经济出版社,2010年,第558页。

的难题,为此,100 多名科技人员经过反复试验,终于用普通高炉攻克了这一难关,首创世界最高水平的钒钛冶炼技术。① 中国燃气涡轮研究院经过 30 多年攻关实验,建成了亚洲第一台航空发动机模拟高空实验平台,荣获国家科技进步特等奖。② 更为难能可贵的是,当年按照计划经济体制被安排到山沟里的三线企业,改革开放初期大多面临停产和停发工资的困境,但三线企业职工没有怨天尤人,而是服从大局需要,克服种种困难,自筹资金,"找米下锅",实现了由军转民,在计划经济体制向社会主义市场经济体制的过渡中走出了一条产业转型的创新之路,既实现了自身的长足发展,也为所在地的社会发展进步做出了巨大贡献。四川省成都市的现代工业大发展和城市建设规模,就是由此而来的。到 20 世纪 80 年代末,成都的大都市格局已具雏形,90 年代成为西南地区科技、金融、商贸、交通和通信枢纽中心。③

从以上事例不难看出,"三线精神"是与革命年代的井冈山精神、苏区精神、长征精神、延安精神、西柏坡精神等精神一脉相承的,也是与建设年代的"两弹一星"精神、大庆精神、红旗渠精神、西迁精神等精神高度契合的。它彰显了中国人民长期以来形成的伟大奋斗精神、奉献精神、团结精神、创造精神,同样是我们党的伟大精神谱系的组成部分。面对新时代新征程,三线建设史研究者理应把挖掘、提炼、阐述"三线精神"作为研究的重点,为打造三线文化,增强中国特色社会主义软实力,丰富中国共产党人精神谱系,激励广大党员干部群众弘扬革命传统、赓续红色血脉,为实现中华民族伟大复兴凝聚强大精神力量发挥自己的光和热。

---

① 攀枝花市党史研究室:《留在大裂谷的回忆》,四川辞书出版社,2003 年,第 45 页。

② 蒲凌霄主编:《亲历三十年:国防科技工业离退休人员纪念改革开放 30 周年征文获奖作品选》,航空工业出版社,2008 年,第 175 页。

③ 王葵鳍:《简论三线企业调迁成都》,四川省情网,http://scdfz.sc.gov.cn/ztzl/scsxjs/zjyt/content_32025。

三、用三线建设史研究为深入总结党和国家的历史经验服务

我们党历来重视总结和汲取党的历史经验。党的十八大以来,习近平总书记多次强调要认真总结党的历史经验,为党和国家工作大局服务。2021 年 2 月 20 日,他在党史学习教育动员大会上强调:"党的历史是最生动、最有说服力的教科书。""回望过往的奋斗路,眺望前方的奋进路,我们必须把党的历史学习好、总结好,把党的成功经验传承好、发扬好。""我们党一步步走过来,很重要的一条就是不断总结经验、提高本领,不断提高应对风险、迎接挑战、化险为夷的能力水平。党的经验不是从天上掉下来的,也不是从书本上抄来的,而是我们党在历经艰辛、饱经风雨的长期摸索中积累下来的,饱含着成败和得失,凝结着鲜血和汗水,充满着智慧和勇毅。"① 以上论述说明,认真总结党的历史,更好地发挥党的历史的鉴今、资政作用,是新形势下推动党和国家事业不断发展的迫切需要。

2021 年 11 月,党的十九届六中全会通过的《中共中央关于党的百年奋斗重大成就和历史经验的决议》中,提到了党领导人民在一百年伟大奋斗中积累的十条经验。② 所有这些经验,可以毫不夸张地说,都饱含着三线建设的成败和得失,凝结着三线建设者的鲜血和汗水,充满着三线建设者的智慧和勇毅。长远谋划、通盘考虑的经验;"全国一盘棋、集中力量办大事"的经验;有服从决定听指挥、雷厉风行的经验;有抓住重点、合力攻关的经验;有拼命精神加科学态度、苦干加巧干的经验;等等,正是我们党百年奋斗中积累的那十条经验的具体化。三线建设史研究者应当在深入学习贯彻党的十

① 习近平:《在党史学习教育动员大会上的讲话》,《求是》,2021 年第 7 期。
② 《中共中央关于党的百年奋斗重大成就和历史经验的决议》,《人民日报》,2021 年 11 月 17 日。

九届六中全会精神的过程中,进一步加强对三线建设宝贵经验的总结和研究,为坚持和丰富、发展党的历史经验,为新时代推进西部大开发提供智力支持。

四、用三线建设史研究为三线工业遗产的保护和利用服务

习近平总书记指出:"革命文物承载党和人民英勇奋斗的光荣历史,记载中国革命的伟大历程和感人事迹,是党和国家的宝贵财富,是弘扬革命传统和革命文化、加强社会主义精神文明建设、激发爱国热情、振奋民族精神的生动教材。"[①]三线工业遗产,同样是革命文物,是三线历史、三线文化、"三线精神"的载体,是弘扬革命传统、传承革命文化、加强社会主义精神文明建设、激发人民群众爱国热情和振奋民族精神的生动教材,是党和国家的宝贵财富。

当前,一方面,三线工业遗产由于历史时间还不够长,有些未被列入文物保护范围;另一方面,一些三线工厂在企业改制、改组中,工业遗产遭到拆除、破坏;三线一些地方在工业遗产利用中,较多重视空间转型、业态升级的经济价值,而忽视其寓教于乐的教育意义,造成不少有历史价值的工业遗产濒临毁灭,致使西部地区在三线建设时期留存下来的一些厂房、实验室,面临保护不足、缺乏维修的困境。面对这种状况,三线建设史研究者更应当通过历史研究,提供史实依据,制定遗产标准,列出保护名录,积极参与到抢救、保护、开发、利用三线工业遗产的工作中去。

对三线工业遗产的保护,要重视厂房、实验室等物质类遗产,同时,也不

---

① 《切实把革命文物保护好管理好运用好 激发广大干部群众的精神力量》,《人民日报》,2021年3月31日。

能忽视文献史料、技术档案、口述回忆等非物质类遗产。当年三线建设从战备出发选址，需要"靠山、分散、隐蔽"，许多企事业单位分布在深山丛林。后来国际形势缓和，加之实行改革开放，一些机构向城市搬迁，一些人员向各地分散，一些企业改制解体，许多文献资料未能被档案部门、主管单位回收保管，导致有的流散民间、海外，有的甚至被当作废纸处理，致使一些见证我国工业化历程的图纸丢失，一些在历史上起过重要作用的关键技术失传，一些有教育意义的人物事迹失去了文字图片等史料依据。三线建设史研究者在参与抢救、保护三线工业遗产的工作中，急需通过研究，寻找、发现、抢救、保护这些非物质遗产。尤其要采取措施，抓紧访问仍健在的三线建设领导人、参与者，进行录音、录像，开展抢救性的口述史研究，使其成为编写三线历史、讲好三线故事、传播"三线精神"的"活材料"。

党的十八大以来，以习近平同志为核心的党中央高度重视革命、建设、改革历史的研究宣传，重视革命精神、红色文化的赓续弘扬，重视历史经验的总结、运用，重视革命文物的保护利用。三线建设史研究者要抓住机遇，乘势而上，继承、发扬"三线精神"，持之以恒地研究三线历史，把三线建设史研究不断引向深入，为党史学习教育和"四史"宣传教育服务，为党的精神谱系发扬光大服务，为党和国家的历史经验总结服务，为新中国工业遗产的保护利用服务，为新时代中国特色社会主义事业做出三线建设史研究者的应有贡献。

本文曾载《当代中国史研究》2022年第3期，此处有删改

作者简介：朱佳木，研究员，中国社会科学院原副院长、中华人民共和国国史学会会长。

三线精神和三线概念的几个问题

陈东林

一、三线精神的形成和确立

三线精神形成于 1964—1983 年三线建设时期和 1984—2006 年三线企业调整改造时期,升华结晶于党的十八大以来广泛弘扬民族精神、奋斗精神时期,确立于 2018 年习近平总书记考察四川对三线建设做出重要评价。

2014 年,由国务院办公厅批准命名、宋平同志题写馆名的攀枝花中国三线建设博物馆开馆,中国三线建设研究会等在攀枝花市举办首届全国三线建设史研讨会,提出三线精神"艰苦创业,无私奉献,团结协作,勇于创新"的 16 个字。

这 16 个字分别来源于:三线建设和调整时期广大三线建设者的口号、经验、精神总结;见之于西南三线建设副总指挥程子华讲话,领导三线企业调整改造的党和国家领导人姚依林、宋平、刘华清、张爱萍的讲话,国防科工委纪念三线调整 20 周年大会总结报告等。提炼集萃而成。

2018 年 2 月,习近平总书记考察四川时,对三线建设的历史功绩做出重要评价:三线建设,使一大批当时属于顶尖的军工企业、国有企业、科研院所来到西部,这些都是我们发展的宝贵财富。①

2018 年 6 月,中组部、中宣部印发深入开展"弘扬爱国奋斗精神,建功立业新时代"活动的通知,指出:要组织深入学习弘扬爱国奋斗精神,保护利用"三线建设""两弹一星"等重大工程项目遗迹,挖掘有关历史文化和革命传统教育资源,作为进行这一活动的重要载体。三线建设第一次被作为典范列入。

2018 年 10 月,中央宣传部 46 号文件部署关于民族精神、奋斗精神的主题宣传报道。三线精神的 16 个字"艰苦创业、无私奉献、团结协作、勇于创新",被列为新中国民族精神、斗争精神之一,进行主题宣传报道。

2021 年 2 月,经党中央批准,由中宣部组织,中央党史和文献研究院等单位编写的权威党史读本《中国共产党简史》出版。该书对三线建设给予了充分肯定:"这一时期,三线建设成果引人注目。1964 年五六月间,毛泽东从经济建设和国防建设的战略布局考虑,将全国划分为一、二、三线,提出三线建设问题,随后三线建设开始启动。……三线建设在很大程度上改变了旧中国工业布局不平衡的状况,使一大批当时属于顶尖的军工企业、国有企业、科研院所来到西部,为西部地区提供了难得的发展机遇。"②

8 月 30 日,经党中央批准,中宣部组织当代中国研究所编写,作为党史学习教育的重要参考材料和面向全社会开展"四史"宣传教育的重要用书《中华人民共和国简史》出版。该书在"三线建设及其成就"标题下第一次写进了三线精神:"几百万工人、干部、科技人员、解放军官兵,从全国四面八方来到人迹罕至的深山峡谷、大漠荒原,发扬'艰苦创业、无私奉献、团结协作、

---

① 中国社会科学院当代中国研究所编:《新中国 70 年》,当代中国出版社,2019 年,第 105 页。
② 《中国共产党简史》编写组:《中国共产党简史》,人民出版社、中共党史出版社,2021 年,第208 页。

勇于创新'的三线精神,人拉肩扛,风餐露宿,建设起现代化企业和交通设施。"①

综上所述,都反映了中央对三线精神的肯定。

二、三线精神的特点

中华民族的奋斗精神、爱国精神,共性都是艰苦奋斗,牺牲奉献,奋发图强。同时,也各自有其特点。三线精神与抗美援朝精神、大庆精神、红旗渠精神、"两弹一星"精神、抗洪抢险精神等相比,有什么特点呢? 我认为有四个方面的特点:

第一,三线精神是在国家安全受到战争威胁,以毛泽东同志为主要代表的中共中央提出"备战备荒为人民"口号,做出以国防建设和备战为重点的特殊战略中诞生的。它不同于战争时期的抗美援朝精神,也不同于和平时期的大庆精神、红旗渠精神,体现了准战时机制下为国家安危敢于承担民族牺牲,向恶劣自然环境开战的卫国、护国情怀。

在建设中,诞生了不畏烈火、保护油井的重庆江津 32111 钻井队英雄集体;修建成昆铁路中有两千余铁道兵官兵牺牲,平均每千米两人;涌现了抱病死在工地的好干部丌伟、陶惕成,牺牲两个儿子又把女儿送上去的铁道兵老工程师王文波等可歌可泣的英雄事迹。这些英雄事迹,不少至今默默无闻。比如 816 地下核工程一碗水陵园 76 位烈士之一的工程兵战士孟可,牺牲 40 年后才被家人知晓青山埋忠骨。他们和广大三线人,"献了青春献终身,献了终身献子孙",汇聚成了三线建设的时代精神。

---

① 《中华人民共和国简史》编写组:《中华人民共和国简史》,人民出版社、当代中国出版社,2021 年,第 95~96 页。

第二,三线精神在西部山野现代化工业群体建设中诞生,体现了独立自主的"顶尖"科技创新。她不同于50年代在大中城市由苏联援建的156项重点工程,也不同于20世纪50—70年代土法上马的地方五小工业、社队工业。这一时期我国的国防尖端科研工业技术得到重大突破。我国的第一颗原子弹、氢弹,第一颗人造地球卫星,第一个军用核反应堆,第一枚远程导弹,第一艘核潜艇,第一台加速器,第一批喷气式歼击机,第一门远程火箭炮等,研究、试验和生产基地绝大部分都在三线地区。"两弹一星"精神和三线精神,可以视为金字塔塔端和金字塔基础的关系。前者主要反映国防和科研,后者则更广泛地代表着西部工业、交通、科研行业的一般建设者。三线建设是我国航天、冶金、路桥、水电、核电技术走向世界高峰的前驱。西昌航天发射基地达到国际先进水平;绵阳高空航空发动机实验平台和风动中心是亚洲最大的;攀枝花钒钛冶炼技术当时代表世界最高水平;成昆、青藏铁路是我国路桥技术跃居世界顶峰的起点;葛洲坝水电站是当时世界最大的水电枢纽;三线建设建设者1970年开始设计的"728工程"(后秦山核电站)是中国核电建设的起步。三线地区的贡献确实是"顶尖"的。

第三,三线精神体现了大规模有计划协作和顾全大局的"移民"活动("西迁精神")。中央一声令下,几百万职工"好人好马上三线",迅速而悄悄地来到荒山野岭的三线地区。以攀枝花为例,有十几个部委、三个省市参加建设,全国一盘棋。80年代世界形势变化以后,三线军工一度陷入困境,他们顾全大局,自己"找米下锅",第二次创业,实现军转民和脱险搬迁的三线企业调整改造战略。

第四,三线精神在红色精神谱系中,具有最广泛的代表性。在时间上,1964—1983年是三线建设时期,1984—2006年又实施三线企业调整改造战略。前后43年,横贯改革开放前后两个时期。在空间上,大三线建设包括西南的四川(含重庆)、贵州、云南,西北的陕西、甘肃、宁夏、青海,还有湘西、鄂西、豫西、晋西、粤北、桂北等,共涉及 13 个省区,各省区还进行了自己的小三线建设。在人数上,三线建设包括工人、干部、科技人员、解放军官兵、农民工等五个阶层。据估算,大约有 400 万人次迁移,其中有 20% 是家属。加上地方动员人数,共计有几千万人次参加了三线建设。可以说,三线建设堪称新中国建设史上空前的经济建设大战略,三线精神具有最广泛的代表性。

有三个问题值得研究:

第一,三线地区包括哪些省、自治区、直辖市?

关于三线地区的划分,笔者尚未看到国家层面有一个权威文件可以定论。查阅到的各个时期国家计委和中央军委档案,对此说法不一。

根据这些档案,拙作《三线建设:备战时期的西部开发》书中做了叙述:

三线地区,是 1964 至 1978 年那个特殊年代,由中国大陆的国境线依其战略地位的重要性(即受外敌侵袭的可能性)向内地收缩,划三道线形成的地区。

一线地区包括位于沿海和边疆的省区,如北京、上海、天津、辽宁、黑龙江、吉林、新疆、西藏、内蒙古、山东、江苏、浙江、福建、广东等。

三线地区包括基本属于内地的四川、贵州、云南、陕西、甘肃、宁夏、青海 7 个省区及山西、河北、河南、湖南、湖北、广西等省区靠内地的一部分,共涉及 13 个省区。西南、西北地区(川、贵、云和陕、甘、宁、青)俗称为"大三线",各省区自己靠近内地的腹地俗称"小三线"。

二线地区指介于一、三线地区之间的中间地带,如江西、安徽。

从地理环境划分,当时中央军委文件划分的三线地区是:甘肃乌鞘岭以东、京广铁路以西、山西雁门关以南、广东韶关以北的广大地区。这一地区位于我国腹地,离海岸线最近在 700 千米以上,距西面国土边界上千千米,加之四面分别有青藏高原、云贵高原、太行山、大别山、贺兰山、吕梁山等连绵山脉作天然屏障(东面虽然有部分平原,但京广线调兵方便,也便于守土作战〉,在准备打仗的特定形势下,成为较理想的战略后方。①

在三线建设的"三五"计划时期、"四五"计划时期、三线企业调整改造时期,对于三线地区的划分,有一些增减差异。主要涉及宁夏、粤北、桂西北、冀西。原因在于,三线建设和调整改造横贯几十年,地区划分根据国内外政治形势的变化也发生了微调。

"三五"计划初期,根据国家计委的三线企业搬迁和新建布局,宁夏是一个重点地区,三线企业很多,包括石嘴山煤矿、吴忠仪表厂等重点项目。而粤北地区,主要是韶关—郴州的铀矿比较重要(苏联援建的 156 项之一)。所以笔者从实际出发,把宁夏始终列为三线地区。

"四五"计划初期,这个概念曾发生过小范围的变化。1970 年 2 月通过的《"四五"纲要(草案)》指出:"西南的四川、贵州、云南,西北的陕西和甘肃、青海的大部分地区,中南的豫西、鄂西、湘西、桂西和山西大同以南地区是我国的大三线。"9 月 4 日国务院在正式的《第四个五年国民经济计划纲要》中指出:"全国大三线,一般来说,是在长城以南、京广线以西的广大地区。具体来说,西南的四川、贵州、云南,西北的陕西、青海和甘肃的大部分地区,中原的豫西、鄂西,华南的湘西、粤北、桂西北,华北的山西和冀西地区,是我国的大三线。"②

1983 年 12 月,国务院又以 187 号文件规定国务院三线建设调整改造规划办公室工作范围为"四川、贵州、云南、陕西、甘肃省和豫西、鄂西、湘西地区和重庆市",这时是专指三线调整改造的范围,简称"八省一市",比当年的三线地区略小。但后来各省区都向国务院要求享受三线优惠政策,地区不断扩大,甚至把内蒙古都包括进去了。这就离开了原本意义的三线建设地

① 陈东林:《三线建设:备战时期的西部开发》,中共中央党校出版社,2003 年,第 1~2 页。
② 陈东林:《三线建设:备战时期的西部开发》,中共中央党校出版社,2003 年,第 81~82 页。

区概念了,可以不作考虑。

关于冀西,笔者认为,1966年2月罗瑞卿向中央报告小三线地区划分指出:"华北、华东、东北、中南四大区,规划了14个后方基地:1.东北东部山区,2.大兴安岭地区,3.冀热辽地区,4.太行山区,5.吕梁山区,6.内蒙古东部,7.内蒙古西部,大别山区,沂蒙山区,苏皖浙赣边区,闽浙赣山区,湘粤赣边区,湘粤桂地区、湘鄂赣地区。"①冀西,在《第四个五年国民经济计划纲要》中列入大三线地区,是与上述的小三线地区重叠了。事实上,经过笔者调研,冀西地区主要作为北京、天津的小三线进行建设,生产一般枪炮弹药,没有重点三线企业。所以,笔者未将其列入大三线地区,还是作为小三线地区。

至于中央军委文件的三线划分"甘肃乌鞘岭以东、京广铁路以西、山西雁门关以南、广东韶关以北的广大地区"。这应该是根据作战地形、京广线运兵考虑的划分,和三线地区的行政划分不同。

综上所述,我们在经中央批准、中宣部组织编写的《中华人民共和国简史》中,将三线地区表述为:"三线地区,指西南的四川(含重庆)、贵州、云南,西北的陕西、甘肃、宁夏、青海,还有湘西、鄂西、豫西、晋西、粤北、桂北等,共涉及13个省区。"②笔者认为,研究者对三线地区划分可以据此统一,即包括宁夏、粤北、桂北,不包括冀西。当然,在具体研究中可以灵活掌握。

第二,三线建设究竟内迁了多少人?

当时的称呼是"内迁职工"。由于三线建设长达20多年,一批人来了,一批人走了,这是一个动态的数据,无法进行精确计算,只能估算。

广义上说,参加三线建设的人员组成,大致上包括下列几部分:

---

① 陈夕主编:《中国共产党与三线建设》,中共党史出版社,2014年,第142页。
② 《中华人民共和国简史》编写组:《中华人民共和国简史》,人民出版社、当代中国出版社,2021年,第95页。

一是内迁企业事业单位正式职工。根据国家计委、国家经委 1971 年 3 月 8 日发出的《关于内迁工作中的几个问题的报告》所统计,1964 年到 1970 年底"三五"计划结束,"全国约有 380 个项目、145000 名职工、38000 多台设备从沿海迁往内地"。报告还指出:"1964 年以来由国家计委、国家建委和主管部门审查确定的迁建项目,现在大约还有 140 多个没有完成。这些迁建项目必须认真按原计划执行。"①由此总计,全国由内地迁往三线地区的项目和企业,大约有 520 个。按照此前每个企业平均 381 人计算,520 个企业总计 20 万人左右。但是这只是指列入中央两委和各部计划、迁移户籍和组织关系的企业职工,没有包括未迁移户籍和组织关系的支援三线建设职工。

二是参加三线建设施工和企业生产的解放军官兵。其中,经国家审定列入三线艰苦地区的军队企事业单位的人员,约 12 万人。② 专门为三线建设成立的基建工程兵和投入大量人力承担成昆、青藏等铁路建设的铁道兵,大约有上百万人次。因其属于部队编制,在此不计入内迁职工。

三是全国各地为三线建设动员参加修建矿山、水电站、铁路、公路的民工;这个数字是巨大的,以襄渝铁路为例,修筑历时 3 年多,民工高潮时期在 45～70 万人次左右。因为民工属于本地临时征集性质,也不计入内迁职工。

四是分批次临时前往三线地区轮换或者支援的职工,目前难以掌握准确数字。

五是随同内迁职工前往的家属。根据抽样调查,职工与家属大约 4∶1。1971 年 7 月 14 日国务院、中央军委批转国家计委、建委《关于内迁工作中几个问题的报告》指出:他们的家属目前随迁的只有 20%。

重庆生产力发展中心吴家农、马述林、艾新全等专家,以现在的重庆市

① 国务院、中央军委批转国家计委、国家经委关于内迁工作中几个问题的报告附件,1971 年 7 月 14 日。

② 原人民解放军全军三线人员办公室主任温尧忱提供给笔者的数字。

为范围,调查研究了三线建设时期外地职工迁入的情况,可以作为一个抽样调查依据。调查指出:关于重庆地区三线建设时期外地职工迁入情况,现在没有看到完整的资料。主要原因是重庆行政辖区几经变动,涪陵地区、万县地区都布局有三线建设厂矿,还有中央企业条条管理体制等原因。调查首先根据地方志等资料指出:沿海职工迁入数,1964 年至 1965 年,涉及国家 15 个部的 60 个企业、事业单位从北京、上海、江苏、辽宁、广东等沿海地区 12 省市内迁到重庆的职工,共有 4.6 万人。① 三线建设高峰期,沿海许多建筑施工单位奉命调迁重庆。据重庆市统计局 1966 年报统计,加上工程兵部队和铁道兵部队,估计全部施工队伍将近 10 万人。调查其次结合三线建设时期重庆市公安局户籍资料,经过分析印证,最后得出结论:重庆地区三线建设期间由外地迁入重庆职工人数当在 10 万人左右。再考虑随迁家属全部迁入人口当在 30 万人左右。外地迁入重庆的职工,多为工程技术人员、管理人员以及熟练技工。②

全国三线建设共有 13 个省、市、区,以重庆迁入职工 30 万人为平均人数计算,全国 13 个三线建设省区市,估算有迁入户籍的 390 万人。概称全国内迁三线地区有 400 万人以上,可以作为基本参考数据。

这个课题值得关注,希望各地研究者学习重庆的课题,统计出本地内迁职工人数。

第三,如何确定三线建设的起止和阶段时间?

目前众说不一,大致有三种划分。从政治上考虑:1964 年开始,至 1978 年党的十一届三中全会;从五年计划考虑:1964 年开始,至 1980 年"五五"计划完成;从国家战略考虑:1964 年开始,至 1983 年国务院做出三线企业调整

① 重庆市地方志编纂委员会编:《重庆市志》(第三卷),重庆出版社,2004 年,第 37～38 页。
② 重庆市生产力发展中心:《重庆三线建设遗址调查与保护利用研究》,2016 年 12 月。

改造战略决策,三线建设结束;1984 年开始实施三线企业调整改造战略,至2006 年宣布完成。笔者认为,用最后一种比较妥当。

三、弘扬宣传三线精神的现实意义

第一,"艰苦创业",是三线精神的精髓,浸润着三线建设的整个历史;"无私奉献",是三线精神的魂魄,传承着几代三线人的家国情怀;"团结协作"是三线精神的根基,代表着社会主义制度的优越性;"勇于创新",是三线精神的旗帜,引导着三线人不断攀登高峰。

三线精神在新时期建设中,将转化为强大的精神动力。特别是"备战备荒为人民"背景下诞生的三线精神,对于以美国为首的西方国家不断武力挑衅、威胁中国台湾和南海海域,习近平总书记多次要求"强化备战打仗的鲜明导向""聚焦备战打仗"[①]的今天,具有加强全国人民护国、卫国思想和普及国防教育的特殊重要价值。

第二,三线精神是红色精神谱系的重要组成,是"四史"学习活动的一座富矿。首先,由于当年以国防备战为中心,三线建设处于保密状态,成千上万人悄悄地来了,隐姓埋名,在深山僻野,一干就是几十年、几代人。因此,他们的艰苦奋斗事迹、创造的重要成就,现在还不广为人知,具有揭开神秘面纱的潜力和魅力,是一座可以为全国人民特别是青少年发掘鲜活的爱国主义教育素材的富矿。比如,成昆铁路沿线有 30 多座烈士陵园,许多墓碑上仍然是寥寥数字,需要发掘。其次,三线建设刚刚开始,就遭受了"文化大革命"的冲击,以后直到"文化大革命"结束,三线建设几乎都体现着广大三线职工和人民抵制、纠正极左错误,坚守工作岗位的忠诚精神。他们用建成

---

① 《习近平:强化备战打仗的鲜明导向 全面提高新时代打赢能力》,新华网,2017 年 11 月 3 日。

1945 个①大中型企业、60 多个新兴工业城市的重大成就,说明即使在那个特殊时期,我们党和国家,仍然领导全国人民取得了重要发展和成就。

第三,弘扬三线精神,将为保护利用三线工业遗产提供巨大的精神和文化支持,产生重要的经济效益。由于国内外形势的变化,在三线调整改造时期,许多三线企业搬迁,留下了大批工业遗址和遗产。由于过去对三线建设评价不够明确,在一段时期内甚至荒废、灭失。据我们的调研统计,大约有600~800 处。

习近平总书记指出:加强革命文物保护利用,弘扬革命文化,传承红色基因,是全党全社会的共同责任。各级党委和政府要把革命文物保护利用工作列入重要议事日程,加大工作力度,切实把革命文物保护好、管理好、运用好。② 他还针对青海的三线建设遗址保护做出了具体指示。

弘扬三线精神,可以使这些遗产获得红色文化的品牌,结合三线企业周边的绿水青山,改造为红色旅游景观、青少年爱国主义研学基地、三线军工小镇、国防休闲产业园等,取得中西部地区文化、经济建设的重要收益。

第四,中西部地区党校、党史、党建部门,是提炼、总结、弘扬三线精神的主力军(略)。

作者简介:陈东林,中国社会科学院当代中国研究所研究员,国史学会学术委员会副主任,中国三线建设研究会副会长

---

① 据国务院三线办公室 1984 年对八省一市普查数字。
② 《习近平对革命文物工作作出重要指示》,新华社,2021 年 3 月 30 日。

开拓后小三线建设的国史研究新领域

徐有威

20 世纪 60 年代中期,毛泽东和党中央根据当时中国面临的国际国内环境,做出了三线建设的重大决策。小三线建设作为三线建设的重要组成部分,也随之在全国除台湾以外所有的省区市逐步展开,直到 20 世纪 80 年代得以调整。随着时代进步和相关研究的持续深入,包括小三线建设在内的三线建设,其历史价值得以正本清源,赢得了恰如其分的地位。①

近十年来,有关三线建设和小三线建设的研究,已经成为国史研究领域引人注目的研究课题。② 特别重要的是,在当下大力提倡"四史"教育的新语境中,三线建设和小三线建设研究也获得了新的拓展空间。

20 世纪 80 年代初期,随着国内外形势的变化,三线建设和小三线建设进入"调整改造、发挥作用"时期,其内涵和外延都发生了重大变化。这一调

---

① 《中国共产党简史》编写组:《中国共产党简史》,人民出版社、中共党史出版社,2021 年,第 2C8 页;当代中国研究所:《中华人民共和国简史(1949—2019)》,当代中国出版社,2021 年,第 49 ~ 51 页。

② 徐有威、周升起:《近五年来三线建设研究述评》,《开放时代》,2018 年第 2 期;徐有威、张程程:《2019 年三线建设研究述评》,《三峡论坛》,2020 年第 3 期;徐有威、张程程:《2020 年三线建设研究述评》,《三峡大学学报》,2021 年第 4 期;徐有威、张程程:《上海小三线建设史研究综述》,载现代上海研究中心编:《现代上海研究论丛》(第 15 辑),上海书店出版社,2022 年,第 156 ~ 170 页。

整工作直到 20 世纪 90 年代中后期,在全国范围内方得以大致完成。小三线建设企业在走向社会主义市场经济体制的背景下,或破产、或重组、或改制、或转型,其历史真相和价值数十年来曾经被误读误解误传。据笔者长期研究和实地调查,发现全国范围内部分有着小三线建设背景的企业,今日仍活跃在各行各业之中,取得令人瞩目的成就,成为推动国民经济和区域经济发展的一支不可忽视的重要力量,应该引起国史研究者的高度重视。

本文所指的后小三线建设,指从 1981 年至 2021 年前后 40 年的时间段内,发端于原小三线建设的企业,在改革开放时代大潮的调整改造、兴衰成败、经验教训和价值启示,及其对相关区域经济社会乃至对中国经济社会发展所产生的多方面影响。下文将从后小三线建设的企业现状、研究资料、研究意义和价值三个层面,试论开展和深化此项研究的必要性和可能性。

一、企业现状

据国务院国防工业办公室《关于调整各省、市、自治区小三线军工厂的报告》所载:小三线建设决策于 1964 年,始建于 1965 年,旨在生产团级以下轻兵器,武装民兵和地方部队,战时支援野战军作战。截至 1981 年,在全国 28 个省、自治区、直辖市已经建立了 268 个军工企事业单位,其中 255 家已投产,在建工厂 9 家、仓库 3 家、研究所 1 家;小三线全体职工 28 万人,设备 37000 台,累计投资 31.5 亿元,累计上缴利润 12.6 亿元。[①] 1978 年,党中央审时度势,做出将国家工作重心转向经济建设的重大决策,并提出以"军民

---

① 国务院国防工办:《关于调整各省、市、自治区小三线军工厂的报告》,1981 年 4 月 6 日,上海市档案馆,档案号:B1 - 8 - 178 - 26;中华人民共和国国务院、中国共产党中央委员会军事委员会:《关于小三线军工厂归地方领导的若干问题的通知国发〔1973〕116 号》,1973 年 8 月 20 日,http://www.gov.cn/zhengce/content/2015 - 11/17/content_10293.htm。

结合,平战结合,以军为主,以民养军"的国防工业发展方针。① 1981 年 4 月,国务院国防工业办公室正式向国务院、中央军委提交报告,提出小三线建设调整的基本原则为:"着重进行生产结构的调整,适当保留军品生产线,变单一军品生产为军民结合的生产结构;对于要调整的工厂,应贯彻少关停、多并转的方针。"②这一调整原则得到了国务院和中央军委的复准,由此在全国范围内拉开了小三线企事业单位调整的序幕,全国小三线企事业单位也进入了后小三线建设时期。如上所述,所谓后小三线建设的研究,指 1981 年直至 2021 年期间,针对这批发端于原小三线建设企业的研究。

全国小三线建设调整始于 1981 年,全面推动于 1984 年。截至 1985 年底,全国小三线企事业单位已减少到 229 家。③ 各省区市开展小三线调整工作的过程非常复杂,各地完成调整的具体时间亦不统一,其基本情况至今难以全面准确地掌握。究其原因主要有以下三点:第一,第五机械工业部作为小三线建设业务最高负责机构在 20 世纪 90 年代初期已经机构改革,各省区市小三线建设的主管机关国防科技工业办公室在 20 世纪 90 年代中期,亦随之经过了多轮机构改革;第二,小三线企事业单位的档案资料或存于地方政府档案馆不方便查阅,或在调整时遗失,或被人为所毁,或分散存放在原单位档案室不为人知;第三,调整后的小三线企事业单位的干部职工搬离企业原址,分居各地,绝大部分难以联系调查。

虽有诸多困难,但基于笔者 2013 年至今的实地调查和口述访谈,结合已查阅到的各地政府档案和企业档案,同时获助于全国各地小三线建设领导者、亲历者和研究者的倾情帮助,以中国兵器工业总公司所编的《地方军事

---

① 中国兵器工业总公司编:《地方军事工业》(内刊),1992 年,第 142 页。

② 国务院国防工办:《关于调整各省、市、自治区小三线军工厂的报告》,1981 年 4 月 6 日,上海市档案馆,档案号:B1-8-178-26。

③ 中国兵器工业总公司编:《地方军事工业》(内刊),1992 年,第 27 页。

工业》"附录二"《企事业单位一览表》为依据①，本文统计出如表所示的全国部分省区市调整后的小三线企业现状不完整信息。

表1 部分省区市小三线企业现状统计表

单位:家

序号	省区市	原有	现存	倒闭	被兼并	情况不详	现存率(%)
1	广西	8	3	1		4	38
2	江西	25	8	17			32
3	安徽	23	7	4	3	9	30
4	上海	54	6	48			11
5	青海	2	1	1			50
6	宁夏	2	1	1			50
7	四川	2		2			0
8	江苏	7	5			2	71
9	内蒙古	9	1	8			11
10	湖北	10	6	1		3	60
11	辽宁	7		3		4	0
12	山东	11	6	5			55
13	吉林	13	4	2		7	31

说明:本表系作者自制。表内13个省区市小三线建设企业单位原有数据,见中国兵器工业总公司编《地方军事工业》(1992年,内部资料,第148~158页)。

如上表所示，截至2021年底，笔者已经采集到13个省区市的173家小三线企业信息。其现状为:尚存48家,存活率为28%;倒闭93家,占总数的

① 该《企事业单位一览表》有遗漏或错误,如表中所列出的宁夏化工厂(5225厂),始终处于筹建过程中,没有投入生产。参见王廷选:《宁夏小三线宁夏化工厂(5225厂)筹建始末》,载徐有威、陈东林主编:《小三线建设研究论丛》(第3辑),上海大学出版社,2018年,第323~329页。这个一览表中显示西藏没有小三线企业,事实上西藏在1966—1969年间,曾经筹建过四家小三线企业。参见《我们所知道的西藏小三线建设》,彭树志等口述,李德英和傅琳采访,徐有威等整理,《当代史资料》,2021年第2期。

54%;被兼并 3 家,占总数的 2%;情况不详 30 家,占总数的 17%。上述企事业单位在近三四十年中,历经关、停、并、转、迁、换等极大幅度的改造改革改制,现存企业大致有如下三种情况。

第一,依旧从事军工生产。安徽现在至少有 4 家小三线军工企业直接归属安徽军工集团控股有限公司(下文简称"安徽军工集团")旗下,其中由安徽军工集团控股的安徽长城军工股份有限公司已在上海证券交易所上市。青海青乐化工机械有限责任公司(原青海小三线企业青海化工厂)、江西新明机械有限公司(原江西小三线企业新民机械厂)、安徽新诺精工股份有限公司(原上海小三线企业跃进机械厂)、江苏永丰机械有限公司(原江苏小三线企业永丰机械厂)和江苏永康机械有限公司(原江苏小三线企业永康机械厂)等一批原小三线企业仍坚持军工特色,继续为中国军事工业发展做贡献。①

第二,依旧运营生产原小三线建设的军工企业配套项目。安徽海螺集团有限责任公司(原上海小三线企业胜利水泥厂)分别在香港联合交易所(1997 年)和上海证券交易所(2002 年)上市,成为亚洲最大的水泥供应商,创造出"世界水泥看中国,中国水泥看海螺"的美誉。安徽海峰印刷包装有限公司(原上海小三线企业海峰印刷厂)、安徽安东集团龙江供水公司(原上海小三线企业龙江水厂)、安徽 325 发电有限公司(原上海小三线企业 325 电厂)、安徽华尔泰化工股份有限公司(原上海小三线企业自强化工厂)、湖北卫东控股集团有限公司(原湖北小三线企业卫东机械厂)、淮河化工有限公司(原江苏小三线企业淮河化工厂)、江苏红光化工有限公司(原江苏小三线企业红光化工厂)、天明化工有限公司(原江苏小三线企业天明化工厂)和

---

① 《征程——前进中的江西 9304 厂》编委会编:《征程——前进中的江西 9304 厂》,上海大学出版社,2016 年;《青海化工厂厂志》(四册),1987—2001 年,内部资料,原件现藏青海青乐化工机械有限责任公司档案室。

河南省前进化工科技集团股份有限公司（原河南小三线企业前进化工厂和工农机械厂合并而成）等，均原为小三线军事工业配套的项目，现已经在各自所属行业中发展成为知名企业。① 2021 年 9 月 29 日，安徽华尔泰化工股份有限公司在深圳证券交易所主板正式挂牌上市，由此成为安徽省池州市首家主板上市的工业企业，而这家企业的前身就是原上海小三线企业自强化工厂。

第三，原小三线建设军工企业军转民，转产民品，后经历重组、国有企业股份制改革而形成新的现代化企业。安徽合肥长安汽车有限公司系原生产高射机枪的安徽小三线企业淮海机械厂发展而来，如今已是安徽省重点骨干企业。2016 年以来，该公司抓住消费转型趋势，加强产业升级，实现了生产、制造、研发基地全链落地。2019 年 7 月，其二期项目投产，具备年产 40 万—50 万辆汽车的规模。② 此外，安徽江南机械有限责任公司（原安徽省小三线企业江南机械厂）也属于此类企业。

第四，有小三线建设背景的亲历者创业而产生的企业。小三线建设从城市来到农村，有意无意间，给各地的农村民众打开了一扇看外部世界的窗户，带来了前所未有的现代工业新气息。在改革开放的时代大潮中，获得了

---

① 皖南海峰印刷包装有限公司编：《纪念皖南海峰印刷包装有限公司成立十周年暨"三线企业"交接二十周年》，内部资料，2006 年；钱学勤口述、余顺升等采访：《我所知道的上海小三线 325 电厂》，载徐有威、陈东林主编：《小三线建设研究论丛》（第 3 辑），上海大学出版社，2018 年，第 330 ~ 334 页；杨克芝：《尊崇历史，唯实求实——湖北小三线原卫东机械厂厂史编纂感悟》，载徐有威、陈东林主编：《小三线建设研究论丛》（第 6 辑），上海大学出版社，2021 年，第 72 ~ 80 页；陈耀明：《我所知道的上海小三线自强化工厂》，载徐有威、陈东林主编：《小三线建设研究论丛》（第 2 辑），上海大学出版社，2016 年，第 282 ~ 296 页；徐锋华：《上海皖南小三线东至化工区个案研究》，《安徽史学》2016 年第 2 期；牛建立：《改革开放以来河南前进化工科技集团股份有限公司的发展纪实》，载徐有威、陈东林主编：《小三线建设研究论丛》（第 4 辑），上海大学出版社，2018 年，第256 ~ 280 页；王来东：《江苏淮安市小三线职工口述史选编》，载徐有威、陈东林主编：《小三线建设研究论丛》（第 4 辑），上海大学出版社，2018 年，第 54 ~ 214 页；采访安徽华尔泰化工股份有限公司董事长吴李杰，采访人：方锦波，2021 年 2 月 22 日，安徽东至县华尔泰化工股份有限公司董事长办公室；采访安徽安东集团龙江供水公司董事长徐林辉，采访人：方锦波，2021 年 2 月 22 日，安徽东至县田园新村小区。

② 吴量亮：《汽车产业企稳向好》，《安徽日报》，2020 年 9 月 4 日。

这股新气息熏陶的农村民众,抓住点滴机会,投身创业而成功。2016 年在深圳股票交易所中小板上市的安徽黄山胶囊股份有限公司创始人余春明,曾经是原上海小三线企业东风机械厂的一名安徽当地的征地工。在上海小三线调整之后,经过多年的奋斗,开拓出了自己的一片天地,成为后小三线建设的创业典型。①

二、研究资料

基于上述统计和分析,原小三线建设企业在后小三线建设时期得以以各种形式继续存在,并在市场化改革大潮中经历浮沉取得巨大成就。因此,开展后小三线建设的研究非常有价值。因其距当下间隔时间较短,后小三线建设研究的资料丰富立体多元,笔者认为此领域研究资料至少应该包括档案资料、民间文献、口述史、传统媒体和新媒体,以及新编地方志等。

第一,档案资料的重要性自不待言,根据档案保存地点的不同,可分为政府档案和企业档案。

首先应受重视的必然是政府档案。在全国各省区市小三线建设中,上海小三线建设是门类最全、人员最多、规模最大的一个以军工生产为主的综合性后方工业基地,上海市档案馆由此收藏了数量巨大的后小三线建设方

---

① 王立武:《上海"小三线":打开皖南山区通往山外世界的一扇窗》,新华网,2018 年 8 月 3 日;刘四清:《安徽旌德历史上的上海小三线》,载徐有威、陈东林主编:《小三线建设研究论丛》(第 2 辑),上海大学出版社,2016 年,第 50~52 页。

面的档案资料,在全国同类档案馆中具有标志性意义。① 在各省区市以下的地级市档案馆中,同样也收藏着数量众多的政府档案。江苏有九家小三线企业,其中9395厂(淮河化工厂)、9489厂(滨淮机械厂)、9305厂(天明化工厂)、925厂(永丰机械厂)、5315厂(红光化工厂)五家曾下属于江苏省淮阴市国防工业办公室,其部分档案目前收藏于江苏省淮安市档案馆。根据江苏省淮安市档案馆已开放的《淮阴市国防工业办公室1984—2000年目录》显示,该馆共藏各类后小三线建设的企业档案资料7975卷、计21804页纸质文件。按照发文单位划分,既有国防科工办文件(包括江苏省国防科技工业办公室、淮阴市国防工业办公室收发文),也有政府类文件(包括江苏省、淮阴市、盱眙县人民政府及其下属各机关收发文)。此外,该馆还藏有935厂等的相关资料。这些档案对于研究江苏省的后小三线建设,具有非常重要的价值。② 如果说内容丰富的政府档案存放在官方档案馆中不易访得,那么保存在原小三线企业的企业档案,则相对比较容易寻找和利用。位于皖南的上海小三线企业八五钢厂是上海81家小三线企事业单位中规模最大的企业,同时也名列全国所有小三线企事业单位之首。八五钢厂不但在昔日为小三线建设做出令人敬佩的贡献,而且在保存档案方面同样走在前列。八五钢厂的档案资料现完整保存于上海中国宝武集团上海五钢有限公司档案室,其内容涵盖八五钢厂的建设、产品生产、工作计划、工作总结和工人生活等各个方面。窥一斑可以知全豹,这些档案资料对于全面研究上海乃至全

---

① 霍亚平:《上海档案馆藏上海小三线建设资料介绍(上)》,载徐有威、陈东林主编:《小三线建设研究论丛》(第1辑),上海大学出版社,2015年,第387~393页;杨帅:《上海档案馆藏上海小三线建设资料介绍(下)》,载徐有威、陈东林主编:《小三线建设研究论丛》(第1辑),上海大学出版社,2015年,第394~399页;徐有威、李云、杨华国、胡静、杨帅:《皖浙两省地方档案馆藏上海小三线建设档案资料概述》,上海市档案馆编:《上海档案史料研究》(第17辑),上海三联书店,2014年,第345~360页。

② 王来东:《江苏省淮安市档案馆馆藏小三线档案资料简介》,载徐有威、陈东林主编:《小三线建设研究论丛》(第4辑),上海大学出版社,2018年,第3~53页。

国后小三线建设弥足珍贵。特别值得一提的是，八五钢厂档案中存有1976—1986年间《八五团讯》和《八五通讯》这两种八五钢厂自办的企业报，这在全国小三线企事业单位中可谓绝无仅有。这两份企业报有幸得到2020年度国家出版基金资助，目前已经正式出版。其中1981年之后的内容，在《八五通讯》中约占88%，在《八五团讯》也有将近48%的篇幅。这些将为后小三线建设的研究开展提供丰富素材。①

第二，档案多反映官方意志，而民间文献则能发现更多的基层和个人视角。笔者认为，凡是记述与后小三线建设有关的并且保存在民间的文献，在一定程度上都可以称之为后小三线建设的民间文献。在此范围内，包含厂志、日记、工作笔记和亲历者的自印本回忆录等，都是研究后小三线建设不可多得的文献史料。

截至2019年底，笔者已收集到后小三线建设的厂志22种，涉及8个省区市不同类型的企业。这些厂志全面记载了该企业的整体情况、生产情况、经营管理、党群组织、文化和技术教育、职工生活与福利保障等。浙江德清有着原小三线建设背景的浙江解放机械制造有限公司主编的《浙江解放机械制造有限公司志，1964—2014》（2014年自印本），完整记载了该公司从20世纪60年代小三线建设时期直到2014年的后小三线建设时期的完整发展过程。以上海小三线企业的海峰印刷厂为基础的皖南海峰印刷包装有限公司，在2006年纪念企业成立20周年之际，出版了《纪念皖南海峰印刷包装有限公司成立十周年暨"三线企业"交接二十周年》，详细记载了该公司在后小三线建设时期的发展历程。

日记和工作笔记也是后小三线建设资料来源中的一大特色。目前，学界对于日记的利用和研究主要集中在一些名人名家，但是从后小三线建设

---

① 徐有威主编：《新中国小三线建设档案文献整理汇编》（第一辑），上海科技文献出版社，2021年。

的视角来看,由于其覆盖地域广泛、涉及人员众多,其中必然有部分来自普通干部群众的日记和工作笔记,同样值得关注和挖掘。笔者几年前在走访辽宁小三线企业原新风机械厂(965 厂)时,偶遇《冯贵芳日记》10 册。作为新风机械厂基层干部的冯贵芳在其工作之余所写的日记,时间从 1967 年 1 月至 2000 年 5 月,跨度长达 33 年,大致与新风机械厂的存续时间相同。在这 10 册日记中,从第 6 册到第 10 册完全和后小三线时代吻合,由此可以肯定,《冯贵芳日记》对于研究全国后小三线建设肯定有所助益。① 根据笔者的研究经历可以断定,只要假以时日并具有足够的耐心,在全国范围内寻找,这类资料的数量一定会与日俱增。

此外,后小三线建设亲历者的自印本回忆录内容也丰富多彩。柳波主编《卫东记忆》(自印本,2014 年)就是其中的代表作之一,此书是曾在湖北襄阳小三线企业原卫东机械厂(846 厂)从事工会宣传工作的杨克芝(笔名柳波)主编的一本以回忆文章汇编为主,同时包含部分史料汇编的著作,其中一部分内容就是其本人和企业诸多同事在后小三线建设的亲历亲见亲闻,值得关注。②

第三,口述史资料是后小三线建设研究资料的重要组成部分。口述史资料的价值,在以往的小三线建设研究中已经得到了反复印证。2020 年上海大学历史系博士生张胜提交的博士论文《安徽小三线企业调整与地方社会经济建设研究》,以安徽后小三线建设为时空主题,采访了 60 多位当事人,这些口述史资料成为其博士论文重要的资料来源之一。因为后小三线

---

① 冯伟:《辽宁小三线新风机械厂(965 厂)忆旧》,载徐有威、陈东林主编:《小三线建设研究论丛》(第 3 辑),上海大学出版社,2018 年,第 338 页。已有学者注意到了《冯贵芳日记》的价值,参见黄巍:《突破与回归:辽宁三线建设述论》,《开放时代》,2018 年第 2 期;黄巍:《经济体制转型中的三线调整——以辽宁新风机械厂(1965—1999)为例》,《江西社会科学》,2018 年第 8 期;黄巍:《20 世纪六七十年代小三线职工日常食品供应研究——以辽宁桓仁县三新厂为例》,《史林》,2020 年第 5 期。
② 杨克芝:《尊崇历史,唯实求实——湖北小三线原卫东机械厂厂史编纂感悟》,载徐有威、陈东林主编:《小三线建设研究论丛》(第 6 辑),上海大学出版社,2021 年,第 72 ~ 80 页。

建设距今较近,相比于岁月相对久远的小三线时代,这类口述史资料相对容易采集。

第四,传统媒体和新媒体。从1981年至今的后小三线建设,因为改革开放的持续深入、科学技术的进步和经济发展的日新月异,其报刊资料和网络资料相较于小三线建设时期,其内容丰富程度不可同日而语。仍以安徽芜湖的海螺集团为例,对于这个诞生于后小三线建设的国内外水泥行业领头羊,全国报刊予以了热情的关注。除全国级主流纸媒《人民日报》等和省级主流纸媒《安徽日报》的相关报道之外,芜湖的地方纸媒《芜湖日报》在数十年中连续不断地进行跟踪式报道,素材内涵之丰富几乎可以撰写一份后小三线建设时期海螺集团发展历程的大事记。另外,以上海出版界为例,具有优良历史传统的上海传统纸媒有关小三线建设的报道文章,和全国同时期的各省区市对比,也是一种难得的资料。①

近年来,新媒体越来越成为后小三线建设研究的重要资料来源之一。进入自媒体时代后,上述的安徽芜湖的海螺集团官方自媒体以及相应的网络资料,就是一座极为丰富的亟待开发的新资料宝库。人民网、新华网、澎湃网、中国社会科学网等主流新媒体平台对三线建设研究的各类文章,从质量和数量上,已有赶超传统媒体的势头。同时有关三线建设的微信公众号,也已经有令人瞩目的成绩。②

---

① 徐有威选编:《上海小三线报刊资料选编(1976—1987年)》,载华东师范大学冷战史研究中心主编:《冷战国际史研究》(第11辑),世界知识出版社,2011年,第215~267页;徐有威编:《有关上海小三线建设报刊资料选编(1979—1986年)》,载上海地方志办公室等主编:《上海研究论丛》(第20辑),上海书店出版社,2012年,第305~356页;李婷:《上海媒体报道与上海小三线建设(1965—1988)》,上海大学,2014年历史系硕士学位论文,论文指导教师:徐有威。

② 屈晨熙:《从不甚了了到心领神会:奇妙的"小三线今昔"运营之旅》,载徐有威、陈东林主编:《小三线建设研究论丛》(第6辑),上海大学出版社,2021年,第528~535页;郭志梅:《传承三线建设精神:我奔走在杂志、散文和新媒体之路》,载徐有威、陈东林主编:《小三线建设研究论丛》(第6辑),上海大学出版社,2021年,第401~408页。

第五,各地的新编地方志,多少都有后小三线建设的信息,也是研究后小三线建设的资料来源之一,值得关注。①

三、研究意义和价值

小三线建设是当前国史研究领域中的热点话题。近年来,小三线建设的研究成果如雨后春笋般涌现,产生了一定的学术和社会影响力。② 而后小三线建设这一概念的提出,则为国史研究进一步开拓出新的研究领域。

笔者对后小三线建设研究的开展和深入充满期待。这一研究新领域,将至少具有以下五个方面的意义和价值。

第一,作为高质量的个案必将全面推动和深化国史的研究与教育。后小三线建设是国史领域中的一个非常有价值的个案,从 20 世纪 60 年代中期开始的小三线建设,历经"文化大革命"的前夜和全程,随后迎来了改革开放。20 世纪 80 年代初,又进入了调整时期直到当下。小三线建设和后小三线建设可以说几乎完整地横跨了中华人民共和国风云激荡的半个多世纪。透过后小三线建设的研究,特别是无数从业人员激动人心奋斗史的阐述,可以更好地理解和把握国史的内涵和实质,从而推动"四史"研究与教育持续深入开展。③

第二,后小三线建设研究对改革开放史具有独特价值。综观后小三线建设众多企业的兴衰,无不和改革开放息息相关。对内搞活、对外开放政策

---

① 徐有威、霍亚平:《上海首轮新编地方志中的上海小三线建设》,载俞克明主编:《现代上海研究论丛》(第 11 辑),上海书店出版社,2014 年,第 126~131 页。

② 徐有威、周升起:《近五年来三线建设研究述评》,《开放时代》,2018 年第 2 期;徐有威、张程程:《2019 年三线建设研究述评》,《三峡论坛》,2020 年第 3 期;徐有威、张程程:《2020 年三线建设研究述评》,《三峡大学学报》,2021 年第 4 期;徐有威、张程程:《上海小三线建设史研究综述》,载现代上海研究中心编:《现代上海研究论丛》(第 15 辑),上海书店出版社,2022 年,第 156~170 页。

③ 张杨:《三线建设与"四史"研究》,《中共云南省委党校学报》,2021 年第 2 期。

的贯彻和落实,特别是外资的引进和利用,全方位影响了这些企业的盛衰,在它们的成长史上留下了极其深刻的痕迹。①

首先,后小三线建设研究所关注的原小三线企业的调整、改造和发展,与中国外交战略转变、国家军工管理体制和国防工业经济的改革等多方面紧密相连。其次,后小三线建设研究是观察1981—2021年这40年间中国经济、政治、文化、社会体制改革的独特视角。小三线建设的军工体制是最具计划经济韧性的领域之一,在国企改革过程中颇具典型性和困难性,不仅可以通过比较全国各地原小三线企业的调整、改造与发展,直接提供较为全面的国企改革实践案例以及全国范围内进行地域比较的维度,还可以分析全国各地小三线企业在调整、改造与发展过程中的不同路径,构建出改革开放视野下全国国企总体改革进程中立体多元的历史面相。最后,日下风云变幻的国际环境,已经影响也必将进一步影响这些后小三线建设企业新的发展轨迹。

第三,有助于全面、客观、准确地评价小三线建设。小三线建设是三线建设的重要组成部分,同样也在新中国工业化道路上写下了浓墨重彩的一笔。

对于小三线建设的评价始终是一个有争议的重大议题。有学者认为三线建设战略决策的出发点是符合当时的国情的,改善了我国的国防工业布

---

① 钱学勤口述、余顺升等采访:《我所知道的上海小三线325电厂》,载徐有威、陈东林主编:《小三线建设研究论丛》(第3辑),第330~334页;采访安徽宁国水泥厂党委书记刘毅,采访人:徐有威,2021年9月8日,安徽宁国水泥厂;袁世超:《改革开放初期三线企业的技术引进与外资利用——以长城机床铸件厂为例》,提交第三届全国三线建设学术研讨会(2021年10月22日至24日,四川绵阳)论文。

局,推动了地方工业经济的发展。① 更有学者在肯定三线建设决策的基础上,认为三线建设在一定程度上造成了国家资源的浪费。② 由此可见,目前学界的视线仅短时段地集中在 20 世纪 60 年代中期至 80 年代初期。如果将研究视野进一步延伸至 1981—2021 年的后小三线建设这一更加宽广的长时段,就可以看到在时代大潮中转型成功的这些原小三线企业依然在为国民经济发展贡献着自己的重要力量。换言之,从后小三线建设这个视角切入,就会在近一个甲子的长时段中重新评估包括小三线建设乃至三线建设的历史价值,从而有可能使三线建设历史化和学术化评价得到更精确的考量和定位。

如上述的安徽海螺集团,就是在位于安徽宁国的上海小三线企业原胜利水泥厂的基础上逐步扩大发展起来,进而成为一家在香港和上海同时上市的公司,享有"亚洲水泥之王"的美誉,成为中国改革开放成功的地标之一。从 20 世纪 60 年代直到今天,透视海螺集团前世今生的探索,我们对小三线建设或会有不同以往更完整的结论。因此,进行后小三线建设研究必将有助于完整认识和评价小三线建设。

第四,拓宽三线建设研究的内容和视野。后小三线建设概念的提出,对于小三线建设研究而言具有重要意义。以此为基础,对于整个三线建设研究而言亦提供了新思路和新方向。

---

① 宋毅军:《毛泽东与三线建设战略决策》,《国防科技工业》,2014 年第 5 期;封毅:《三线建设的历史意义和时代启示》,《贵阳市委党校学报》,2020 年第 6 期;李云、张胜、徐有威:《安徽小三线建设述论》,《安徽史学》,2020 年第 5 期;朱荫贵:《上海在三线建设中的地位和作用——以皖南小三线建设为中心的分析》,《安徽师范大学学报》(人文社会科学版),2020 年第 4 期。

② 刘锐、王春蕾:《黑龙江小三线建设调查与评价》,《绥化学院学报》,2015 年第 9 期;李彩华、姜大云:《区域发展视域下三线建设调整之经验启示》,《东北师大学报》(哲学社会科学版),2011 年第 3 期;张东保:《困惑中的矛盾与整合——上海小三线职工的工作与生活状况研究》,《上海党史与党建》,2016 年第 8 期;杨汉卿、梁向阳:《20 世纪六七十年代广东的小三线建设》,《红广角》,2015 年第 7 期。

从研究内容来看,工业遗产、历史记忆、社区建构等都属于后小三线建设的重要研究课题,其将成为后三线建设研究的内涵和外延。从研究视野来看,后小三线建设研究的开展将有助于国史研究这个经典历史学的研究对象,与社会学、经济学、人类学、民族学、新闻学、政治学、管理学、城乡规划学、建筑学和军事学等学科形成更为广泛紧密的联系。这个主题可以给"一带一路"乃至长三角协同发展等时政课题,提供历史和现实的对照坐标。同时这也与当前大力提倡的"新文科"建设具有内在的一致性,从而将三线建设研究推至更开阔的视野和更高的平台。①

第五,及时总结小三线企业转型的得失经验,为当前国有企业改革和发展提供历史借鉴。小三线企业开始并定型于 20 世纪 60 年代的计划经济时代,20 世纪 70 年代末改革开放的时代潮流使小三线企业从原来的"饭来张口""等米下锅"不得不转变为自谋出路。面对这一突如其来的根本性转向,许多小三线企业因各种因素限制没有或难以完成计划中的调整改造,最终未能逃脱关停破产或被兼并的命运,其由兴转衰的经验教训,至今仍然是一种特殊性的历史价值所在。

然而一部分小三线企业通过转型升级,最大限度地利用对内搞活、对外开放和加入 WTO 后的政策与机遇,浴火重生,在社会主义市场经济的道路上焕发新的勃勃生机与活力,由此成长为一批国营企业、民营企业和混合所有制企业等多种产权类型的骨干型乃至支柱型的企业群体。有的企业成为上市公司,有的已经成为国内外的知名企业集团。这些凤凰涅槃的小三线企业既是小三线建设的亲历者,也是改革开放的受益者。它们从弱到强、赢得国内和国际两个市场的竞争优势、其内涵和外延并进的发展经验和发展

---

① 关于三线建设研究的跨学科视角,参见张勇、周晓虹、陈超、徐有威、谭刚毅:《多学科视角下三线建设研究的理论与方法笔谈》,《宁夏社会科学》,2021 年第 2 期。

导向,对于当下正在以更大力度推动的国有企业新改革和新发展,无疑具有重要的借鉴意义和价值启示。

后小三线建设研究的内容,除去上述五个主要方面之外,同时还有其他丰富的主题相关,至少包括诸如军民融合、社会维稳、企业党建、城市化进程和工业化建设,企业与城市及农村社会的关系等,都具有深远的历史和现实的价值,值得全面关注和深入研究。

本文曾载《浙江学刊》2022 年第 2 期,此处有删改

作者简介:徐有威,男,江苏吴县人,上海大学历史系教授,博士生导师。研究方向为中国当代史。

基金项目:本文系 2013 年度国家社科基金重大项目"小三线建设资料的整理与研究"(批准项目号:13&ZD097)、2017 年度国家社科基金重大项目"三线建设工业遗产保护与创新利用的路径研究"(批准项目号:17ZDA207)和 2018 年度教育部社科研究重大课题攻关项目"三线建设历史资料搜集整理与研究"(项目批准号:18JZD027)之阶段性成果。

原四川省绵阳地区三线建设
中央直属项目述论

张　勇

三线建设是指 1964—1980 年,中央在三线地区组织开展的以战备为中心的大规模工业、交通、国防和科技设施建设。原四川省绵阳地区(专区)(以下简称"绵阳地区")是全国三线建设中央直属项目布局的重点区域,国家在此建成了包括"三线核武器研制基地"在内的尖端武器科研生产基地。三线建设在绵阳地区取得伟大成就的同时,也留下了大量弥足珍贵的文化遗产。全面系统地总结梳理中央部委在绵阳地区布局建设的项目历史,有助于推动该区域三线文化遗产的保护、传承和利用。

一、文献回顾和研究意义

(一)文献回顾

近年来,得益于三线建设档案文献的解密、口述史料的搜集整理,以及国内外学术界对三线建设研究倾入了更多的关注,三线建设成为中国当代史研究的重要课题。同时,三线建设重点区域的研究越来越受到学者的关注,且高质量成果不断涌现,研究视域不断拓展。

综观三线建设重点区域的研究,在地市级区域层面,研究成果主要集中在原四川省重庆市、渡口市(1987 年之前,攀枝花市的旧称)、贵州六盘水地区等常规兵器工业基地、钢铁工业基地和煤炭工业基地重点布局区域,而对尖端武器重点布局区域关注不够。近年来,也有部分学者对绵阳地区下辖区域三线建设问题进行了研究:崔一楠、李群山梳理了 1965 年广元对三线建设的支援[1];周明长以德阳市为案例研究,探讨了三线建设与城市化发展的推动作用[2];西南科技大学一些研究生在导师的指导下,对绵阳市三线建设进行了研究并提出了一些看法和建议。

然而不得不指出的是,目前学界关于绵阳地区三线建设的高质量成果较少,系统地研究中央在绵阳地区直属项目布局的成果更是阙如,在研究绵阳地区三线建设为数不多的成果中,还存在行政区域边界不清、行业特征分类不准、历史文化研究不够等问题。

(二)研究意义

绵阳地区三线建设研究成果缺失主要有两方面原因:一是绵阳地区是三线建设国防尖端战略武器重点布局区域,涉及大量国家秘密,有些项目涉密度高,大量档案资料长期处于高度保密状态;二是全国三线建设结束后不久,国务院就对绵阳地区行政区划做出重大调整,绵阳地区被撤销,下辖区域演变形成"四市一区",即四川省绵阳市、德阳市、广元市、遂宁市和重庆市潼南区。由于行政区划调整,推进绵阳地区三线建设文化保护传承利用工作难度大大增加。研究成果的缺失制约了绵阳地区三线建设历史文化的保

---

[1] 崔一楠、李群山:《1965 年四川广元对三线建设的支援》,《当代中国史研究》,2014 年第 2 期。

[2] 周明长:《三线建设时期的中国城市化——以四川德阳为中心》,《江西社会科学》,2018 年第 8 期。

护传承利用,与四川攀枝花、贵州六盘水、重庆市等其他三线建设重点区域相比,绵阳还有很大差距。

近年来,随着绵阳地区三线建设绝密工程的解密,有关文献档案资料开始解密,绵阳地区三线建设随即进入公众视野。2019 年 10 月,位于绵阳市下辖梓潼县的"三线核武器研制基地旧址"入选全国重点文物保护单位名单;2020 年 12 月,位于绵阳市下辖江油市的"航空发动机高空模拟试验基地旧址"入选国家工业遗产名单,标志着四川省绵阳地区三线建设遗产保护与利用进入新的历史阶段,系统地研究绵阳地区的三线建设历史、文化及遗产成为当务之急。

二、研究范围和研究方法

(一)研究范围

1. 时间范围

1964 年 5 月 15 日—6 月 17 日,中共中央工作会议期间,毛泽东提出把全国划分为一、二、三线的战略布局,要下决心搞三线建设。[①]"北部湾事件"爆发以后,中央关于三线建设的重大战略决策迅速形成。中央在绵阳地区的三线建设既有新建项目,也有初始建设时间早于 1964 年的续建、复建和扩建项目。另外,全国范围内大规模的三线建设结束以后,中央在绵阳地区布局建设的项目并没有完全停下来,有些项目建成时间可能延续到 1980 年以后。但是通过对绵阳地区三线建设历史的全面考察,笔者仍然将研究的时间范围确定为 1964—1980 年。

---

① 李学昌主编:《中华人民共和国事典 1949—2009》,世界图书上海出版公司,2009 年,第222 页。

2. 地域范围

1964—1980 年三线建设期间,省辖绵阳市还没有设立,还处在绵阳专区和绵阳地区的阶段。新中国成立后,1950 年设立绵阳专区。1970 年绵阳专区改称绵阳地区,地区驻绵阳县,辖绵阳、江油、青川、平武、广元、旺苍、剑阁、梓潼、三台、盐亭、射洪、遂宁、蓬溪、潼南、中江、德阳、绵竹、安县、北川等 19 县,面积 44000 平方千米,人口 1000 余万人,是当时全国最大的地级行政区域之一。1976 年由绵阳县析置绵阳市,绵阳地区驻绵阳市,辖 1 市、19 县。1977 年将潼南县划归江津地区,绵阳地区辖 1 市、18 县。1979 年撤销绵阳县,并入绵阳市。绵阳地区辖 1 市、17 县。① 三线建设绝大部分时期,绵阳地区处于下辖 19 县的全域状态,因此,以此作为地域研究范围。

3. 行业范围

三线建设以国防工业、基础工业和交通基础设施建设为主要任务。国防工业又称军事工业,简称军工,特指与从事武器装备科研生产紧密相关的核、航天、航空、船舶、兵器和电子六大行业领域,总体来看,中央在绵阳地区布局建设的项目具有很强的国防和军工行业的属性和特征。基础工业是生产基本生产资料的工业部门的总称。在我国,一般将能源工业、冶金工业、基本化学工业、部分机械工业等称为"基础工业"部门。国防工业和基础工业的发展,必须要有交通运输、人才资源、后勤服务等配套单位作保障。因此,本文研究的行业范围主要有 4 个方面:国防工业、基础工业、配套保障项目和交通邮电设施。

4. 项目范围

绵阳地区的三线建设是一个波澜壮阔、惊天动地的故事,不同层级的三

---

① 《绵阳市志》编纂委员会编:《绵阳市志 1840—2000》(中),四川人民出版社,2007 年,第 1 ~ 2 页。

线建设项目数量众多。在绵阳地区,除了中央直属建设项目,还有四川省统筹建设项目,以及绵阳地区支援国家重点建设的地方项目。如"四川省峨眉无线电厂"就是"成都军区、四川省革委会国防工办小三线建设组"批准在绵阳地区建设的一个四川省统筹项目。① 又如"东兴机砖厂""绵阳工具厂""三台棉纺厂"等一大批工矿企业,是由中央部委投资,绵阳地区为支援国家三线建设而统筹建设的地方项目。本文所指的中央直属建设项目范围,是指由中央有关部门直接投资和管理,建设的施工力量、技术力量、设备和材料主要由中央有关部门统一安排,负责解决的建设项目。

(二)方法思路

本文主要采用文献法与实地调研法进行研究,笔者历时近两年,在四川省绵阳市、江油市、梓潼县、北川县、绵阳市游仙区、安州区等省市县三级档案馆查询、收集和整理了档案资料5623卷,地方志书和厂史厂志123本;实地调研"四市一区"19个重点乡镇、街道办事处,专题访谈重点人物100余人。通过工作,研究工作取得了一系列新发现、新突破和新成果。

笔者在完成主要研究工作之后,撰写形成学术论文,并征求了绵阳市相关部门意见修改完善,直到最终定稿。论文主要内容包括中央在绵阳地区开展三线建设的历史背景、重要阶段、主要项目和管理体制四个部分。

三、绵阳地区是中央确定的三线建设重点区域

(一)四川是全国大三线建设的重要区域

中央三线建设重大战略决策确立以后,川、陕、黔三省因其所处的战略

---

① 《关于绵阳地区无线电厂更改厂名的通知[(73)成川工小字第23号]》,绵阳市档案馆,074-01-0158-004。

位置、自然资源状况和工农业发展水平,而成为三线建设的重点投资区域①,正如李富春所言,要"真正重视建设后方,搞纵深配备""所谓后方,一个是西南,一个是西北,现在最靠得住的还是西南"②,也就是刘少奇强调的"基本的一点,就是搞四川这个第三线"③。从 1964 年起,国务院和中央军委所属多个部、委、办派出精干人员组成工作组进川,进行新项目的选址。

(二)绵阳地区承接国家重点建设的资源禀赋

绵阳地区位于我国中部偏西,秦岭南麓,四川省北部,毗邻陕、甘两省,集山地、丘陵和平坝为一体,地势由北向南渐次降低。绵阳地区境内土地资源丰富、水利资源充沛和农业灌溉便利,是当时四川省主要农作物产区。绵阳地区境内能源矿产、金属矿产和非金属矿产资源丰富,三线建设前已发现多处大中型矿床。1956 年,国家在绵阳地区绵阳县规划建设了无线电子工业基地,在德阳县规划建设了德阳工业区;1957 年又将江油县列入国家"三大五中十八小"钢铁基地建设,为三线建设奠定了工业基础。④ 加之宝成铁路和川陕公路斜贯全境,地方公路也已通达各县及半数以上乡镇,同时拥有塘汛、遂宁两个飞机场,交通畅通,为三线建设准备了交通运输条件。

(三)绵阳地区在全国三线建设中的重要区位

绵阳地区在国家三线建设布局中具有重要的区位优势。根据当时中央军委文件,从地理环境上划分的三线地区是:甘肃乌鞘岭以东、京广铁路以西、山西雁门关以南、广东韶关以北的广大地区。⑤ 具体来讲,三线地区,指

---

① 剧锦文:《国企简史之十:六七十年代的"三线"建设》,《企业观察报》,2021 年 6 月 21 日。
② 李富春:《关于计划安排的几点意见》,《党的文献》,1996 年第 3 期。
③ 刘少奇:《继续控制基本建设,着手搞西南三线》,《党的文献》,1996 年第 3 期。
④ 刘淇主编:《辉煌的二十世纪新中国大纪录·冶金卷》,红旗出版社,1997 年,第 17 页。
⑤ 陈夕主编:《中国共产党与三线建设》,中共党史出版社,2014 年,第 8 页。

西南的四川(含重庆)、贵州、云南,西北的陕西、甘肃、宁夏、青海,还有湘西、鄂西、豫西、晋西、粤北、桂北等,共涉及 13 个省区。一线地区指沿海和边疆,一、三线之间称为二线地区,一、二线地区的腹地称"小三线"。①

四、绵阳地区三线建设的三个重要阶段

中央在绵阳地区的三线建设大致可以分为三个重要阶段。

(一)"建设战略后方基地"阶段(1964—1968 年)

正是因为绵阳地区具有承接国家重点建设的资源禀赋,三线建设启动之后,绵阳地区被中央多个部、委、办选定为重点建设地区,绵阳地区三线建设至此拉开序幕。1965 年 4 月,绵阳地区下辖区域被中央专委确定为中国第二个核武器研制基地("九○二工程")的建设区域②,标志着绵阳地区正式被中央确定为三线建设的重点地区,绵阳地区三线建设迅速掀起了第一次建设高潮。这一阶段中央在绵阳地区三线建设的主要特征有:

一是启动时间早。1964 年 1 月,毛泽东同意中央专委建设原子能工业第二生产基地的建议,绵阳地区随即进入中央选址范围。1964 年 2 月,聂荣臻批示,"要抓紧空气动力中心和高空模拟试车台的建设,如再迟迟不动,将来势必造成大的被动"③。随后不久,空气动力中心和高空模拟试车台这两大项目的选址工作也在绵阳地区启动。1964 年 3 月,李富春批示同意长城

---

① 《中华人民共和国简史》编写组:《中华人民共和国简史》,人民出版社、当代中国出版社,2021 年,第 95 ~ 97 页。
② 李萍:《李英杰与核武器研究》,内部资料,2009 年,第 5 页。
③ 刘大响:《我心飞翔——航空动力专家刘大响院士回忆录》,航空工业出版社,2011 年,第 93 页。

钢铁厂建在四川江油。① 这几个三线建设重点项目都早于全国三线建设开展,因此,绵阳地区三线建设在全国具有先导性。

二是建设速度快。这一阶段中央在绵阳地区建设的项目有多个续建、复建项目,这些建设项目已经具备"三通一平"的现场施工条件,部分项目还有很好的前期建设基础。另外,这个阶段还有一批项目主要是利用绵阳地区已有的下马厂改造扩建,因此建设基础条件好,建设速度快。

三是尖端项目多。这一阶段在绵阳地区的中央直属三线建设项目有多个项目是核武器等尖端武器研制的建设项目。这些尖端项目的党组织管理、物资供应保障、邮政通信等日常运行体制与其他三线建设地区也有很大的不同,如在三线建设初期,这些建设项目的物资供应并不是由绵阳地区提供,而是由国家物资部专门在成都市成立了"成都地区物资管理局"这个新设机构来直接进行物资供应分配。

四是管理体制特殊。为保障国家重点建设,从1966年5月开始,中央曾对绵阳地区及下辖多个重点县,以及在绵阳地区的国防科研院所和军工企业实行了较长时期的军事管制。1968年以后,原已在绵阳地区集体转业的多个国防科研院所再次集体参军,直接转隶部队管理。

(二)"加快大三线战略后方基地建设"阶段(1969—1975年)

1969年3月,中苏两国爆发珍宝岛武装冲突,随后中苏边境又爆发一系列武装冲突,事态愈发严重。来自苏联的战争威胁促使党中央进一步加强备战,国防科委九院、十七院等国防尖端项目紧急搬迁至绵阳,绵阳地区的三线建设掀起了第二次建设高峰。这一阶段中央在绵阳地区三线建设的主要特点有:

---

① 冶金工业部长城钢厂厂史办公室编:《长钢志(1965—1985)》,1986年,第3页。

一是以临战态势展开项目紧急大搬迁。例如 1965 年 5 月,中央专委会批准在绵阳地区建设"九〇二工程",但是九院的总部和主体还没有搬迁到绵阳地区。1969 年 10 月紧急战备状态下,九院总部和主体由青海和北京紧急搬迁至绵阳地区。

二是采取联合抢建形式展开项目建设。1969 年 5 月 30 日,周恩来签发中共中央、中央文革、国务院、中央军委《关于抢建八二一工程的联合通电》。1969 年 10 月 10 日,"八二一工程"在绵阳地区下辖广元县正式破土动工,兴建中国第二个原子能生产联合企业。

三是一批前期停建缓建项目紧急复工。例如中央三线建设重大战略决策做出以后,高教部从 1964 年开始在绵阳县选址建设"清华大学西南分校"(651 工程)①,但是受"文革"影响,该项目奉命暂停建设。1969 年 10 月底,在战备号令下,清华大学无线电系、机械系、仪器系、数学力学系、自动控制系部分师生和基础课部分教师 735 人到达四川绵阳分校工地②,1970 年元旦,周恩来在清华大学关于"651 工程"复工的报告上批示同意,并更名为清华大学绵阳分校。③

四是央属项目主管机构战时非正常大变动。在临战态势下,为了积极备战,国务院对机构进行了大调整,这一阶段绵阳地区一些中央直属建设项目的主管部门被撤销并入军队,一些建设单位直接转属军队。该阶段后期,随着国际形势缓和,很多国务院机构又重新设立,军队机构又撤销,这些建设单位又回归到国务院管理序列。

---

① 《清华大学西南分校校址选址问题》,绵阳市档案馆,069 – 04 – 0307 – 010。
② 清华大学校史研究室:《清华大学一百年》,清华大学出版社,2011 年,第 296 页。
③ 吴佑寿、张克潜、冯正和等:《清华大学电子工程系系史:第一卷》,清华大学出版社,2016 年,第 167 页。

（三）"搞好战略后方基地建设"阶段（1976—1980 年）

20 世纪 70 年代中后期，随着国际形势缓和，中国面临重大战争威胁的环境已然不存在，全国三线建设速度也逐渐趋缓。1975 年，中共中央制定的"五五"计划提出"继续抓紧战略后方基地的建设"[1]，这个提法已较之前"狠抓战备"等提法有较大调整。1978 年 12 月，党的十一届三中全会召开，中国经济建设进入新的发展时期。1979 年 4 月 5 日，中共中央召开工作会议决定对国民经济实行"调整、改革、整顿、提高"的方针，绵阳地区的三线建设也适时进入了"调整、改革、整顿、提高"阶段，绵阳地区轰轰烈烈的三线建设也逐步落下帷幕。这一时期，中央在绵阳地区三线建设的主要特点如下：

一是国防科技工业主要是充实和加强，不是盲目铺新摊子。如 1974 年 1 月，九〇三基地从九院独立出来，直属二机部领导，管理层级得到了提升，既有项目建设工作依然如火如荼地展开，直到 1977 年，"九〇三工程"基本建成投入试运行。1978 年 11 月，国家科委、国家计委关于成立计算研究中心的建议获得中央批准，1979 年正式成立西南计算中心。1980 年 3 月，西南计算中心建设地点选定在绵阳地区绵阳市，通信地址为绵阳 106 信箱。

二是大部分三线建设单位已经建成并发挥作用。大量工业企业的建设、科研院所的布局和专业技术人才的涌入，奠定了绵阳这座城市在国防科技领域中的地位。这个时期，部分在绵国防科研单位响应国家军转民号召，调整了产品结构和服务方向，进行了艰苦的二次创业，如国营长虹机器厂从这个时期开始一手抓军品，一手开始电视机的研制，从而成功实现转型发展。

三是少数三线建设项目逐步向大城市调整搬迁。如国家测绘总局第三

---

① 国家经济贸易委员会编：《中国工业五十年新中国工业通鉴》（第 6 部：1976.11—1984），中国经济出版社，2000 年，第 1592 页。

分局机关搬迁至成都组建四川省测绘局。清华大学绵阳分校 1979 年 5 月迁回北京。

五、绵阳地区三线建设的中央直属项目

1964—1980 年期间,通过三个阶段的建设,中央在绵阳地区建成了一个比较完整的国防科研生产基地。根据笔者近两年的调查研究,中共中央、国务院和中央军委 29 个直属部门在绵阳地区下辖 13 个县域建设了 113 个项目,因征地困难、铁路改道、政策调整而搬迁、合并、撤销了 9 个项目,实际建成 104 个项目。建成项目主要有国防工业、基础工业、配套保障和交通邮电设施 4 大板块,13 个行业领域。

（一）国防工业项目

在国防工业领域,原中国人民解放军国防科学技术委员会、中国人民解放军总后勤部、二机部、三机部、四机部、五机部等 6 个中央部委在绵阳地区布局建设了 51 个项目,主要有尖端武器、常规武器、军需工业 3 个部分。

（二）基础工业项目

三线建设时期,绵阳地区不仅是国防工业布局的重点区域,也是基础工业布局的重要区域。一机部、八机部、冶金部、建材部、林业部、石油部、煤炭部、水电部 8 个部委在绵阳地区布局建设了 29 个项目(表 1)。

表1 中央在绵阳地区建设的基础工业项目简表

编号	项目名称	通信信箱	建设地点	直属部门
一、机械工业项目(10个)				
1	第二重型机器厂	德阳9号信箱	德阳县工农村	一机部
2	东方电机厂	—	德阳县城北	一机部
3	东方电工机械厂	—	德阳县旌阳镇	一机部
4	东方汽轮机厂	德阳401信箱	绵竹县汉旺镇	一机部
5	东方绝缘材料厂	绵阳208	绵阳县游仙公社	一机部
6	德阳重型机器制造学校	—	德阳县城区乡	一机部
7	四川矿山机械厂	—	江油县	一机部
8	东方锅炉厂(迁建自贡)	—	江油县	一机部
9	江油化工设备总厂(迁建自贡)	—	江油县	一机部
10	遂宁轴瓦厂	—	遂宁县新桥西	八机部
二、原材料工业项目(11个)				
1	长城钢厂(含一、二、三、四分厂)	江油302信箱	江油县中坝场	冶金部
2	西南金属制品厂	江油654信箱	江油县文胜公社	冶金部
3	北京钢铁学院四川分院(停工合并)	江油304信箱	江油三合劳坪坝	冶金部
4	四川冶金地质勘探公司	—	平武县、旺苍县、江油县	冶金部
5	德阳耐火材料厂	—	德阳县城南郊倒石桥	冶金部
6	江油水泥厂	—	江油县二郎庙镇	建材部
7	四川水泥研究所	—	江油县二郎庙镇	建材部
8	西南水泥工业设计院	—	江油县二郎庙镇	建材部
9	四川建筑材料工业学院	—	绵阳县仙人桥、青义镇	建材部
10	四川玻璃纤维厂	—	德阳县罗江镇	建材部

编号	项目名称	通信信箱	建设地点	直属部门
11	白龙江林业管理局	—	广元昭化	林业部
三、能源工业项目（8 个）				
1	广宁石油勘探指挥部		广元县、江油县	石油部
2	川中矿区指挥部	—	遂宁县南门	石油部
3	广旺矿务局		旺苍普济	煤炭部
4	江油发电厂	—	江油县中坝三合公社	水利电力部
5	宝珠寺水电站	—	广元县三堆坝	水利电力部
6	映秀湾发电厂至安县 220 千伏线路	—	汶川县—安县	水利电力部
7	龚嘴至安县至广元白石岩 220 千伏送电线路工程	—	乐山—安县—广元	水利电力部
8	甘肃省碧口水电站至广元 白石岩 220 千伏线路工程	—	甘肃文县—四川广元	水利电力部

（三）配套保障项目

三线建设时期，轻工部、化工部、粮食部、物资部、商业部、地质部、高教部、国家测绘总局、全国供销合作总社、中国人民银行和中共中央西南局 11 个中央直属部门在绵阳地区建设了 23 个重点项目（表 2），构建了完备的配套保障体系。

表 2　中央在绵阳地区建设的配套保障项目简表

编号	对外名称	对内名称	通信信箱	建设地点	直属部门
一、轻化工业项目（5 个）					
1	四川缝衣针厂	—	—	绵阳县 涪江公社	轻工部
2	四川衡器厂			德阳县罗江	轻工部

编号	对外名称	对内名称	通信信箱	建设地点	直属部门
3	四川昭化纸厂	—	—	广元昭化	轻工业部
4	四川金河磷矿	—	—	绵竹、安县	化学工业部
5	四川农药厂	—	—	江油县龙凤场	化学工业部
二、物资储备项目（11个）					
1	绵阳粮食储藏科学研究所	—	—	绵阳县	粮食部
2	绵阳粮食机械厂	—	—	绵阳县	粮食部
3	四川二五五处	—	—	江油县	物资部
4	四川四三八处	六五二工程	—	江油县	物资部
5	广元综合仓库	—	—	广元县	物资部
6	小溪坝仓库	—	—	江油县	物资部
7	广元石油库	三七六二石油库	—	广元县	商业部
8	广元通用仓库	—	—	广元县	商业部
9	遂宁城关棉花储备库	—	—	遂宁城关	全国供销合作总社
10	射洪柳树区棉花储备库	312棉花库	—	射洪柳树区	全国供销合作总社
11	绵阳农药储备库	—	—	绵阳新皂乡	全国供销合作总社
三、战略保障项目（6个）					
1	西南气象学校	—	—	江油县二郎庙	中共中央西南局
2	国家测绘总局第三分局	—	绵阳202信箱	绵阳县普明	国家测绘总局
3	地质部第二物探大队	—	—	德阳县罗江镇	地质部

编号	对外名称	对内名称	通信信箱	建设地点	直属部门
4	地质部第二普查勘探大队	—	—	绵阳县永兴镇	地质部
5	地质部第十一普查勘探大队	—	—	江油县、绵竹县	地质部
5	国营东河印制公司（含热电厂、印钞厂、造纸厂、金属冶炼厂、金库）	国营第五一五厂	旺苍731信箱	旺苍县城关公社	中国人民银行
四、科教文卫项目（1个）					
1	清华大学绵阳分校	651工程办事处	201信箱	绵阳县青义镇	高教部

（四）交通邮电设施项目

三线建设开始后，铁道部、交通部、邮电部和中国民用航空总局4个部门在绵阳地区布局建设了11个项目，绵阳地区交通基础设施得到了进一步完善，邮政、电信保障能力得到了很大提升（表3）。

表3　中央在绵阳地区建设的交通邮电设施项目简表

编号	对外名称	建设地点	开建时间	直属部门
1	宝成铁路罗妙真至二郎庙段改线工程	江油县、广元县	1964.11	铁道部
2	宝成铁路电气化改造第二期工程	广元—江油—绵阳—德阳	1967	铁道部
3	铁道部广元内燃机车厂（迁建资阳）	广元	1965	铁道部
4	铁道部齿轮厂（迁建资阳）	广元	1965	铁道部
5	铁道部柴油机配件厂（迁建资阳）	广元	1965	铁道部

编号	对外名称	建设地点	开建时间	直属部门
6	铁道部德阳制品厂	德阳火车站南场	1976	铁道部
7	成都铁路局德阳枕轨厂	德阳县黄许镇	1971	铁道部
8	嘉陵江航道整治	广元—南充	1966	交通部
9	中国民用航空高级航空学校	绵阳县塘汛公社、遂宁南坝	1966	中国民用航空总局
10	中国民用航空总局器材总库	绵阳县	1967	中国民用航空总局
11	宝成铁路沿线长途电信线路改造工程（绵阳地区段）	广元、江油、绵阳、德阳	1969	邮电部

六、绵阳地区中央直属三线建设项目的管理体制

中央在绵阳地区的三线建设项目管理体制健全完善，主要由中央、地方和项目三个管理层级构成。

（一）中央层面

1964年8月，中央书记处会议后，国务院对三线建设进行了分工，明确了专门机构的责任分工。一是三线地区新建、扩建工厂由国家计委负责，原子能工业建设由中央专委负责，国防工业的安排由国防工办负责；国防工事、战备动员的安排由总参负责；二是一、二线向三线地区的迁移，主要是位于一线的全国仅此一家的重要工厂和为三线地区配套生产所必需的工厂，由国家建委负责；三是组织全国工业生产，为三线建设提供材料、设备，由国家经委（在国家建委成立后由国家建委）负责。

为了加强西南三线建设的领导，中央还进行了一系列机构改革和管理

体制调整:1964 年 11 月,国家物资管理总局改为中华人民共和国物资管理部。1965 年 2 月 26 日,中共中央、国务院发布《关于西南三线建设体制问题的决定》,决定成立西南局三线建设委员会,与此同时,国务院各有关部门都先后在四川设立了各自的指挥机构,负责本系统在西南三线建设中的组织领导工作。1965 年 3 月 24 日,中央书记处决定成立国家基本建设委员会,以切实抓好西南、西北战略基地和一、二线后方基地建设。1965 年 3 月 31日,为改进和加强对建筑业和建筑材料工业的领导,决定将建筑工程部分设为建筑工程部和建筑材料工程部。

(二)地方层面

1.四川省

1964 年 12 月 25 日,四川省委决定成立"四川省支援国家重点建设领导小组"。该小组在省委和省人委的领导下,由省委公交政治部、省委第二工业部、省计委、省经委、省人委财办、省机械厅、省交通厅、省农业厅等单位的9 位负责人组成,以省计委为主负责这项工作。这个小组根据西南局和省委的指示,根据中央各部和西南三线建设指挥部的要求,做好具体的支援工作。

1965 年 4 月 14 日,为更好地支援国家重点项目建设,贯彻执行中央有关基本建设的方针、政策,保证国家基本建设计划的实现,四川省计委建议重新成立四川省基本建设委员会①,并获得批复设立。1970 年 8 月,更名为四川省革命委员会基本建设委员会。省基本建设委员会代表省政府领导和管理城市建设、工业、交通、农林、水利、能源等各项事业,四川省全省三线建设相关工作主要是由它具体主导实施。

---

① 中共四川省委党史研究室编:《三线建设在四川·省卷》(上),内部资料,2016 年,第 42 页。

关于党组织的领导问题。1964 年 12 月 25 日,四川省委下发《省委关于积极支援国家重点建设有关分片挂钩问题的通知》,指出"国家重点建设在我省新建或迁来的企业,凡是建在各专区的,其党的关系分别划给重庆、成都和自贡三个市委领导,并由三个市组织对这些企业的支援""在乐山、绵阳、温江、雅安等地区的企业,由成都市委领导"。[①]

2. 绵阳地区

1965 年 1 月初,绵阳地区成立"绵阳专区支援三线建设办公室"(后改为支援重点建设办公室)。随后绵阳地区有关重点建设项目所在县亦成立了支援重点建设领导小组办公室等机构,具体实施支援重点建设工作。1966年 1 月 10 日,四川省委二部、成都军区、绵阳地委和曙光机械公司 4 家单位抽调干部成立绵阳地委第二办公室。

1965 年底以后,在绵阳地区建设的中央直属项目党组织关系逐渐调整为中央部委和绵阳地委双重领导,以中央部委领导为主的体制。

(三)项目层面

三线建设期间,在绵阳地区的中央直属建设项目大多成立了相应的现场党委和指挥部等机构,现场党委和指挥部由建设单位、设计单位、施工单位、所在地方党委及物资、银行等有关部门的代表组成,实行党委领导下的指挥部首长负责制。现场党委和指挥部的成立便于统筹协调重点项目建设工作。

---

① 中共四川省委党史研究室编:《三线建设在四川·省卷》(下),内部资料,2016 年,第 544 ~ 545 页。

七、结论与展望

三线建设期间,在绵阳地区布局的中央直属建设项目,不仅数量多,而且许多项目与尖端武器科研生产密切相关,具有显著的军民融合特征。本文试图全面整理在绵阳地区的中央直属建设项目,但受现实条件制约,难免挂一漏万。另外,受篇幅限制,本文也只是对在绵阳地区的中央直属建设项目建设背景、重要阶段、主要项目和管理体制进行了梳理,涉及中央直属项目的选址定点、规划设计、建筑施工以及中央直属项目建设的重要成就、重要人物、重要精神等一系列问题还有待深入研究。

本文曾载《西南科技大学学报》(哲学社会科学版),2021 年第 5 期,此处有删改

作者简介:张勇,男,汉族,四川绵阳人,教授,博士。研究方向:军民融合、三线建设。

基金项目:2020 年四川省、重庆市社科规划"成渝地区双城经济圈"重大项目"成渝地区双城经济圈军工遗产群的旅游开发研究"(项目编号:SC20ZDCY013)。

同频共振：三线建设与乡村医疗卫生文化发展研究

——以四川省绵阳地区为例

陈君锋　崔一楠

　　三线建设是指面对彼时我国周边日益严峻的国际形势，为防备敌人入侵，并考虑解决全国工业布局不平衡问题，而在三线地区①开展以战备为中心的大规模工业、交通、国防、科技设施建设活动。近年来，学术界三线建设研究涉猎广泛，成果颇丰，为本研究打下了坚实的基础。但综观学术界研究成果，关于三线建设与乡村医疗卫生文化发展研究涉猎较少，而且此类档案

---

　　①　关于三线地区的范围，学界有两种说法：一种认为三线地区是指西南的四川（含重庆）、贵州、云南，西北的陕西、甘肃、宁夏、青海，还有湘西、鄂西、晋西、粤北、桂北等，共涉及 13 个省区；另一种则认为三线地区包含西南的四川（含重庆）、贵州、云南，西北的陕西、甘肃、宁夏、青海，以及湘西、鄂西、晋西，共涉及 11 个省区，不包括粤北、桂北，原因在于三线建设中广东北部和广西西北部摆的项目较少，而且很快又做了调整，使得国家统计局在国民经济统计中，未将这两省区数据列入三线地区进行统计，故不应将这两个省区列入其中。但两种说法都认为三线地区大致范围是甘肃省乌鞘岭以东、山西省雁门关以南、京广铁路以西和广东省韶关以北的广大地区。

文献整理成果也寥寥可数。① 有鉴于此,本文以四川省绵阳地区②(以下简称"绵阳地区")为例,就此问题略做探讨,希冀深化三线建设研究,并就教于方家。

一、概况:三线建设时期医疗卫生项目在绵阳地区的定点布局

1964 年 8 月,中央做出在三线地区开展以战备为中心的大规模建设工业、交通、国防、科技设施的重大战略决策。四川省绵阳地区因其特殊的地理环境和较为雄厚的工业基础等优势成为全国三线建设重点区域之一,国家在此布点建设重点项目 108 项③,构建了包括核武器研制在内的战略武器科研生产基地、重要的基础工业基地、完善的交通基础设施和先进的战备保障体系。为解决三线企业职工医疗卫生保障问题,国家在该区域配套建设若干医疗卫生项目,与此同时各三线企业也自行配套若干医疗卫生机构,其中规模较大的有(见下表 1):

---

① 相关研究成果仅有:敖明亮:《三线企业卫生事业现状与思考》,《中国卫生事业管理》,1993 年第 6 期;徐有威:《上海小三线医疗卫生事业建设访谈——蒋征、姜庆五、萧天美、黄抗初访谈》,《医疗社会史研究》,2017 年第 2 期;徐有威、陈莹颖:《意料之中与意料之外:上海小三线医疗卫生事业研究》,上海大学硕士学位论文,2020 年;徐有威、张程程:《2021 年三线建设研究述评》,《三峡大学学报》(人文社会科学版),2022 年第 5 期。相关文献档案整理成果有:徐有威:《上海小三线医疗卫生事业档案选编》,《医疗社会史研究》,2020 年第 2 期;徐有威、张程程、赵宇清等:《上海小三线医疗卫生事业档案选编》,《医疗社会史研究》,2021 第 1 期。

② 三线建设时期,省辖绵阳市还没有成立,还处在绵阳专区和绵阳地区的地级行政区阶段。新中国成立后,1950 年设立绵阳专区,1970 年绵阳专区改为绵阳地区,因三线建设大部分历史时期都属于绵阳地区行政设置时期,为方便行文,故选用绵阳地区指代该区域,即辖绵阳、江油、青川、平武、广元、旺苍、剑阁、梓潼、三台、盐亭、射洪、遂宁、蓬溪、潼南、中江、德阳、绵竹、安县和北川 19 个县,驻地绵阳县,面积 44000 平方千米,人口 1000 余万人。

③ 张勇:《原四川省绵阳地区三线建设中央直属项目论述》,《西南科技大学学报》(哲学社会科学版),2021 年第 5 期。

表1 三线建设时期绵阳地区主要三线企业职工医院及医疗卫生项目

名称	成立时间	所属县
航空工业部第六二四研究所职工医院	1965 年	江油县
江油发电厂职工医院	1960 年成立卫生所， 1972 年改为职工医院	
石油管理局川西北矿区职工医院	1970 年 9 月成立卫生所， 1973 年 5 月扩建为职工医院	
长城钢厂总医院	1965 年	
长城钢厂二分厂职工医院	1965 年	
长城钢厂三分厂职工医院	1965 年	
长城钢厂四分厂职工医院	1966 年成立卫生所， 1969 年扩建为职工医院	
四川矿山机械厂职工医院	1958 年成立卫生所， 1972 年改为职工医院	
江油水泥厂职工医院	1956 年成立卫生所， 1958 年改为职工医院	
国营八五七厂（江油 654 信箱）职工医院	1966 年 9 月成立 654 信箱职工医院，1980 年更名为八五七厂职工医院	
雁门硫铁矿职工医院	1966 年成立医务室， 1977 年扩建为职工医院	
江油钛厂职工医院	1976 年	
地质矿产部九〇九水文地质工程地质大队职工医院（中国人民解放军基建工程兵 731 部队卫生院）	1974 年	
中国人民解放军 7338 部队医院	不详	绵阳县
四机部绵阳职工医院（四〇四医院）	1966 年	
中国人民解放军五二〇厂职工医院	1982 年	
中国人民解放军陆军第七七医院	不详	
西南计算中心职工医院	1970 年	
东方绝缘材料厂职工医院	1970 年	
二〇八职工医院	1969 年	
核工业部第二十四建设公司职工医院（二机部一〇四公司职工医院）	1965 年	
四川建材学院校医院	1978 年	
绵阳机械厂职工医院	1970 年	
二四公司二建安装公司工地医院	1965 年	

名称	成立时间	所属县
绵阳地区第一纺织厂职工医院	1967 年成为卫生室，1979 年改为职工医院	
四川医用电子仪器厂	1974 年	
绵阳电子仪器厂	1974 年	
绵阳生化制药厂	不详	
第二重型机器厂职工医院	1960 年扩建为职工医院	
机电部第一安装工程公司职工医院	不详	
四川省化工建设公司职工医院	不详	
东方电机厂职工医院	1965 年扩建为职工医院	
东方电工机械厂职工医院	1966 年成立医务室，1978 年改为职工医院	德阳县
四川省第四建筑公司职工医院	1975 年	
四川省钻采设备厂职工医院	1978 年	
德阳耐火材料厂职工医院	1975 年	
八二一厂职工医院	1969 年	
广元四一〇医院（〇八二一职工医院、〇七二职工医院）	1966 年	
成都铁路局广元地区医院	1958 年	
二三公司职工医院（国营一〇三安装工程公司职工医院）	1969 年更名为二三公司职工医院	
国营第七七九厂旭光医院	1965 年扩建为职工医院	广元县
荣山煤矿职工医院	1959 年	
大昌沟煤矿医院	1971 年	
拣岩银煤矿医院	1964 年	
宝轮煤矿医院	1962 年	
广元煤矿医院	1961 年	
46 陆军医院（原 711 医院）	不详	
广旺矿务局职工总（中心）医院	1970 年	
白水煤矿职工医院	1958 年	
旺苍煤矿职工医院	1960 年	
唐家河煤矿职工医院	1960 年	
赵家坝煤矿职工医院	1972 年	旺苍县
代池坝煤矿职工医院	1971 年	
碗厂河煤矿职工医院	1969 年成立医务室，1983 年成立职工医院	

名称	成立时间	所属县
东河印刷公司职工医院	1973 年	
东河印刷公司五〇一厂职工医院	1976 年	
汉江医院(九〇二基地职工医院)	1965 年由青海迁入	梓潼县
国营九〇三厂职工医院	1970 年	
平武伐木厂职工医院	1958 年成立卫生所, 1962 年改为职工医院	平武县
四川省玻璃纤维厂职工医院	1968 年成立医务室, 1978 年扩建为职工医院	罗江县
国营万众机器厂职工医院	1970 年	
国营新光电工厂职工医院	1969 年	青川县
绵阳地区伐木场(青川伐木场)职工医院	1980 年	
石油管理局川中矿区职工医院	1967 年	遂宁县
蓬莱盐厂职工医院	1960 年	
中国人民解放军第三五三六厂职工医院	不详	射洪县
清平磷矿职工医院	1974 年扩建为职工医院	
天池煤矿职工医院	1958 年	
金河磷矿职工医院	1965 年扩建为职工医院	绵竹县
绵竹伐木厂职工医院	1970 年	
东方汽轮机厂职工医院	1970 年	

资料来源:绵阳市地方志编纂办公室:《绵阳(县级)市志》,四川辞书出版社,1999年;德阳市地方志编委会:《德阳市志》(下册),四川人民出版社,2003年;江油市地方志编纂委员会:《江油县志》,四川人民出版社,2000年;罗江县地方志编纂委员会:《罗江县志》,方志出版社,2015年;广元市地方志编纂委员会:《广元县志》,四川辞书出版社,1994年;旺苍县志编纂委员会《旺苍县志》,四川人民出版社,1996年;青川县志编纂委员会:《青川县志》,成都科技大学出版社,1992年;遂宁市地方志编纂委员会:《遂宁县志》,巴蜀书社,1993年;四川绵竹县志编纂委员会:《绵竹县志》,四川科学技术出版社,1992年;四川石油管理局《川西北矿区志》编辑室:《川西北矿区志》,巴蜀书社,1998年;四川石油管理局《川中矿区志》编辑室:《川中矿区志》,巴蜀书社,2000年等。

　　从上表中可以看出,这些医疗卫生项目及企业配套医疗卫生机构主要集中于江油、绵阳、德阳、广元、青川、绵竹、旺苍等三线企业数量多、规模大的县域,而那些三线企业较少或者企业规模不大、资金不足的地方,则以卫生所、医务所为主,如四川省树脂厂卫生所、机电部第一安装工程公司卫生所、六〇二地质卫生所、冶金部白水金矿医务所、遂宁轴瓦厂医务所等。与此同时，为完善绵阳地区医疗卫生体系，国家、四川省、绵阳地区还建有医疗设备厂、制药厂，如四川医用电子仪器厂、绵阳电子仪器厂、绵阳生化制药厂等。这些医疗卫生项目及机构落地，为绵阳地区乡村医疗卫生文化发展打下坚实基础。

二、同频：三线建设与乡村医疗卫生事业的同步交织

1965 年 6 月 26 日，毛泽东针对农村医疗卫生落后面貌，指示卫生部"把医疗卫生工作的重点放到农村去"[①]，为广大农民服务，解决长期以来农村缺医少药的问题，保障人民群众的健康，即"六·二六"指示。随即，卫生部明确表示，"城市医疗卫生机构，必须经常保持三分之一的医疗卫生人员在农村工作"[②]。医疗卫生文化下乡成为当时党和政府重要工作之一。同一时期，大量国家重点项目在三线地区广大乡村布点建设。为解决职工医疗卫生保障问题，重点建设单位配套医院、卫生所等医疗卫生机构，除给本系统病人诊治外还协助解决境内的一些疑难和危重病症，并给当地卫生部门代培各类专业医务技术人员。20 世纪 70 年代，还配合当地政府组织医护人员下乡巡回医疗，对基层医疗单位定点辅导，配合地方政府做好卫生防疫工作，客观上推动了医疗卫生文化深入乡村。三线建设与党和国家"把医疗卫生工作的重点放到农村去"同步交织，相互激荡，产生同频共振之效。

---

① 当代中国卫生事业大事记编写组：《当代中国卫生事业大事记：1949—1990》，人民卫生出版社，1993 年，第 160 页。

② 卫生部基层卫生与妇幼保健司编：《农村卫生文件汇编：1951—2000》，内部资料，2001 年，第 630 页。

（一）医疗卫生机构同步增加

三线建设在绵阳地区大规模开展,职工人数日益增多,职工医疗卫生问题也随之越发突出。如德阳水力发电设备厂于 1965 年向四川省卫生厅请示成立 100 床位 800 门诊人次的综合医院,原因在于,按建厂设计规划,"预计明年净增人口为 17000 至 20000 人。按照国家规定,每千职工设床 6 至 7张,每千家属应设床 4 张,全厂应设床 80 至 100 张。因此,根据实际需要,我厂应设床 100 张 400 门诊人次的综合医院一所及厂区、第二生活区 200 人次的门诊部二所"[①]。在此情况下,三线企业职工医院、卫生所开始不断增加,整个绵阳地区的厂矿医疗卫生机构也逐渐增多。以江油县为例,1956 年仅有江油水泥厂职工医院一家厂矿职工医院,三线建设开始后,1966 年,县境内便有工矿企业职工医院 6 所,医疗所或医务室 34 个。20 世纪 70 年代后期,随着工业的发展,职工医疗单位相应增加,直至 1987 年,县内工矿和军工单位职工医院 13 个,职业病防治所 1 个,防疫站 1 个,卫生所或门诊部 64个,保健室或医务室 22 个。[②] 同时,1970 年江油县农村合作医疗点有 428个,至 1987 年,全县 482 个行政村有医疗点 638 个。[③] 这些三线企业职工医院、卫生所除做好医疗工作外还负责卫生防疫工作。如四川省江油县机砖厂卫生所医务人员本着预防为主的方针,每月一至二次对厂区和宿舍进行喷洒灭菌药水,防止传染病的发生与蔓延,对已发生的传染病人应及时隔离治疗,还每天到车间巡回医疗,便利职工治病,避免影响生产。[④] 乡村卫生防

---

① 《德阳水力发电设备厂关于成立 100 床位 800 门诊人次综合医院建院规划的请示》,东方电机厂档案馆藏,档案号:02 - 65 - 083。
② 江油市地方志编纂委员会编著:《江油县志》,四川人民出版社,2000 年,第 1148 页。
③ 江油市地方志编纂委员会编著:《江油县志》,四川人民出版社,2000 年,第 1148 页。
④ 《四川省江油县机砖厂一九八二年工作总结和一九八三年工作安排意见》,江油市档案馆藏,档案号:201 - 01 - 0037 - 006。

疫站作为乡村医疗卫生的重要机构，在此时也得到了发展，大大提高乡村卫生防疫能力，如梓潼县形成了县、区、乡、村四级疫情报告网，1978年对全县6区1镇33个公社的卫生防疫组织做了整顿，确定疫情报告专人管理，从而加强了疫情报告工作，月报告率达到92%以上，基本上达到"全、快、准"的要求。① 三线建设与"六·二六"指示同步交织，共同推动了绵阳地区乡村医疗卫生机构的整体增加。

（二）医疗卫生技术设备协同提升

1965年2月，卫生部为改变医疗器械工业布局，将沿海部分医疗器械厂迁到三线地区。同年，国家分别投资661万元和564万元，筹建了西南医用设备厂和西南医疗器械厂。绵阳地区也在此时得到卫生部重视。1974年，卫生部提出在四川建立医用电子仪器厂，并于1975年3月决定以绵阳地区医疗器械修造厂为基础，扩建为四川省绵阳医用电子仪器厂，至1979年第一期扩建工程结束，正式开工生产。② 此外，绵阳地区还配套建设有绵阳电子仪器厂。这些三线医疗器械厂也不负众望，纷纷推出高质量研究成果，推动了绵阳地区医疗设备提升。如1982年，绵阳电子仪器厂生产的30部B超显像仪开始供应医疗单位使用，该产品迅速发展，占全国B超显像仪产品的80%以上，居全国之首。③ 各类医疗器械厂入驻绵阳地区后，不断推动该地区医疗卫生技术设备的升级。如第二重型机器厂职工医院，1971年正式投入使用后，先后增设电动开颅器、A超、B超、心动图、心电图、扫描仪、胃镜、自动组织脱水机、切药机、血库冻箱等先进医疗设备，到了1983年，初步形成

---

① 四川省梓潼县地方志编纂委员会编：《梓潼县志》，方志出版社，1999年，第1034页。
② 《当代四川》丛书编辑部组编：《科学电子城绵阳》，四川人民出版社，1992年，第108页。
③ 中共绵阳市委党史研究室编：《三线建设在四川·绵阳卷》，内部资料，2016。第378页。

了一个较为完整的临时性的综合性职工医院。①

与此同时，三线企业纷纷与当地医疗卫生机构合作，屡屡获得科研创新成果，为绵阳地区医疗水平提升夯实了医疗机械设备基础。如 1978 年，绵阳地区第一人民医院与 305 信箱合作研制生产的电子测听仪为检查病人听力提供了科学器具，获得了四川省科学大会奖。② 同年，涪江有线电厂与中国科学院简阳生物研究所合作，研制成功 B 型超声扫描显像诊断仪，产品为国内首创，并获四川省科技成果奖。③ 医疗设备得到极大提升的同时，是更高治疗水平的提升。1977 年，四机部四〇四医院，骨外、泌尿外科成功地进行了直肠癌切除、膀胱镜镜检、肾切除和前列腺手术等中大型手术④；1979 年 5 月率先在绵阳地区开展热光源金属硬质腹腔镜检查技术，为腹部疾病的早期诊断提供了可靠技术；1982 年又率先在绵阳地区内开展纤维胃镜检查、结肠镜检查、胃肠道息肉变频电切除术、冷光热诊断用腹腔镜检查。⑤ 这些先进医疗卫生技术设备逐步下乡，推动乡村医疗卫生设备不断改造升级。例如绵竹县至 1983 年，25 所乡镇卫生院，19 所有两种手术包和显微镜；9 所有 30 毫安 X 光机；20 所有手术床。中江县 97 个乡镇医疗机构，至 1983 年装备有国家装备器械 700 余台（件），价值 30 万元。⑥ 随着医疗卫生技术设备的不断升级，乡村各卫生院的医疗技术水平也得到很大进步。如德阳县，至 1984 年，该县部分区乡卫生院可以借助医疗技术设备开展胃大部分切除、胆

---

① 第二重型机器厂厂史编写组编：《第二重型机器厂厂史》，内部资料，1988 年，第 194～195 页。
② 第二重型机器厂厂史编写组编：《第二重型机器厂厂史》，内部资料，1988 年，第 370 页。
③ 第二重型机器厂厂史编写组编：《第二重型机器厂厂史》，内部资料，1988 年，第 371 页。
④ 《在毛主席的伟大旗帜下胜利前进 四〇四职工医院一九七七年度工作总结》，绵阳市档案馆藏，档案号：074－01－0420－003。
⑤ 绵阳市志编纂委员会编：《绵阳市志 1840—2000 年》（下），四川人民出版社，2007 年，第 1692 页。
⑥ 德阳市地方志编纂委员会编：《德阳市志》（下册），成都：四川人民出版社，2003 年，第 1662～1663 页。

囊及肠梗阻手术、输卵管结扎术等中大型手术，而村医疗站也可施行一般常见小伤、小病诊疗，有的能做清创缝合术、拔甲术等，自采、自种、自制、自用中草药治病。[①]

此外，当地医疗机构与三线企业医疗机构相互支援，共同推动了乡村医疗卫生事业的发展。1966 年 5 月中旬，四川省医药公司和绵阳医药站到绵竹县了解回访三线重点厂矿的医药器械供应工作时，进一步明确绵竹县境内的三线建设厂——东方汽轮机厂的重要性，属必保单位。绵阳医药站遵照毛泽东"备战、备荒、为人民"的教导，根据医药供应"面向农村、面向工矿和军工第一，三线第一，配套第一"的指示精神，结合绵竹县医药站货源和库存情况，于 5 月下旬，对该厂新设立职工医院的部分主要医疗药械做了一次特殊解决，供给的金额共为 12000 多元，品种计 85 个，作为该院的铺底。同时，由于某些药品货源较紧，特别是消化系统用药，保肝药物，肾脏用药和激素，抗风湿药物等差距较大，东方汽轮机厂职工医院也特请绵阳医药站上报省、站给予适当的支持。[②] 江油明镜煤矿"四五"规划提出要"坚决克服资产阶级医疗作风，杜绝医疗事故，走医疗创新之路，开展新医手术 50 次，手术类型 10 种，协助附近社队办好合作医疗"[③]。

（三）医疗卫生技术人才队伍共同壮大

医疗卫生技术人才队伍是乡村医疗卫生事业发展的重要表征。伴随着绵阳地区医疗卫生硬件的升级，医疗卫生技术人才队伍这一"软件"也在不断壮大。三线企业医疗卫生人才的来源主要有三个途径：一是"老厂"调配，

---

① 德阳县志编纂委员会：《德阳县志》，四川人民出版社，1994 年，第 837 页。
② 《绵阳医药站革委会关于给东汽厂专供部分药械的报告》，绵竹市档案馆藏，档案号：96－264。
③ 《江油明镜煤矿一九七二年及"四五"期间规划》，江油市档案馆藏，档案号：030－01－0124－0﹣8。

如《哈尔滨汽轮机厂与东方汽轮机厂关于搬迁工作座谈会议纪要（节选）》中谈到"关于医生问题,老厂先调三名医生去新厂,不足的部分以后再逐步解决"①。二是地方支援,从该《纪要》中也可以看到,由于"新厂所需医务人员较多,希局(作者注:七八局)帮助解决10～20名"②,也就是希望通过上级部门从其他部门甚至地方调配。三是自行培养,如江油明镜煤矿《一九七二年及"四五"期间规划》中就计划"培养脱产或不脱产的赤脚医生2名"③。国营绵阳缫丝厂计划采用技术培训的方式培养人才,"'五一'前一个,'七一'前三个,'十一前'五个,包括保全保养、电、铸及卫生保健等"④。在多方努力下,三线企业医疗卫生人才队伍不断壮大。1966年江油县境内厂矿企业医务人员仅有578人,而到1987年,厂矿企业医务人员已达1479人,增长了156%。青川县国营新光电工厂职工医院1985年底已培养主治医师2人、医师13人、药师2人、医士5人、药士3人、护士13人、检验师2人,共计40人。国营万众机器厂职工医院1985年底,有医卫人员89人,其中主治医师4人、医师28人、药师2人、护师2人、技师2人、医士10人、护士20人、助产士2人、药剂士6人、卫生员13人。青川伐木厂职工医院有卫生技术人员23人,六〇二地质卫生所卫技员7人。⑤

这些三线医疗卫生机构也在帮助乡村培养医疗卫生人才,例如东方电机厂为各生产大队培训1～2名半农半医的医务人员和提高生产队卫生员的

---

① 《哈尔滨汽轮机厂与东方汽轮机厂关于搬迁工作座谈会议纪要(节选)》,东方汽轮机厂档案馆藏,档案号:66－9－679024。
② 《哈尔滨汽轮机厂与东方汽轮机厂关于搬迁工作座谈会议纪要(节选)》,东方汽轮机厂档案馆藏,档案号:66－9－679024。
③ 《江油明镜煤矿一九七二年及"四五"期间规划》,江油市档案馆藏,档案号:030－01－0124－018。
④ 《国营绵阳缫丝厂第一季度工业支援农业的总结报告及今后的意见》,绵阳市档案馆藏,档案号:073－02－0099－001。
⑤ 《青川县志》编纂委员会:《青川县志》,成都科技大学出版社,1992年,第796～797页。

业务水平，做好广大社员的保健工作。① 至此，乡村医疗卫生人才也在不断增长。绵阳县到 1980 年已有医疗卫生人才 393 名②；江油县至 1983 年有卫生医务人员 743 人③；安县至 1978 年有卫生技术人员 219 人，1985 年则达到了 326 人④；平武县 1966 年有卫生技术人员 67 人，至 1978 年则发展到了 197 人⑤；北川县 1965 年有医卫人员 198 人，到 1987 年达到 145 人，其中有医师 21 人，医士 67 人⑥；广元县 1984 年有农村医卫 702 人⑦；剑阁县至 1986 年有医卫技术人员 386 人⑧；青川县至 1985 年，7 个区（青溪、沙洲、乐安、房石、骑马、茶坝和关庄）卫生院有医师 14 人、医士 84 人、初级卫生员 29 人，全县 28 所乡卫生院有医师 10 人、医士 52 人、初级卫生员 79 人⑨；旺苍县至 1985 年底有合格乡村医生 210 人⑩；遂宁县 1982 年有乡村医药卫生技术人员 749 人⑪；射洪县 1985 年有医药卫生专业人员 737 人。⑫

三、共振：三线建设与乡村医疗卫生文化的培育普及

三线建设与乡村医疗卫生事业的同步交织、相互激荡，在乡村产生了同频共振的效果。得益于三线企业医疗卫生文化力量的"嵌入式"助推，三线

---

① 《中共东方电机厂委员会贯彻执行中央五月十五日指示的意见（草案）》（厂设计和初步规划），东方电机厂档案馆藏，档案号：机械工业类，NJ11.01－1966－0007。
② 绵阳市地方志编纂办公室编：《绵阳（县级）市志》，四川辞书出版社，1999 年，第 420 页。
③ 江油市地方志编纂委员会编：《江油县志》，四川人民出版社，2000 年，第 1028 页。
④ 安县志编纂委员会编：《安县志》，巴蜀书社，1991 年，第 621 页。
⑤ 平武县县志编纂委员会编：《平武县志》，四川科学技术出版社，1997 年，第 815 页。
⑥ 北川县志编纂委员会编：《北川县志》，方志出版社，1996 年，第 651 页。
⑦ 广元市地方志编纂委员会编：《广元县志》，四川辞书出版社，1994 年，第 722 页。
⑧ 剑阁县志编纂委员会编：《剑阁县志》，巴蜀书社，1992 年，第 732 页。
⑨ 《青川县志》编纂委员会编：《青川县志》，成都科技大学出版社，1992 年，第 793～794 页。
⑩ 旺苍县志编纂委员会编：《旺苍县志》，四川人民出版社，1996 年，第 517 页。
⑪ 遂宁市地方志编纂委员会编：《遂宁县志》，巴蜀书社，1993 年，第 812 页。
⑫ 射洪县志编纂委员会编：《射洪县志》，四川大学出版社，1990 年，第 848 页。

企业内部的医疗卫生文化资源产生了外溢效应,改善了乡村地区医疗卫生环境,为乡村医疗卫生文化的培育普及造就了优良的外部条件;提升了乡村民众的医疗卫生文化常识,为乡村医疗卫生文化的培育普及提供了丰沃的土壤;消除了乡村民众的不良生活卫生习惯,为乡村医疗卫生文化的培育普及激发了内生动力。

(一)下厂下乡改善医疗卫生环境

在"六·二六"指示下,各三线企业纷纷派遣医疗队下厂下乡开展医疗卫生服务,并帮助当地防治地方病,逐步改善了乡村地区医疗卫生环境,打造了宽阔的医疗卫生文化普及空间。

第一,各三线企业做好自身卫生防疫工作,为乡村医疗卫生条件改善树立榜样。如八二一厂为改变厂容厂貌,在 1977 年一季度组织了两次全厂性工业卫生和环境卫生大会战,卫生面貌初步改观。会战前大造声势,发动群众,会战中各方面协作,坚持同落实各项规章制度特别是区域卫生制、消灭跑冒滴漏相结合。二〇四厂(八二一厂下属厂)因为设备缺陷多、条件较差,在卫生会战中清除垃圾、煤渣、灰尘 120 吨。二分厂投产晚、尾项多,两次大会战,清扫面积达 27000 多平方米,搬走泥沙、杂物 1800 立方米,清理水沟1300 米。该厂生活区卫生会战也收效显著,不仅处理了私养鸡鸭鹅狗兔,拆除了禽畜窝棚,而且回收钢铁 16 吨,砖瓦 5 万块。① 再如,川中矿区爱国卫生运动委员会和卫生防疫部门经常组织和发动职工、家属开展环境卫生大扫除和灭"四害"活动,并从福利费中拨款购买消毒药品发给职工家属使用;组织职工食堂煎制大锅中药让职工、家属饮用,预防流行病的传播;加强职

① 《抓纲治厂 初见成效:八二一厂一九七七年工作总结》,绵阳市档案馆藏,档案号:074 – 01 –0420 – 017。

工劳动保护,每年冬天,给职工发放防冻物品,夏季发放防暑降温物品及清凉饮料,以保证职工身体健康。[1] 绵阳电子仪器厂医务人员在诊治过程中无差错事故,紧急情况随叫随到。[2] 三线企业的自我医疗卫生环境整治运动不仅增强了邻里之间的团结,改变了卫生面貌,更重要的是把职工、家属的主要精力引导到大干社会主义上来,为乡村医疗卫生环境大会战树立了榜样。

第二,三线企业与当地政府联合组织下厂下乡巡回医疗队,辅助乡村地区医疗卫生环境的改善。如东方汽轮机厂党委要求该厂医疗卫生工作要认真贯彻落实毛主席"六·二六"指示,树立全心全意为广大群众服务的思想。贯彻以"预防为主"的方针,做好防治工作,搞好中草药和中西医结合,组织医务人员深入车间,巡回医疗。[3] 川西北矿区职工医院在 1975 年以后,通过组织巡回医疗队、体检队,多次到基层、学校,为职工和在校学生体检。1976年4—6月,10 余名医务人员组成巡回医疗队到 21 个基层单位,为 1019 名职工进行健康体检。1980 年 10 月至 1981 年 3 月为全矿 4000 多人作血吸虫抗原皮试,查出血吸虫病人 40 余人。[4] 八二一厂在完成国家生产任务的同时,根据县委统一部署,派出了两批基本路线教育工作队,派出两批 25 人次的计划生育医疗队,为贫下中农防病治病,宣传晚婚、计划生育。[5] 东方电机厂医务人员充分利用假期时间巡回下乡为社员治病。[6] 国营万众机器厂职工医院医务人员"高举毛主席光辉的'六·二六'指示,送医上门,为贫下中

① 四川石油管理局《川中矿区志》编辑室编:《川中矿区志》,巴蜀书社,2000 年,第 596 页。

② 《绵阳地区医用电子仪器厂一九八二年工作总结》,绵阳市档案馆藏,档案号:217 - 01 - 0017 - 017。

③ 《中共东方汽轮机厂核心小组关于一九七五年工作初步规划和第一季度工作要点(节选)》,《东汽战报》,1974 年 12 月 27 日。

④ 四川石油管理局《川西北矿区志》编辑室编:《川西北矿区志》,巴蜀书社,1998 年,第 460 页。

⑤ 《抓钢治厂 初见成效:八二一厂一九七七年工作总结》,绵阳市档案馆藏,档案号:074 - 01 - 0420 - 017。

⑥ 《中共东方电机厂委员会关于试行"厂社结合"的工作情况报告》,东方电机厂档案馆藏,档案号:机械工业类,NJ11.01 - 1966 - 0003。

农解除痛苦。一年来,给贫下中农看病一千二百多人次"①。1965—1966 年,中共绵阳地委决定抽调包括三线企业医疗卫生机构在内的医务人员组织巡回医疗队,参加农村"四清"工作。全区县以上医院的 2317 名医务人员中,每期参加巡回医疗队 200 人。

20 世纪 70 年代,为贯彻毛泽东"六·二六"指示,重点抓了农村合作医疗的建立、整顿、巩固和提高的工作。到 1977 年底,全区实行合作医疗的大队达 8443 个,普及率达 95.7%。1983 年以后,全区医疗卫生战线由农村到城市,由点到面,由浅入深地逐步进行卫生改革。② 三线企业与当地政府在医疗卫生文化下厂下乡运动中的相互配合、相互激荡,使医疗卫生文化能够在乡村地区迅速传播并生根发芽。

(二)提升乡村民众医疗卫生文化常识

乡村医疗卫生文化培育普及其关键点在于乡村民众文明素质的教育,即提升他们的医疗文化常识,切不可"靠一般生活习惯早已固定的官僚政客来开会提倡新生活,那只可以引起种种揣摩风气、虚应故事的恶习惯,只可以增加虚伪而已"③。因此,三线企业与当地政府多点切入、多部门联合协同,以多种方式提升乡村民众医疗文化常识,培育了乡村民众的文明素质,为乡村医疗文化的培育普及提供了丰沃的土壤。

第一,通过"扫盲"教育让乡村民众具备丰富的医疗卫生常识。1966 年 1 月 2 日,德阳县厂社结合会议决定东方电机厂与城北人民公社结合,做好

---

① 《毛主席光辉的〈五·七指示〉照亮了深山老林:国营万众机器厂创办农场的调查报告》,绵阳市档案馆藏,档案号:074 - 01 - 0083 - 006。
② 《中共绵阳市志》编纂委员会编:《中共绵阳市志》,四川人民出版社,2002 年,第 372 页。
③ 胡适:《为新生活运动进一解》,《大公报》,1934 年 3 月 25 日。

"合办文化、教育、卫生事业"①在内的 7 项工作，医疗卫生文化教育成为重要内容，主要宣传防毒、防灾、防疫等科学常识。中国人民解放军第三五三六工厂在开展爱国卫生运动的同时，向全厂及当地民众宣传了常见病预防的基本知识。② 绵阳地区碗厂河煤矿结合企业整顿，坚持向广大职工及当地民众进行计划生育的宣传教育，坚持两种生产一起抓，采用幻灯、专栏、广播讲座、举办图片展等方式宣传党的计划生育政策、医疗卫生政策。③ 江油明镜煤矿通过发动群众大搞中草药的方式，让乡村民众了解中草药药性等相关知识，提升药理知识。同时也为使乡村医疗卫生机构能够拥有充足的中草药材，该煤矿职工医院发动乡村民众在 1971 年采集中草药标本 100 种，1972 年 150 种，1973 年 200 种，1974 年 300 种，1975 年 400 种。1974 年、1975 年中草药做到半自给。临床上广泛开展新医疗法，利用一把药一根针治疗常见病多发病。④ 三线企业根据各地乡村的实际情况，利用一切机会和方法（歌谣、戏剧、电影、广播、书报、图画、展览会等），对当地乡村民众进行医疗卫生常识的传播，扫除医疗卫生"知识盲点"，使得基本医疗卫生常识在乡村迅速普及，乡村民众文明素质快速提升，推动了乡村医疗卫生文化的培育与发展。

第二，通过"以情动人"的方式感染乡村民众，当地民众积极主动学习医疗卫生常识，提升了自我文明素质。例如汉江医院原本不对外，但对地方有感情，当地村民生了急病，医院也及时收治。如果县上在职干部有了疑难

---

① 《中共东方电机厂政治部关于贯彻"厂社结合、工农并举"的情况报告》，东方电机厂档案馆藏，档案号：机械工业类，NJ11.03－1966－0001。

② 《中国人民解放军第三五三六工厂一九八〇年工作总结》，绵阳市档案馆藏，档案号：074－01－0565－016。

③ 《绵阳地区碗厂河煤矿一九八二年工作总结》，绵阳市档案馆藏，档案号：108－01－0507－008。

④ 《江油明镜煤矿一九七二年及"四五"期间规划》，江油市档案馆藏，档案号：030－01－0124－018。

病,拿上县上介绍信去求治住院,汉江医院都会予以精心治疗。医生热情,百问不厌,护士精心,仔细,善于换位思考,待病人如同亲人,乡亲们很是佩服他们的医德。① 国营新光电工厂卫生所带着服务群众的极深情感,"坚决贯彻执行伟大领袖毛主席光辉的'六·二六指示','把医疗卫生工作的重点放到农村去'。该所规定,当地村社民众与本厂职工看病一样重视,不收挂号费,不收打针费只收医药费。他们什么时候来看病,就什么时候诊断。对重病人,医生走上门去。对危急病人,不论白天黑夜,立即抢救,及时送到医院,为贫下中农治病达 11000 多人次,抢救危重病人 40 多人次"②。正是通过这些感人的好人好事,使当地乡村民众的获得感、幸福感陡然提升,在情感教化中积极主动参与医疗卫生常识学习,提升了自我的文明素养。

第三,通过爱国卫生运动,使乡村民众在运动中增长医疗卫生常识。爱国卫生运动是乡村民众增长医疗卫生常识的重要途径。1964 年 8 月,绵阳地区在新中国成立 15 周年前夕开展突击性爱国卫生运动,重点宣传改善环境卫生,消灭"四害"和钉螺。江油明镜煤矿积极开展爱国卫生运动,实行每周小检查,全矿每月大检查,养成人人讲卫生,家家爱清洁,以卫生为荣,以不卫生为耻,养成良好风尚。"四五"期间该矿传染病下降 90% ,无大流行、流行病不出矿区。③ 在农村地区的爱国卫生运动重点抓管水、管粪为中心的积肥造肥。例如青川县,1978 年 4 月,配备专职干部 1 名办理爱国卫生日常工作。1982 年 3 月,召开广播动员大会,部署"五讲四美"(讲文明、讲礼貌、讲卫生、讲秩序、讲道德,心灵美、语言美、环境美、行为美)作为爱国卫生运动的一项重要内容,主要治理"脏乱差"问题。1983 年 3 月,开展第二次文明

---

① 政协梓潼县委员会编:《九院在梓潼之轶事》,内部资料,2020 年,第 112 页。

② 《国营新光电工厂关于搞好工农关系的情况报告》,绵阳市档案馆藏,档案号:074 - 01 - 0049 - 002。

③ 《江油明镜煤矿一九七二年及"四五"期间规划》,江油市档案馆藏,档案号:030 - 01 - 0124 - 018。

礼貌月活动,乔庄、青溪、沙州等场镇开展"五洁"和"三不"(公共场所清洁、街巷清洁、室内外清洁、厨房清洁、厕所清洁,不随地吐痰、不乱扔果皮纸屑、不损坏果木花草)为内容的治理脏乱差活动。农村则着力于管水、管粪和改良水井、厕所、畜圈、炉灶,以及环境的基本建设。在三线企业的帮助、青川县政府的重视和国家经费扶持下,群众自发动手装置手压机井 211 眼,改建水井 923 眼,改建厕所 257 个①,爱国卫生运动取得了巨大的成效,同时也使环境卫生文化浸入乡村民众心中,许多乡村民众改变了不洗澡、不洗衣的习惯,懂得了晾晒被子的重要性,养成了不喝生水喝热水、不吃不洁食物和餐具消毒、单独保管使用的好习惯。乡村民众逐渐认识到讲卫生、防疾患的重要性,增强了卫生意识,同时对医疗卫生科学知识掌握越来越多,激发了大家同落后、愚昧、迷信、疾病、不良卫生习惯做斗争的积极性。爱国卫生运动也逐步向经常化、制度化发展。

(三)塑造乡村民众教养身体

所谓教养身体是指乡村民众以自我身体的举止行为是否美观,是否体现现代文明之精神为标准而进行身体行为的塑造,例如"厨房内,各须留心,不可污秽"②便是典型的身体行为塑造。三线企业与当地党政部门联合通过身体教化与制度规训两种方式,消除不良生活卫生习惯,塑造乡村民众教养身体,为乡村医疗卫生文化的培育普及激发内生动力。

第一,实行外部干预,强制性要求乡村民众实现身体的自我管理,消除不良生活卫生习惯。所谓"身体的自我管理"是指包括儿童在内的每个乡村民众都应注重、检点自身身体的卫生状况,避免因"身体自我管理"能力差强

---

① 《青川县志》编纂委员会:《青川县志》,成都科技大学出版社,1992 年,第 803 页。
② 深町英夫:《教养身体的政治:中国国民党的新生活运动》,生活·读书·新知三联书店,2017 年,第 8 页。

人意而影响他人身体卫生状况之管理行为。首先,为提高身体素质,医疗卫生部门对有害作业的职工、乡村民众进行体格检查,激发乡村民众身体卫生情况的自我检讨。东方电机厂在卫生方面,大力做好对社员健康有严重危害的血吸虫病防治工作,增强社员体质,保护劳动力,并积极采用有效措施消灭血吸虫病。其次,领导干部带头,吃苦在前,冲锋在前,处处起先锋模范作用①,组织纠察队、纠风队,以"指导""教育""劝导"的名义对乡村民众的不良卫生习惯,如随地乱丢垃圾、果皮纸屑等,以及因此而引起他人身体不适等行为进行纠察、整风,加强了乡村民众及三线企业职工的自我管理。最后,对乡村民众实行基本医疗卫生文化的强制性"灌输"。针对乡村民众不会主动且不能够对现代化生活知识如卫生防疫知识进行有效地接触与掌握的情况。地方政府联合三线企业卫生部门持续性地组织各种医疗卫生知识培训,对乡村民众进行强制性医疗卫生文化常识的"灌输",以便激发乡村民众自我卫生知识获取的主动性与积极性。这种强制性灌输行为是外部干预的重要形式,较之乡村民众个人身体而言则是一种身体教化向情感教化过渡的形式,也是短时间内消除乡村民众不良生活卫生习惯的"无奈之举"及有效途径。

第二,制定卫生公约,实施纪律身体培育,规训乡村民众的不良生活卫生习惯。纪律身体的培育得益于身体教化,即在对个人身体的规制与惩罚中推动个人遵守一定的规则、制度,以期提高乡村民众的身体自我管理能力。绵阳地区新华内燃机厂制定《生活区文明卫生公约》,其中规定:搞好环境卫生和室内卫生,倒水要入槽、垃圾要入箱,居住楼房的同志不许从楼上向下倒水、吐痰、倒垃圾、扔瓜皮果壳等物。宿舍楼房的厕所设施,供住本楼

---

① 《在毛主席的伟大旗帜下 与四〇四职工医院的同志们一道 团结战斗 并肩前进》,绵阳市档案馆藏,档案号:074-01-0438-001。

层(本单元)住户人员公共使用,不得私自单家上锁占为己有,应公共使用,轮流打扫清洁。要教育小孩不要随地大小便,不准在公共厕所尿槽内倒屎尿及垃圾等物,也不准向粪坑内倒垃圾,以免造成厕所堵塞,影响使用。① 三线企业同时帮助乡村区社制定卫生公约。1965 年,青川县在各大队成立"两管"领导小组,制定卫生公约,要求各户社员管好水源和厕所畜圈,以约束甚至惩罚乡村民众的不良身体行为,培育良好的纪律性。1977 年,安县制定《场镇卫生管理要求》,规定公共娱乐场所、大会场、影剧院经常保持清洁,定期打扫和消毒;建立经常性群众性的卫生组织与爱国卫生制度,订立卫生公约,规范乡村民众的生活卫生行为②,如果不按照卫生公约等相关制度进行身体的有效管理,则将受到训斥与惩罚。在制度公约的规训下,乡村医疗卫生文化得以培育与普及。

四、结语

三线建设对绵阳地区为代表的西部地区经济社会发展影响甚大,不仅因为大批三线企业和科研机构内迁带动了地方工业和科学研究事业的发展,而且在"工农互助""亦工亦农"等口号、制度的号召和推动下,三线企业与乡村文化建设同步交织、相互激荡,同频共振,给广袤的乡村地区文化建设带来新的曙光。例如乡村医疗卫生文化方面,三线建设使得乡村医疗卫生条件不断得到改造升级、乡村医疗卫生文化宣传不断扩大、乡村医疗卫生服务不断普及。遗憾的是由于三线企业与地方社会之间存在着有形的围墙

---

① 《绵阳地区新华内燃机厂生活区文明卫生公约》,绵阳市档案馆藏,档案号:127 - 01 - 0597 - 014。

② 安县志编纂委员会编:《安县志》,巴蜀书社,1991 年,第 695 页。

和无形的藩篱,形成了围墙内外两种不同的世界①,使三线企业对乡村文化影响还不够深入,效果大打折扣,三线企业医疗卫生机构与乡村民众的医疗纠纷也时有发生,直至改革开放后,伴随着城乡体制的改革和三线企业的变迁,三线企业和地方社会之间的区隔逐渐消弭,三线企业与乡村文化有了更多融合,乡村文化建设得到了质的飞跃,三线企业与乡村民众的关系越发和谐。即便如此,通过三线建设与乡村医疗卫生文化建设同频共振的探究,依然可窥探三线建设与乡村文化建设的互动关系,亦可探明中国城乡关系、工农关系、物质文明建设与精神文明建设关系的演变,以及为当代乡村文化建设给予借鉴。

本文载《宁夏社会科学》2023 年第 2 期,此处有删改

作者简介:陈君锋,男,西南科技大学马克思主义学院副教授,博士后,硕士生导师,主要研究方向为三线建设。

崔一楠,男,西南科技大学马克思主义学院教授,博士,硕士生导师,主要研究方向为三线建设。

基金项目:国家社会科学基金后期资助一般项目"新中国成立以来中国共产党领导乡村文化建设的历史进程与基本经验研究"(项目编号:22FDJB020);文化产业发展研究中心 2021 年度重点项目"三线建设文化资源共享和产业发展研究——以绵阳市为例"(项目编号:WHCY2021A04);四川三线建设研究中心重点项目"三线建设与县域经济发展——以江油市为例"(项目编号:SXZ22 - 01)。

---

① 张勇:《围墙内外:三线建设企业与地方社会之区隔》,《江海学刊》,2021 年第 8 期。

多学科视域下三线建设工业遗产保护与利用路径研究框架

吕建昌

随着三线建设研究成为中国当代史领域的热点,三线建设工业遗产(以下简称"三线工业遗产")研究在工业遗产领域也逐渐趋热。十多年来,关于三线工业遗产研究的论文已逾百篇,这些成果反映了当前三线工业遗产研究的发展态势。我们在欣喜于取得成绩的同时,也应清醒地看到存在的不足:研究者多单打独斗,囿于个人专业知识面和学科分野的阻碍,难以取得突破性的成果。为此,笔者从基础理论和应用实践两个层面着眼,尝试建构多学科、文理交叉的三线工业遗产保护与利用路径研究框架,与业界同人展开多方位讨论,探索产生集多学科视野于一体的综合性研究成果。

一、三线工业遗产保护利用的基础理论研究

(一)三线建设史研究

20 世纪 60 年代,在我国面临外敌入侵的严峻局势下,党中央做出了开展三线建设的重大决策,以备战为核心,在西部地区建设一个稳固的战略后

方基地,同时也调整我国东西部地区工业布局不平衡的格局。20 世纪 80 年代,国际局势趋于缓和,我国抓住机遇,实施改革开放的国策,将战略重心转移到经济建设上来。许多三线企业在国家"调整改造,发挥作用"方针指导下,完成产品的"军转民",并逐步从深山沟搬出,到交通便利的城市或近郊重新建厂,开展第二次创业,融入经济改革的大潮中。

三线建设"是我国第一次具有系统性和全面性的中国创新的社会主义工业建设"[①]。从 20 世纪 90 年代三线建设档案逐渐解密以来,学界在关于三线建设的决策、三线建设的成就与效应、三线建设与西部大开发的关系、三线建设决策中的重要人物、三线企业的调整改造以及其他与三线建设相关问题等方面的研究都取得了重要成果[②],为我们从历史唯物主义视角全面理解党中央的三线建设战略决策,深刻认识三线建设取得的伟大成就,正确评价三线工业遗产的价值提供了理论依据。三线建设史研究是开展三线工业遗产保护利用的历史基础。

(二)三线工业遗产(三线企业遗址)调查研究

2006 年,中国社会科学院陈东林首次将"三线建设"与"工业遗产"概念连接,开启了三线工业遗产研究的序幕[③],今天有关三线工业遗产的研究论文已有一百多篇。[④] 三线建设期间,国家共在三线地区投入资金 2052 亿,建

---

① 徐嵩龄:《三线建设工业遗产的意义:基于政治经济学意义上的制度价值认知》,《东南文化》,2020 年第 1 期。

② 陈夕主编:《中国共产党与三线建设》,中共党史出版社,2014 年,第 345～385 页。

③ 陈东林:《三线建设——离我们最近的工业遗产》,《中国国家地理》,2006 年第 6 期。

④ 徐有威、张程程:《2020 年三线建设研究述评》,《三峡大学学报》(人文社会科学版),2021 年第 4 期。

设了 1954 家企事业单位。① 三线建设参加人员达 400 万,连同其家属,涉及共约 2000 万人口。三线建设停止后,那些被"关、停、并、转、迁"的三线企业,原厂区变成了遗址,留下的厂址、厂房、职工住宅等各种建筑设施,或被闲置,或被废弃。目前全国三线工业遗址共有多少、现状如何,暂时没有确切的数据。② 根据文献资料记载,由国家直接出资补贴的三线企业有 274 家。③ 但在实际操作中,还有其他享受"二等待遇"脱险搬迁的三线企业并未统计在 274 家之中。④ 有学者根据国务院"三线办"的档案,结合八省一市计划数据和对重庆与山西两地的抽样调查,估算出全国搬迁后的三线企业遗址应当在六百处左右,半数以上处于荒废和闲置状况。⑤ 也有个别研究者做过重庆等局部地区的区域性调查⑥,由于西部各地三线企业分布并不均匀,依据个别区域的数据并不能准确推算出全国三线工业遗产(遗址)的可靠数字。

了解和掌握三线工业遗产现状是保护利用研究的基础。目前,我们要借鉴西方发达国家工业考古的方法与手段,在收集与整理、研究三线企业的文献档案、口述史、回忆录等资料基础上,筛选出一批具有代表性的三线企

---

① 向嘉贵等编:《三线建设》,内部资料记载,到 1980 年,三线地区共建设了 1100 个大中型企事业单位;陈夕主编:《中国共产党与三线建设》2014 年中记载,到 1983 年,三线建设共建立大中型企事业单位和科学院所 1945 家。本文取后说。

② 国家文物局 2012 年进行全国第三次不可移动文物普查,虽将三线工业遗产在内的工业遗址纳入普查范围,但报告数据仅为 156 处。由于部分三线工业遗址已出售给民企,调查人员对其中有些未能普查到,因此这个数字是不完整的。

③ 陈夕主编:《中国共产党与三线建设》,中共党史出版社,2014 年,第 3 页。

④ 三线建设调迁时期,凡被列入国家"三线办"脱险调迁计划的三线企业,享受国家出资帮助工厂搬迁的待遇;未被列入国家计划的,则享受不到国家的资金补贴,搬迁资金由部省企业自己解决。故称作"二等待遇",如位于重庆夏坝的 2027 厂脱险搬迁第一期,即享受"二等待遇"。

⑤ 陈东林:《积极研究三线遗产的保护利用为新时代服务:三线遗产保护利用的若干问题》,载中国社会科学院当代史研究所等编:《"三线建设与新时代中国特色社会主义文化"学术交流论文选编》,内部资料,2018 年,第 18 页。

⑥ 马述林、艾新全:《重庆三线建设遗址保护利用研究》,载吕建昌主编:《当代工业遗产保护与利用研究——聚焦三线建设工业遗产》,复旦大学出版社,2020 年。

业遗址,进行重点实地调查,测绘并记录三线工业建筑遗产相关数据。调查记录资料包括三线工业遗产的保存现状(如厂区、厂房、设备、其他配套设施等保存情况),以及厂房建筑等物化的空间数据测绘和记录。同时还要对原三线企业的职工进行口述史采访等,为研究三线建设者的群体记忆、寻绎三线精神的形成等收集资料,为三线工业遗产保护与利用的理论研究提供有效数据资料支撑。

二、三线工业遗产保护与利用的基本问题研究

(一)三线工业遗产的概念研究

三线工业遗产是中国现代工业遗产的重要组成部分,深深地镌刻着时代烙印。三线建设发生于"备战备荒为人民""要准备打仗"的特定历史时期,三线建设项目分布在我国特定的西部区域,是以国防军工为主体的特定产业,由这三个"特定"条件而形成的三线工业遗产,有别于中华人民共和国成立后工业化进程中的其他工业遗产,时空特征与行业特点是辨识三线工业遗产概念的基本要素。研究和认识三线工业遗产的基本概念是对其实施保护与利用的基础。国际遗产界认为近现代工业遗产在形态上具有物质与非物质两个维度,作为中国当代工业遗产的三线工业遗产也具有物质与非物质的双重形态。物质形态三线工业遗产主要有三线企业的生产建筑、构筑物、工厂遗址、矿场、能源生产输送和利用的场所,运输及基础设施等,非物质三线工业遗产包括三线建设宏观决策的战略思想与方针政策,三线企业生产组织与管理的制度、企业的生产技术及工艺流程、职工社会活动中的习俗和认同的行为准则、三线建设者的个体记忆和群体记忆,以三线精神为

硬核的企业文化等。[①] 鉴于国内在工业遗产保护研究中对非物质形态工业遗产的重视度明显欠缺,我们在三线工业遗产的研究中应给予足够的重视。

(二)三线工业遗产的价值评估体系研究

我国工业遗产保护利用实践已有 20 余年[②],建筑学、文物学界等借鉴发达国家工业遗产保护理念与方法,结合我国文物保护管理的经验,开展了工业遗产价值评估的探索,公布了《中国工业遗产价值评价导则(试行)》,力求为全国的工业遗产价值评估提供标准体系。[③] 在价值评估基础上,依工业遗产的价值高低确定的国家级或省(自治区、直辖市)级工业遗产,实施不同的分级保护政策:对有重要价值的工业建筑遗产,参照国家级和省级不可移动文物保护标准,在保护利用中,不能破坏工业遗产整体格局、结构、样式和历史风貌特征;属于一般价值的工业遗产,在改造利用中,其内部结构可以根据新用途需要而改动,但尽可能保留建筑物的历史外貌。由于绝大多数的老工业建筑都属于一般价值的工业遗产,在国内外工业遗产保护中常见的方法是利用旧建筑的空间,改造后植入新的使用功能,使工业建筑的生产功能转型为服务业的功能。

三线工业遗产主要分布在西部地区的广大乡村山野,区位与老工业城市中的工业遗产不同,其价值评估指标体系不能简单移植老工业城市的工业遗产评估指标。研究、制定三线工业遗产的价值评估体系,应根据军工遗

---

① 吕建昌等:《三线工业遗产概念初探》,《宁夏社会科学》,2020 年第 6 期。

② 20 世纪 90 年代末,在北京、上海和广州等大城市中已出现民间自发地开展老工业建筑保护与改造利用的实践。2006 年 4 月 18 日国家文物局在江苏无锡举办的"中国工业遗产保护国际论坛"和同年 5 月下发的《关于加强工业遗产保护的通知》,是政府介入并主导国内工业遗产保护利用的标志。

③ 中国文物学会工业遗产委员会、中国建筑学会工业建筑遗产学术委员会、中国历史文化名城委员会工业遗产学部:《中国工业遗产价值评价导则(试行)》,《建筑创作》,2016 年第 18 期;徐苏斌、[日]青木信夫:《中国工业遗产价值评估研究》,中国城市出版社,2021 年。

产的特征以及西部山区的不同条件,体现国防军工遗产和山区环境的特性。关于三线工业遗产的价值评估,参评者不应局限于学界的专家学者,应有三线建设者代表的参与,他们是三线工业遗产价值评价最有话语权之人。

(三)三线工业遗产保护利用的管理法规研究

我国目前尚无专项工业遗产保护法,工业遗产只有被认定为文物,才能受到《中华人民共和国文物保护法》保护。2001 年国家文物局公布的第五批《全国重点文物保护单位名录》中,已将大庆第一口油井、青海第一个核武器研制基地旧址等工业遗产纳入保护范围;2012 年国家文物局进行全国不可移动文物普查,也将工业遗产纳入普查范围。由于文物认定标准与工业遗产认定标准不是同一个体系,两者的认定指标存在差异,因而中华人民共和国工业和信息化部(以下简称"工信部")自行组织国家工业遗产的评估与认定。自 2017 年以来,工信部已公布了五批"国家工业遗产",其中有一些三线工业遗产项目入选。为满足入选国家工业遗产项目的产权所属单位管理所需,2019 年工信部还颁布了《国家工业遗产保护管理暂行办法》(以下简称"《办法》")。① 在此基础上,于 2023 年颁布了《国家工业遗产保护管理办法》。

从法理上说,该《办法》不属于真正意义上的法律文件,不具有严格的法律效力。但在我国尚未出台专门的"工业遗产保护法"之前,该《办法》可作为保护管理工业遗产的"行政规范"参考。据悉,国家已将制订工业遗产保护法规纳入议事日程,并正组织专家学者研究与起草工业遗产保护法规。我们要积极参与三线工业遗产的保护法规研究,为政府相关部门建言献策,

---

① 中华人民共和国工业和信息化部:《国家工业遗产保护管理暂行办法》,中国政府网,http://www.gov.cn/gongbao/content/2019/content_5366487.htm。

使未来的"工业遗产保护法"能够全面涵盖三线工业遗产。

（四）三线人的集体记忆与文化认同研究

三线人的集体记忆和文化认同属于非物质形态工业遗产范畴，是目前三线工业遗产保护利用研究中较为薄弱的方面。记忆研究最早从心理学领域引入社会科学领域，被认为是人的大脑对过去经历的事物进行识记、保持与再认识的过程。在工业遗产领域引入记忆理论，使工业遗产研究从重视物质遗产延伸至关注其记忆与情感价值，进而扩展到工业遗产的非物质形态研究。

1. 三线人的集体记忆

三线建设的记忆研究，包含个体记忆和集体记忆。个体记忆是三线人以个人工作与生活经历为基础构建的自身识记与再认识；集体记忆是"一个特定社会群体成员共享往事的过程与结果"①，三线群体的集体记忆是众多三线人以在企业中共同经历的工作与生活事件为基础构建的共同识记与再认识。三线工业遗产承载着三线企业创立（筹建）与发展、辉煌与衰落的历史，同时也记录着三线人个体的奋斗经历，对他们自身与家庭都有着极其重要的情感价值。三线工业遗产的集体记忆属于三线人（包括他们的二代、三代），是那激情燃烧的岁月中工作与生活的产物，无论是物质的还是非物质的产物，都会让他们在历史中找到属于自己的定位，从而获得认同感和归属感。

2. 三线人的文化认同

文化认同是个体对于所属文化及文化群体形成归属感及内心的承诺，

---

① ［法］莫里斯·哈布瓦赫：《论集体记忆》，毕然、郭金华译，上海人民出版社，2002年。

从而获得、保持与创新自身文化的社会心理过程。[①] 三线建设时期,在国家"好人好马上三线"的感召下,全国各地(尤其是东部沿海城市)许多工厂的干部、工人和技术人员离开自己熟悉的城市,奔赴西部地区,支援三线建设。这些"移民"个体在三线企业中共同工作与生活,在彼此的交往中,相互接纳对方个体的文化差异,逐渐融合成具有共同生活理念和社会道德的价值观。三线人的文化认同是建立在爱国主义、社会主义制度、共产主义信仰和共产党领导的基础上的。

三线工业遗产的记忆向三线人提供了可以重温三线建设历程的机会。同时,三线人以口述史、回忆录等形式记录的历史记忆,也在不断塑造西部地区乡镇、城市的空间肌理与精神面貌,强化了三线建设历史记忆的归属感与认同感。记忆理论视域下的三线人群体的集体记忆和文化认同研究,有助于全面认识三线建设文化与精神,为三线工业遗产保护与创新利用项目"赋能",增强遗产的经济与文化效应。

三、三线工业遗产创新利用的金融支持研究

目前,三线工业遗产保护与开发利用面临严重的资金缺口。政府和社会各界都认同要保护与利用三线工业遗产,但有实际资金投入、能落地实施的项目并不多,需要我们以经济学、管理学理论为基础,在三线工业遗产保护利用的经济与管理政策方面进行大胆探索。

(一)梳理三线工业遗产的产权与使用权

当年的三线企业全都是国有企业,且多数属于央企系统。20 世纪 90 年

---

① 目前学界对文化认同概念有不同的解释,此处采纳《中华文化辞典》说法。冯天瑜:《中华文化辞典》,武汉大学出版社,2001 年,第 20 页。

代国家规定的三线搬迁单位原址处置原则①，未能激发起当地保护和开发利用三线工业遗产的积极性。2000 年以后，虽部分产权下移到省和直辖市国有资产监督管理委员会，但由于诸多问题，一些县市、乡镇政府将部分国有资产(即三线厂址及其建筑等)变卖给了民企或私人。产权与使用权的转移留下了"后遗症"，不利于今天的三线工业遗产保护利用。地方政府要实施三线工业遗产保护利用项目，首先不得不梳理权属关系，出资进行土地收储。而几十年来，由于土地价格疯狂上涨，土地收储成为地方政府一个沉重的经济负担。在我国现行体制下，地方政府是三线工业遗产保护利用的最大责任人，但公有属性的"所有者缺位"，导致三线工业遗产保护利用的政府缺位与失责。因此，梳理产权和使用权是三线工业遗产保护利用项目开发的基础。

(二)调整与创新现行政策

从西方发达国家对工业遗产保护的资金来源来看，政策和法规与市场经济的相适应、相配合至关重要。我国三线工业遗产保护与开发利用的现行政策明显滞后于现实需要，由于缺乏相关的优惠政策，民营资本和社会资本在参与三线工业遗产保护与开发利用中的积极性并不高，需要研究调整与创新现行政策。目前，我国多领域、多行业在尝试企业混合所有制改革中进展缓慢。鉴于公私资本的优势互补以及混合所有制在三线工业遗产保护与开发利用中的优势，我们要探讨三线工业遗产保护利用中的混合所有制先行先试制度，积极鼓励和引导社会资本进入。

(三)探索三线遗产保护利用资金筹集的可行性途径

由于历史原因，三线工业遗产大多位于远离城市、欠发达的山区乡村，

---

① 陈夕主编：《中国共产党与三线建设》，中共党史出版社，2014 年，第 332～334 页。

现有老工业城市的工业遗产保护开发利用资金筹集途径并不完全适用于三线工业遗产保护。探索具有可行性的资金筹资途径是三线工业遗产保护与创新利用亟待解决的问题。可尝试运用文化金融相关理论,探索包括政府和社会资本合作 + 资本市场模式、政府引导基金模式、遗产"保护—利用—开发—增值"价值链的系统设计、直接财政资助和扶助、税收优惠政策、"三线工业遗产 + "产业政策等在内的各种潜在的可行途径。

四、三线工业遗产与当地旅游资源整合研究

20 世纪 80 年代以后,在国家"调整改造,发挥作用"的方针下,一座座三线企业纷纷搬离了山沟,到城市周边或近郊建厂寻求发展。但留下的厂址,包括土地、厂房建筑、道路交通、水电资源等基础设施,在当地依然是一种可贵资源。它承载着三线建设的历史记忆,是当地开展工业遗产旅游的独特资源。将三线工业遗产整合到当地自然与历史人文景观之中,形成融文化创意、历史遗产、休闲娱乐、工业遗产旅游于一体的全新"产业链",这是三线工业遗产保护利用可选的重要路径之一,也是乡村振兴国家战略背景下开展"全域旅游"的重要议题。

(一)三线工业遗产与当地旅游资源整合的意义

三线建设以国防军工建设为主体,当年属于保密状态,20 世纪 90 年代,随着三线建设档案的逐渐解密,社会上才陆续知道有三线建设。这种特殊年代所带来的军工神秘感对游客具有很大的吸引力,三线工业遗产具有的特殊的时代性和不可移植性是其他旅游所无法复制的。三线工业遗产资源融入旅游产品,将扩大旅游产品吸引力,有助于增加旅游目标物的客源。

三线建设是在国家工业基础薄弱、财政投资有限、物资相当贫乏的条件

下展开的,当时,为了与帝国主义"抢时间、争速度",三线建设者在极其艰难的条件下,发扬"一不怕苦,二不怕死"的精神,完成建设任务,甚至不惜牺牲宝贵的生命。三线建设中孕育并形成的"三线精神"是长征精神、延安精神的延续,是开展红色文化旅游的重要资源。三线工业遗产与当地自然资源、人文资源整合而开发出来的旅游产品,是开展红色旅游、工业旅游等多种主题旅游的核心,对提升现代旅游的文化和精神品位有极大的促进作用。

(二)三线工业遗产与自然空间及人文要素的整合

西部地区特有的地形地貌、自然风光与物产及当地历史渊源、人文资源等构成了西部旅游景观的基本要素,从区域旅游发展的整体需要出发,将三线工业遗产整合到各类旅游资源中,开发出新的综合旅游产品,可取得最大的经济效益和社会效益。

第一,空间整合。将位于不同空间的旅游资源整合成一条具有内在联系的主题旅游线路产品。三线工业遗产作为重要旅游景点纳入旅游产品结构中,可设计成特色主题旅游线路,推向市场。如重庆涪陵白涛镇正在建设中的"816小镇",将串联起自然景观武陵山大裂谷、乌江画廊、武隆金佛山、仙女山(世界自然遗产喀斯特地貌)一线,构成世界自然遗产与国内自然、人文遗产结合的旅游线路,打造成国内外著名的旅游品牌。

第二,要素整合。将三线工业遗产所在地的自然、社会、历史、民俗等具有吸引力的因素与人口、经济发展水平、消费能力、投融资环境等社会因素整合,开发适合当地发展状况、充分显现各自优势的旅游产品。如四川攀枝花打造的"三线文化游"和"山水田园游"旅游线,前者以承载攀枝花三线建设历史记忆的遗址为景点,后者以让游客体验感受独具魅力的阳光花城景致、古村落与民族风情特色为重点。攀枝花的多条旅游线整合了当地三线建设主要工业遗产地、历史纪念地、现代工业生产线、民俗古村落、自然农业景观、当地土特产、金沙江景观等多种要素，不仅有效利用了三线工业遗产资源，而且扩大了旅游经济的覆盖面，促进了地区旅游经济与文化的繁荣。

（三）三线工业遗产与旅游资源整合的模式

目前部分西部地区已采取（或正在建）的三线工业遗产与旅游整合模式，至少已有八种：①工业旅游目的地模式；②休闲旅游综合体模式；③三线军工特色小镇（旅游度假区）模式；④科普旅游基地模式；⑤国防教育营地模式；⑥工业遗产公园模式；⑦三线建设遗址博物馆模式；⑧文化创意产业园模式。①

文化遗产事业的核心是精神文化的传播与传承，将社会效益放在首位；旅游业作为文化服务业，追求经济效益最大化是其目标之一。工业遗产与旅游资源整合，如何摆正两者的关系，做到两种效益之间的平衡，这需要深入研究。无论以何种形式融入西部旅游产业，以三线工业遗产为基础开发的旅游产品必须具有旅游吸引力和市场号召力，同时又有可预见的良好社会与经济效益前景，才可保持其持续发展。目前，上述三线工业遗产与旅游整合实践中形成的模式，运行时间都还不长，其效益与可持续性有待观察和检验。

五、生态博物馆建设与三线工业遗产保护利用研究

世界博物馆发展已走过几百年的历程，在长期的物质遗产收藏与展览实践中，博物馆产生了一套规范的、有效的物质藏品保护与利用方式，因而工业遗产保护利用的博物馆模式受到国内外的青睐。但在许多工业博物馆

---

① 吕建昌：《中西部地区工业遗产旅游开发的思考》，《贵州社会科学》，2021 年第 4 期。

中,工业遗产的非物质形态部分的研究与展示并未受到应有的重视。目前三线建设博物馆数量正呈现增长的发展态势,从政府投资新建造的四川攀枝花中国三线建设博物馆,到利用三线厂旧建筑改造而成的贵州遵义三线建设博物馆、四川射洪瞿皇村 3536 三线建设博物馆等,都按照传统博物馆收藏与展示物质文化遗产的思路运作。2003 年联合国教科文组织(UNESCO)公布《保护非物质文化遗产公约》(*Convention for the Safeguarding of the Intangible Cultural Heritage*)以来,博物馆学界一直在研究如何将非物质遗产纳入博物馆展示中,使其成为物质遗存与非物质文化并存的、完整的展示空间。

20 世纪七八十年代出现的新博物馆学运动给我们提供了一条可供借鉴的思路。1974 年,著名博物馆学家雨果·戴瓦兰(Huguesde Varine)在法国创建的生态博物馆,就是一座以社区为中心的工业遗产保护与展示机构——人与工业博物馆(The Museum of Manand Industry),后来又称"克勒索-蒙特索煤矿社区生态博物馆"(Ecomuseum of the Urban Community Le Creusot – Montceau)。它融合了克勒索与蒙特索两个社区所拥有的工业遗产和自然遗产的保存、展示和诠释功能,反映了分别以钢铁制造业与煤矿开采业为主要产业的两个社区内工业文明与自然环境和谐共存的一种鲜活场景。

尽管博物馆学界关于生态博物馆的定义尚未达成共识①,但这并不影响我们的实践和探索。1998 年我国第一座生态博物馆在贵州六枝梭戛苗族村寨诞生以来,目前全国已有几十座生态博物馆,浙江安吉甚至建立了生态博物馆群。在西部一些三线企业遗址区,还居住着不少曾参加三线建设的退

---

① 国际博协的观点认为:"生态博物馆是一个致力于社区发展的博物馆化机构,它融合了对该社区所拥有的文化和自然遗产的保存、展现和诠释功能,并反映某特定区域内一种活态的和运转之中的(人文和自然)环境,同时从事与之相关的研究。"Andre Desvallees, Francois Mairesse(eds.), *Key Concepts of Museology*, Ar–mand Colin and ICOM, 2010, p.59.

休职工及其后代（包括附近一些当年作为民工筹建三线厂的村民），这些群体对三线建设有着深厚感情，他们自发地在社区建立三线建设博物馆（或展示馆、展览室等），实行自我管理和运营，已经具备建设工业生态博物馆的基础。

建设三线工业生态博物馆是三线工业遗产保护与创新利用探索的路径之一。如何建设三线工业生态博物馆，目前学界对此的研究还是空白。作为中国博物馆的创新探索，需要研究三线工业生态博物馆的建设与发展机制、非物质形态三线工业遗产的展示形式、三线工业遗产保护利用与乡村环境保护以及工业生态博物馆与乡村社区发展的关系等。三线工业生态博物馆的建设既要借鉴老工业城市中工业博物馆的经验，还要结合三线工业遗产分布于山区乡村这一特点及当地经济发展相对落后的现实，充分发挥当地社区居民积极性，利用独特的自然环境和人文生态，开展丰富多样的生态博物馆建设活动。

六、三线工业遗产保护与创新利用案例的实证研究

（一）乡镇中三线工业遗产保护利用的特色研究

三线工业遗产保护与利用的研究需要理论联系实际，提出的理论在实际中是否可行、是否具有可持续发展潜力，必须经过实践的检验。因此，三线工业遗产保护与利用的实证研究是不可缺少的环节。鉴于大量三线工业遗产主要分布在山区的穷乡僻壤，对乡镇三线工业遗产保护利用案例的验证，重点在于分析三线企业遗址与周边环境、自然资源及当地发展需求的协调性、可持续性，三线工业遗产的"再生"设计项目对乡镇经济文化发展的推动等，总结尊重遗产原真性和发挥创意性的成功经验，探讨乡镇中三线工业遗产保护利用的特色。

（二）三线工业遗产保护利用与文化创意产业园建设

对三线城市中开展的三线工业遗产保护利用，要聚焦于工业遗产保护与文化创意产业融合的实证研究。重点以遵义"1964"文创园、贵阳乌当区新天科技文创园、贵州六盘水六枝特区"三线记忆"文创园、成都"东郊记忆"文创园等为案例，分析探讨西部地区城市怎样融合三线工业遗产与文化创意产业，实现经济与文化的双重发展，总结三线工业遗产保护与服务社会双赢的经验。分析选择文创产业作为工业遗产再利用模式的动因、发展文创产业选择工业建筑遗产作为空间载体的动因以及城市文创产业与工业遗产之间的内在关系，推动从三线工业遗产到三线城市文化产业的思考，研究三线工业遗产转型与文化产业的未来走向。

七、结语

国内外的文化遗产保护实践证明，遗产保护与利用涉及许多学科。三线工业遗产保护与利用不同程度地涉及历史学、经济学、社会学、建筑学、城乡规划、旅游地理、遗产保护、生态与环境保护及博物馆等诸多学科领域。上述六个方面议题虽分属不同的学科领域，但相互间存在密切的内在逻辑关系。三线建设史研究是认识三线工业遗产的基础，决定着对三线工业遗产内容的认知，影响着对三线工业遗产价值的评判，同时也是开展三线工业遗产调研的前提。三线工业遗产保护与利用需要有资金投入，目前三线工业遗产面临资金短缺的瓶颈，需要以经济学理论为基础，研究多渠道的金融政策支持，化解投资开发资金不足的难题。中西部的一些三线遗产地在旅游资源开发实践中，以城乡规划和旅游学科理论为指导，将三线工业遗产与当地自然资源、人文资源整合成多种旅游产品，推动了工业遗产旅游的发展。在乡村振兴的国家战略下,创建三线工业生态博物馆也是值得探索的议题,新博物馆学理念中的社区遗产保护与环境保护是乡村社区三线工业生态博物馆可持续发展的潜力所在。由社会学延伸到工业遗产研究的记忆理论,拓展了非物质形态三线工业遗产的研究内容,强化了三线建设的集体记忆与文化认同,赋予三线工业遗产以情感价值和归属感。无论是工业遗产旅游还是浏览(参观)三线建设博物馆,物质遗产展示和场景体验经过非物质文化的加持,能使游客/观众获得更真实、更深刻的历史体验。在乡镇或城市实施的各种三线工业遗产保护与利用项目,都应经过实证研究,评估其实施方法与手段的适宜性、可持续性,将实践经验上升到理论,再从理论回到实践,实现新一轮的认识论循环。建构三线工业遗产保护与利用路径研究的框架,为保护利用三线工业遗产提出了一种整体性思考。因此,笔者下一步要做的就是采用多学科视角与方法,拓展研究区域,深入挖掘三线工业遗产内涵,取得跨学科综合性研究成果,为三线工业遗产保护与创新利用路径研究提供一个范式。

本文曾载《东南文化》2022 年第 2 期,此处有删改

作者简介:吕建昌,男,上海大学历史系教授、博士生导师,上海大学中国三线建设研究中心主任,国家社科基金重大项目首席专家(项目编号:17ZDA207),主要研究方向:文化遗产、博物馆学、三线建设工业遗产保护与利用。

基金项目:2017 年国家社科基金重大项目"三线建设工业遗产保护与创新利用的路径研究"(项目编号:17ZDA207)阶段性成果。

西北地区三线建设项目征地
补偿问题研究（1964—1979）

李德英　黄俊林

三线建设是 20 世纪 60 年代开始的，由中共中央主导的一次工业布局与重组行为，具有重要的国防战略意义，三线企业来到地方之后，为当地经济的发展带来了机遇和活力，但也带来了一些矛盾和困难，特别是征地引发的矛盾，使工农关系一度紧张。学术界对三线建设选址和征地问题虽有一些研究成果，但对征地补偿问题的专门研究比较少见。张杨考察了三线建设初期四川三线项目选址基建过程中，各方如何就征地问题协调工农关系。[①]秦颖以四川 816 工程为例，认为三线工程建设秉持了"以民为本""让利于民"的原则，较好地解决了征地问题。[②] 但他们的研究只谈到了一些协调工农关系的措施，对具体的征地赔偿问题并没有深入探讨。张海明对新中国

---

① 张杨：《三线建设初期党和政府协调工农关系的尝试（1964—1966）》，《开放时代》，2021 年第 5 期。
② 秦颖：《三线建设中的土地征用问题研究——以四川 816 工程为例》，《当代中国史研究》，2021 年第 2 期。

的土地产权制度变迁的研究,部分提到了集体化时期征地赔偿的问题。① 伍玉振、甄京博分别对济南、开封的土地征用进行个案研究,但这些既存研究仅从城市化或土地国有化进程来认识建设征地,略显偏颇。② 三线建设征地由于国防战备的需要,大多在农村地区进行,且有意避开中心城市,不以城市化为目的。因此,集体化时期的建设征地,是否具有城乡多元性? 再者,三线建设时期的征地问题本质上是在人多地少的大背景下,受国家战备决策的显著影响,以工业建设为主导,工农双方对于有限的土地资源展开的一次再分配。征地问题涉及各方利益,相关文献及时任机构或人员宣传的少数典型和样板,究竟在多大程度上能够反映真实情况? 同时,在协调解决征地问题时,工农双方是否在各自核心利益关切点上真正达成和谐,抑或是服从三线建设大局,暂时将矛盾搁置? 这些问题都有待深入细致的研究。

西北地区是三线建设的主要区域之一,三线建设项目征地引发的工农矛盾十分显著,各地在处理征地补偿问题时,形成各有侧重的不同模式,值得归纳探讨。这些举措对于了解西北地区三线建设项目落地过程中的工农关系,以及中央、地方及基层社队处理工农矛盾的方式,具有重要意义。本文拟在前人研究的基础上,以西北地区档案资料尤其是三线项目的征地文书为主,结合中央文件、地方志、文史资料、法律文本等,探究西北地区三线项目在筹建过程中的征地补偿问题。

---

① 张海明:《当代中国土地产权制度变迁研究(1949—2015)》,山东大学,2019 年博士研究生毕业论文。

② 伍玉振:《建国初期城市建设征地闲置浪费问题及其治理——1949 以至 1957 年的济南市为个案》,《历史教学》,2013 年第 10 期;甄京博:《"文革"前开封市郊区土地征用探析》,《史学月刊》,2019 年第 6 期。

一、建设征地引发的工农矛盾及缓和努力

中华人民共和国建立之初，各项建设中的征地问题便已存在，如成渝铁路沿线"圈用土地过多，实际利用不及二分之一，使大片好土地白白荒芜"[①]。1953 年河南、安徽等地在征用土地中，由于政策执行得不好，在一年内和农民发生了多次冲突，甚至出现农民聚众殴打干部和火烧农场房屋的事件。[②]随着"一五"计划和"二五"计划建设的推进，各项大的工程都需要征用土地，因建设征地而引发的矛盾冲突越来越严重。国务院曾发文总结："1957 年以后，全国不少地区和部门办工业、搞基建，大量占用耕地，又不注意节约使用，加上我国人口逐年增长，致使平均每人占有的耕地面积不断下降。"[③]有农民反映："政府要我们多打粮食，支援工业建设，却把大量的土地荒芜，真是痛心……工业化好是好，但土地只长房子，不长庄稼。"[④]随着社会主义改造基本完成和人民公社制度的确立，20 世纪 50 年代后期，工业交通建设向农村取用土地的对象，逐渐由农民个体变为公社集体，取用的方式由购买变为了征用。这一变化对部分土地征用者的认知和工作方式产生影响，进一步加剧了工农矛盾。1960 年吉林省向中央反映，四平和辽源两市在人民公社建立后，认为人民公社的生产资料都是全民所有制，就规定征用土地一律

---

① 成渝铁路于 1950 年 6 月开工，1952 年竣工。中央档案馆、中共中央文献研究室编：《中共中央文件选集》（第 14 册），人民出版社，2013 年，第 396 页。

② 中央档案馆、中共中央文献研究室编：《中共中央文件选集》（第 14 册），人民出版社，2013 年，第 394 页。

③ 《一个带战略意义的大问题——工矿企业、基建单位少占耕地和开荒造地的若干事例》，汉中市档案馆，档案号 002 - 1.2 - 0606 - 010。

④ 此处提到的把土地荒芜，应是指建设单位采取了征而未用或者先征后用的征地方法。中央档案馆、中共中央文献研究室编：《中共中央文件选集》（第 26 册），人民出版社，2013 年，第 32～33 页。

不给予补偿和补助费用。① 贵州黔东南永光、宇光两厂1966年在寨瓦大队建设期间,建设用地由社队无偿提供。湖北红旗电缆厂20世纪60年代后期建厂时,在宜昌谭家河等生产大队征地1000亩,认为"占地是国家征用"而只付青苗费,没有给其他费用。② 陕西省一八五煤田地质勘探队1976年无偿征用汉中县老君公社土地,注明"不承担任何义务"③。可见,此种"一平二调共产风"的倾向导致的征地不予补偿的问题,20世纪六七十年代在三线地区普遍存在。

西北地区三线建设开始后,大量项目集中在农村落地,造成工农关系紧张。仅在1966年上半年,兰州市便有136个项目要在当地兴建,预计占地2000亩左右。④ 截至1968年7月,天水地区已定点的三线厂矿单位共36个,全区建厂占用耕地达930公顷。⑤ 在选址时,部分三线项目"愿占良田、平地,不肯上山上坡",原因是"占坡地土方量大,占平地投资少,上得快"⑥。如陕西电磁线厂原定厂址在耀县山区,后定在咸阳市茂陵地区四面都是水渠的平地上,有贫下中农表达不满:"我们一共只有四百亩好地,你们一下子就占去二百四十亩,还是你们权大!"⑦三线项目选址完成后,在征地方式的处理上,普遍存在不合规程的现象。因工程战备性质造成的工期紧张,与合乎规范的征地手续办理及层层审批之间存在矛盾,与"即征即用""征多少用多少"的原则相悖,出现了边报边用、未征先用、先征后用(征而未用)、多征

---

① 中央档案馆、中共中央文献研究室编:《中共中央文件选集》(第36册),人民出版社,2013年,第164、168~169页。
② 政协黔东南州委员会编:《三线建设在黔东南》,线装书局,2017年,第46页;宜昌市政协文史资料委员会编:《三线建设在宜昌》,内部资料,2016年,第71页。
③ 《基本建设用地申请表》,汉中市档案馆藏,档案号062-C008-0053-0189。
④ 《关于兰州地区贯彻执行西北局三线会议精神的几点意见》,兰州市档案馆,档案号001-1-19660033。
⑤ 《关于天水地区三线建设情况汇报》,天水市档案馆,档案号102-2-44。
⑥ 《关于当前基本设征用土地应注意的几个问题的通知》,宝鸡市档案馆,档案号6-2-9。
⑦ 《会议简报》,汉中市档案馆,档案号062-C005-0008-013。

少用(早征迟用)、少征多用、违规租用等诸多问题。

　　三线项目征地对于当地社队带来的压力同时具有短期集中性和长期连续性两个特征。如陕西省安康地区石泉县石梯公社二里大队因阳安铁路修建征地,耕地减少57.8%,即是项目新建期间,集中征去大量土地。① 同时,三线项目落地进入生产环节后,因扩初设计、增添生活福利设施等需扩建厂区,长期存在征用土地的需求。如"西安市郊区有28个生产队每人只占有耕地3分左右,个别生产队每人仅占地1分",更多的是该市周边三线项目长期征地的影响。② 无论是新建、扩建,大量耕地尤其是优质耕地被占用,或是因为项目建设影响原有水利设施,直接导致当地社队粮食减产,影响经济作物种植带来的收入,使多余劳力没有出路。③ 如"天水县社棠公社向阳大队共有川地495亩,已被占用237亩,减少粮食122,729斤,每人平均减少粮食213.07斤,影响劳动力41人"④。有的社队反映"单靠农业生产已不能维持生活""社员有房无地耕种,生活不能保证""这是无法解决的矛盾⋯⋯不同意征用,因为39户,209人的生活咋办?"⑤受三线建设征地影响严重的生产队,甚至面临整体搬迁、合并或撤销。如南峰机械厂扩建厂房,一次性征用汉中南郑县秦家坝公社永红大队三、四生产队土地111.54亩,因在四队征

　　① 《本办关于石泉县石梯公社二里、红街大队迁移安排的批复》,安康市档案馆,档案号74 - 1 - 5。

　　② 《关于解决我省城市郊区征用土地和安置被征地农民生产生活的试行办法》,汉中市档案馆,档案号002 - 1.2 - 0622 - 017。

　　③ 据安康地区革委会的调查报告,在阳安线的施工过程中,"该线在汉阴境穿越原水利工程都被截断,如果在夏灌前各类建筑物不能完成,将影响20085亩原有水田灌溉,就将给汉阴农业生产带来一定损失"。地区石泉、汉阴革委会生产组关于石泉、汉阴内沿线社队群众、房屋拆迁补偿、水利设施整修等问题的来函、报告[A],安康市档案馆,档案号74 - 1 - 123。

　　④ 《关于天水地区三线建设情况汇报》,天水市档案馆,档案号102 - 2 - 44。

　　⑤ 《本办关于石泉县石梯公社二里、红街大队迁移安排的批复》,安康市档案馆,档案号74 - 1 - 5。《关于解决我省城市郊区征用土地和安置被征地农民生产生活的试行办法》,汉中市档案馆,档案号002 - 1.2 - 0622 - 017。《地区三线办、安康县计委关于5855、5761、5806部队、新康砖瓦厂征用土地报告的批复》,安康市档案馆,档案号74 - 1 - 11。

用 65.51 亩数量较大导致该队撤销,造成安置问题。①

总体而言,建设征地矛盾主要存在于征地类型、征地方式和征地补偿三个方面。这些矛盾对工农双方均造成了影响,对建设方而言严重拖延了工程进度,存在"因群众生产、生活问题不能适当解决,国家建设用地往往几年征不到手"的情况。也存在影响农民生活和农业生产、当地群众不愿意项目落到本地的现象,如陕西省宝鸡地区甚至出现了某些基层工作人员利用职权,公开采取不给买饭吃、不给住宿等手段,企图赶走参加三线建设工人的情况。② 要缓解这些矛盾,处理好征地和补偿问题,就成为三线建设项目和地方政府、基层社队不得不完成的任务。

征地问题的处理,离不开法律文本与中共中央相关文件精神的指引。1953 年 12 月 5 日政务院颁布《国家建设征用土地办法》。1953—1961 年,中共中央先后五次就征地问题发出指示,反复强调"必须贯彻既保证国家建设所需土地,又照顾群众切身利益的原则,对被征用的土地以及土地上的青苗、树木、房屋等,应依法给予代价或合理的补偿……(绝不容许)对于土地被征用者补偿安置办法不予履行"③。对于农业集体化过程中产生的混淆全民、集体两种所有制的观点,中央指示各省应坚决纠正一切侵犯人民公社和群众利益的一平二调"共产风"的错误,并且进行认真清理和坚决退赔。④

三线建设项目较多的四川、陕西等省均按中央指示,对本省征地工作进行了检查,并就审批手续、用地定额、清退赔偿等问题,在制定规章、完善机制方面做出了努力。1965 年全国基本建设工作会议反映当年上半年 11 个

---

① 《关于南峰机械厂扩建厂房征用土地的报告》,汉中市档案馆,档案号 062 - C008 - 0055 - 010。
② 《我们是怎样走自力更生道路的》,宝鸡市档案馆,档案号 6 - 2 - 10。
③ 中央档案馆、中共中央文献研究室编:《中共中央文件选集》(第 14 册),人民出版社,2013 年,第 396 页。
④ 中央档案馆、中共中央文献研究室编:《中共中央文件选集》(第 36 册),人民出版社,2013 年,第 164、168 ~ 169 页。

省市的三线单位清退给公社的多占土地达 21 万多亩。① 同时,中央提倡学习西南部分三线建设单位"三不四要"的经验。② 西北局三线建设委员会第一次会议决议将此指示交由西北局批转,发至县团一级,规定"今后所有新建单位,凡在农村的,都要参照西南地区建设的做法,实行'三不四要',大力支援农业,既管工又管农,工农结合建厂"③。

中央的指示,对待征地类型带来的矛盾,侧重预防,对待征地方式问题强调纠正,而对征地补偿问题,则存在两个侧面,一方面必须履行《国家建设征用土地办法》,另一方面提倡支援农业、工农结合建厂。由此看来,补偿涉及面复杂,应是征地矛盾的核心所在,若后续补偿得当,征地类型和方式带来的矛盾皆可能得到化解。在《国家建设征用土地办法》中,有明确规定的补偿对象为土地、房屋、树木、水井等,对这些常见对象的补偿,本文概括为一般性补偿。④ 除此之外,该办法并未提到其他形式的补偿款项或措施。而中央关于"三不四要"的指示,则似在宣扬一种不同性质的征地补偿。一般性补偿为法理责任,而中央指示所宣扬的补偿较为特殊,更偏向于情理义务。在西北地区三线项目的建设实践中,虽各自说法不同,但各地的征地补偿即是按照上述两种思路,分为明显不同的两部分,可以概括为一般性补偿和特殊补偿两种类型。⑤ 那么,在这些征地补偿实践中,中央的思路和指示如何落实到地方贯彻? 在缓和征地矛盾上取得了怎样的效果?

---

① 《中央西北局三线建设委员会转全国基本建设工作会议纪要》,甘肃省档案馆,档案号 114 - 002 - 0765 - 0004。

② "三不四要"的经验,主要是由重庆红岩机器厂、浦陵机器厂取得的,具体指:不占良田好地,不迁居民,民用建筑不搞高标准;要支援农业用电、用水、用肥和养猪沤水。中共四川省委党史研究室编:《三线建设在四川》(省卷),内部资料,2016 年,第 196、337、344 页。

③ 《中央西北局批转西北局三线建设委员会第一次会议纪要》,甘肃省档案馆,档案号 144 - 001 - 0672 - 0005。

④ 中共中央文献研究室编:《建国以来重要文献选编》(第 4 册),中央文献出版社,1993 年,第 541～547 页。

⑤ 如汉中地区即是把征地补偿划分为"安置补偿协议""与建设单位商定的支农措施"。

二、一般性补偿:三年赔产及其他费用

在一般性补偿中,三年赔产最为普遍,与《国家建设征用土地办法》结合最为紧密,几乎出现于所有的征地情况中。除此之外,还包括青苗费、林木费、迁葬费和拆迁费等。西北地区三线项目三年赔产的通常计算方法为:作物单价×年产量(斤)×补偿年限×土地亩数。除年产量外,其余几项要素相对固定,如《国家建设征用土地办法》第七条规定:"征用土地的补偿费……对于一般土地,以它最近三年至五年产量的总值为标准。"①西北地区三线项目赔产年限多取低值三年。②

而在作物种类、单价和土地亩数上,存在工农双方可进行协商的空间。如天水主要的粮食作物是冬小麦,也种植有其他粮食作物。③ 当地各三线项目关于三年赔产粮食品种的认定,除海林轴承厂提及玉米之外,其余均以价高的小麦计算。这种不分品种,统一归为单种作物的做法,并不切合当地实际生产情况。同时,天水地区小麦有每斤 0.117 元及 0.135 元的两种定价。前者为天水当地收购价④,后者是国家"规定牌价"⑤。据统计,该地在征地协议中明确提及了小麦价格的三线项目共有 10 个,其中采用每斤 0.135 元

---

① 中共中央文献研究室编:《建国以来重要文献选编》(第 4 册),中央文献出版社,1993 年,第543 页。

② 如汉钢冶金厂在协议书中写明"征用的土地应按国家规定的三年常产予以补偿",此种例子十分常见。《印发关于汉钢冶金厂基本建设征地迁民问题会议纪要的通知》,汉中市档案馆,档案号002 - 1.2 - 0610 - 003。

③ 甘肃省的资料表明,因受自然条件和农业生产水平的限制,该省小麦常年种植面积也只占粮田面积的一半左右。甘肃省地方史志编纂委员会编:《甘肃省志》(第 18 卷·农业志·上),甘肃文化出版社,1995 年,第 196 页。

④ 按天水风动工具总厂说法"小麦每市斤按天水县中等小麦一角一分七厘核付"。《关于建厂需征用土地的报告》,天水市档案馆,档案号101 - 1 - 143,第 47 页。

⑤ 《关于冶金地质综合队征用土地的报告》,天水市档案馆,档案号102 - 2 - 564。

的有 8 个,采用 0.117 元每斤的只有 2 个。在亩数认定上,天水三线项目在征地时,有时会征用一部分荒地和废地,按常理而言,这些荒地和废地上没有作物,自然不需要进行赔产。而甘肃省冶金地质勘探公司修配厂征用了不宜建设、又不能耕种的崖坡边角废地 3.1 亩,却在协议书中将这一地块纳入征购范围中,并按二等耕地每亩每年 1000 市斤的产量进行了三年赔产。① 选用高价作物结算、同种作物采用高价进行核算,或是人为增加征用"耕地"的亩数,都能使社队获得更多赔产,这些不合常规偏向社队的认定,应是工农双方协商达成的结果。

与亩数、作物品种单价相比,产量变数较大,因而在如何认定所征用土地的年产量问题上,各地区出现了一些分歧和讨论,在此过程中,认定方法逐步变化。重庆 816 工程在 20 世纪 60 年代末的征地过程中,采用每亩定金额的办法,秦颖认为此种办法细致入微,充分考虑到当地群众的利益。② 但是否真的"细致入微"尚需进一步讨论,本文认为此种办法主要是出于减少征地认定工作量,快速推进征地补偿工作的目的而采取,并不是以照顾群众利益为主。安康地区一开始采用的也是不认定具体产量,但区分土地类型,每亩规定价格区间的办法。安康地委 1970 年规定"水田每市亩补偿 140 至 280 元,旱平地每市亩 70 至 130 元,旱坡地(包括沙滩地)每市亩补偿 15 至 70 元,常年蔬菜地每亩补偿 150 至 250 元"③。实际上区间定价的方式较为简单直接,在西北地区并不常见。阳安线(即 1101 工程)位于安康境内的东线开始修建后,1101 东线分指挥部生产组的意见是:"我们认为不以每亩定金额多少为好,而以每亩的定产量和国家二等收购价格进行计算补偿费比

---

① 《关于征购土地的报告》,天水市档案馆,档案号 102 - 2 - 564。

② 秦颖:《三线建设中的土地征用问题研究——以四川 816 工程为例》,《当代中国史研究》,2021 年第 2 期。

③ 《安康、汉阴、宁陕、紫阳、岚皋、白河、石泉、平利县革委、计委、基建组等 1971 年征用土地的批复》,安康市档案馆,档案号 74 - 1 - 35。

较合理。"①从而弃用了原有的区间定价方式。

此种方式之所以被时人认为"不合理"而弃用，原因在于简单化的定价，在某种程度上是对产量变数进行泛化，此种泛化的倾向最终可能会演变成为每亩统一价格，如贵州六枝特区1971年左右三线项目征用水田、旱地每亩价格定为80元和60元，而有些社队对此并不满意，与三线项目协商后提高地价。②因而真正的"细致入微"，终要回归到具体的定产量或是实际产量中来。

关于定产，张杨认为经过十余年的统购统销，粮食产量水平已基本确定，因而在产量认定环节，进而在征地补偿标准上存在矛盾较少。③而实际上，由统购统销认定的粮食定产量标准，不一定能及时、准确、真实地反映实际情况，进而在补偿标准上存在一定矛盾。阳安铁路在汉中地区西乡段有通知指出："鉴于我区最近几年农业增产幅度较大，1965年评定的常产量一般偏低，应以最近三年的实际产量总值为标准。"④定产量与实际产量的区别在于时效性，定产量与农业税挂钩，因评定属集中、系统性工程，难以及时更新，有时无法反映社队近几年实际产量的变化，在生产发展的总体趋势下，较早年份评定的定产量或常产量，通常较实际产量低。社队出于自身利益考虑，面对征税售粮和评产补偿两种不同的境况，对待定产时自然希望少征多评。1101东线分指挥部下属各指挥所通常不按定产量，而按实产量为标准，指挥部认为此种做法不符合总部1971年文件规定，导致补偿费偏高，应

---

① 《阳安线东段石泉、平利、汉阴(石泉至涧池)三县指挥所地亩工作情况及征(租)用土地拆迁房屋的报告、统计表》，安康市档案馆，档案号74-1-122。

② 《关于大寨矿井轻便轨改线补征土地的批复》，六盘水市六枝特区档案馆，档案号2-3-9-8。

③ 张杨:《三线建设初期党和政府协调工农关系的尝试(1964—1966)》，《开放时代》，2021年第5期。

④ 《关于1101工程西乡段占地、拆迁房屋补偿费问题的通知》，汉中市档案馆，档案号062-C006-0078-006。

予以纠正。① 表明社队希望按实际产量评产的倾向对征地方产生了影响,并在定产执行结果上有所反映。

按定产量计算补偿,从节约建设成本的角度看无可厚非,但若从维护工农关系出发,此种"纠正"导致的补偿下降不为社队所乐见。基于此,指挥部补充:"定产量如有新调整的,可用新的定产作计算,如无新调整的定产标准,可查区、社农业税收簿,如有的社队,定产量是旧的,标准过低,可参考已调整的提高比例,适当提高其定产量进行计算。"因而,在征地补偿的产量认定环节,一些三线项目并不是如张杨所言简单按照统购统销所认定的标准加以执行,即使文件原则上要求以定产为准,但也依照当地近期农业生产实际,在认定中做出一些调整。

安康的例子表明,征地补偿定产存在区间定价、定产量(常产量)、实际产量几种方式,且存在一个逐步演化的过程,从区间定价到以实际产量定产,所认定需赔偿的粮食产量和给予的补偿款呈逐步上升态势,但补偿上限并夫突破实际产量水平。② 在认定赔产耕地产量时,西北各三线项目通常根据二地等级进行划分。安康地区以石泉县为例,单季水田平均亩产 818 斤;双季水田平均亩产 1100 斤;旱平地平均亩产 700 斤;坡地平均亩产 400 斤。③该地区实际定产额度在 80 斤至 900 斤之间,尚在实际产量正常范围内。④

---

① 《阳安线东段石泉、平利、汉阴(石泉至洞池)三县指挥所地亩工作情况及征(租)用土地拆迁房屋的报告、统计表》,安康市档案馆,档案号 74 - 1 - 122。

② 关于区间定价给予的补偿较定产量和实际产量低的问题,可以根据前文所提标准进行计算,如"水田每市亩补偿 140—280 元",则平均产量的水田应补偿 210 元,以安康地区石泉县单季水田平均亩产 818 斤计算(此处为 1973 年全县平均,应是经过修订的定产量),稻谷单价为每斤 0.096元,则需补偿 235 元,超过了区间定价给予的补偿款。

③ 《批转石泉水电站淹没区征地移民补偿标准座谈会纪要》,汉中市档案馆,档案号 062 - C001 - 0100 - 035。

④ 修建阳安铁路和襄渝铁路各部队的征地文书中,修建襄渝铁路的 5851 部队租用安康县正义公社东风大队土地,认定水田年产量 900 斤,为安康定产最高值。该部队征用安康县大和公社田坝大队八队土地,赔偿青苗认定坡地年产量 80 斤,为所见安康定产最低值。《本办对安康县报来关于修建襄渝铁路征、租用土地的批复》,安康市档案馆,档案号 74 - 1 - 9。

而西北其他地区的情况则有所不同,例如甘肃天水赔产的粮食产量差距较大,参见表1:

表1 天水三线项目赔产粮食产量表①

三线项目	每亩赔产粮食单位产量(斤)
西北林业建设兵团	一级土地430,二级土地360
海林轴承厂	175至247不等
天水材料机试验厂	一等地400,二等地210
天水风动工具总厂	川地700,坡地240或320
天水长城电器仪表工业公司	1000
四洛战备公路	旱地600,水地800—1000
四八四一工程	350
冶金地质综合队	一等土地1500,二等土地1000

由上表可知,天水的水地、川地等产量较旱地、坡地高,不同土地等级之间产量也有一定差异。问题在于,不同三线项目产量认定最高和最低标准相差近10倍,这样的认定是否超过了当地实际产量?

因赔产粮食均以小麦计算,关于天水地区小麦实际产量,可参见图1:

如图1所示,三线建设时期甘肃省小麦历年平均产量长期位于200斤以下,但总体呈上升态势,并在20世纪70年代中期有较大提高。从天水有限的数据来看,当地平均亩产1965年和1970年分别仅有115斤和135.3斤,低于甘肃整体水平。另结合1991年至2007年,天水市小麦平均亩产242斤,最高的2006年为293斤加以判断,海林轴承厂认定的175—274斤不等,相对接近当地1960—1970年代的实际产量,但也明显偏高,而天水绝大部分

---

① 《关于征用土地给省人委的报告、批复》,天水市档案馆,档案号101 - 1 - 143;《地革委会关于部队和三线厂矿建筑征用土地的报告、批复》,天水市档案馆,档案号102 - 2 - 564。

的三线项目,在进行定产时,都将亩产量定得远超过实际产量。①

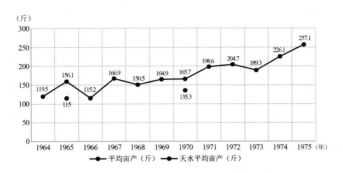

图1　三线建设时期甘肃省小麦历年产量图②

　　天水的案例表明,西北部分三线项目在定产时,已经突破了实际产量上限,而演变为一种"超产评定"的一般性补偿模式。前文提到,天水地区三线项目在作物品种、单价和亩数的认定上也可见对社队的照顾性偏向,因而"超产补偿"模式的外延,还可进一步拓宽,并不只局限于产量认定超出实际情况这一特征,因而可以进一步概括为"超额补偿"模式。天水地区三线项目在征地补偿中的突出特点,即是一般性补偿中的三年赔产,采用超额补偿的方式,向社队支付补偿费。③

　　除三年赔产外,一般性补偿中还涉及青苗费、迁坟费,以及拆迁费等。

---

　　①　天水市农业志编纂委员会:《天水市农业志(1985—2008)》,甘肃文化出版社,2014年,第184页。

　　②　甘肃省地方史志编纂委员会编:《甘肃省志》(第18卷·农业志·上),甘肃文化出版社,1995年,第185～186、190页。

　　③　此种做法在汉中也存在,如3029站征东塔三队水田,补偿费按4年每亩实际产量2000斤计算,但汉中地区由于自然条件相对较好,亩产水平本身较高,1984年水田平均亩产1096斤,因而超产评定的幅度较小。3029综合站为012基地下属单位,负责供能。《基本建设用地申请表》,汉中市档案馆,档案号067-002-0455-010;《亩产数据见关于基建占用水田征收水利设施补偿费用的报告》,汉中市档案馆,档案号002-1.2-0989-003;按此处说法"土地补偿费按最近四年每亩实际产量2000斤计算,折合人民币184元",计算得出作物单价为0.092元/斤,对照汉江油泵油咀厂《征地补偿协议》中,所提稻谷单价为0.096元/斤,因同一作物有不同等级的收购牌价,则此处2000斤的亩产,指的应当是稻谷。《征地补偿协议》,汉中市档案馆,档案号245-002-0116-010。

以最常见的青苗费为例,该项费用是指三线项目在征用土地之前,该块土地上有已播种但未收获的作物,因建设需要,这些作物必须铲除,由此引发补偿。① 青苗费补偿额度的认定,通常取决于耕种时间长短及作物生长情况,有时也参考人工、肥料、种子的投入。② 在时间上,由于铲毁青苗直接影响到的只是该批青苗当年的收成,所以一般按一年为期计算产量,尽管如蔬菜等作物一年之内可以收获几季,但三线项目一般只按一季补偿。如陕西省冶金矿山建设公司征用汉水公社广坪大队第四生产队菜地 6.21 亩,除三年赔产之外,另补偿青苗一季 180 元。③

安康地区的青苗补偿较为细致,对青苗的种类和生长情况进行评估后,再按照 20% ~ 80% 不等的比例,按作物原本价格或折合成小麦价格进行补偿④。在该地区,有时同一种类的青苗,由于在不同地亩上生长成熟程度不同,补偿比例也不相同,如安康县流水区月池公社需要铲毁的苞米虽亩产都定为 160 斤,单价均按 0.094 元计算,但仔细区分了五种补偿比例,按 20% ~ 60% 不等进行补偿。⑤ 总体而言,青苗费作为附加补偿,其数额与三年赔产相比较小。

除青苗外,三线项目所征用的土地,有的还生长林木,如需砍伐,也要根

---

① 也有三线项目对青苗加以利用,如贵州一三线职工回忆:"修建厂房征用了附近的农户大片土地,土地上有西红柿、辣椒、地萝卜等赔了青苗费后,我们就去摘下拿到食堂,很长时间我们就吃这个。"中共贵州省委党史研究室编:《三线建设在贵州》,未刊稿,2019 年,第 154 页。

② 如 5855 部队租用安康县胜利公社金星大队土地,补偿的说法即是"籽种费"30.19 元。《地区三线办、安康县计委关于对 5760、5761、5855、5808、5852 部队修建襄渝铁路征用土地报告的批复》,安康市档案馆,档案号 74 - 1 - 10。

③ 《基本建设用地申请表》,汉中市档案馆,档案号 062 - C008 - 0032 - 012。

④ 安康所见青苗补偿比例最高为 5851 部队征用安康县流水公社星火大队土地案例,最低为 5808 部队征用安康县流水区月池公社土地案例。《本办对安康县报来关于修建襄渝铁路征、租用土地的批复》,安康市档案馆,档案号 74 - 1 - 9;《地区三线办、安康县计委关于对 5760、5761、5855、5808、5852 部队修建襄渝铁路征用土地报告的批复》,安康市档案馆,档案号 74 - 1 - 10。

⑤ 《地区三线办、安康县计委关于对 5760、5761、5855、5808、5852 部队修建襄渝铁路征用土地报告的批复》,安康市档案馆,档案号 74 - 1 - 10。

据树木的品种、数量、生长情况以及经济价值,做出相应补偿。不同树种之间,补偿标准差异极大,一般而言果树补偿金额远高于用材木。如在天水地区,柏树按棵计算,梁里大队和经台大队的补偿价格分别为每棵10.2元和9.58元。① 柿树之类的果树,按五年产量来计算赔偿,每棵价格为100元。② 安康地区则更为细致,多以树的直径为标准,如桑树6cm直径单价0.15元一棵,12cm直径0.5元一棵。③ 有产出的经济林木有时采取树和果实分开计算的办法,如5851部队征用流水公社胜利大队土地,桐树0.35元一棵,桐子按斗算,赔偿50%,每百斤6.5元。④

总体来看,安康地区并没有在三年赔产方面采取与天水地区相同的"超额补偿"模式,而是立足沿线社队的实际生产情况进行细致准确的认定。不同于西北其他地区的三线项目,安康由于铁路工程的特殊性,征用土地沿铁路线分布,涉及社队较多,且铁路施工工期紧张,完工后施工队伍即撤离当地,与社队并没有建立起长期联系。以上特点使得安康地区在一般性补偿中采用了"精细核算"的模式,在三年赔产上依据实际产量水平进行认定,青苗费、林木费等根据作物林木的生长情况、经济价值等订立详细标准,进行精细化核算,两部分补偿均由统一制式的补偿清册、表格写明,精细化、程式化的特征十分明显。

各项补偿认定核算完毕后,一般性补偿的补偿款直接由征地方交由社

① 《关于建厂需征用土地的报告》,天水市档案馆,档案号101-1-143。
② 《关于征购土地的报告》,天水市档案馆,档案号102-2-564;柿树之类的果树在不同大队,因产量和品质不同,单价也不同。在当年12月的征地文件中,该厂征用峻林大队的土地上也有柿树7棵,但此时的单价为300元一棵。《关于冶金地质综合队征用土地的报告》,天水市档案馆,档案号1C2-2-564。
③ 《地区三线办、安康县计委关于对5760、5761、5855、5808、5852部队修建襄渝铁路征用土地报告的批复》,安康市档案馆,档案号74-1-10。
④ 《本办对安康县报来关于修建襄渝铁路征、租用土地的批复》,安康市档案馆,档案号74-1-9。

队统一支配。张杨认为社队并不关心征地面积，而是关注补偿款的发放。①
这种观点有一定道理，但不应高估补偿款在缓解征地矛盾上的效力。尽管
西北地区一些三线项目在一般性补偿中给予了社队诸多照顾，但若是除去
这些照顾性因素，究其根本，严格依照征用土地办法认定，且在认定中不掺
杂任何人为因素的一般性补偿额度较低，难以弥补因建设征地对农业生产
造成的损失。正如任钧所言："现在国家提出必须保证失地农民的基本生
活，保证他们今后的社会保障问题，过去没有这一点，而且补偿较少，所以这
个矛盾就特别突出，也是最难解决的一个问题。"②郭守玉也回忆道："'征地
如买大白菜'……我在花果征地 5 亩，花费我记不清多少，但大概是一千多
元，现在随便请一桌客就得千元多。"③地价低廉的原因在于，在农业生产水
平有限的基础上，一般性补偿的额度显著地受限于较低的粮食收购价格及
补偿年数。据王怀廉回忆："那时土地便宜，征一亩稻田就给三年产量的补
偿，那时一斤米才一角三分五。"④同时，本就不高的粮食价格在计划经济时
期也存在波动，从而影响补偿数额。据马新林所述，1969 年 5203 厂在平凉
市华亭县征地时，因当年粮价较低，给予当地新安公社的补偿不多，且是先
占用，1971 年后期才予以补偿。⑤

　　或许征地双方都认为一般性补偿无法弥补社队损失，所以西北各地三

---

①　张杨：《三线建设初期党和政府协调工农关系的尝试（1964—1966）》，《开放时代》，2021 年
第 5 期。

②　任钧，时任陕西省基本建设委员会主任。中共陕西省委党史研究室编：《陕西的三线建设》，
陕西人民出版社，2015 年，第 129 页。

③　郭守玉，1969 年从内蒙古包钢工地调往十堰参加三线建设，原国家建委"102"工程指挥部第
四工程团一营生产组长。十堰市政协编：《十堰文史·三线建设"102"》（上卷），长江出版社，2016
年，第 224 页。

④　王怀廉，时任凯旋厂基建科科长。政协黔东南州委员会编：《三线建设在黔东南》，线装书
局，2017 年，第 216 页。

⑤　马新林，1970 年 9 月进入 5203 厂工作。5203 厂位于甘肃华亭，主要生产 69 式 40 毫米火箭
弹引信。据 2022 年 12 月 28 日黄俊林对马新林的采访。

线项目在三年赔产、青苗林木等方面对社队尽量予以照顾。如5203厂基于补尝不多且晚给的情况，相继提出了"基本按一等田补偿""农作物按平均最高亩产量计算""已播种青苗均按成熟谷物计算"等偏向社队的补偿举措，显示出维护工农关系的努力。然而个体项目做出的努力，在征地带来的工农矛盾整体严峻的局面下，效力仍十分有限。普遍的情况仍是"当时一切为了基地建设，农村的大量土地被无偿或低偿征占""仅按当时的政策给予极低的补偿"。①

综上所述，在西北地区三线建设征地中，各地一般性补偿认定、实施的情况和侧重点存在不同。以天水地区为代表的"超额补偿"模式，在三年赔产上不拘泥于实际产量，实现了认定的突破，但此种模式并不普遍。以安康地区为代表的"精细核算"模式则在实际情况的框架内，在青苗费、林木费等附加补偿方面，实事求是，细致地进行核算认定。一般性补偿认定标准中显著的照顾因素，一方面折射出因调节余地的存在，工农双方进行协商的努力；另一方面也反映出在法定标准下，建设征地补偿额度难以弥补社队损失。

三、特殊性补偿：支农费和支农举措

中央指示精神将实行"三不四要"和支援农业摆在了重要的位置，此种举措，从短期来看是为了缓和征地带来的工农矛盾，从长远来看是为了实现消除"三大差别"的目标，从而为征地补偿提供了有别于一般性补偿的另一种思路，使得西北地区部分三线项目在一般性补偿之外，又增添一些款项或

---

① 《关于解决攀枝花建设征占土地所引起的工农关系遗留问题的意见的请示》，攀枝花市档案馆，档案号0004-1991-永久-39。

措施,其中给予社队的款项,称为支农费。

由于陕西省革委会"支农费不得超过土地补偿费的两倍"的限制,汉中地区的支农费为一般性补偿的一倍或两倍。① 而天水三线项目给予的支农费,部分项目甚至可达一般性补偿的二至十倍。如甘肃省冶金地质勘探公司修配厂征用东泉公社土地40.2亩,一般性补偿共计16581元,而支农费则高达15万元。② 由于在该地区未见限制支农费倍数的规定,在支农费数额的认定上,可以见到十分明显的协商痕迹。如甘肃省冶金地质综合队征用峻林大队土地22.2亩,一般性补偿共计15887.5元,而支农费为34113.5元;征用柏林大队土地16.5亩,一般性补偿共计10023.75元,支农费为39976.25元,两个大队得到的补偿总数,均为5万元整(峻林大队的支农费数额用红笔进行过修改,原额为14113.5元,原总额为3万元整)。③ 从修改痕迹来看,似乎不是巧合,或许是为了相互平衡,经几方重新商议后达成的一致。从中反映出支农费额度的认定,并没有像一般性补偿那样,具有明确的标准,而具有相当大的主观性和协商空间。

在支农举措上,西北各三线项目围绕着被征地社队的农业生产需要和生活需要,提供了多样化的举措。这些举措概括而言可分为三种类型,即资源类、设施类和政策服务类。资源类包括自然资源和物资两类。④ 物资不一定直接以实物的方式提供给社队,而是以指标的形式由三线项目帮助解决。

---

① 《关于解决我省城市郊区征用土地和安置被征地农民生产生活的试行办法》,汉中市档案馆,档案号002-1.2-0622-017。

② 《征购土地协议书》,天水市档案馆,档案号102-2-564。

③ 《关于冶金地质综合队征用土地的报告》,天水市档案馆,档案号102-2-564。峻林大队的《征用土地协议书》签订于1975年8月28日,柏林大队为当年10月9日,从协议书的内容和形式来看,双方早先已达成3万元协议,后经协商更改了支农费数额。

④ 自然资源如土地、煤炭、灌溉和生活所用水源等,物资如建筑物资的砖、瓦、水泥、石灰、钢材、木材、胶合板等,机械物资的水泵、车床、电焊机、小型农机和汽车等,以及粪肥、雷管、炸药、导火线、照明设备、架子车等其他资源。

如3029综合站提到"该队在修建公房时,由站支援部分急需'三材'指标"①。

在资源类支农中,造田被中共中央当作是较优的补偿手段,1970年全国基本建设现场会议宣传和推广了湖北省光华县江山厂为当地贫下中农造水田的事迹,此后通过《人民日报》的引导和宣扬,工业项目和企业造田还田有"蔚然成风"之势,变成了"新出现的普遍的事物"。② 汉中三线项目在支农举措上大量提到了造田,在一些确实无田可造的社队,也有三线项目转而给予造田费。③ 在具体实施了造田的案例中,405厂为洋县前湾公社下溢水大队造田达到200亩,规模较大尤为典型。造田的具体实施方法是由405厂按每亩地用工量折算出总工资值,再按下溢水大队平均工资值为标准支付造田费用,实际由大队负责造田。405厂除承担费用外,还需负责运送土方、平整河滩等。④ 该大队2537人有耕地2884亩,人均1.12亩,因此虽被405厂征去141亩,但不至于严重影响社员生产生活,且该队有河滩之类便于造田的自然环境,通过造田200亩,各方认为完全可以弥补因征地带来的损失。⑤

张杨的研究中引用了一些四川地区三线项目为当地社队造田还田的典型案例,认为该项举措能够较好地维护工农关系。⑥ 但对于三线建设各项目造田的可行性和接受程度,不应过多地受典型材料的影响,做出单纯乐观的判断。前文所提405厂的例子固然表明成功的造田还田的确能够缓解征地

① "三材"指建筑所需的钢材、木材和水泥。《基本建设用地申请表》,汉中市档案馆,档案号067 - 002 - 0455 - 010。

② 《在全国基本建设现场会议上的发言摘要》,甘肃省档案馆,档案号219 - 002 - 0439 - 0003。《认真贯彻执行"以农业为基础、工业为主导"的发展国民经济总方针——我国工业去年以更大力量装备农业》,《人民日报》,1974年1月6日。

③ 《基本建设用地申请表》,汉中市档案馆,档案号062 - C008 - 0031 - 007。

④ 405厂为二机部下属企业,1977年被列为国家重点项目,现属中国核工业集团公司。《征用土地商谈会纪要》,汉中市档案馆,档案号062 - C008 - 0094 - 005。

⑤ 《基本建设用地申请表》,汉中市档案馆,档案号062 - C008 - 0094 - 005,孟家营大队可能即是基于当地宣扬的"占一亩造两亩"政策,对劲松机械厂提出了100亩的造地要求。

⑥ 张杨:《三线建设初期党和政府协调工农关系的尝试(1964—1966)》,《开放时代》,2021年第5期。

矛盾,但从西北的实际情况来看,成功的大规模造田举措极为个别,即使是造田较为多见的汉中地区,该项支农举措有时也进展不顺。如劲松机械厂20世纪70年代初便在陕西省孟家营公社两次征地共52.77亩,1977年再次征地时,公社对该厂以往支农举措意见较大,专门指出"以前占地两次从未给我队造地半分",要求支农造地100亩,而厂方只同意造地45亩。① 可见,部分三线项目对造地措施落实不到位,农民对造田补偿的实施效果并不满意。关于造田协商不顺引发矛盾的原因,一方面是自然、资金、人力等因素存在制约,另一方面某些主管部门不顾具体情况,简单化规定数量任务,也造成影响,如"占一亩造两亩",政策若以具体规定的形式加以介入,实际上反而增添了一丝紧张的因素,容易破坏工农协商原本较为宽松的氛围。② 从中也反映出,由典型案例归纳出来的"典型经验",若是不顾具体实际生搬硬套,有时反而会对具体协商产生负面影响,故对"典型经验"应谨慎、全面看待。

在政策服务类支农举措中,服务类是指三线项目内部人力参与,针对社队实际需求提供的服务,包括协助收获作物、维修农机具、提供设备操作培训、帮助找寻物资货源等。政策类包括因被占地而享受的政策性优待,如减免粮食征购任务、将社员转为菜农、招工等。③ 就招工而言,三线项目因基建和生产需要,能够以合同工、轮换工以及临时工等形式招入一部分农村劳动力并提供相应报酬时,须优先安排和满足被征地生产队的需要。临时工、轮换工经过长期在岗工作后,也有可能转为合同工。合同工意味着身份上由

---

① 《关于征用商店、油库、污水处理场、锅炉房土地报告》,汉中市档案馆,档案号062 - C008 - 0077 -010。

② 《基本建设用地申请表》,汉中市档案馆,档案号062 - C008 - 0055 -030。

③ 减免公购粮的要求三线项目本身并不能解决,因涉及地方行政,需通过县、地区政府统筹平衡解决。《关于汉钢冶金厂基本建设征地迁民问题会议纪要的通知》,汉中市档案馆,档案号002 - 1.2 -0610 -003。汉江钢铁厂始建于1969年,属"四五"计划所布局陕西省钢铁基地中的一部分。

农民转化为工人,因计划经济时期城乡二元户籍壁垒的存在,对城市户口需严格控制,大规模征地招工没有成为三线项目普遍的补偿手段。即使到了20世纪70年代末80年代初,是否能进行征地招工、有多少征地招工指标,也受到工程类型、征地后社队土地占有情况等因素的限制。如汉江钢铁厂由于建设规模大,第一期工程即征地2993亩,且属能源冶金工业,需要劳力多,故于1978年从被征用土地社队招收了150名矿工。①

　　设施类支农举措主要是指三线项目为当地社队新修、维修的建筑和管线。② 集体化时期,社队开展生产经营活动的自主性受到限制,故在20世纪六七十年代,三线项目所兴建的支农设施,绝大部分围绕着农业生产进行,以水、电类生产辅助设施为主。20世纪70年代中期,兴办社队企业开始出现在设施类支农中③,典型代表是汉江油泵油咀厂与汉中县石马公社张万营大队协办的黄板纸厂。该大队原有766人,372.88亩耕地,人均耕地只有0.48亩,1978年汉江厂因扩建厂区建筑,征用了该队土地130.6亩,需迁移群众达108户511人,造成了社员较为严重的生产生活困难,因此所征土地除按三年常产进行补偿外,还于1977年底1978年初通过三次多边会议形成协议,商定由厂方协助大队办一黄板纸厂。④ 该纸厂在设施类支农中规模较大,设计年产黄板纸1000吨,产值100万元,可吸纳100人左右就业。协议

---

① 《关于汉钢冶金厂基本建设征地迁民问题会议纪要的通知》,汉中市档案馆,档案号002-12-0610-003。

② 包括农机修理厂、黄板纸厂、猪舍(养猪场)、加工厂、粮食仓库、便桥、路基、厕所、化粪池、水井、抽水站、三废处理站、流水拱洞、排水沟(渠)、管线污水排放管、输电架线等。《基本建设用地申请表》,汉中市档案馆,档案号062-C008-0052-016;《基本建设用地申请表》,汉中市档案馆,档案号062-C008-0054-019;《基本建设用地申请表》,汉中市档案馆,档案号062-C008-0089-014;《征用土地协议》,汉中市档案馆,档案号067-002-0456-006。

③ 本文所见最早在征地协议中提及协助办社队企业的案例,为陕西省冶金矿山建设公司1975年支援汉中广坪大队第三生产队办加工厂,《基本建设用地申请表》,汉中市档案馆,档案号062-C008-0032-012。

④ 《关于汉江油泵油咀厂扩建征地、迁民的批复》,汉中市档案馆,档案号062-C008-0089-014。

中虽注明是汉江厂"协助"修建,但从建厂协作关系的规定来看,汉江厂起了决定性作用。该厂全部工程设计、配套设备均由汉江厂提供,并负责设备安装指导、人员培训等。在资金上,黄板纸厂总投资预计为35万元,征用土地补偿费约10万元,全部用于建厂投资,并写明"购置设备所需资金的不足部分,无论多少均由汉江油泵油咀厂予以垫付,待工厂正式投产后有了收益逐年归还",实际上提供了建厂所需的全部资金。① 汉中县各部门对黄板纸厂也有一定支援,如协助提供属国家管理的水泥、木材等建材,解决产品原料及销路等。张万营大队只负责提供修建厂房所需劳力,以及部分地方供应的建材。

在计划经济体制下,设施类支农囿于农业生产本身,在一些农业生产根本条件因征地遭到削弱和限制的地区,因劳动力等资源过密投入土地而存在的边际效益递减现象,即使利用工业项目带来的外部资金进行设施类支农,很大程度上仍旧是在愈发有限的土地空间内加剧内卷,这也是整个特殊性补偿不可避免存在的时代局限。20世纪70年代中期以后,通过开办社队企业,从工业和副业中找寻脱离土地后的生存和发展途径,使"支农"不再单纯地只是支援农业生产,不失为一种新的方法。② 由此而言,汉江厂的大量征地及后续的支援和帮助,为张万营大队提供了发展社队经济乃至走出过密化的可能性。

或许正是因为当地政府对特殊性补偿的重视和宣扬,与其他地区支农措施的散见状态不同,汉中地区三线项目普遍与社队商定了种类繁多、覆盖全面且力度较大的支农措施,形成了"多样化支农"的征地补偿模式,在西北

---

① 《关于汉江油泵油咀厂扩建征地、迁民的批复》,汉中市档案馆,档案号062 - C008 - 0089 - 014。

② [美]黄宗智:《长江三角洲小农家庭与乡村发展》,中华书局,2000年。

地区有一定代表意义。① 在此情境之下，特殊性补偿作为征地补偿提高的一种形式和额外义务，充分地体现了中共中央指示精神，虽不是由法律规定、征地方必须承担的补偿责任，但对于缓和工农矛盾，维护被征地社队的利益产生了一定作用。

特殊性补偿由于没有一般性补偿中法律规定带来的种种限制，因而在内容、形式乃至具体金额上，都具有较大协商空间。协商空间的广阔，一方面说明三线项目能够抛开一些制约，从更多的维度、以更大的力度对社队进行征地补偿，另一方面也意味着，在缺少一定限度和规则的约束下，将自身置于弱势地位的社队，有时可能会陷入吃拿卡要的依赖之中，在征地补偿中要高价、层层加码乃至阻挠施工，在遵义铁合金厂甚至造成了"征地十年未成"的情况。② 工农双方围绕特殊性补偿展开商讨，是在互相默认一般性补偿额度不足的前提下，集体所有制及全民所有制关于土地资源价值而展开的讨论和协调，若是双方出于不同处境和立场暂时妥协，而在此问题上没有真正达成根本共识，并通过具体协议的形式加以厘清和确认，则关于征地补偿和损失是否平衡这一问题的争论，将会长久存在下去，并影响工农关系。③

---

① 汉中地区民政部门统一提供给三线建设项目的《基本建设用地申请表》中，对于特殊性补偿专门设置一栏，相比其他栏目，当地三线项目与社队商议补偿时普遍倾向围绕此栏填写。

② 《基本建设征地困难几例》，汉中市档案馆，档案号 062 - C005 - 0165 - 020。

③ 本节所述的特殊性补偿与西南地区三线项目厂社结合中常见的支农举措有部分重合，但须加以区分，不能等同看待。前者本质上是因占用耕地导致损失，从而针对征地这一具体情况，充分考虑到建设方的能力及社队实际需求，经由双方协商达成一致，最终以协议的形式明文确定的补偿措施。而后者虽也有帮助社队改田改土等内容，在征地补偿额度较低的情况下，一定程度上体现了补偿的内涵，但更多的是在厂社结合的具体政治指示下，超出征地协议规定范围，三线项目所不得不承担的额外支农任务。这一政治任务具有长期性，不仅限于基建时期，从而更具有"日常"属性。李德英，粟薪樾：《三线建设初期"厂社结合"模式检视（1965—1966）》，《史林》，2020 年第 5 期。

四、结语

中华人民共和国成立以后,随着社会主义制度的建立,在土地国有的背景下,土地的流转受到限制,1953 年开始大规模展开的农业合作化运动,直至人民公社体制的建立,深刻改变了农村土地流转的形式,建立在私有制基础上的传统土地交易活动逐步禁绝。然而这段时间的土地仍然存在流动,建设征地便是集体化时期一种重要的土地流转形式。在流转中"私"的部分被"公"替代,征地双方逐渐变成了建设方与社队,即全民所有制对集体所有制,或集体所有制对集体所有制,土地的取用方式由购买变为了征用。

三线建设的决策带有鲜明的备战特点,各项目的选址需贯彻"靠山、分散、隐蔽"的原则,因而在工业建设的布局上,三线项目相比"一五"时期的项目,更加远离中心城市,深入基层社队,从而需要面对的工农关系问题如征地矛盾更加突出。时人对于征地中农业和农民生活表达了关注,如蔚文恭所言:"……全部占用高产稻田和蔬菜地,当地农民每人平均只有三、四分土地。确定这些单位厂址的同志,脑子里还有没有农业?想没想到吃饭问题?"[1]反对占用良田好土的观点试图结合三线建设备战特点及政策,在人多地少的大背景下,平衡三线项目大量的土地需求与农民生产生活的矛盾,实际上是一种颇为无奈的协调。其背后法律政策框架内的补偿标准过低,类型固定,难以弥补征地给社队带来的损失,是此种协调充满困难的重要原因。[2]

---

① 蔚文恭,1970 年于宝鸡地区、市革委会内建办任职。《会议简报》,汉中市档案馆,档案号 062 – C005 – 0008 – 013。

② 这部分数额较少的补偿,有时也无法做到足额及时给予,甚至不给。乐山专区夹江县马村公社代河大队曾向专区政府反映成昆铁路拖欠土地赔偿款的相关情况。中共乐山市委党史研究室编:《三线建设在四川》(乐山卷一),内部资料,2018 年,第 378 页。

征地费用与三线项目建厂总投资相比极小,如西南医疗器械厂总投资 268 万元,购地及青苗补偿费预算仅 6500 元。[①] 正是基于此,三线项目在可选择之时,自然倾向于征用良田好地,如此,多付出的征地补偿费用与节约的建设成本相比几乎是九牛一毛,难以相提并论。资本密集型的工业与劳动密集型的农业之间存在的巨大鸿沟,在三线建设项目落地的农村表现得一览无遗。对此,当地社队大多只能被动接受,即使是在协议书中因社员生活问题无法解决,表示"不同意征用"的生产队,也只能在表态的同时,尽量开出条件争取补偿,服从建设安排。[②]

针对上述情况,在西北地区各三线项目的征地补偿工作中,不同地区的具体工作实践,围绕着如何妥善进行征地补偿,维护工农关系这一核心,逐步形成了不同特点,可以概括为以下三种模式:以天水地区为代表的"超额补偿"模式,在一般性补偿中的三年赔产中,各项要素认定超出实际生产水平,侧重于提高支付给社队的补偿款,而明文规定的支农举措较少;以汉中地区为代表的"多样化支农"模式则并没有把重心放于一般性补偿,而是侧重支农举措,根据所征土地对当地社队生产及社员生活的影响程度,通过多方协商,尽量满足不同社队各自的实际需求,方式多样,甚至在条件允许时,不拘泥于"支援农业"本身;以安康地区为代表的"精细核算"模式立足于实际,流程明确化、标准统一化、核算精细化,在一般性补偿中的租用费、青苗、经济林木等认定全面、细致。由于铁路三线项目的特殊性,支农举措比较少

① 《关于建厂、迁厂、招工、家属宿舍建设的通知、报告及花名册、登记表》,内江市档案馆,档案号 220 - 1 - 1。又以天水地区为例,该地区三线项目总投资普遍在 1000 万元以上,高者如燎原风动工具厂达 3933 万元,低者如天水铁路信号厂也有 762 万元。前文提到的长城电器仪表工业公司给玉泉公社的支农费为 1 万元,而仅是作为其分厂之一的长城电表仪器总厂,建厂总投资就为 1520.08 万元。天水市政协文史资料委员会编:《天水文史资料》(第十三辑·三线建设史料),内部资料,2007 年,第 288、1252 页;天水市地方志编纂委员会编:《天水市志》(中卷),方志出版社,2004 年,第 1251 页。

② 《关于地区新康厂征用我队第三队土地的意见》,安康市档案馆,档案号 74 - 1 - 11。

见、协商性也较前两种模式弱。① 无论是何种模式,皆使得征地补偿在一定程度上有所提高,反映出西北地区三线项目维护工农关系的努力。

综上所述,西北地区三线建设项目在征地补偿问题上总体处理得较为妥当,较好地贯彻了中共中央维护工农关系的指示,充分利用赔偿额度认定和支农措施商定中的基层自主权,在征地补偿工作的实践中形成了各具特点的几种模式,给予了当地社队力所能及的帮助和照顾。在此情况下,征地矛盾得以缓和,三线建设得以顺利推进,反映出集体化时期社会矛盾协调机制的时代底色。

本文曾载《宁夏社会科学》2022 年第 5 期,此处有删改

作者简介:李德英,女,四川大学历史文化学院教授、博导。主要研究方向:中国近现代史。

黄俊林,男,四川大学历史文化学院博士研究生。主要研究方向:中国当代史。

基金项目:2018 年教育部哲学社会科学研究重大课题攻关项目"三线建设历史资料搜集整理与研究"(项目编号:18JZD027);四川大学 2035 先导计划:区域历史与考古文明(项目编号:2035xd - 02)。

---

① 阳安线修建过程中存在造田举措,1101 东线分指挥部生产组在总结中提到"据不完全统计修路造田达五百余亩"。《有关抢修阳安线大打人民战争的点滴经验汇集》,安康市档案馆,档案号 74 - 1 - 106。

嵌入式运作：东北对四川三线建设城市的支援

周明长

近20年来三线建设研究取得诸多新成果,研究对象已涵括决策原因、方针政策、建设内容、建设过程、地方支援、建设成就、区域发展、经验教训、得失评价、调整改造、企业变迁、人物研究、与西部大开发关系、小三线、口述史、三线移民、职工生活、生态环境、工业遗产、三线精神、三线文化等①,但对三线建设最重要组成部分的一、二线地区支援三线地区的关注不够。② 有鉴

---

① 段娟:《近20年来三线建设及其相关问题研究述评》,《当代中国史研究》,2012年第6期;徐有威、周升起:《近五年来三线建设研究述评》,《开放时代》,2018年第2期;张勇:《回溯与前瞻:多维视角下的三线建设研究述评》,《宁夏社会科学》,2020年第2期;徐有威、张程程:《2019年三线建设研究述评》,《三峡论坛》(理论版),2020年第2期;徐有威、张程程:《2020年三线建设研究述评》,《三峡大学学报》(人文社会科学版),2021年第4期。

② 王永华:《主政东北时期的宋任穷》,《世纪桥》,2009年第6期;王恩宝:《辽宁在支援"三线"建设中的贡献》,《党史纵横》,2011年第8期;谢忠强:《反哺与责任:解放以来上海支援全国研究》,上海大学,2014年博士研究生毕业论文;王毅:《三线建设中重庆化工企业发展与布局初探》,《党史研究与教学》,2015年第2期;徐有威、陈熙:《三线建设对中国工业经济及城市化的影响》,《当代中国史研究》,2015年第2期;董志凯:《三线建设中企业搬迁的经验与教训》,《江西社会科学》,2015年第10期;周明长:《东北支援与三线城市发展》,《开放时代》,2018年第2期;黄巍:《突破与回归:辽宁三线建设述论》,《开放时代》,2018年第2期;[美]柯尚哲:《三线铁路与毛泽东时代后期的工业现代化》,周明长译,《开放时代》,2018年第2期;陈超:《标签化的族群:一个三线企业中的社会结构》,周明长译,《江苏大学学报》(社会科学版),2018年第5期;王智博、曲洪波:《东北支援三线建设的贡献与意义》,《济宁学院学报》,2018年第2期。

于此,笔者利用历史档案等资料,分析东北对全国三线建设第一重点省"四川三线建设及其城市发展"的支援成效,冀望以此深化三线建设研究。

一、东北支援嵌入四川三线建设城市

中共中央决定,三线建设必须执行"充分依靠一、二线现有的工业基础。一、二线应当为三线建设出人、出钱、出技术、出材料、出设备"的方针。[①] 1964年9月4日,中央"三线建设座谈会"一致认为,必须"按照毛主席的战略部署,工业交通和整个经济必须考虑重新布局,三线建设和一、二线调整都必须按照战争打起来的要求,果断安排,迅速行动,绝不能强调困难,拖泥带水"。5日,中央书记处召开会议决定"铁路建设队伍要在9月底达到工地,计委、经委成立支援小组;一线调整要立即行动;基本建设投资,首先要保证三线建设的需要,其他方面有多少钱办多少事。当前,三线建设的中心任务是成昆铁路建设,要成立铁路建设指挥部、西南三线建设筹备小组和后方支援小组,要什么给什么。西南建设以攀枝花为中心,在重庆周围搞成一个小体系。在后方搞的厂子,一定要采用新技术"[②]。从当年10月起,支援三线成为此后东北10年工作的中心任务。

按照1965年8月中共中央的三线建设规划,"1964年至1970年共搬迁近500个项目(1967年至1970年军工企业和科研机构尚未提出)。从一线迁出的职工约19.8万人,设备约2万台"[③]。在此规划指导下,东北地区的国防科技、煤炭、电力、石油、冶金、化工、建材、森工、机械、轻工、建工、铁道、邮电、地质、农业、科研、高教和沈阳军区等20多个部门,先后向四川内迁和

---

① 周恩来:《向中央书记处汇报提纲》(节录),《党的文献》,1995年第3期。
② 陈东林:《三线建设:备战时期的西部开发》,中共中央党校出版社,2003年,第128~129页。
③ 《全国搬迁工作会议纪要(草稿)》(1965年9月2日),载中国社会科学院、中央档案馆编:《1958—1965年中华人民共和国经济档案资料选编》,中国财政经济出版社,2011年,第512页。

援建企事业单位约 70 个、人员 30 万、设备近万台(见表 1)。①

表 1 东北对四川三线建设城市的支援概况

工业区	项目分布	建设地点及其东北支援的三线项目
川东 (重庆) 工业区	重庆市	重庆煤矿仪器厂;重钢五厂刘家坝中板厂;重庆长江橡胶厂[1];重庆红旗化工机械厂;东风机器厂;四川仪表总厂半导体厂;四川仪表总厂弹性元件厂;第一工业设备安装公司[1];重庆常规兵器工业基地[1];铁道部第一大桥工程局;地质仪器厂;探矿机械厂;第二地质勘探大队;建工部渤海工程局;重庆大学
		巴县:西南铝加工厂[1];重庆造船厂;綦江县:重庆冶炼厂[1],重钢四厂[1];双溪机械厂[1];长寿县:四川染料厂[1]
	江津地区	江津县:永进机械厂;大足县:四川汽车制造厂[1]
	涪陵地区	南川县:宁江机械厂[1]
	达县地区	达县:航天 064 基地[1];万源县:航天 062 基地[1]
	南充地区	华蓥:重庆常规兵器工业基地光学仪器分基地[1]
川西 (成都) 工业区	成都市	四川化工机械厂[1],四川化工厂;成都量具刃具厂;成都工具研究所;成都飞机制造厂[1],成都飞机发动机制造厂[1],成都滑翔机制造厂[1],航空 611 研究所;电子工业部 082 基地[1]
	温江地区	灌县:空军 6914 厂;大邑县:中国科学院四川光电技术研究所;广汉县:解放军第十四航空学校[1]
	绵阳地区	绵阳县:东方绝缘材料厂;中国空气动力研究与发展中心指挥部[1];电子工业部第十一设计研究所;解放军第十四航空学校四团[1];德阳县:第二重型机器厂[1],东方电机厂,一机部第一机电安装公司[1];地质部西南第二物探大队;西南建筑工程管理局;江油县:长城特殊钢铁厂[1];石油部:川西北石油矿区[1];航空 624 研究所[1];梓潼县:核工业部第九研究院[1];绵竹县:东方汽轮机厂[1];遂宁县:川中油气矿区[1]
	乐山地区	乐山县:东风电机厂[1];核工业部西南物理研究所[1];乐山造纸厂[1]峨眉县:峨眉半导体材料厂,峨眉铁合金厂;眉山县:铁道部眉山车辆厂[1];夹江县:空军第二航空学校;峨边县:龚嘴电站[1]

① 周明长:《三线建设与中国内地城市发展研究——以四川省绵阳、德阳为例》,南京大学,2019 年博士研究生毕业论文。

续表

工业区	项目分布	建设地点及其东北支援的三线项目
川南 （自贡） 工业区	自贡市	化工部自贡炭黑设计研究所；东方锅炉厂[1]，东新电碳厂，自贡特殊泵厂
	内江地区	内江县：白马电厂[1]；资阳县：铁道部资阳内燃机车厂[1]；简阳县：四川空气压缩机厂[1]
	宜宾地区	宜宾市：四川省地质矿产勘查局 202 地质队[1]；宜宾县：豆坝电厂；珙县：煤炭部芙蓉煤矿；南溪县：红光化工厂；富顺县：晨光化工研究院[1]；隆昌县：隆昌炼油厂；山川机械厂[1]；纳溪县：泸州天然气化工厂[1]；泸州市：川东南石油勘探基地[1]；泸州化工厂；长江挖掘机厂
川西南 （攀西） 工业区	渡口市	宝鼎煤矿[1]，渡口火电厂[1]；攀枝花钢铁公司[1]，西南钢铁研究院，第十九冶金建设公司[1]；雅砻江森工局[1]
	西昌地区	西昌县：西昌钒钛冶金试验厂[1]；西昌卫星发射基地指挥部[1]；冕宁县：西昌卫星发射基地[1]

说明：1. 本表省略了承担支援任务的东北具体单位名称及其支援方式，表内"1"指支援四川三线建设还有东北之外的一二线企事业单位。2. 目前已知悉所有的支援项目，都有部分职工及家属、设备、技术等随迁。

在四川三线建设中，东北支援力度之大，涉及行业之广，搬迁设备之多，援建人员之众，持续时间之长，几乎与华东地区并列"第一位"。其中，国防科技工业、基础工业（能源原材料、机械制造）、基础设施（铁道、地质、运输）等方面明显领先于华东。根据相关统计，在全国内迁三线地区约 600 个项目中，东北迁出数约占 40%。例如，据不完全统计，从 1964 下半年至 1965 年，东北地区迁往内地和正在迁往内地的企业及技术支援项目共 140 个，调出约 8 万人（其中基本建设队伍 2.7 万人）。① 其中内迁四川项目近 40 个。而在 1964—1970 年，仅辽宁省陆续迁往大三线的职工就有 99800 人，随迁家属 156600 人②，全省工业部门超过 30% 的技术和管理骨干被抽调，很多甚至是

---

① 王恩宝：《辽宁在支援"三线"建设中的贡献》，《党史纵横》，2011 年第 8 期。
② 辽宁省地方志编纂委员会办公室编：《辽宁省志·大事记》，辽海出版社，2006 年，第 431 页。

整厂整矿搬迁。[1] 如沈阳市铁西工业区对全国 29 个省区市 121 个市县的 103 个企事业,完成了包建新厂、车间或生产线整体划拨、提供成套设备(包括单一关键设备)、输送管理干部、工程技术人员和生产骨干、提供整套产品工艺图纸、代培人员等支援任务。其中 10% 的企业迁入四川。[2] 吉林省和黑龙江省也是重任在肩。1964 年 10 月,国家编制的《重庆地区三线建设规划》决定,"以重庆为中心迁建新建的项目有 212 个。计划从东北地区迁入 27 个。主要是与重庆常规兵器工业基地配套的机械、仪器仪表、冶金、橡胶、化工、交通等行业的企事业单位"[3]。为此,沈阳、大连、长春、吉林、哈尔滨、齐齐哈尔等城市的国防科技企事业,大力援建了重庆常规兵器工业和成都航空工业等基地,内迁职工万余人、设备千余台,如沈飞还为成飞复制移交了核心技术的模线样板、标准样件及全套图纸技术资料。[4] 另据四川省统计,"从一、二线地区内迁四川的企事业单位达 163 个,兴建军工企事业单位 123 个(生产企业 91 个,研究院所 29 个,其他 3 个)"[5]。其中,迁自东北的约 50 个。机械工业属于国家优先搬迁的部门(8 个机械工业部都有搬迁任务),其项目数在全国支援三线项目总数中所占比重最大,全国内迁之最的第一机械工业部"共援建和迁建了 241 个工厂、研究所(包括设计所),内迁职工

---

[1] 据 2017 年 7 月 22 日晚笔者在成都市大邑县雾山农场对原国家计委三线建设调整办公室主任王春才的访谈记录。

[2] 《沈阳铁西工业区支援国内外工业建设》,中华城市吧,http://tieba. baidu. com/p/ 6017484273,笔者于 2019 年 8 月 19 日访问(原文无上传时间)。

[3] 俞荣根、张凤琦主编:《当代重庆简史》,重庆出版社,2003 年,第 227 页。

[4] 据 2019 年 1 月 5 日晚笔者在四川大学江安校区对原国家计委三线建设调整办公室主任王春才、中国涡轮研究院(原航空 624 研究所)原院长焦天佑、航空 611 研究所高级工程师王建平的访谈记录;据 2019 年 1 月 23 日下午笔者在德阳市政协对其研究室主任陈育勇(成都军区空军正营职转业干部)的访谈记录;沈阳市人民政府地方志编纂办公室编:《沈阳市志·军事工业》,沈阳出版社,1992 年,第 213 页。

[5] 辛文、王春才主编:《三线建设与四川产业基础的形成三线建设铸丰碑》,四川人民出版社,1599 年,第 77 页。

62679 人，设备 17727 台"①，占全国内迁项目总数的 40%，其中从东北迁出近 100 个，迁入四川 20 余个。

中共四川省委在三线建设中，根据中共中央"必须立足战争，准备大打、早打、打核（原子）战争"②，"一切新建项目，都应贯彻执行分散、靠山、隐蔽的方针，不得集中在某几个城市或点"③；搬迁项目要同三线地区整个工业布局统一安排，要认真贯彻执行主席指示的"多搞小城镇"，实行"大分散、小集中，以达到战略隐蔽"；少数国防尖端项目"必须按照'分散、靠山、隐蔽'的原则进行建设，有的甚至还要进洞"；一般军工企业和民用工业"应当尽可能靠近原料、燃料、水源、电源，并且把一些在生产上有密切联系的工厂成组地布置在一起，建成一些适当分散的工业点"；三线地区的大城市"今后除必需的配套项目可以摆一点以外，其他项目一般不要再摆"等方针④，决定全省三线企业的合理布局原则是"川西平坝地区（即成都平原），不隐蔽，又占良田，原则上不再摆工厂；重庆、成都两市目前企业已很集中，除了少数有关配套、协作的企业和生产精密、尖端产品的小型企业外，不再摆厂；宝成铁路南段，通过能力有限，运输比较困难，用水、用电也不好解决，不宜多摆企业。今后工厂布局可考虑放在以下一些地方：宜宾以下长江沿岸，以及嘉陵江、涪江、渠江、乌江、沱江两岸地区；成昆（峨眉以南）、川黔、德天、广旺、广三、宜珙、资威等铁路沿线交通比较方便的地区；有些中、小型企业可以考虑放在乐山、南充、雅安、达县等公路交通比较方便的地区"⑤。

① 景晓春主编：《当代中国的机械工业》（上），中国社会科学出版社，1990 年，第 65 页。
② 《毛泽东在第一颗原子弹爆炸成功一周后的一个批示（1964 年 10 月 22 日）》，载军事科学院军史部编，《中国人民解放军的七十年》，军事科学出版社，1997 年，第 572~573 页。
③ 周恩来：《向中央书记处汇报提纲》（节录），《党的文献》，1995 年第 3 期。
④ 《全国搬迁工作会议纪要（草稿）》（1965 年 9 月 2 日），载中国社会科学院、中央档案馆编：《1958—1965 年中华人民共和国经济档案资料选编》，中国财政经济出版社，2011 年，第 508~510 页。
⑤ 《省委办公厅关于三线建设的若干问题（1964 年 9 月 11 日）》，载中共四川省委党史研究室编：《三线建设在四川·省卷》（上），2016 年，第 33 页。

有基于此,1964 年 9—10 月,中共中央和西南局从西南三线建设全局着眼,专门就四川三线建设做出了"两基一线"①的总体布局,决定"用三年时间,完成以重庆为中心的常规兵器工业基地的建设(共安排建设项目 84 个,投资 14.1 亿元);同时,一面建设攀枝花钢铁工业基地,一面修筑成昆铁路。从 1964 年下半年至 1967 上半年,国家安排在四川的国防、冶金、机械、化工、煤炭、电力、建材、轻纺等工业的建设项目共有 200 多个,其中多数属于国防工业的项目,或者是与国防工业配套和服务的项目"。该批项目主要由东北和华东负责支援,它们奠定了四川三线建设的总体骨架。其中"大多数分布在四川的腹心地带,主要是沿成渝、宝成、川黔、成昆等铁路干线两侧布点,一部分沿长江、嘉陵江、渠江两岸布点"②。在此过程中,"除在重庆、成都、自贡、渡口四个省辖市建设各具特点、各有侧重的工业基地外,还在全省的 11 个地区、3 个自治州、70 个县、106 个点布局了工矿企业"③。

以上计划的执行结果是,四川省大体实现了建设"四大城市型工业区"的目标,即由重庆、江津、南充、达县、涪陵、万县等城市组成的以钢铁、造船、常规武器等为主的川东(重庆)工业区;由成都、德阳、绵阳、江油、广元、乐山、雅安等城市组成的以航空、电子、机械、电力、核工业等为主的川西(成都)工业区;由自贡、内江、宜宾、泸州等城市组成的煤炭、机械、天然气、化工为主的川南(自贡)工业区;由渡口(攀枝花)、西昌等城市组成的以钢铁及有色金属工业为主的川西南(攀西)工业区。④ 由此可见,以四川盆地为重点的三线建设,在宏观上贯彻"大分散"原则而完成了全省工业重要项目"相对均

---

① 实际上,该"两基一线"在 1965 年 11 月至 12 月初,经邓小平、李富春、薄一波、李井泉等党和国家领导人现场考察后,被扩展内容并上升为"两点一线(攀枝花、六盘水,成昆线)"定位下西南大三线建设的主体框架,到 1970 年底其主要项目大体建成。

② 杨超主编:《当代中国的四川》(上),中国社会科学出版社,1990 年,第 140 ~ 144、149 ~ 150 页。

③ 辛文:《对三线建设的一些认识》,《计划经济研究》,1982 年第 8 期。

④ 《中国城市建设年鉴》编委会编:《中国城市建设年鉴(1986—1987)》,中国建筑工业出版社,1989 年,第 376 页。

衡化"的新布局;在微观上通过部分项目相对"小集中"布点而逐步建成了数个依托于城市城镇的新工业区和新工业点,从而为各相关城市城镇带来了新的发展资源。

当然,特殊时期以特殊方式所进行的四川三线建设,仍然同全国三线建设一样,因特殊历史条件的制约而产生了一些问题。改革开放以后,国家进行了较大规模的三线建设调整改造。在此阶段,四川省进入国家计划内三线调整项目的数量、投资额位居全国第一,其中,现四川省有41个调迁项目、投资44亿元,现重庆市17个调迁项目、投资38亿元,分别占国家计划内三线调整项目总数206个、总投资223亿元的19.9%、19.7%和8.3%、17%。这一大批调迁项目的完成,则在更大程度上发挥了"原东北支援项目"对其新迁建入川渝地区的多个城市发展的多种推动作用。

二、东北支援促进了四川三线建设城市的发展

从1964年下半年至20世纪70年代末,四川是接受东北支援最多的省区之一。优质资源"持续嵌入"和全省集中投入揭开了四川工业化和城市化的新篇章,改变了数十个受援的城市(城镇)的性质、规模和发展方向,形成了国防科技工业和重工业城市"优先发展"的新格局。

(一)城镇性质快速转变

三线建设时期四川各城市城镇性质的转变主要取决于其所建成的"三线项目工业性质"。以东北支援的乐山地区为例,夹江、峨眉、五通桥、沙湾、金口河等原农业县城、老城镇迅速发展为新兴工业小城市,建成了水电新镇龚嘴、能源新区牛石、机电新区桥沟、冶金新城九里、建材新区乐都、核能科研新区界牌、铁路机车新城崇仁、电子新区黑龙场、制药造纸新区青衣坝等

10 余个新兴工业城镇。① 从全省城市城镇性质因东北支援而转变的结果看,综合性工业城市有重庆、成都,绵阳、江油、乐山、宜宾、泸州、西昌、华蓥、达县,涪陵则逐步发展为国防科技工业型城市。另外还有其他不同产业特色的城市。例如,煤炭工业城市渡口、华蓥,城镇如汉旺、威远、珙县;冶金工业城市渡口、乐山、达县、江油,城镇如西彭、青白江、沙湾、九里、厚坝、含增、武都;电力工业城市江油、宜宾、内江、乐山、渡口,城镇如安边、白马庙、龚嘴;石油天然气工业城市南充、自贡、泸州,城镇如厚坝、蓬莱、龙女;化学工业城市自贡、泸州、宜宾,城镇如长寿、青白江、富顺、纳溪;建材工业城市江油、渡口,城镇如峨眉、广安;机械工业城市重庆、成都、德阳、绵阳、内江、自贡、泸州、乐山、涪陵,城镇如双桥、灌县、彭县、汉旺、简阳、资阳、眉山;轻纺工业城市绵阳、遂宁、涪陵、乐山、自贡、内江、宜宾、泸州等。这一系列重工业城市(城镇)的"群体化崛起",成为三线建设时期四川省城市城镇发展的主要方向。

(二)城市城镇规模快速扩张

在三线建设中,四川"共建成三线企业事业单位 350 个(企业 287 个),其中大中型企业 248 个,占全省大中型企业总数的 42.2%,形成的工业固定资产原值 208.6 亿元,占全省国有工业固定资产原值的 60.2%"②。它们必然有利于推动相关城市(城镇)规模的扩张。

第一,数量规模扩张。国家在大山区投入巨资建成了全国三线最大新城渡口市。为了保障三线项目的尽快投产,国家对项目布点较多的城市和城镇进行了一定改扩建,进而大体建成 10 余个新兴城市。据统计,1964 年,

---

① 乐山市人民政府编:《乐山三线建设》,1987 年,第 175~181 页。
② 辛文:《三线建设与四川产业基础的形成》,载王春才主编:《三线建设铸丰碑》,四川人民出版社,1999 年,第 77 页。

四川省共有重庆、成都、自贡、万县、泸州、南充、内江、宜宾 8 个建制市，占全国 167 个建制市总数的 4.8%，居全国各省、自治区第 6 位。1965—1976 年，全国净增建制市 21 个，四川省净增渡口、绵阳、达县 3 个建制市；1977—1985 年，又净增加西昌、乐山、德阳、涪陵、雅安、广元、遂宁、华蓥 8 个建制市。到 1985 年底，全省建制市增至 19 个，占全国 324 个建制市总数的 5.9%，居全国各省、自治区第 2 位。[①] 与建制市快速增长同步，1964—1974 年，上百个大中型三线项目在全省形成了 32 个沟片，一批小工矿城镇由之而生，随着该批工矿企业投产，全省新形成和扩大了 70 多个城镇。[②] 比如，到 1977 年底，绵阳地区已经建成 45 个不同类型的城镇。其中，除了无较大工业规模的县城 13 个以外，新建成的工业城镇共有 32 个。[③] 到 1982 年底，四川省建制镇达 343 个，发展为全国建制镇最多的省，其中 147 个为县城所在镇，196 个是县城以外的镇。[④] 从表 1 可知，建设于四川省 2/3 的建制市和约 30 个新工业城镇之中的"东北支援"项目，乃是推动全省城市城镇数量规模扩张的诱因之一。

第二，人口规模扩张。1964—1967 年，随着四川 200 余个三线建设重点项目的全面施工，国家从省外调入各类建设人员超过 100 万。1968 年不包括军事工业和铁道兵，各部进川的人数达 44 余万，1969 年达 54 万。[⑤]据统计，从 1964—1980 年，为支援四川三线建设，国家"从东北、华北、华东各省

① 国家统计局城市社会经济调查总队编：《中国城市四十年》，中国统计信息咨询服务中心，1990 年，第 9～11 页。

② 刘清泉、高宇天主编：《四川省经济地理》，四川科技出版社，1985 年，第 754 页。

③ 《中共绵阳地委关于批转地区计建委党组关于加强城镇建设工作的意见（1978 年 5 月 10 日）》，载中共绵阳市委党史研究室编：《建国以来绵阳重要文献选编（1966—1978 年）》，第 173 页（原书缺印刷时间）。

④ 刘清泉、高宇天主编：《四川省经济地理》，四川科技出版社，1985 年，第 758 页。

⑤ 陈东林：《三线建设：备战时期的西部开发》，中共中央党校出版社，2003 年，第 126～127 页。说明：在全国支援三线建设过程中，因所承建项目竣工后，有上百万的建设人员迅速迁出了三线地区。

净迁入职工达 40 万人（不包括职工家属），是解放后四川省规模最大的人口净迁移时期"①。其中，东北内迁职工约占 40%，如果加上家属，东北支援四川三线建设的非农业人口约 30 万。这必然会推动相关城市城镇人口的快速增长。比如，1965 年全省城市（城镇）非农业人口仅 664 万，1980 年全省城市（城镇）非农业人口增长至 902 万，增长 35.8%，比同期全国城市（城镇）非农业人口增长 29.4% 高 6.4 个百分点。② 东北迁入人口数又占这 238 万净增非农业人口的 1/8。从重点城市看，1965 年底，攀枝花工业基地现场已集结外来工业人口近 10 万人，其中，辽宁 28337 人（钢铁、煤炭），黑龙江 2905 人（林业）。③ 1976 年底，渡口城市人口突破 30 万，其中东北内迁职工及其家属超过 10 万人④，仅鞍山钢铁公司累计调往攀枝花钢铁公司领导干部及技术骨干就达 6799 人。⑤ 从重点地区看，绵阳地区是全国三线建设投资额仅次于重庆市（含江津地区）的第二大地区，1965—1970 年初，仅绵阳、江油、广元、旺苍、剑阁、梓潼、德阳、绵竹、安县等地工矿区就新增供应人口近 50 万（主要是内迁职工）⑥，其中东北内迁职工及其家属约占 10%。据不完全统计，三线建设时期绵阳地区城镇人口成倍增长，除了三线企事业内迁职工及其家属为主体外，还在绵阳地区招收了近 10 万名新职工。例如，截至 1971

---

① 沈益民、童乘珠：《中国人口迁移》，中国统计出版社，1992 年，第 162 页。

② 四川省地方志编纂委员会：《四川省志·城建环保志》，四川科学技术出版社，1999 年，第 626 页；《中国人口年鉴》编辑部编：《中国人口年鉴(1985)》，中国社会科学出版社，1986 年，第 813 页。

③ 中共攀枝花市委党史研究室编：《中国共产党攀枝花史稿(1965—2001)》，四川人民出版社，2002 年，第 17～18 页。

④ 据 2019 年 7 月 8 日晚笔者在大邑县雾山农场对原三线建设者暨原攀枝花市委书记秦万祥的访谈记录。

⑤ 鞍钢史志编纂委员会：《鞍钢志·上卷》，人民出版社，1991 年，第 38 页。

⑥ 第一，笔者根据多种资料估计，在"新增供应人口近 50 万"中，内迁职工的家属占有一定比例；第二，在"新增供应人口近 50 万"中，有超过 10 万属于国家从绵阳地区以外调入的建筑队伍、解放军工程兵、铁道兵、基本建设工程兵，原包建援建单位的部分人员及其家属，其在相关项目竣工后又大部分迁出了绵阳地区。《绵阳地区革委会生产指挥部关于当前缺乏劳动力情况的紧急报告(1970 年 4 月 2 日)》，绵阳市档案馆 74-1-54。

年 11 月,根据国务院《关于改革临时工、轮换工制度的通知》精神,绵阳地区 59000 多名符合条件的临时工、合同工、轮换工就已全部改为固定工。① 在该批新固定工中,包括数千名东北内迁职工的家属。到 1977 年底,绵阳地区城镇人口增长至 103 万,比 1963 年底增加近 60 万人。其中东北内迁职工及其家属约 7 万人。到 1980 年底,四川省已建成 5 万人以上的工业城镇 29 个,2 万人左右的工业城镇 40 多个,未设镇的工业点 60 多个。②

第三,经济规模快速扩张。大量现代工矿企事业的内迁或援建、大批技术干部和技术工人的迁入,必然推动受援地区经济规模的扩张。从工业门类来看,全国 38 个主要工业部门四川样样齐全;全国主要工业行业约 160 个,四川有 95%。到 1976 年底,全省全民所有制工业企业的固定资产原值已达 211.08 亿元,仅次于辽宁,居全国第二位。从四川工业生产能力来看,1979 年与 1964 年相比,钢产量由占全国的 4.7% 上升到占 8.5%,成品钢材产量由占全国的 5.3% 上升到占 7.6%,原煤由占全国的 4.7% 上升到占 6%,发电量由占全国的 4.1% 上升到占 5.5%,天然气和化肥产量居全国第一。四川已经发展为全国规模最大和技术最先进的综合性国防科技工业基地,全国著名的三大电站成套设备生产基地之一(东北是其主支援方)、四大电子工业基地之一、五大钢铁基地之一(东北是其主支援方),工业生产能力跃居全国第三位。③ 1978 年,工业产值在全省工农业总产值中由 1964 年的 46% 提高到 64.5%,全省形成了以工业为主的经济结构,其中,工农业总产值占全国的 6.31%,国民收入总额占全国的 7.3%,工业企业个数占全国的 12.5%,大中型企业占全国的 10.92%,工业固定资产原值占全国的 7.52%,冶金、建材、化工等行业的一些主要产品产量在全国的位次居第三、第四;

① 绵阳市档案局编:《四川省绵阳地区大事记(1949—1985)》,1989 年,第 200 页。
② 刘清泉、高宇天主编:《四川省经济地理》,四川科技出版社,1985 年,第 381 页。
③ 杨超主编:《当代中国的四川》(上),中国社会科学出版社,1990 年,第 166~168 页。

1980 年，四川省国内生产总值达到 322 亿元，位居全国各省市区的榜首。[1]
从中心城市来看，1982 年，重庆市在工业企业数、工业职工数、工业总产值方面，分别占西南三省合计的 12.4%、19.9% 和 20.4%；在全国各大城市中，1983 年重庆市工业固定资产占第五位，工业总产值占第七位。1983 年，成都市在工业企业数、工业职工数、工业固定资产、工业总产值方面，分别约占西南三省合计的 10%~15%；工业固定资产和工业总产值均居全国各大城市中第九位。[2] 同时，成都市和与之相邻 100 至 200 千米的德阳、绵阳两市和简阳、资阳、眉山、江油等县，共同组成了一个密集的工业城市群。[3] 作为四川省经济社会发展精华的"成渝工业城市经济带"的基本建成和初步发展，均与东北支援有着直接甚至重大的关系。

三、东北现代化工业要素输入四川城市

作为新中国工业"长子"的东北，资源丰富、体系完整、配套能力强、专业化水平高、技术先进、人才济济，不仅是三线建设前中国现代化程度最高的重工业基地，而且是当时全国城市化程度最高的地区，其"好人好马上三线"必然为四川城市发展输入诸多现代化工业要素。

首先，优质人力资源输入。如上所述，在四川三线建设所必需的庞大人力资源中，东北内迁职工不仅占据相当比例，而且成为四川优质人力资源中的最重要组成部分之一。仅以全国三线建设最大城市重庆为例，三线建设时期，随着沿海大批厂矿企业内迁，重庆地区迁入的熟练技工、科技人才和

---

[1] 辛文：《三线建设与四川产业基础的形成》，载王春才主编：《三线建设铸丰碑》，四川人民出版社，1999 年，第 77~78 页。

[2] 此处的重庆、成都工业发展数据均包括市辖县。

[3] 刘清泉、高宇天主编：《四川省经济地理》，四川科技出版社，1985 年，第 377、379 页；国家统计局编：《中国统计年鉴（1984）》，中国统计出版社，1984 年，第 49~50 页。

管理人才达 4 万余人。[①] 这批优质人力资源在三线建设和以后国家经济建设的进程中都发挥出重要作用。此外,为加速四川三线建设,国家还从东北等地调动上万名科技人员入川工作,其围绕三线建设,在资源开发、国防科技、工业技改、交通建设、农业科技、地质勘探、地震测报和教育教学等方面均取得显著成绩,极大提高了四川城市的科学技术水平。数万东北内迁职工的输入,在较大程度上完成了对四川城市人力资源总量和素质的一次大补充。

其次,先进工业化要素输入。东北支援所建成的多个重点项目,都配置有当时国内最先进的工艺设备、科学技术和管理制度,迅速为所在地区构建起现代工业框架并形成先进雄厚的工业生产力。由于这批项目的建设模式、资金技术人力结构、生产规模、产品质量、研发能力、科技水平等,都具备相当高的全国性服务力和知名度,也随之将"大庆模式""鞍钢宪法""吉化经验""北大荒创业精神"等东北工业化先进要素输入于相关城市(城镇)之中。以德阳为例,数千名掌握先进生产力的优秀东北职工迁入后,使长期生活在闭塞落后的内陆农业县"德阳人",在第二重型机器厂、东方电机厂、第二物探大队等大型企业,第一次"亲眼看见"什么是工业化大生产、什么是现代化企业、什么是现代化管理、什么是科学技术力量、什么是发明创造等先进工业化要素,这无疑为"德阳县"注入了一股股生机无限的新鲜血液,逐渐熏陶、浸染、渗透和改变着"德阳人"的思想观念、理想追求和行为方式,成为推动"德阳市"蓬勃发展的不竭动力。

最后,新生活方式输入。随着数十万东北、华东、华北等地"三线建设者"的迁入,除为四川城市、城镇带来新的工业生产线、科学技术和相关知识外,还带来了新收入、新语言、新食品、新风俗、新生活、新婚姻和新价值,从

---

① 俞荣根、张凤琦主编:《当代重庆简史》,重庆出版社,2003 年,第 239 页。

而在"落后"的四川城市（城镇）里实现了中国"东西南北"的生活习俗、人文价值和时代精神的大交汇大激荡大融合。就被支援的四川城市、城镇来讲，代表着当时国内最先进工业化和城市化水平的东北内迁职工，在语言、收入、服饰、饮食、住宿、交通、职业素质、人文素养、价值取向、社会地位、教科文卫体等日常生活方面，总体上处于"先进"地位，必然在当地形成较大"示范效应"。例如，在衣着方面，1966 年前后，第二重型机器厂的东北籍职工在冬季喜欢穿一种毛领长棉大衣，这种棉大衣比当地人常穿的土棉袄更贴身、更保暖且显得更为精神，这就让厂区附近的青年男女觉得很"洋气"便争相"托人"购买，使毛领长棉大衣迅速在德阳县"流行"起来。在饮食方面，绵阳地区的本地人原本很少吃面食，随着爱吃"水饺、馒头、抄手"的东北籍、上海籍职工的大量迁入，本地人开始制作和吃水饺、馒头、抄手类的面食。总之，来自五湖四海的数万"三线建设者"及家属，把各个地区的城市生活方式和价值观念带到了四川，通过一段时间的接触融合，当地人逐渐被"潜移默化"。其中，东北内迁职工日常生活中的东北大米、东北水饺、东北馒头、东北普通话、北京普通话、时装、发式、手表、缝纫机、自行车、收音机、人际交往、休闲娱乐等内容，都迅速成为厂区附近部分城乡居民羡慕和模仿的对象，从而在一定程度上改变了当地以农业为主的生活方式及其价值取向。特别是在改革开放后的前 20 年里，凡是在建设有大中型三线企事业单位的城市城镇附近，一般都是四川省内非主要依靠政府财政举办的乡镇企业、多种所有制企业、商业服务业、社会事业、城乡基础设施建设等新兴的经济社会类项目，率先发展起来且较快地驶入一定程度上专业化、规模化、效益化和城镇化相对协调的区域发展新轨道，并以更大力度推动着本区域经济社会的进一步发展。

四、结语

东北地区是新中国成立之初,"举全国之力"建成的全国第一个以重化工业和国防科技工业为主体的特大型综合性工业基地,聚集着新中国前15年工业化的国宝家珍和精兵强将,为新中国快速建立起"一个独立的、比较完整的工业体系和国民经济体系"做出了历史性重大贡献。从总体上看,东北通过支援四川,"嵌入式"地为四川提供了工业化启动所必需的基础资源和诸多先进的城市发展要素,加速了主要城市现代工业体系和重要城镇工业生产力的形成,推动了四川工业化和城市化高速度前进,既极大缩小了四川与东北现代化程度的级差,也有力提升了新中国工业化和国防现代化的综合实力。因此,从相当程度上讲,以国防科技工业和重工业为主体的四川综合性大工业基地的基本建成,及其所催生的四川数十个三线建设城市城镇,这无疑是共和国"工业长子"东北在国家高度集中的政治经济体制强力作用下的巨大贡献。

在四川三线城市形成和发展的快速进程中,东北因其核心资源被国家过度搬迁和调拨,国家财政投资大幅度削减,影响到东北大工业基地综合实力的正常发挥和相应发展。这种嵌入式运作,难免会有"此升彼降"的内在影响,它也是由东北全力支援四川和全国三线建设的内在机制性原因所决定的。[①] 突出例证是,一段时间之后,重庆、成都的工业总产值和综合竞争力渐次超越哈尔滨;同沈阳的差距明显缩小,"八五"末则超越了沈阳。当然,此种消极影响本身是一个长远过程的复杂产物,但今天的研究也是不可忽

---

① 关于东北因全力支援三线建设而出现"区域发展机制受抑"问题,笔者将另文研究。

视的。

本文曾载《江淮论坛》2021 年第 1 期，此处有删改

作者简介：周明长，四川德阳人，历史学博士，宜宾学院文学与音乐艺术学部
　　　　　教授。主要研究方向：中国近现代城市史、三线建设。
基金项目：宜宾学院高层次人才科研专项"三线建设与西北地区城市发展研
　　　　　究（1964—2005）"（项目编号：2019QD26）。

三线建设时期沪厂迁渝个案研究

——以浦陵机器厂为例

崔一楠

　　20 世纪六七十年代,为了应对错综复杂的国际国内形势和潜在的战争威胁,尽快改变中国工业不合理布局,党中央做出了开展三线建设的重大战略决策①,举全国之力在西部的十余个省区进行了一场以备战为中心的大规模工业建设。重庆是西南三线建设的重点地区,据不完全统计,仅 1964 年到 1965 年底,从北京、上海、辽宁等 12 个省市迁入重庆地区的企事业单位就有 60 个。② 在众多迁建企业中,浦陵机器厂(原系上海动力机械厂,主要生产小型汽油发动机)较为特殊,它是三线建设时期最先迁入重庆的企业,从此揭开了机械行业三线建设的序幕。③ 如果从产品类型、职工数量、投资金额和行业影响力等方面考虑,浦陵机器厂不及红岩机器厂、湔江农机厂、岷江

---

　　① 1964 年五六月间,中央政治局常委扩大会议和中央工作会议专门讨论"三五"计划时,高度关注国家安全的毛泽东,从经济建设和国防建设的战略布局考虑,将全国分为一、二、三线,提出三线建设问题。据此,中央改变"三五"计划的最初设想,做出了开展三线建设、加强备战的重大战略部署。参见中共中央党史研究室:《中国共产党的九十年(社会主义革命和建设时期)》,中共党史出版社、党建读物出版社,2016 年,第 533 页。

　　② 重庆市地方志编纂委员会编:《重庆市志》(第一卷),四川大学出版社,1992 年,第 399 页。

　　③ 重庆工商大学信息技术和社会发展研究院:《重庆之最》,重庆出版社,2008 年,第 432 页。

齿轮厂等,那为何该企业会最先被安排迁入重庆呢? 曾任中共中央西南局三线建设委员会第一副主任的程子华给出了答案,他指出:"我们三线建设当时的指导思想是明确的:鉴于过去基本建设中的经验教训,在三线建设中一定要深入研究,摸清客观情况,扎扎实实地巩固走,一步一个脚印,一个一个地解决问题,才能又好又快,否则,一定是欲速不达。慎重初战,这是我们贯彻这个思想的第一个步骤。就是在当时要求快建三线的条件下,我们也不是一拥而上,而是先抓住一个较小的比较容易成功的项目,从上海搬迁一个小厂——浦陵机器厂。它小,便于迅速取得经验;它是搬迁厂,有相当代表性,取得经验,可以指导一般;虽然厂小、是个小战役,但起了解剖麻雀的作用,在许多方面丰富了我们对三线建设的认识。"①由此可见,浦陵机器厂可谓西南地区抓三线建设企业迁建工作的第一块"试验田",该厂摸索总结出的经验可供其他企业参考借鉴,发挥典型示范、以点带面的作用。浦陵机器厂广大职工不辱使命,克服各种困难,在特殊的历史条件下,探索出一条不同以往且迅速有效的迁建之路,成为西南三线建设的样板工程。

近年来,学界针对三线建设时期企业迁建问题的探讨逐渐增多②,但以典型企业为切入点,专题探寻三线建设企业迁建历程研究的并不多见。有鉴于此,本文乃以浦陵机器厂为个案,检视重庆地区第一家上海迁建企业的经验做法,分析其在组织架构、勘察设计、建筑施工、物资保障和工农关系方

---

① 《程子华回忆录》,中央文献出版社,2015 年,第 327 页。

② 代表性成果有周晓虹:《口述史、集体记忆与新中国的工业化叙事——以洛阳工业基地和贵州"三线建设"企业为例》,《学习与探索》,2020 年第 7 期;王毅:《四川三线建设企业布局与工业发展刍议》,《当代中国史研究》,2020 年第 3 期;王毅:《三线建设中川渝地区国防企业发展与布局》,《西南交通大学学报》,2018 年第 1 期;王毅:《三线建设中川渝地区冶金企业发展与布局探析》,《西南交通大学学报》,2017 年第 5 期;王毅:《三线建设中川渝地区机械企业发展与布局初探》,《开发研究》,2016 年第 3 期;聂红萍、方锦波:《20 世纪 80—90 年代天水三线企业的调整改造》,《开发研究》,2020 年第 1 期;叶青、黄腾飞:《福建小三线建设企业布局及其特点刍议》,《当代中国史研究》,2019 年第 1 期;董志凯:《三线建设中企业搬迁的经验与教训》,《江西社会科学》,2015 年第 10 期。

面呈现出的总体特点,反思其利弊得失。希冀此种尝试能够发挥见微知著之效,不断丰富学界对于三线建设时期企业发展的理解和认识,也为重庆工业史研究做出贡献。

一、统一指挥下的联合作战

遵循靠山、隐蔽、分散的原则,浦陵机器厂选址在中梁山、缙云山脉之间,毗邻嘉陵江支流磨滩河的重庆市北碚区歇马镇。按照李富春在1964年9月全国计划会议上提出的三线建设项目"尽可能利用过去'下马'的工程"的要求①,浦陵机器厂计划在重庆平板玻璃厂②原有基础上进行建设,迁建工程涉及35个子项目,投资2115000元。③ 浦陵机器厂项目是一项复杂的系统性工程,时间紧、任务重、涉及部门众多,统筹协调的难度比较大。要想在短时间内保质保量完成迁建任务,依靠原有的、条块分割的体制机制是很难实现的。在条块分割框架下,各部门因视角、利益等方面的不同,彼此之间难免会产生意见分歧。要消除分歧,各部门或反复开会讨论商量,或通过公文函件,你来我往,沟通协调。如果分歧较大,久拖不决,则还需报送上级领导决定拍板。一项工程从办理相关手续到开工建设,少则数月,多则一年。④很显然,这样的效率无法满足三线建设的需要,必须因时而变,在迁入地建立起一套高效运行、扁平化的组织机构和不同以往的运行模式。为此,浦陵机器厂在迁建过程中进行改革尝试,围绕工程项目建立现场党委和党委领

---

① 陈夕主编:《中国共产党与三线建设》,中共党史出版社,2014年,第90页。

② 1958年初,重庆平板玻璃厂筹建处在歇马镇修建主厂房、宿舍、仓库,后因投资经费紧张、临近的铁路专用线计划改变而中途停建。

③ 重庆市浦陵机器厂现场指挥部:《浦陵机器厂迁厂建厂工程打歼灭战的工作总结》,绵阳市档案馆馆藏档案,档案号:069 – 05 – 0074 – 030。

④ 重庆市浦陵机器厂现场指挥部:《浦陵机器厂迁厂建厂工程打歼灭战的工作总结》,绵阳市档案馆馆藏档案,档案号:069 – 05 – 0074 – 030。

导下的现场指挥部，打破了"一事多主"的局面，实行一元化领导下的联合作战，以行政化手段推进工程项目会战，实现指挥、思想、计划和行动四个方面的统一联动。

一是统一指挥，在现场党委和现场指挥部强有力的领导下，各部门、各工作组分工负责，各司其职。农业机械部、中共中央西南局经济委员会、重庆市人民委员会以及上海动力机械厂负责同志组成现场党委和现场指挥部。现场党委是工程建设中的最高决策机关，凡参加浦陵机器厂迁建的工作人员均需服从现场党委领导，一切重大问题，如设计方案、作战部署、搬迁计划、政治工作、厂社结合等，都需经过现场党委讨论决定。现场党委和现场指挥部实行两块牌子、一套人马。参与建设的所有党员都要将组织关系转到工地上的党组织中，在工地过组织生活。现场指挥部下设迁建单位、勘察设计、土建安装、交通运输、物资供应、银行、劳动、统计、商业等十余个部门。与此同时，现场指挥部还按业务分工，组建了勘察设计、建筑施工、物资供应等工作组。这些工作组既是现场指挥部的职能机构，也是各部门派驻施工现场的联络站，负责各自领域的牵头组织任务。

二是统一思想，利用多种方式层层动员，明确方向，凝心聚力。企业迁建意味着广大职工离开生活条件优越的大城市，到陌生而又艰苦的西部山区开创事业，这一变化必然会让部分职工的思想出现波动，产生畏难情绪。因此，消除思想顾虑，鼓励引导广大职工服从安排，迎难而上，就成为企业和地方党委需要解决的首要问题。迁建工作启动前后，上海市委、上海动力机械厂坚持把做好人的工作放在第一位，先党内后党外，先领导后群众，采用大会集中动员，小会讨论交流，个别谈心谈话，家庭走访慰问等方式，点面结合，耐心细致地推进教育引导工作。此外，企业还专门开展了革命教育和"调整沿海工业，加速内地建设"主题教育，组织职工和家属反复学习《为人民服务》《纪念白求恩》等文章，努力实现"三革两通"（企业革命、职工革命、家属革命;职工想得通、家属想得通)①,从而自觉地服从三线建设需要。职工到达重庆后,浦陵机器厂现场指挥部坚持发挥理论学习的重要作用,组织建设者们传达学习党中央关于三线建设的重要指示,领会打好歼灭战的重要意义和具体要求,促进工作落实。针对建设过程中普遍存在的认识误区,现场指挥部召开专题研判会议,让建设者们畅所欲言,鼓励不同的意见和观点碰撞交锋,通过充分的研究讨论,达到答疑解惑,集思广益,统一思想,凝聚人心的目的。

三是统一计划,做到顶层设计与"摸着石头过河"相结合。指挥部根据工程任务和上级指示,经过分析研究,在征求各方面意见的基础上,制定出工程总体方案,提出设计规划、建筑施工、物资供给、交通运输,以及施工进度、技术指标、人员配备等一系列要求。各职能部门依据总体方案,明确目标任务和责任分工,拟定具体的施工计划,计划中的各个阶段任务注意承上启下,相互衔接,在完成上一个计划的同时,要为下一个计划做准备。由于浦陵机器厂迁建工程边设计、边施工,因此会出现一系列难以预知的问题和挑战,这就需要建设人员不断摸索、总结经验,并根据实际情况调整计划,迅速攻坚克难。为了保证方案、计划能够尽量做到科学有效,现场指挥部要求各部门、各工作组拟定计划时要有"四个考虑":一是考虑资金是否落实到位,建设中不应有较大变动;二是考虑主体设备、配套设备是否落实,到货时间应与安装时间相协调;三是考虑物资供应是否落实,物资数量、质量要能满足连续施工需要;四是考虑施工力量能否落实,确保有人员能抽得出,顶得上。

四是统一行动,形成整体性、系统性的运行体系,做到多快好省。如果

---

① 重庆市浦陵机器厂现场指挥部:《浦陵机器厂迁厂建厂工程打歼灭战的工作总结》,绵阳市档案馆馆藏档案,档案号:069 - 05 - 0074 - 030。

将浦陵机器厂视为"人体",那么现场党委和现场指挥部就是"大脑",总揽全局,协调各方。各部门如同"四肢",根据分工安排、工程进度等要求,完成规定任务,并做到彼此兼顾,相互配合,步调一致。当施工中遇到疑难问题时,领导干部、技术人员现场办公,及时解决,确保建设工作持续推进。浦陵机器厂迁建工程于 1964 年 11 月 6 日正式开工,仅用 40 天就完成了土建任务,256 台设备从拆卸、运输到安装完毕只用了 18 天①,整个迁建工作从动工到 1965 年 1 月 3 日部分投产,仅花了 59 天。三线建设开始前,类似规模的项目大约耗时一年时间,相比之下,浦陵机器厂的建设周期缩短了约 10 个月。在保证速度的同时,该厂的工程质量也基本令人满意,35 个子项目基本达到建设要求,没有发生一起重大安全事故。整个工程实际耗资 1076000 元,比农业机械部下达的投资额 1400000 元,减少了 324000 元②,降低了 32.14%。

浦陵机器厂探索出的"四个统一"是特定历史条件下的产物,这样的管理和运行模式有利于破除脱离生产、脱离实际的官僚主义、形式主义。建设中的行政程序精简了,互相推诿扯皮,"锣齐鼓不齐"的现象减少了,各部门的沟通效果和执行力增强了,建设效率提高了。

二、工程设计上的随事而制

新中国成立后,因在工程设计领域缺乏经验,我国学习和借鉴苏联模式,确立了自己的建筑设计思想、规章制度和工作机制。经过多年实践,深受苏联模式影响的工程设计领域有很多不适合中国国情之处,不少设计工

---

① 重庆市浦陵机器厂现场指挥部:《浦陵机器厂迁厂建厂工程打歼灭战的工作总结》,绵阳市档案馆馆藏档案,档案号:069 - 05 - 0074 - 030。

② 重庆市浦陵机器厂现场指挥部:《浦陵机器厂迁厂建厂工程打歼灭战的工作总结》,绵阳市档案馆馆藏档案,档案号:069 - 05 - 0074 - 030。

作局限在苏联模式的"框框"中,裹足不前,阻碍了工业化建设的进程。1964年9月,中共中央、国务院批示并转发了《关于检查和整顿泸州天然气化工厂建厂工作的报告》及中共中央西南局的批语①,要求"从工程设计、设备制造、施工管理等方面,彻底打破苏联那一套少慢差费的框框的束缚,创造一套适合我国情况的、真正体现勤俭建国精神的、多快好省的办法"②。1964年11月,毛泽东对开展群众性的设计革命运动做出批示,要求"发动所有的设计院,都投入群众性的设计革命运动中去,充分讨论,畅所欲言。以3个月时间,可以得到很大成绩"③。中共中央、国务院和毛泽东的要求为浦陵机器厂的设计工作提供了根本遵循。

浦陵机器厂的设计任务由农业机械部设计院、重庆市设计院和上海动力机械厂相关人员组成的勘察设计组来完成,该组有 24 名成员(工程师 1名、技术员 13 名、实习生 3 名、钻探工人 2 名、其他干部和工人 5 名)。④ 为了抢时间赶进度,现场指挥部要求勘察设计组 10 天内完成 35 个项目的施工图纸⑤,这给设计人员提出了不小的挑战。按照常规流程,设计任务确定后,农业机械部将设计任务下达给设计院,厂方到设计院办理设计委托;设计院通知地质勘探部门开展地质勘探工作,反馈结果;随后,工程设计工作正式

---

① 泸州天然气化工厂是我国从资本主义国家引进的第一个生产合成氨和尿素的先进企业,年产10 万吨合成氨和 16 万吨尿素,原定在 1966 年建成投产。该厂的设计工作原来是照搬依据苏联样板建成的吉林化工厂、兰州化工厂进行的,改从英国、荷兰购进比苏联先进的技术设备后,要对建厂设计进行修改。由于在具体问题上跳不出苏联的框框,建厂的准备工作花费了 4 年多的时间,主体工程还没有建设。为了解决这个问题,化工部、中共中央西南局经委、四川省计委组成联合工作组,经过实地调查研究,重新修改了建厂规划和设计方案,基本纠正了求大、求全、求高的思想。参见中共中央文献研究室编:《建国以来重要文献选编(第 19 册)》,中央文献出版社,1998 年,第 188 ~ 198 页。

② 中共中央文献研究室编:《建国以来重要文献选编(第 19 册)》,中央文献出版社,1998 年,第 189 页。

③ 《建国以来毛泽东文稿》(第 11 册),中央文献出版社,1996 年,第 210 页。

④ 重庆市浦陵机器厂现场指挥部勘察设计组:《浦陵机器厂迁厂建厂工程设计工作总结》,绵阳市档案馆馆藏档案,档案号:069 – 05 – 0074 – 031。

⑤ 重庆市浦陵机器厂现场指挥部勘察设计组:《浦陵机器厂迁厂建厂工程设计工作总结》,绵阳市档案馆馆藏档案,档案号:069 – 05 – 0074 – 031。

启动,设计院一方面会要求厂方或工程主管部门提供资料、数据用于设计参考;另一方面还会派出工作组搜集水文、气象、交通、建材供给状况等信息,与供电和市政建设部门签订一系列协议,一整套流程执行下来至少要一个月。① 前期工作完成后,设计院再组织人员进行分阶段设计。通常情况下,要完成类似浦陵机器厂这样的设计任务,大约需要几十个设计人员花费半年时间。显而易见,这样的机制难以适应三线建设的节奏。为此,勘察设计组必须打破原有规程的束缚,因地制宜,进行设计。为了尽快完成设计任务,保证工程如期施工,勘察设计组改变以往在办公室里根据资料和数据写文件、画图纸的做法,来到工程选址地实地勘测,搞现场设计,提高工作效率。这一做法被称为"下楼出院"。设计人员进驻工程选址地后,一方面加快勘测速度,另一方面还走访周边农民,了解情况。当得知工厂迁建不占良田好土,不拆民房,并支持农业生产时,不少农民主动提供河流、地质、气候等重要信息,为设计工作提供了很大帮助。在做竖向设计、绘制土方平衡图时,当地缺少可用资料,唯一能够找到的地形图上既无建筑坐标,又无详细标高。设计人员只能与建筑工人反复推敲,寻找弃土位置,最终选定了较为科学合理的道路位置和坡向,解决了一系列难题,有设计人员感慨:"真没想到工人师傅也是教自己作设计的老师。"②

除了"下楼出院"搞现场设计,"勤俭建国,因陋就简"③也是浦陵机器厂设计工作的一个重要原则。浦陵机器厂选址处有一栋尚未竣工、建筑面积约800平方米的五层建筑,该建筑结构复杂,有50多根柱子,严重影响了机

---

① 重庆市浦陵机器厂现场指挥部勘察设计组:《浦陵机器厂迁厂建厂工程设计工作总结》,绵阳市档案馆馆藏档案,档案号:069 – 05 –0074 –031。

② 重庆市浦陵机器厂现场指挥部勘察设计组:《浦陵机器厂迁厂建厂工程设计工作总结》,绵阳市档案馆馆藏档案,档案号:069 – 05 –0074 –031。

③ 1964年11月3日,中共中央批转周恩来、罗瑞卿关于一、二两线各省、自治区、直辖市建设自己后方和备战工作的报告,同意报告中提出的"所有的建设项目,都要贯彻执行勤俭建国、因陋就简约方针"。参见陈夕:《中国共产党与三线建设》,中共党史出版社,2014年,第98页。

器设备的安装,空间利用率较低。一些设计人员认为"改建麻烦,不如拆掉重来",应该讲究"气魄雄伟",体现"工业文明",有求大、求洋、求新的思想。① 现场指挥部经过研究讨论后,认为旧建筑推倒重建会消耗不少人力、物力和财力,不符合"勤俭建国"、少花钱多办事的原则,该建筑可以通过加固改建,变废为宝,为我所用。根据现场指挥部的指示,勘察设计组动脑筋,想办法,最终将该建筑改建成一栋两层高、建筑面积1600平方米的厂房。② 在设计宿舍时,有人认为:"称之为住宅,就得舒适方便","没有阳台的设计简直是不合理,尤其是室内不设抽水马桶更是不可想象"。③ 针对这样的观点,现场指挥部教育引导设计人员认识到修建宿舍不应该向城市看齐,而要以当地农民的生活水平为参考,努力缩小工农差距。同时,还要树立先生产、后生活,生活要为生产服务的意识,尽可能节约资金用于工程建设。

浦陵机器厂的设计工作促进了工程设计领域的业务改革,与此同时还给设计人员带来了一场思想洗礼。勘察设计组中知识分子占绝大多数,他们长期在设计机构中工作,与工人、农民的接触十分有限,遑论深入细致的合作交流。一些设计人员轻视工人和农民,认为他们文化水平不高,劳动方式简单,尚未建立起对工农群众的深厚情感。参与浦陵机器厂设计工作后,设计人员在实践中学习到了工人、农民的经验和智慧,更体察到了劳动的艰辛,思想上有所触动。例如一位结构设计员参与挖基槽工作后,亲身体验了在山区平坝中开槽打孔的难度,他回到办公室重新审视了设计方案,在保证质量达标的前提下,把90×90厘米的基槽改为60×60厘米,减少挖土石方

---

① 重庆市浦陵机器厂现场指挥部勘察设计组:《浦陵机器厂迁厂建厂工程设计工作总结》,绵阳市档案馆馆藏档案,档案号:069 - 05 - 0074 - 031。

② 重庆市浦陵机器厂现场指挥部勘察设计组:《浦陵机器厂迁厂建厂工程设计工作总结》,绵阳市档案馆馆藏档案,档案号:069 - 05 - 0074 - 031。

③ 重庆市浦陵机器厂现场指挥部勘察设计组:《浦陵机器厂迁厂建厂工程设计工作总结》,绵阳市档案馆馆藏档案,档案号:069 - 05 - 0074 - 031。

11 立方米①,减轻了工人的劳动强度,节约了人力成本。

三、建筑施工中的改革调整

三线建设开始前,各地工程项目普遍采用甲乙方承发包制度。甲方即建设单位,负责筹集建设资金、提供特殊工程材料、进行技术监督和完工后检查验收等;乙方即施工单位,根据合同的规定包工包料(普通建材),在工期内保质保量完成施工任务,甲乙双方通过签订合同的方式,明确各自责权。该制度在执行过程中会出现办事流程烦琐,利益分歧需反复协商平衡,疑难问题相互推诿等问题。施工单位为了实现利润最大化,愿意承接投资金额大、技术难度小的大型主体工程,而对投资少、技术难度高的中、小型项目避之不及。一些施工企业还出现高估多算、偷工减料、拖延工期、质量不达标等问题。为了规避原有制度存在的问题,在尽可能短的时间内让企业建成投产,浦陵机器厂采取了一系列新的做法:

一是在职能职责方面,取消甲乙方承发包制度,不再区分迁建单位和施工单位,而在现场指挥部领导下,组织迁建企业、施工单位人员成立建筑施工组,从项目开工前的"三通一平"(通水、通路、通电和平整场地)到开工后的现场施工、质量把控、成本核算、设备安装等均由建筑施工组牵头负责。建筑施工组以准军事化手段管理施工队伍,所有建设人员均按连、排、班分组。施工人员根据施工方案,用集中力量打歼灭战的方式逐步推进,建筑速度比过去有了很大提升(见下表1)。

---

① 重庆市浦陵机器厂现场指挥部勘察设计组:《浦陵机器厂迁厂建厂工程设计工作总结》,绵阳市档案馆馆藏档案,档案号:069 – 05 – 0074 – 031。

表 1　不同建设方式完成情况比较

工程项目	茄子溪制材厂宿舍工程	华福巷宿舍工程	浦陵机器厂宿舍工程
建设方式	不打歼灭战采用承发包制度	打歼灭战但保留承发包制度	打歼灭战并取消承发包制度
建筑面积	1343m²	3454m²	7175m²
总工期	130 天	122 天	37 天
每平方米用工时间	6.8 工作日	4.62 工作日	1.68 工作日
工资占总造价比例	16.1%	12.78%	5.54%
建筑安装工人日产值	10.01 元	14.3 元	26.92 元

资料来源:重庆市浦陵机器厂现场指挥部建筑施工组:《浦陵机器厂迁厂建厂工程建筑安装施工总结》,绵阳市档案馆馆藏档案,档案号:069 - 05 - 0074 - 032。

二是在资金预算、拨付方面,取消设计预算,以施工预算为依据。三线建设开始前,资金拨付、工程造价和成本控制是按照设计预算来执行的。设计预算由设计单位编制,送建设单位、施工单位和银行审查后定稿。在审查设计预算时,常有"三个担心"发生,建设单位担心超出投资额度,施工单位担心无法足额完成上缴利润的任务,银行担心多贷款造成浪费,三方各有诉求,设计预算很可能会一议再议,议而不决。在浦陵机器厂建设过程中,建筑施工组召集设计单位、银行、物资等部门到工地现场编制工程预算,用"三结合"(领导干部、技术人员、老工人)的办法,边研究讨论,边拟定预算,经现场指挥部和上级部门批准后,作为工程造价和成本控制的依据,银行也根据施工预算拨付资金。

三是在工程款结算方面,不再分旬分月支付,采取竣工结算。在甲乙方承发包制度下,建设单位向施工单位支付工程款时采用分旬预支、按月结算的办法。有的施工单位为了能够多拿、早拿工程款,可能虚报、多报金额,不注重工程收尾质量,造成工程项目无法按期投入使用。结算时,财务人员要花费很长的时间整理报表。以浦陵机器厂计划修建的 7 栋宿舍为例,如果按照老办法,需要统计 630 多个指标,完成 140 多张表格,耗时半个月左右的时间。① 各类报表完成后,建设单位、施工单位、银行常因材料使用量、价格高低等问题发生争执,施工单位长期拿不到工程款,影响资金周转和工资发放。浦陵机器厂迁建工程不搞分句预支、按月结算,而是工程全部完成后,经验收合格,办理一次性工程款结算。

四是在评价考核方面,不再以施工产值(货币工作量)作为评价标准,采用"形象进度"(实际工程进度)和工程质量来衡量建设效果。建设工作组根据施工方案绘制了"工程进度示意图",工程督导人员每天根据工程的实际完成情况,在示意图上逐一标注、着色,进度快慢一目了然。在质量把控上,利用自检自查、交叉互检和随机抽查等方式,对每一项工程实地检测,对于质量不达标的工程,坚决推倒重来。对于关键性工程,建筑施工组还特别研究制定了技术指标,现场指挥部领导和工程师亲自蹲点办公。施工中如果发现忽视工程质量的苗头,干部立即召开现场工作会,总结经验教训,提醒施工人员始终绷紧质量管控这根弦。此外,建设工作组还通过树立模范典型的方式,让广大职工对标先进。如管道负责人张元一在负责浇筑管道时,认真执行 1 斤水、3 斤石棉、7 斤水泥的比例标准,所有材料均要逐一称重,一丝不苟,他负责的 1000 多根水泥管质量全部达标,无一返工,工人们都亲切地称他为"幺三七"。②

五是在全员参与劳动方面,干部率先垂范,以身作则。为了增加人手,保证施工速度,参与浦陵机器厂迁建工程的所有干部均参与劳动,现场指挥

---

① 重庆市浦陵机器厂现场指挥部财务计划组:《浦陵机器厂迁厂建厂工程财务工作总结》,绵阳市档案馆馆藏档案,档案号:069 - 05 - 0074 - 033。

② 重庆市浦陵机器厂现场指挥部建筑施工组:《浦陵机器厂迁厂建厂工程建筑安装施工总结》,绵阳市档案馆馆藏档案,档案号:069 - 05 - 0074 - 032。

部、各部门干部上午办公下午劳动,建筑施工组干部全日跟班劳动。干部展现出的务实忘我的工作作风,披荆斩棘的工作态度极大地鼓舞了广大职工的劳动热情。如修建厂房时,砖瓦全靠人力搬运,180多人两小时仅运送了5000多块砖瓦。① 改进运送方式、增加简易器械后,工作效率提高了,但仍满足不了施工需要。经过研究,干部带领职工顶风冒雨,突击施工几个昼夜,抢修了一条250多米长的汽车路,用汽车将砖瓦运到施工现场。有工人说:"这么冷的天气,如果不是干部带头劳动,早就回宿舍睡觉了。""当我们干得腰酸腿疼时,看到书记跟我们一起劳动,就浑身是劲。"②主要工程结束后,干部还同职工一道,打扫卫生,清洁场地,用实际行动树立了威信,教育了职工。

据统计,浦陵机器厂共完成建筑施工任务16264平方米(其中新建8852平方米,改建3740平方米,维修加固3672平方米),建成钢筋混凝土蓄水池一座,750千伏安变电站一座,铺设供水管道2942米,疏通排水沟238米,修筑围墙557米,用40天时间完成了原来至少需要半年才能完成的土建任务。③ 在设备搬迁、安装环节,浦陵机器厂职工还创新方式方法,在上海绘制安装平面图,确定机器部件编号,运至重庆新址后对号入座迅速组装,极大地提高了工作效率。

四、物资供给中的同频共振

浦陵机器厂迁建项目具有建设周期短、施工强度大、迁建距离远、所需

---

① 重庆市浦陵机器厂现场指挥部建筑施工组:《浦陵机器厂迁厂建厂工程建筑安装施工总结》,绵阳市档案馆馆藏档案,档案号:069 – 05 – 0074 – 032。

② 重庆市浦陵机器厂现场指挥部建筑施工组:《浦陵机器厂迁厂建厂工程建筑安装施工总结》,绵阳市档案馆馆藏档案,档案号:069 – 05 – 0074 – 032。

③ 重庆市浦陵机器厂现场指挥部建筑施工组:《浦陵机器厂迁厂建厂工程建筑安装施工总结》,绵阳市档案馆馆藏档案,档案号:069 – 05 – 0074 – 032。

物资多等特点,对于物资供给和交通运输提出了很高的要求。在传统的甲乙方承发包制度下,物资供给工作由甲方、乙方外的第三方负责,通常会涉及物资、商业、供销、建工等部门,各部门条块分割,下设数量不等、分门别类的专业公司,提供工程所需材料和相关服务。建设单位、施工单位要分别与这些专业公司联系对接,申报物资数量、规格、运输方式、送达时间等,办理调拨和结算手续,整个过程要耗费不少时间和精力。因头绪多、过程长,物资供应还经常出现规格和质量不合要求、供货和收货不及时等问题,导致工程项目不能按期开工,或者开工后又陷入停工待料中,严重影响工程进度。

有鉴于以往的经验教训,浦陵机器厂现场指挥部立足打歼灭战的角度,整合各方面力量,成立专门的物资供应组,领导统筹各类物资的计划、采购、运输和验收。在"抓总"的同时,物资供应组又根据物资类别和业务经营范围,将工作细化给各部门,分头负责。如统配物资和二类机电产品由物资部门负责,三类物资由商业部门提供,地方建材由建工部门和地方政府解决,物资运输任务由交通运输部门承担。各个部门均设有专职驻厂员,负责沟通联络,他们深入工地,了解设计意图,摸清需用物资的品种、规格、数量、供应时间,第一时间拟定物资供求计划。计划确定后,驻厂员联系所属部门按期完成,采购费用结算不收现金,采取银行转账,简化财务手续。对于一时难以解决的急需生产物资,物资供应组与有关部门协商,采取"垫借"(借用其他工程暂未使用的物资,分期分批归还)和"找代"(寻找基本满足要求、可以替代的其他物资)的方式,千方百计保障供应。各类物资到达工地后,驻厂员配合建设人员签章验收,如有不满足要求的物资立即更换。

因浦陵机器厂建设推进速度较快,有些建材从提出计划到投入使用只间隔几个小时,物资供应组通过电话告知供货部门,供货部门在最短的时间内组织专人专车,将物资直接运送到工地,满足工程需要。为了及时将五金、电料、竹木工具等物资筹措到位,商业部门采取了"三不、三要"方式。一是不等单位上门,要到现场服务。过去,商业部门通常是坐守柜台,你买我卖。浦陵机器厂建设中,商业系统职工深入工地了解施工需要,一个月内就先后组织 249 人次送货到施工现场,送货供应金额占月供应总额的 1/3 以上。[①] 商业系统职工还经常到工地食堂帮助炊事员计划生活用品,协助后勤补给。二是不计较经营成本,要讲服务大局。在项目施工中,有时工人提出的供货要求有数量少、品种杂、次数频繁的特点,商业部门不怕麻烦,不讲利润,积极组织供应。如工地提出需要锄头卡扣 200 个,每个约 3 分钱。[②] 歇马镇当地无货,商业部门不嫌费人费力,派专人到邻近的璧山县采购。三是不讲营业条件,要勤俭办事。过去建厂前,商业部门通常会提前修建商业办公和服务用房,再开展商业服务工作。浦陵机器厂建设项目上马快、要求急,商业部门在接到上级通知后,立即组织人员挑"货郎担子"现场服务。没有住处,商业系统员工就和工人一起"打地铺"。为了满足工人的饮食需要,在没有厨房的情况下,商业部门及时开办了小食部,因陋就简,边搭棚边供应,把热饭热汤送到生产一线。

在物资供应过程中,交通运输部门发挥了关键作用。过去运输部门员工有"三要、五愿意、四不运"的说法,即要先办理托运手续、要先交运费、要托运单位自己解决装卸;愿意承接长途运输,愿意运送运费高的货物,愿意运送容易装卸的物资,愿意承接返程有货的任务,愿意走路况好的地区;路况差的不运,单边运输无返程货物的不运,物资难装卸的不运,未落实装卸人员的不运。浦陵机器厂开工后,交通运输部门不讲条件,统一思想,协调铁路、公路、航运、运输公司、北碚区党委和政府,多管齐下,做到了"四个保

---

① 重庆市浦陵机器厂现场指挥部物资供应组:《浦陵机器厂迁厂建厂工程物资供应工作总结》,绵阳市档案馆馆藏档案,档案号:069 - 05 - 0074 - 034。
② 重庆市浦陵机器厂现场指挥部物资供应组:《浦陵机器厂迁厂建厂工程物资供应工作总结》,绵阳市档案馆馆藏档案,档案号:069 - 05 - 0074 - 034。

证",分别是打歼灭战需要多少车船就保证提供多少车船,需要多少驾驶员就保证派出多少驾驶员,保证做好打歼灭战必备的物资储备,驾驶员参加装卸货物的情况下保证完成运输任务。为了提供足够的运力,交通运输部门多方面筹措车辆并提高驾驶员的工作强度,车辆数由原计划的 25 辆增加到 65 辆,车辆从卸货地点到工地的折返次数由每日 2 次增加到每日 7 次,装卸工人平均每日装卸量达到 10 吨以上,比之前的装卸量增加了一倍。①

在物资供应工作组的协调统筹和各部门的通力配合下,仅一个月的时间里,各部门就向浦陵机器厂提供了 120 多种物资,主要包括木材 1135 立方米、钢材 82 吨、铁管 60 吨、水泥 617 吨、电线 3 万米、玻璃 1450 平方米、石棉瓦 344 张、砖瓦 318 万块、砂石 2267 立方米,等等,总运量达到 38.8 万吨千米。②

五、企业迁建中的工农互助

浦陵机器厂所在的重庆北碚区歇马镇位于山区,地少人多,土地矛盾易发多发。20 世纪 50 年代当地修建重庆平板玻璃厂时,企业征用了不少农业用地,搬迁了居民,拆除了房屋,但圈占的土地并未得到充分利用,引起了农民的不满。浦陵机器厂选址确定后,鉴于之前的经历,很多大队、生产队的干部、群众顾虑较多,议论纷纷,他们普遍有"三怕":一是怕企业占用良田好土,影响农业生产,减少生产队收入;二是怕拆掉房屋,动员搬家,离开熟悉的环境;三是怕建厂后在道路、用水等方面与企业有矛盾,工农之间纠纷不

①　重庆市浦陵机器厂现场指挥部物资供应组:《浦陵机器厂迁厂建厂工程交通运输工作总结》,绵阳市档案馆馆藏档案,档案号:069 - 05 - 0074 - 035。
②　重庆市浦陵机器厂现场指挥部物资供应组:《浦陵机器厂迁厂建厂工程物资供应工作总结》,绵阳市档案馆馆藏档案,档案号:069 - 05 - 0074 - 034。

断。为了消除这些顾虑，浦陵机器厂现场指挥部多次召开干部会、社员会，反复宣传党和国家在工农互助方面制定的方针政策，并有针对性地提出了"三不四要"原则，即在建厂中，一不占耕地，二不拆房和搬迁社员，三不搞高标准民用建筑；要支援农业用水、用电、用肥和养猪用的潲水。同时，浦陵机器厂的工人还用广播、传单、快板、短剧等形式，以通俗易懂的方式，让农民了解工业化建设的重要性，树立爱护国家财产的意识，引导群众不拿工地一草一木，不损坏设备器械，不在赔偿青苗时虚报作假，珍视工农情谊，等等。

通过沟通交流和座谈讨论，广大农民的思想觉悟有所提高，支援建厂的积极性不断增强。在浦陵机器厂建设过程中，当地干部、农民为工业建设提供了不少力所能及的支持。例如项目开工后，建筑施工队伍陆续进驻工地，居住问题日益突出。当地干部得知企业的难处，立即动员农民腾出房屋让给工人居住。施工时工地缺少劳动力，附近公社、生产队在不影响农业生产的前提下，组织了大量民工参加铺设道路、挖沟修渠、短途运输等工作。这些民工不但劳动时不辞辛苦，任劳任怨，还主动承担起工地治安工作，保障工地建筑材料安全。为了解决劳动工具短缺的问题，减少建厂开支，很多农民自备土箕、箩筐、扁担、扫帚等工具。铺设道路缺乏石材，附近公社想方设法，组织农民用独轮车到几里外搬运炉渣。据统计，浦陵机器厂周边农民和乡镇居民参与铺石 3690 立方米，铺炉渣 586 立方米，修筑防洪沟 238 米，为国家节约建设资金 15000 多元。[①]

在农民支援企业迁建的同时，浦陵机器厂坚持"所有的农村都是第三线"[②]的方针，积极支持农业发展和农村建设。企业的所有工程项目都经过反复踏勘和征求意见，没有圈占耕地，没有拆除民房，没有搬迁社员。厂房

---

① 中共重庆市北碚区委工作组：《浦陵机器厂迁厂建厂工程中正确处理工农关系的报告》，绵阳市档案馆馆藏档案，档案号：069－05－0074－036。

② 陈夕主编：《中国共产党与三线建设》，中共党史出版社，2014 年，第 89 页。

和职工宿舍全部建在山坡上,只征用了周边公社闲置的荒地。为了解决农业灌溉用水问题,浦陵机器厂出资架设水管,安装输电和受电装置,使临近公社新增灌溉面积400多亩。在修建职工宿舍时,现场指挥部要求一律不搞抽水马桶,全部建成公共厕所,预计每年可积肥140万斤,可供500亩农田施肥。① 除了在用水、用肥上提供便利,浦陵机器厂还利用与上海有关部门接触机会多、信息获取快的优势,在科技助农方面做出了贡献。例如在建厂基本完成后,企业联系上海农业部门,将新型农业科技成果介绍给农民,并购买水稻良种300余斤②,聘请技术人员到田间地头指导农民试种,该水稻品种在亩产效益、分蘖质量、病虫害抵抗力等方面均比当地原有水稻表现优异。此后该厂又将新式的塑料薄膜保温育秧技术介绍给农民③,这一技术是在湿润育秧的基础上覆盖塑料薄膜,在阴天多雨、气温较低时,有明显的保温增湿效果,防止土地返盐,促进早熟高产,获得了农民的广泛认可。因山高坡陡、交通不便,重庆的很多农村有信息闭塞、农业技术落后、农业社会化服务体系不健全等问题,这些问题阻碍了农业科技的推广普及,浦陵机器厂在补足农业发展短板、开阔农民眼界上发挥了独特作用,三线建设企业成为农民获取科技信息的重要媒介。

浦陵机器厂的建设使农民受益良多,然而工业的带动作用并非仅限于此,它还壮大了农村的集体经济,增加了农民的货币收入,改善了农民的日常生活。计划经济时期,农民在非农产业领域获得货币的机会十分有限,他们的货币收入主要来源于向国家出售农作物。浦陵机器厂的进驻为农民增

---

① 中共重庆市北碚区委工作组:《浦陵机器厂迁厂建厂工程中正确处理工农关系的报告》,绵阳市档案馆馆藏档案,档案号:069－05－0074－036。

② 中共重庆市北碚区委工作组:《浦陵机器厂迁厂建厂工程中正确处理工农关系的报告》,绵阳市档案馆馆藏档案,档案号:069－05－0074－036。

③ 中共重庆市北碚区委工作组:《浦陵机器厂迁厂建厂工程中正确处理工农关系的报告》,绵阳市档案馆馆藏档案,档案号:069－05－0074－036。

收拓宽了渠道,使他们有更多的资金去购买工业产品,改善生产条件,提高生活质量。开展"三通一平"(通路、通电、通水和平整场地)工作时,大滩公社有数百名农民参加劳动,公社增加收入 20000 余元。① 此外,浦陵机器厂还组织力量帮助大滩公社 20 多户农民安装电灯,并将石盘公社小学扩建成能够容纳 20 个教学班的学校②,方便附近农民子女就近入学。浦陵机器厂以工助农的举措得到了农民的好评,有农民说:"这次建厂真是毛主席的政策好,贯彻了以农业为基础、工业为主导、工农业并举的方针,没有占良田好土,房屋建在山坡上,建的这样快,这样好,越看心里越高兴。"还要人表示:"工人老大哥这样热心支援农业,我们一定要把农业生产搞好,更好的支援工业。"③

六、结语

因建设速度快、完成效果好,浦陵机器厂的迁建经验得到了西南三线建设筹备小组的充分肯定。1964 年 12 月 18 日至 24 日,西南三线建设筹备小组在重庆召开浦陵机器厂迁建工程打歼灭战现场会,推广浦陵厂迁建工作的经验。④ 1965 年 2 月,四川省计委组织有关单位学习浦陵机器厂集中力量打歼灭战的经验,并在学习的基础上,初步拟定了当年打歼灭战的计划。⑤ 同年 8 月,四川省计委分别在重庆的红岩机器厂、成都齿轮厂、自贡高压阀门

---

① 中共重庆市北碚区委工作组:《浦陵机器厂迁厂建厂工程中正确处理工农关系的报告》,绵阳市档案馆馆藏档案,档案号:069 – 05 – 0074 – 036。
② 中共重庆市北碚区委工作组:《浦陵机器厂迁厂建厂工程中正确处理工农关系的报告》,绵阳市档案馆馆藏档案,档案号:069 – 05 – 0074 – 036。
③ 中共重庆市北碚区委工作组:《浦陵机器厂迁厂建厂工程中正确处理工农关系的报告》,绵阳市档案馆馆藏档案,档案号:069 – 05 – 0074 – 036。
④ 《当代四川》丛书编辑部编:《当代四川大事辑要》,四川人民出版社,1991 年,第 209 页。
⑤ 中共四川省委党史研究室:《三线建设在四川·省卷》(上),内部资料,2016 年,第 139 页。

厂开展了打浦陵式歼灭战的试点工作。按照浦陵机器厂的方式打歼灭战的项目,都较原计划缩短了时间,减少了停产损失,基本实现了多快好省。① 此外,浦陵机器厂率先提出的"三不四要"原则被确立为西南三线建设企业处理工农关系的一项基本要求,产生了很大影响。四川省统计局在《1965 年全省基本建设完成情况》中指出,一年来,许多基建单位通过学习"浦陵三不四要"建厂的支农经验,注意了把工业建设同支援农业结合起来,既加快了工业建设,又促进了农业的发展。据对泸州天然气化工厂等 13 个大中型项目的调查,在建厂过程中采取宿舍上山、围墙由直改曲、紧缩厂区布置、铁路改线等办法,千方百计节约良田好土,少占农田 1300 多亩。充分利用生产废水、生活污水,修建灌溉渠,加大供排水能力,与公社联合修水库等,增加农田灌溉面积 10000 多亩;延伸输电线路,帮助公社解决生产、生活用电;实行厕所下楼,支援公社用肥;在农忙季节帮助社队抢收抢种、送公粮等。通过这些支援,不仅密切了工农关系,也调动了农民支援国家建设的积极性。② 迁建浦陵机器厂达到了"解剖麻雀"的目的,该厂发挥了典型示范、以点带面的作用,相关经验为地方党委、政府和三线建设企业抓搬迁工作提供了有益借鉴。

本文曾载《学术界》2022 年第 1 期,此处有删改

作者简介:崔一楠,辽宁锦州人,博士,西南科技大学马克思主义学院副教授、副院长。研究方向为三线建设。

---

① 中共四川省委党史研究室:《三线建设在四川·省卷》(上),内部资料,2016 年,第 349 页。
② 中共四川省委党史研究室:《三线建设在四川·省卷》(上),内部资料,2016 年,第 196 ~ 197 页。

三线建设时期的备战动员与备战意识

谢治菊　　陆珍旭

一、研究背景与缘起

20 世纪 60 年代初,在复杂的国际局势下,党中央做出了开展三线建设的重大战略决定,这是一次在特殊时期进行的全方位、大规模的工业布局调整。之所以有这样的布局调整,与当时国内外的政治环境有关。从国外环境来看,由于中苏在意识形态方面出现巨大分歧,苏联单方面撕毁援助中国的协议,撤走所有专家,中苏关系由此恶化,并且出现了剑拔弩张的局面。与此同时,美国航母悍然闯入台湾海峡,胁迫我国周边国家或地区签订条约,对中国施加压力,形成了遏制中国发展的包围圈。从内部环境来看,虽然我国在 1956 年就完成了社会主义改造,在 1957 年顺利完成"一五"计划,奠定了中国工业化的基础,但是我国的工业布局主要集中在东北、华北一带,几乎都暴露在美苏军事打击的范围之内。在国际国内的双重压力下,以"备战备荒为人民""好人好马上三线"为号召,我国开启了由东向西的国防布局大转移,由此在新中国历史上留下了不可磨灭的痕迹。

三线建设以我国大后方的西南、西北为重点,根据地域空间的布局分为

"大三线"和"小三线"。"大三线"主要指四川、重庆、云南、贵州、陕西、青海等西部地区的三线,其中西南重于西北,而"小三线"主要指我国一线、二线各省市自治区的后方腹地。① 三线建设有重要的意义,不仅巩固了国防②,还很大程度上改变了东西部工业生产布局和产业结构③,为内地城市现代化奠定了一定的工业基础,极大地改善了西南、西北地区的交通运输、经济发展、城市化水平和教育状况。

20 世纪 80 年代,由于国际关系的改善和改革开放的启动,"三线建设"这一曾经的保密名词见于报端,从而受到学界的关注和研究。梳理文献发现,关于三线建设的学术研究大致分为三个阶段。第一阶段是 1982—2010 年,主要围绕三线建设对经济发展、西部开发的作用,以及它的成败得失等方面进行探讨。李宗植认为三线建设的战略调整改善了我国国防工业布局和结构,推动了西南、西北地区的经济发展,继而为我国的社会主义现代化建设奠定了有力的基础,但是由于规模过大、要求过急、战线过长,从而脱离国情,造成重工业、轻工业比例失调等;④李曙新从均衡与效益两大经济目标着手,认为三线建设促进了内地经济的发展,改变了我国畸形的工业布局,且在防止外敌入侵方面的作用是最大的。⑤ 第二阶段是 2011—2016 年,这一阶段的研究比较细致和深入,主要围绕企业体制、语言融合、教育文化、社会变迁和工业遗产等主题开展研究。张勇指出,由于三线建设的地域位置偏僻,大多在农村和山区,三线建设中的企业是一个介乎于城市和乡村的

---

① 陈东林:《三线建设:备战时期的西部大开发》,中共中央党校出版社,2003 年,第 125 页。

② 徐有威、陈熙:《三线建设对中国工业经济及城市化的影响》,《当代中国史研究》,2015 年第 4 期。

③ 张勇:《三线建设移民的内迁、去留与身份认同:以重庆地区移民为重点》,《贵州社会科学》,2019 年第 12 期。

④ 李宗植:《我国三线建设及其得失浅析》,《兰州大学学报》,1988 年第 3 期。

⑤ 李曙新:《三线建设的均衡与效益问题辨析》,《中国经济史研究》,1999 年第 4 期。

"单位社会",并形成独特的移民文化和"厂文化"①;蓝卡佳等人基于个案调查,认为在三线建设时期,由于外来人与本地人语言的交流和融通,形成了独特的语言生活。② 第三阶段是 2017 年至今,主要运用口述史方法来深挖三线建设的学术价值,展现其从宏观探讨向微观透视的学术变迁。这一阶段,学界主要从集体记忆、管理体制、口述价值等方面展开论述。周晓虹以三线建设为案例,认为口述历史为理解集体记忆提供了解释基础③;徐有威试图从"以厂带社"的角度来探讨三线建设时期的基层管理制度创新④;苏世奇指出,通过口述史方法挖掘三线建设有利于建立起个体感受与集体记忆的桥梁,避免因个人好恶、记忆局限而带来的史料偏差⑤;王小平强调将口述访谈与三线建设文献有机结合,一方面可以将亲历者置于叙事的主导位置,从而凸显出宏大叙事中的社会反思和人文关怀,另一方面有利于实现主观表述与客观呈现的相互推进。⑥

　　三线建设是在以苏联、美国为首的军事威胁下我国进行的一次国防工业布局调整,尽管有人指出是为了"经济而非国防"⑦,但从当时我国西部、北部和东部沿海地区受到来自苏联、美国以及美国建立的东亚包围圈的军事威胁来看,三线建设主要为了巩固国防、加强备战。⑧ 也就是说,从当时的口号"备战备荒为人民"以及"靠山、分散、隐蔽、进洞"的选址要求可以看出,

---

①　张勇:《介于城乡之间的单位社会:三线建设企业性质探析》,《江西社会科学》,2015 年第 10 期。

②　蓝卡佳、敖钰:《三线建设言语社区语言生活》,《小说评论》,2013 年第 1 期。

③　周晓虹:《口述历史与集体记忆的社会建构》,《天津社会科学》,2020 年第 4 期。

④　徐有威、张志军:《以厂带社:三线建设时期的一次改革探索》,《开放时代》,2021 年第 4 期。

⑤　苏世奇:《"三线建设音乐"的概念、内涵与研究方法》,《人民音乐》,2020 年第 10 期。

⑥　王小平:《三线建设题材纪录片的叙事变迁》,《当代电视》,2016 年第 9 期。

⑦　李彩华:《三线建设研究述评》,《社会科学战线》,2011 年第 10 期。

⑧　李彩华:《三线建设研究述评》,《社会科学战线》,2011 年第 10 期。

"备战"是三线建设的直接动因。① 正所谓"三线建设的部署,主要是利用自然条件进行国防建设,以动员人员、开发自然资源、利用自然环境来'备战、备荒'"②。事实上,从历史资料来看,当时我国周边确实有比较大的安全隐患,甚至处于"三面受敌"的不利处境。③ 因此,1964 年的文件《关于国家经济建设如何防备敌人突然袭击问题的报告》中指出,"要把分布在一线城市的老企业,特别是工业集中城市的老企业,要把能搬的企业或一个车间,特别是有关军工和机械工业的,能一分为二的,就分一部分到三线、二线;能迁移的,也应该有计划有步骤地迁移"。正所谓"中央认为,在目前形势下,应当加强备战工作"④。然而综观现有研究成果,关于"备战"的研究主题较少,采用口述史方法来探究备战主题的研究则基本处于空白,这与三线建设以备战为核心的主线存在偏差,以致人们在评价三线建设的价值时忽略了这个至关重要的议题。我们知道,三线建设让一大批学校、工厂、企业迁移到西部,一大群知青、技术人员、行政人员及其家属随之迁移三线地区,是一次政府主导的人口大迁移。这些迁移的人口,是这次战略调整的亲历者和见证人,经过长时间的历练,他们在心态、性格、行为等方面发生了重大改变。如果能通过他们口述的历史来研究三线时期的"备战动员"与"备战意识",也许有"填补空白"的重要价值。

通过亲历者口头叙述讲出的叙事历史,简称"口述史"⑤。口述史通过个

① 时昱:《青年政治动员的路径及其策略:以三线建设时期国家政治动员话语分析为例》,《西部学刊》,2021 年第 7 期。

② 刘合波、文静:《三线建设时期中国对资源、人口的动员与生态环境的变迁》,《济宁学院学报》,2019 年第 1 期。

③ 刘海泉:《毛泽东时代的中国周边安全战略评析》,《湖南师范大学社会科学学报》,2014 年第 3 期。

④ 《中共中央关于加强备战工作的指示》,中国经济网,http://www.ce.cn/xwzx/gnsz/szyw/200706/06/t20070606_11621947.shtml。

⑤ 周晓虹:《口述史与生命历程:记忆与建构》,《南京社会科学》,2019 年第 12 期。

体记忆的群体性特征表征了集体的记忆,从而实现了"历史重心的下移"①。因此,通过口述史的研究方法来研究三线建设,能够再现那段历史中个体鲜活的生命历程和深邃感悟,以自下而上的方式理解这一特殊时期的宏大历史变迁。基于此,本文拟借助南京大学当代中国研究院 2019 年在贵州采集的 100 多份三线建设口述史素材,凝练升华三线建设亲历者口述访谈中的备战动员手段与备战意识表征,以微观的视角展现当时宏大的历史场景,从而让人们以更加客观的态度去评价三线建设的时代价值。

二、三线建设时期备战动员的手段与方式

"动员"一词最先见于法语的"mobilisation",起源于普鲁士。而"战争动员"是由普鲁士军事学家柯劳塞维茨在其代表作《战争论》中提出的,他认为"谁能动员自己的一切力量,以便总是可以以新的大部队投入战斗中……那么他在战争中获胜的可能性必然会更大"②。自此,"动员"一词逐渐受到人们的关注。《不列颠百科全书》中对于"动员"的解释是,在国家发生战争或其他紧急状况下组织部队来采取行动的过程。③ 这说明,"动员"一词与战争、备战紧密相关。在三线建设中,动员是指根据国家战略需要,通过宣传、号召、发动、组织等手段,把人力、物力、财力资源由东部向西部转移的过程。④ 三线建设时期的"动员",是出于备战阶段的动员,所以属于备战而不是战争动员。备战动员意指国家调动一切可利用的人力、物力、财力资源,服务于战争准备的需要,是一种有组织、有目的、有计划的特殊活动,具有规

---

① [英]保尔·汤普逊著:《过去的声音:口述史》,覃方明等译,辽宁教育出版社,2000 年,第 7 页。
② [德]柯劳塞维茨:《战争论》,中国人民解放军军事科学院译,商务印书馆,1978 年,第 847 页。
③ 《不列颠百科全书》(第 11 卷),中国大百科全书出版社,2002 年,第 276 页。
④ 陈东林:《三线建设:备战时期的西部大开发》,中共中央党校出版社,2003 年,第 125 页。

模大、速度快、整合强等特征。三线建设的初衷是一次大规模的备战动员，其目的是巩固国防和提高备战力量，以防国际局势的风云变幻。三线建设时期的备战动员是比较复杂的工程，关涉到机构的设置、职工的安置、家属的安排、员工的待遇、工作的保密等。三线建设时期的备战动员，是通过层层发动、逐级展开、由内而外、自上而下、先干部后群众、先党内后党外等方式进行的，驱动的"双轮"是自上而下的指令式安排和自下而上的自觉性行动。

（一）制度安排：备战动员的有效保障

动员是短时间内把人们的道义支持、情感声援、物质资源调动起来，汇聚成强大的合力，而制度是最大程度展现动员魅力的基础与保障。制度是人们在行为中所共同遵守的办事规程或行为准则，是人们共同遵守和认可的行为规范。[①] 制度动员，是做好备战动员的重要保证，意指政党或国家通过组织机构、组织体系、职能安排、职权划分来开展动员活动。三线建设是一项大规模的备战建设活动，需要集中大规模的人力、物力、财力，且涉及经济、政治等多个领域，只有通过合理的制度安排才能够保证其顺利实施，这些制度安排体现在以下方面。

一是制度优势是备战动员顺利进行的前提。中国共产党领导下的社会主义制度，其优越性在于"人多力量大""全国一盘棋"，在于坚持党的集中统一领导。"党中央和毛主席历来强调党的统一领导，反对各个党的组织和党员个人向党闹独立性，反对无政府无组织无纪律的错误倾向，反对分散主

---

① 胡键：《知识、制度、利益：理解中国改革的三个维度》，《华东师范大学学报》（哲学社会科学版），2013 年第 1 期。

义。"①党的集中统一领导,既有利于维护党中央权威,也有利于集中力量办大事,推进国家事业的发展。② 通过三线建设亲历者的口述,我们发现制度优势在动员中的作用非常强大。例如,有人指出,"中国的制度优势很明显,可以统一思想、统一意志、统一行动,一下子把三线搞得轰轰烈烈,这在其他国家很难看到(CZZ,访于 2019 - 07 - 24)"。为何如此,因为中国共产党代表了最广大人民的根本利益,有广泛的群众基础,受到大多数民众的信任和支持。

二是政策文件是备战动员顺利开展的保障。在三线建设公开的文献资料中,有大量的报告、指示、方案、简报等政策文件,这些文件仅在 1964—1965 年间就达 100 余份,例如 1964 年的《关于国家经济建设如何防备敌人突然袭击问题的报告》与《中共中央关于加强一、二线的后方建设和备战工作的指示》、1965 年的《中共中央关于加强备战工作的指示》等,这些文件不仅对三线建设做了全方位部署,还就关键步骤提出了具体要求。作为最重要的一份文件——《关于国家经济建设如何防备敌人突然袭击问题的报告》,其附件《总参作战部的报告》明确指出,防备敌人突然袭击的国家经济建设问题较多,突出表现为工业比较集中、大城市人口多、主要交通枢纽在大中城市附近、所有水库紧急泄洪能力小等方面。因此一切新建的项目都不宜在一线城市,一线的企业尤其是军工与机械企业要分期分批转移到二线、三线城市;一切新建的项目,无论是在一线还是三线,都应该按照"分散、靠山、隐蔽"的方针,不得集中在某个城市或某个点。③ 这份文件表明,为做好三线建设,国务院成立了专案小组,加强各方面的备战措施,按照"精心研

---

① 中共中央文献研究室编:《毛泽东年谱(1949—1976)》(第 2 卷),中央文献出版社,2013 年,第 147 页。

② 陈金龙、邹芬:《毛泽东与新中国制度优势话语的建构》,《现代哲学》,2020 年第 2 期。

③ 李富春、薄一波、罗瑞卿:《关于国家经济建设如何防备敌人突然袭击问题的报告》,《党的文献》,1995 年第 3 期。

究,逐步实施"的原则开展新的项目建设,并且要将备战与长期规划结合。①
这些政策文件包含了组织机构的设置如专案小组、落实小组,三线建设的实
施原则、项目建设的细节,以及工厂、高校等机构的迁移措施、备战动员的方
式等。可以说,政策文件层层落实的过程,也是快速推进备战动员的过程,
更是形成共识的过程。

三是执行举措是备战动员顺利实施的关键。经过前期的制度安排,备
战动员的顶层设计与实施过程比较清楚。但是在动员过程中,若没有科学
的执行方针,没有严格的执行举措,也难以达到有效动员之目的。1964 年 12
月 21 日至 1965 年 1 月 4 日,中国召开了第三届全国人民代表大会第一次会
议,会议决定 1965 年和以后一个时期基本建设的中心是集中力量建设"三
线",并且要求采取多快好省的方法,严格按照党中央的指示以"成建制"的
方式内迁国防工厂、高等院校,在我国纵深地区建立一个工农结合、为国防
和农业服务的、比较完整的战略后方基地,至此,建设"三线"、积极备战,成
为全国人民的共识。② 根据亲历者的描述,在三线建设过程中,"成建制""专
业化大协作""军事化管理""劳动规章制度""安全制度"等关键词频现,这
说明严格的制度安排与执行举措对保障备战动员有序运行起到了关键的
作用。

(二)利益关联:备战动员的需求供给

备战动员的关键在于激发动员对象——工人、工人家属、干部的积极
性,这种积极性一般来自两方面:一是利益关系,二是综合考虑"动机、需要、

---

① 曾勋:《建设后方:全国三线建设掀起高潮》,吉林出版集团有限责任公司,1970年,第8~9页。
② 钟声:《战略调整:三线建设决策与设计施工》,吉林出版集团有限责任公司,2003年,第28页。

目标"的心理因素。其中利益关联最为重要。① 利益关联是指特定组织通过平衡利益关系来调动个体积极性,从而达到动员目的之过程。制度动员在一定程度上具有强制性特征,而利益关联式的动员则主要是引导性、激励性的。根据亲历者的描述,参与三线建设的人,国家不仅会在福利待遇上给予充分的保证,如"我来三线的工资,比原来的高了两个档,我们两口子加起来,每个月比原来多 27.5 元"(WWC,访于 2019 – 07 – 22),还会为三线子弟修建学校、医院、澡堂、电影院等公共服务机构和娱乐场所,满足大多数迁移人员的家庭生活需求。因三线企业生活区域服务设施齐全,往往被人们称为"小社会"。访谈时,有位亲历者告诉我们,到三线后他发现,虽然地理位置偏僻,但工资待遇比原来高,足不出户就可以完成人的社会化过程,"所以,与周边的农民、原来的同事相比,我那时反而有比较强的优越感"(HKM,访于 2029 – 07 – 27)。

不仅如此,那时候的国家、政府、工厂还往往通过满足民众的其他利益诉求如职级调动、身份编制、入党提干、调回家乡等,来激励人们积极投身三线建设。其中,身份编制对底层民众尤为重要,很多来自农村的干部与工人参与三线建设的初衷往往是"解决家属工作,给家属上户口"。例如,当时来贵州工作就可以解决家属的城市户口问题;如果已经是城市户口,家属的成分可以填写工人,从而使其在就业、考试、结婚等方面与当地城市人处在同一起跑线上,这种利益关涉在城乡二元高度区隔的 60 年代,具有很大的吸引力。访谈时,WZQ(WZQ,访于 2019 – 07 – 24)说:"我要是不来三线,老婆就没有工作,母亲也不能接来一块儿居住。"这一点,国家经委 1964 年 12 月 1 日颁布的《关于搬厂工作中几个具体问题的规定》,就对搬迁职工的工资标

---

① 谢景慧、吴晓萍:《从集体身份到集体记忆:"三线人"的时空流变研究》,《学习与探索》,2020 年第 7 期。

准、福利待遇、津贴补助、家属随迁等方面做了补偿性规定。当然,自下而上的利益诉求也决定了利益动员的速度,而满足底层民众的现实需求可以加快动员的进程。因此,三线建设时期,一些青年为了职务晋升、就业之目的,或者出于一腔热血、挑战自我、锻炼自己之情怀,会自愿投身三线建设,备战动员也就顺理成章。

(三)精神鼓励:备战动员的内生动力

精神动员指的是国家或政党为了应对战争危机,对军队和群众进行思想发动的过程。社会发展是一个主客体的互动过程,人的主体精神在社会运动中发挥着极其重要的作用,精神动员的本质就是思想发动和情绪唤醒,是备战动员的内生动力。当民众感受到国家意志即是自身的利益时,他们会激发强烈的情绪、革命的精神和政治效能感来推进国家意志的实现。有研究指出,对于中国革命型范式的动员而言,革命性的情感表述与呈现是革命年代底层动员的社会基础,更容易唤起底层民众的苦难体验与共同行动,也影响着动员策略成功与否。[1] 因此,在备战动员过程中,领导的个人魅力、国家的宣传口号等成为精神动员的主要方式。

一是通过领导人的个人魅力来动员。韦伯对权威进行了分类,其中之一就是领导力,指的是赋予领袖一股创造型的驱动力量、超乎寻常的卓越品质和非凡的信念,从而使人们自愿地服从领袖的权威,并按照领袖的指令开展社会活动。[2] 三线建设亲历者通过对领袖的崇拜,并且将这种崇拜转变为"证据",进而论证其抉择的正确性。可以说,当时毛泽东的战略思想已经深入人心,是调动各方力量前往三线的根本保证。例如,有访谈者指出,"那时

---

① 黄润青、赵兴胜:《政治动员与话语建构:莒南大店"平鹰坟"的故事》,《广东社会科学》,2018 年第 2 期。

② [荷]约瑟夫·索特斯:《社会学与军事研究:经典与当代法》,《人民音乐》,2020 年第 10 期。

候毛主席在我们心目当中是非常崇高的,大家都踊跃去写申请报告,我就是抱着希望毛主席能睡好觉这么一个态度来的"(LZY,访于 2019 – 07 – 25)。那时候,作为中国共产党的领袖毛泽东,其光辉形象深入人心,当他宣布要开展三线建设的重大决定时,说了"三线建不好,我睡不好觉"。尽管后来经历史材料佐证这句话是毛泽东针对攀枝花的三线建设而说的,但深深地刻印在亲历者的记忆之中,就像是毛泽东对亲历者本人说的一样。① 从访谈来看,很多人确是抱着"让毛主席能睡好觉"的想法报名去三线的。

二是通过宣传口号来动员。三线建设时期有许多宣传口号,比如"哪里艰苦哪安家""备战备荒为人民""党指向哪里,我就打到哪里""献了青春献终身,献了终身献子孙"等,这些宣传口号具有纲领性和鼓动性。纲领性体现在遵循党的指示和备战的目的,而鼓动性则表现了口号的激励作用,激发和唤醒人们对战略决策的"忘我精神"。1965 年 9 月三线建设全国搬迁会议强调,思想政治工作是三线建设的第一位。同时,毛泽东提出"动员要靠口说,要集中在宣传动员与思想动员等方面"的思想也对备战动员产生了深深的影响。② 更有人认为,这些口号是亲历者们在艰苦环境中支撑下去的精神动力和思想高地,所以,即便时隔 50 年,当时的三线参与者对响亮且极具号召力的动员口号仍然记忆犹新③,甚至"每天看到这些口号就觉得浑身充满力量"(LYW,访于 2019 – 07 – 24)。

三是通过军乐、军号的熏陶来动员。音乐与军事有着非常密切的关系,它伴随并促发军事文化中重要的仪式庆典活动。许多经历三线建设的亲历者在叙事中都说犹记得当时的歌曲、军号,"似乎还在耳边,想起来就激动"

---

① 周晓虹:《口述史、集体记忆与新中国的工业化叙事:以洛阳工业基地和贵州"三线建设"企业为例》,《学习与探索》,2020 年第 7 期。
② 徐有威、周升起:《近五年来三线建设研究述评》,《开放时代》,2018 年第 2 期。
③ 时昱:《青年政治动员的路径及其策略:以三线建设时期国家政治动员话语分析为例》,《西部学刊》,2021 年第 7 期。

（PDW，访于 2019 – 07 – 22）。当时的歌曲包括《我们是西南建设的炊事员》《高原英雄赞》《好酒开了坛》《战火海》等，这些歌曲既生动展现了三线建设的生产场景，也是对那段激情燃烧岁月中所形成的"三线精神"的重温与记忆，更体现了"三线人"的奉献精神、大无畏精神和集体主义的价值取向。① 这些歌曲为三线的集体特征、集体心灵和集体记忆赋予了表达形式，也是动员大家参与备战的精神食粮。②

分析这一时期的动员体系我们发现，当时的备战动员是依托于严密的组织体系，动员的方式灵活多样，动员过程特别注重保密，尽管存在手段单一、忽视物质利益等问题，但成效还是比较显著的，仅 1964 年就有 9724 人迁移，1965 年的随迁人员更是达到 39646 人。③ 这些迁移的人员，无论是青年时的人生选择，还是老年时的人生回忆，大都没有表现出"多么难以抉择"，大都可以用"青春无悔"这一集体记忆来概括。总之，通过前述严密的组织动员体系，以"备战"为目的的三线建设才得以有效开展。

三、三线建设时期备战意识的类型与表征

"意识"一词可从两个方面来阐释，一方面是一种认识活动，另一方面也是人们在认识活动中形成的观念、思想、思维等区别于物质的主观性理念。意识可分为个体意识和群体意识，二者相互嵌入。具体来说，每一个个体都从属于特定的社会群体，个体意识具有集体特性，而群体意识在相当程度上

---

① 苏世奇：《"三线建设音乐"的概念、内涵与研究方法》，《人民音乐》，2020 年第 10 期。
② ［荷］约瑟夫·索特斯：《社会学与军事研究：经典与当代法》，《人民音乐》，2020 年第 10 期。
③ 刘合波、文静：《三线建设时期中国对资源、人口的动员与生态环境的变迁》，《济宁学院学报》，2019 年第 1 期。

是由相互影响的个体所形成的具有共同点的意识。① 正所谓"大凡人们的一举一动、一言一行,之所以如此不如彼,没有什么别的理由,只因为它们生活在若干社会群体里面"②。备战意识是在战争的环境下形成的对战争特性、规律、类型等的认识,一方面从属于有共同特征的群体性观念,另一方面这种群体性观念经由个体来表征,因此这种经验性的意识能够通过纪律性的传输内化于人们的观念之中,从而形成战争准备的"惯习",这些"惯习"有如下表现。

(一)服从意识

服从意识是对直接命令和权威的服从,是保证战争胜利的关键因素,是培育备战意识的首要条件。这一点,恰如 1965 年《中共中央关于加强备战工作的指示》中所规定的,"在全党县委以上的干部中,应当加强备战思想,服从安排,密切注意越南战局的发展"③。根据亲历者的口述,三线建设时的服从意识有三种表现,分别是顺从、服从和接纳。首先是顺从,顺从是迫于外部压力而与群体趋同但其内心并不一定赞同。④ 三线建设期间,一些亲历者是迫于自身或家庭的压力而不是真正的内心认同参与到三线建设大军之中,一如口述中"我们有的人被叫要去三线但不太愿意去,不过不去就没工作,只能回家,所以只好去了"(CYE,访于 2019 - 07 - 23)。这样的叙述,表明当时部分人的顺从是迫于身份、工作、生计的考虑。其次是服从,服从意指屈服于制度、组织、领导的意志、权力与命令,或按照社会、群体的要求以

---

① [美]F.普洛格、D.G.贝茨:《文化演进与人类行为》,吴爱明等译,辽宁人民出版社,1988年,第 175 页。

② [美]罗伯特·路威:《文明与野蛮》,品淑湘译,生活·读书·新知三联书店,1984 年,第 2 页。

③ 《中共中央关于加强备战工作的指示》,中国经济网,http://www.ce.cn/xwzx/gnsz/szyw/200706/06/t20070606_11621947.shtml。

④ [美]戴维·迈尔斯:《社会心理学》,侯玉波等译,人民邮电出版社,2014 年,第 187 页。

及他人意志而做出的行为。在科层化的社会制度中,制度、组织和领导拥有合法的权力,具有法理型权威,因此出于"服从领导的指示、服从组织的安排、服从政治的需要"而参与三线建设成为亲历者口述时提及较多的话语。如有人说"那个时候人员调动无条件服从,用咱们今天的话讲,调你就是政治"(YJH,访于2019 – 07 – 24)、"那时候不像现在有经济意识,就是服从"(FSL,访于2019 – 07 – 19)。三是接纳,接纳意指内心认可从而与群体的行动保持一致。访谈时,大部分人提到,参加三线建设是为了"让毛主席睡个好觉",这种"好人好马上三线""备战备荒为人民"的集体行为表达,促进了人们对"三线人"身份的认同,从而被大多数人认可为一种光荣的行为规范。仔细分析发现,三线建设时期人们的服从意识是通过以下方式形塑的:一是通过层层下达指示、规划、要求,让人们从思想上感受到决策执行的权威性与紧迫性,使其形成服从观念;二是通过军事化工作手段使人们形成自我管理、自我约束的习惯,从而与群体保持一致;三是通过个性化任务分配让当时处于保密状态的工作秩序得以维持,进而形成服从习惯。

(二)训练意识

所谓训练意识,是指自觉参与军事训练的行为习惯,对于提高人们的军事素养、增强备战意识具有重要意义。1965年,《中共中央关于加强备战工作的指示》指出,"在沿海地区,要切实整顿和加强民兵工作,其他地区的民兵,也要注意进行最基本的训练,讲究实用,避免烦琐,切不要搞形式主义"[①]。可见,训练意识的提升在由"平时状态"转变为"战备状态"的过程中受到特有的重视,是备战工作中至关重要的环节。在亲历者关于训练意识

---

① 《中共中央关于加强备战工作的指示》,中国经济网,http://www.ce.cn/xwzx/gnsz/szyw/200706/06/t20070606_11621947.shtml。

的叙事中,提到最多的是"民兵组织"。民兵是中国共产党在长期的革命战争中逐步发展起来的、不脱离生产的群众武装组织,是中国人民解放军的助手和后备力量。平时,民兵组织主要参与社会主义建设,完成生产任务,战时则与正规军一样参加战斗,与底层民众联系最为密切,因此亲历者在谈到训练意识时,总会提到它。那个时候每个厂都有民兵,都搞民兵训练,专门根据备战要求来操练,几乎是"全民皆兵"。这一点,亲历者多次提到,如"每个厂拉出去训练,这种备战意识确实很强"(YHR,访于 2019 - 07 - 19),"我也参加过备战训练,就是工厂组织民兵训练"(HKS,访于 2019 - 07 - 17)。至于训练的内容,与正规军差不多,打靶、野营拉练、挖防空洞等。关于训练的对象,工人、干部、学生、群众都在其列。这当中,大部分亲历者表示,当时做备战,除了完成工厂的生产任务外,就是训练。"我们的任务,就是把产品保质保量做出来,确保部队装备,然后再保证训练"(HKS,访于 2019 年 7 月17 日)。这些训练一方面提高了民兵的战斗能力,另一方面培育了人们的爱国精神,增强了人们的参与感、关注感和责任感,增强了人们的主动性与积极性,这在军事备战比较落后的 20 世纪 60 年代,具有重要的价值。

(三)保密意识

三线建设是面对美国、苏联等国家的军事威胁所做出的战略调整,是应对当时我国军事工业脆弱性的战略转移,其保密考虑既有军事意义,又有国防价值。三线建设中的保密意识主要体现在以下方面。

一是选址有保密要求。选址是根据"大分散、小集中"的思路,以"靠山、分散、隐蔽、进洞"为原则,因而三线建设大多选址在像贵州这样的多山地区,有利于工厂保密。

二是严格的保密制度。三线建设时期的保密制度是非常严格的,当时的文件,都是按照密级单位来分类的,有绝密、机密、秘密之分。在传达的时候,"前后都有站岗的人,防止别人进来"(WZQ,访于 2019 - 07 - 24)。当时,为了建立严格的保密制度,中央制定了"三线 13 条保密准则",包括"不该说的秘密不说、不该问的秘密不问、不该看的秘密不看、不该带的涉密文件不带、不该传的秘密不传、不该记的秘密不记、不该存的秘密不存"等。

三是开展保密教育,通过学习保密手册、保密准则来增强人们的保密意识。

四是进行保密处理。当时,一些保密的三线企业,其名称一律不准使用实质性的名称,采取"代号""番号"的保密方法来代替,而且人们之间的通信、所乘的交通工具如公交车等,都不能透露真实的位置信息。三线时期的保密意识之所以如此强:一方面是出于军事的考虑,当时,我国的国防工业主要集中在东北和沿海地区,这些地区都在苏联、美国以及美国建立的包围圈的军事打击范围之内,而西部地区地处内地,山地纵横,能够避免上述国家的军事威胁;另一方面则是出于维稳的考虑,当时国际局势比较紧张,如不保密容易引起群众的恐慌与思想上的混乱。正因为如此,三线建设在过去的很长一段时期内都是保密的,直到 20 世纪 80 年代才开始见诸报端。难怪 2001 年 3 月,一位作者为新出版的《彭德怀在三线》写了篇书评,并寄给北京某报,责任编辑把"彭德怀在三线"改为"彭德怀在三八线",因为在他的记忆库中并不存在"三线"一词。①

(四)忧患意识

忧患意识是通过对外界环境的认知而产生的警示意识和自我审视意识,既是一种告诫和警示,更是一种责任担当和自觉行动。② 三线建设的战

---

① 四川省中共党史学会、中共四川省委党史研究室编:《三线建设纵横谈》,四川人民出版社,2015 年,第 2 页。
② 姚桓、邹庆国:《论中国共产党执政忧患意识的生成逻辑》,《新视野》,2010 年第 4 期。

略调整本质上是中国共产党忧患意识的体现,这种忧患意识是多种因素综合作用的结果。一方面,国际局势的紧张是唤醒忧患意识的现实场域。主要表现在以下方面。一是美国在中国周边的国家如日本、菲律宾、泰国等建立军事基地,形成了封锁中国的包围圈。二是苏联的威胁。苏联本是同盟国,因而对中国的国防工业布局比较熟悉,但由于苏联当时推行的是大国沙文主义,致使中国和苏联关系慢慢破裂,苏联在中苏边境陈兵百万。而在此期间,占据台湾的蒋介石也叫嚣着要反攻大陆。在此背景下,面对我国国防工业过度集中于东北和沿海地区的现实,党中央才发布总动员令,开启三线建设。另一方面,区域平衡发展是激发忧患意识的长久计策。早在1956年,毛泽东在《论十大关系》中就指出:"我国全部轻工业和重工业,都有约百分之七十在沿海,只有百分之三十在内地,这是历史上形成的一种不合理的状况。沿海的工业基地必须充分利用,但是,为了平衡工业发展的布局,内地工业必须大力发展。"[1]正是基于对区域协调发展的考虑,当时的党中央才有忧患意识,提出三线建设战略,内迁国防工业。

四、结论与探讨

20世纪50年代末60年代初,国民经济处于非常困难的时期,而经过1961年至1963年的经济调整,国民经济出现了好转,国家开始制定第三个五年规划。但是国际局势的急剧恶化使我国不得不重新调整国民经济发展计划,在此背景下开展三线建设,难度可想而知。三线建设既是一个巩固国防、加强备战力量的过程,也是西部地区经济发展、城市化建设的契机。国家通过备战动员的方式调动了大量的人力、物力、财力支援三线,这种动员

---

① 中共中央文献研究室编:《毛泽东著作选读》(下册),人民出版社,1986年,第723页。

标志着国家从"平时状态"转变为"备战状态"。在"备战状态"中,人们的备战意识极其重要,这一方面有利于人们遵从、认可、投身三线建设以巩固备战实力、防止帝国主义的侵略战争;另一方面,备战意识的内化,进一步提高了"三线人"的思想认识,增强了他们与国家命运同行的责任感和使命感,从而有利于实现"坚守岗位、召之即来、来之即战、战之即胜"的备战目标。为此,通过对这段历史中备战动员与备战意识的研究,可以为我们提供以下启示。

一是以客观的态度来评价三线建设的时代价值。三线建设首先是为了备战,即防止帝国主义的侵略战争。① 三线建设从决策到实施,经过了很多复杂的工作,比如项目建设的选址、机构的调整和设立、国防工业的迁移、人员的调动等,其规模之大、程度之深堪称新中国历史上的一次区域调整奇迹。通过大规模的备战动员,国家对中西部地区投资达 2052.68 亿元,占同期全国基建总投资的 39.01%,超过了 1953 年至 1964 年全国全民所有制基建投资的总额。② 不仅如此,还有几百万工人、知识分子、干部、解放军在"备战备荒为人民""好人好马上三线"的号召下,用了十几年的时间建起了上千所工厂、高等院校和科研单位,为西部地区的经济发展奠定了坚实基础。此外,三线建设时期形成的"三线精神",至今仍是指导中国共产党人涉险滩、破坚冰的精神动力。因此,作为在特殊时代特定国际局势下的一次战略调整,尽管由于决策较为匆忙、对建设的复杂性和艰巨性估计不足,以及规模过大、速度过快、要求过急等原因,导致三线建设面临一些问题,但所取得的成就,尤其是在备战动员和备战意识方面所带来的变化,对人们用客观的态度来审视三线建设的时代价值有重要的帮助。

---

① 马英民:《当代中国建设史上的创举:三线建设》,《北京党史研究》,1997 年第 1 期。
② 武力:《三线建设:备战时期的西部开发简介》,《中国经济史研究》,2003 年第 4 期。

二是动员工作应与人们的正当利益结合起来。三线建设早期,利益主体同质化、经济生活单一化等问题比较明显,因此在宣传动员的过程中,更多强调的是国家利益与集体利益,个人利益被裹挟其中,被故意压制。后来,有资料显示,小三线建设中的民工动员虽然强调政治为先,但也同时注重兼顾集体和个人利益,这种兼顾主要通过思想教育、劳动竞赛、规范劳动报酬等动员方式展现出来。① 本文研究也发现,动员中除要坚持群众路线、开展调查研究、注重摸底排查、重视家属工作、强调宣传教育之外,还应将动员工作与人们的正当利益结合起来,这样才能取得事半功倍的效果。因为,按照马克思的观点,"把人和社会连接起来的唯一纽带是个体需要和私人利益"②。

三是备战动员与备战意识对亲历者有深刻影响。可以说,三线建设时期的西部地区,地理位置偏僻、生活条件艰苦、生产条件恶劣,再加上铁路与公路较少,实际上处于"与世隔绝或半隔绝的状态"③。因此,要使大批生活条件较好的大城市人员搬迁到生活不便、物资匮乏的西部去,往往会面临户口问题、家庭问题、心理落差问题。④ 所以,只有通过组织严密、结构合理、运转有序的动员体系,才能形成备战意识、提升备战效率。事实上,"凡是过往,皆为序章",三线建设这一特殊时期的备战动员及由此形成的备战意识深刻地影响了亲历者的观念、思维和行为,使他们不仅增强了国家认同,还强化了身份认同。回忆这段历史,亲历者所展示的"无悔""不委屈""自豪"等感受,是深化三线人身份认同的典型表现。他们在口述中所表达的"即使个体的力量微乎其微,但能投身历史洪流"中的骄傲与自豪,以及由此所展

① 刘本森、刘世彬:《山东小三线建设中的民工动员》,《中国当代史研究》,2020 年第 5 期。
② 《马克思恩格斯全集》(第 1 卷),人民出版社,1956 年,第 439 页。
③ 谢明干、罗元明:《中国经济发展四十年》,人民出版社,1996 年,第 69 页。
④ 吴晓萍、谢景慧:《从移民到"遗民":"三线孤岛"的时代演进》,《贵州社会科学》,2021 年第 4 期。

示的共同的符号特征、精神状态和集体记忆，即便上百年后，也能构建出一幅生动的集体镜像和命运乐章。

四是重视口述史研究方法对三线建设的作用。口述史是现在对过去经历的一种主观性建构，这种建构是亲历者对历史客观性的直叙，它可以改变历史立场的重点，使普通人的叙事得到历史话语权的承认，从而弥补宏观上探讨历史的理论缺陷。"可以毫不夸张地说，在宏大的国家叙事画卷上，如果缺少了形式各异的个体补白，所有的历史都将是灰色的。"①之前，关于三线建设的文献资料基本以县志、历史文献为主，缺乏鲜活性和生动性。新时代以来，以口述的方式来研究三线才得到真正的重视。三线建设是一次国家战略调整的宏大叙事，通过亲历者的叙述，可以更加生动地了解当时的备战动员方式与备战意识表征，以及宏大叙事在个体生命历程、集体记忆中的"痕迹"，从而实现自上而下的制度变迁与自下而上的主观建构的有机结合。

本文曾载《宁夏社会科学》2022 年第 2 期，此处有删改

作者简介：谢治菊，女，广州大学公共管理学院教授，博士生导师，主要研究方向为贫困治理与口述乡村。

陆珍旭，男，广州大学公共管理学院硕士研究生。

基金项目：南京大学"双一流"建设卓越研究计划项目"社会学理论与中国研究"的阶段性成果。

---

① 周晓虹：《口述史、集体记忆与新中国的工业化叙事：以洛阳工业基地和贵州"三线建设"企业为例》，《学习与探索》，2020 年第 7 期。

三线铁路建设模式探析

——以西南铁路大会战为例

黄华平

20 世纪六七十年代,在中国的中西部地区,秘密开展了以战备为中心的大规模国防、科技、工业和交通基本设施建设,被称为三线建设。① 铁路作为三线建设的先导工程,在三线地区纷纷上马,形成了大规模的铁路建设热潮,先后有川黔、贵昆(又称黔滇——笔者注)、成昆、湘黔、襄渝、阳安、太焦、焦枝和青藏铁路西宁至格尔木段等干线贯通,新增铁路里程 8046 千米,占同期全国新建铁路总里程的 55%。② 建设如此大规模且途经山区的铁路,党和政府是如何有效推进的呢? 虽然有个别学者对此进行了探讨,但其研究以劳动力动员和激励筑路工人士气为着力点,着眼于对三线铁路整体及特征的叙述,对三线铁路建设中的管理机构、工程技术及地方支援等问题缺乏梳理与阐释。③ 总体来看,学界对此缺乏深入研究。

---

① 当代中国研究所:《中华人民共和国简史(1949—2019)》,当代中国出版社,2019 年,第 49 页。
② 鲁礼华等:《毛泽东加快三线建设战备决策评析》,《国史研究参考资料》,1993 年第 3 期。
③ [美]柯尚哲:《三线铁路与毛泽东时代后期的工业现代化》,周明长译,《开放时代》,2018 年第 2 期。

西南铁路大会战是大规模三线铁路建设的首战,以贯通成昆铁路为中心,同时包括川黔和贵昆两条铁路。这三条铁路早在 1958 年便已开工兴建,但受"大跃进"运动及此后国民经济调整的影响,工程时兴时辍,至西南铁路大会战前,成昆线四川境内只修到青龙场,距昆明还有 1039 千米,川黔线重庆—贵阳之间尚有 276 千米、贵昆线昆明—贵阳之间尚有 298 千米均未修通。1964 年 8 月,中央基于"建设以攀枝花为中心的西南战略后方"的需要,要求加速推进西南铁路建设。① 毛泽东指出:"成昆路要两头修,滇黔路也可以两头开工,还可以更多的点开工。"②为此,周恩来亲自部署,调集多方力量,于 9 月 10 日组建西南铁路建设总指挥部,展开了气势磅礴的西南铁路大会战。③ 川黔、贵昆两条铁路分别于 1965 年 7 月、1966 年 3 月按期铺轨通车④,成昆铁路原计划 1968 年 7 月 1 日通车,因受"文化大革命"影响,于 1970 年 7 月 1 日才全线通车。⑤ 西南铁路大会战是三线铁路建设模式的典型代表,是特定历史下党和政府发展铁路事业的有效策略。本文通过对西南铁路大会战的研究,以期以点带面对三线铁路建设的基本运作模式进行概述,并作简要评析。

一、设立专门铁路建设管理机构

1964 年 8 月 11 日,主持铁道部工作的代部长吕正操在向中央提交的《关于加速修建成昆等西南铁路的报告》(以下简称《报告》)中提议设立一

---

① 中国社会科学院、中央档案馆编:《1958—1965 中华人民共和国经济档案资料选编(交通通讯卷)》,中国财政经济出版社,2011 年,第 43、344 页。
② 逢先知、冯蕙主编:《毛泽东年谱(1949—1976)》(第 5 卷),中央文献出版社,2013 年,第 392 页。
③ 李新芝、刘晴主编:《周恩来纪事(1898—1976)》(下),中央文献出版社,2011 年,第 772 页。
④ 徐增麟主编,铁道部档案史志中心编著:《新中国铁路五十年(1949—1999)》,中国铁道出版社,1999 年,第 85 页。
⑤ 李际祥等主编:《当代中国的铁道事业》(上),中国社会科学出版社,1990 年,第 58、60 页。

个工地总指挥部,集中管理西南铁路建设。《报告》指出:"为了集中力量把这一仗打好,应该扩大现场指挥机关的权力。有关修建西南铁路的设计、施工、鉴定以及科研等工作,统一由指挥部领导,实行现场设计、现场鉴定的办法。北京主要管方针政策和计划,并在人力、物力上给以支援。"为协调修路与各级地方政府的关系,《报告》还建议:"西南铁路工程由李井泉同志担任总指挥,或成立一个包括西南各省和中央有关部委的委员会(或小组),亦由井泉同志挂帅,我们做副手,做实际工作。"①9 月 11 日,中共中央下发《关于成立西南铁路建设指挥部等机构的决定》,批准成立以成昆线为中心的西南铁路建设指挥部②,由中共中央西南局第一书记李井泉任总指挥,吕正操、刘建章、郭维城、彭敏、张永励、熊宇忠等任副总指挥③,并指定吕正操为第一副总指挥,负责筑路的具体组织工作。④

西南铁路建设指挥部下设西南铁路建设工地指挥部(以下简称西工指)、西南铁路建设技术委员会、西南支援铁路建设委员会和总指挥部办公室。⑤ 其中,西工指全面负责指挥和组织工程进行,统管计划、财务、物资、装备,并对参加筑路的设计、科研、生产、运输、施工力量(包括兵、工、民兵)实行统一领导、统一调度、统一指挥,从设计、施工到竣工交付正式运营,一抓到底,全面负责。⑥ 西南铁路建设技术委员会负责制定技术政策,领导和组织新技术的采用,组织审查、鉴定、设计文件和科研成果。其余两个部门则

---

① 中国社会科学院、中央档案馆编:《1958—1965 中华人民共和国经济档案资料选编(交通通讯卷)》,中国财政经济出版社,2011 年,第 345 页。

② 大多数文献和著作也将其称之为西南铁路建设总指挥部。

③ 成昆铁路技术总结委员会编:《成昆铁路(综合总结)》(第 1 册),人民铁道出版社,1981 年,第 8 页。

④ 中国社会科学院、中央档案馆编:《1958—1965 中华人民共和国经济档案资料选编(交通通讯卷)》,中国财政经济出版社,2011 年,第 348 页。

⑤ 李本深:《忆西南铁路建设大会战:纪念"西工指"成立三十周年》,1994 年,第 8 页。

⑥ 成昆铁路技术总结委员会编:《成昆铁路(综合总结)》(第 1 册),人民铁道出版社,1981 年,第 8 页。

是协调机构,其中,西南支援铁路建设委员会负责组织发动沿线各省、地、县(州)相应的机构组织沿线各族人民支援铁路建设。总指挥部办公室负责协调总指挥部各机构的联系,每月出简报 1 期,沟通上下左右情况。[①]

为保证西工指指挥系统行之有效,中央对西工指实行军事化管理。吕正操任司令员兼政治委员,郭维城为副司令员,刘建章为副政治委员,黎光为副政治委员兼政治部主任。[②] 为便于西工指对铁道兵队伍的统一领导,11月,国防部又任命吕正操兼任铁道兵第一政治委员。[③]

由此,西工指集所有铁路建设管理权于一身,成为西南铁路建设工地最高指挥和领导机构。这种集中统一的指挥体制,打破了当时我国铁路建设过程中设计、施工和鉴定验收分立的局面,避免了铁路工程建设多头领导、互相牵制、对下指挥失灵等弊端,有助于铁路工程建设的开展。1967 年 1月,西工指在"文化大革命"的动乱中陷于瘫痪状态。1969 年 5 月 12 日,遵照周恩来的指示,中央撤销了西工指,由新组建的铁道兵西南指挥部统一领导和指挥西南铁路大会战[④],从而保障了大会战的最终胜利完成。

二、发动各方力量修筑铁路

在筹建西南铁路大会战领导机构的同时,吕正操在向中央的《报告》中提出:"在这样短的时间内,完成这么大的铁路修建任务,一定要有一支统一指挥的,战斗力强的,有组织有纪律的施工队伍。在这几条线上,现有铁道

---

① 李本深:《忆西南铁路建设大会战:纪念"西工指"成立三十周年》,1994 年,第 9 页。

② 徐增麟主编,铁道部档案史志中心编:《新中国铁路五十年(1949—1999)》,中国铁道出版社,1999 年,第 85 页。

③ 中国人民解放军历史资料丛书编审委员会编:《铁道兵·综述·大事记表册》,解放军出版社,2000 年,第 118 页。

④ 虞倩文:《当代中国铁路计划管理》,中国铁道出版社,1999 年,第 225 页。

兵约两万人,西南铁路工程局二万二千人,多数是干部和技术工人,估计全面施工需要二十万到二十四万人。如果征用大量的民工,势必增加农村的负担……因此,我们考虑再三,认为西南铁路用军工来修建,最为合适。"为此,他向中央建议抽调铁道兵 5 个师、22 个团,共 8 万人作为施工骨干,扩编为人民解放军西南铁路工程部队。这 5 个师共编为 5 个纵队(或称指挥部),22 个团扩编为 22 个总队(或称旅),每个总队 0.8 万—1 万人,总队之下依次设大队(或称营)、中队(或称连)和排班。同时,扩编西南铁路工程局(后称铁道部第二工程局——笔者注)至 6 万人,全部并入铁路工程部队。再加上铁道部从其他单位抽调的一些技术力量,施工力量便可达 24 万人。[①]该方案适应了三线铁路建设形势的需要,因此很快就得到了中央的同意。

1964 年 8 月 29 日,解放军副总参谋长杨成武在《关于西南铁路建设施工力量落实问题的报告》中提出,除以铁道兵 5 个师、8 万人为骨干外,再扩编新兵 10 万人,并将铁道部西南工程局所属 6 万职工(技术工人 2.5 万人、合同工 3.5 万人)拨归西南铁路指挥部建制。[②] 9 月 5 日,解放军总参谋部发出电令:"调铁道兵 1、5、7、8、10 师进驻西南地区指定地点,尽快展开施工。滇黔线上除 1、5 师在原施工管区施工外,另调 7 师于 9 月底进驻水城担任水城至树舍段工程任务;8、10 师于 9 月底分别进驻云南元谋和四川眉山担负成昆线施工任务。"[③]

在铁道兵扩编的同时,铁道部也着手扩充西南铁路工程队伍。如前文所述,在西南铁路大会战前,西南铁路工程队伍为 2.2 万人,与 6 万人的计划相

---

① 中国社会科学院、中央档案馆编:《1958—1965 中华人民共和国经济档案资料选编(交通通讯卷)》,中国财政经济出版社,2011 年,第 344~345 页。

② 中国社会科学院、中央档案馆编:《1958—1965 中华人民共和国经济档案资料选编(交通通讯卷)》,中国财政经济出版社,2011 年,第 346 页。

③ 中国人民解放军历史资料丛书编审委员会编:《铁道兵·综述·大事记表册》,解放军出版社,2000 年,第 120 页。

差甚远。对此,9 月 12 日,铁道部、铁道部政治部发出《关于加速修建西南铁路、动员全路支援勘测设计和施工力量及有关问题的指示》,要求全路成建制调 1.7 万人给西南铁路建设指挥部,以加强成昆、川黔、黔滇线的施工力量。此外,设计、施工单位尚需补充的党政干部、工程技术干部及技术工人由全路范围内抽调补充一部分,其余由各设计、施工单位自行培养。当年应从全路抽调工程技术干部 1200 人(其中中专毕业生不超过 40%),机械技术工人 5760 人。抽调的上述技术干部和技术工人应于 10 月底以前完成。截至 9 月底,铁道部已从全国铁路范围内成建制调去 7 个工程处,14 个段、队,5 个工地医院,16 个卫生所,连同非成建制调去的干部和技术工人,共 3.5 万余人。但勘测设计施工技术干部仍无法满足需要,对此,根据西南铁路建设需要,铁道部决定从铁路系统再调拨 3500 余人,但其中有 998 人因涉及地质、机械、房屋建设等专业,故请求中共中央组织部批准,由其他兄弟部门调配。①

为保证工程进度,党和政府还动员了民工力量,配属于各专业队伍,从事公路、砂石备料及场外运输等工作。② 比如,云南省南华县为支援成昆铁路莲池隧道建设,1966 年 5 月组织了 414 名民工,组成民工第三连、第四连配属 8702 部队,先是担任盘山公路拓宽和养护任务,1968 年 3 月后则负责莲池隧道出入口清渣、打风钻和搬道岔等工作③;永仁县两次组织民工 700余人,协助铁道兵修筑简易公路,并架设成昆铁路禄丰县黑井火车站至渡口市(今攀枝花市——笔者注)金沙火车站高压输电线路④。又如,四川省雅安

---

①　中国社会科学院、中央档案馆编:《1958—1965 中华人民共和国经济档案资料选编(交通通讯卷)》,中国财政经济出版社,2011 年,第 349～350、352 页。

②　成昆铁路技术总结委员会编:《成昆铁路(综合总结)》(第 1 册),人民铁道出版社,1981 年,第 24 页。

③　中国人民政治协商会议云南省南华县委员会编印:《南华县文史资料选辑》(第 4 辑),1997年,第 151～152 页。

④　中共永仁县委党史研究室、中共永仁县老干部局编印:《情满永仁》(第 2 辑),2015 年,第231 页。

专区为修筑乐西、皇越两条"支铁"公路,从汉源、天全两县抽调了2000名民工参与施工[1];1964年10月至1965年3月,眉山县组织动员16个公社75个大队413个生产队的社员14189人次,另组织闲散居民和合作店的多余人员计1450人,积极参与支援铁路修建工作[2];西昌县也有近万名民工投入了此次大会战[3]。

经过党和政府的组织与动员,以铁道兵、铁路职工和地方民工为主体组成了军民工联合筑路大军。以成昆铁路为例,其在会战时总数达30余万人。[4] 其中,铁道兵5个师约15万人,铁道部第二工程局、第四工程局和大桥局等单位的铁路职工约15万人。[5] 民工则主要来自川、滇两省,据统计,截至1966年底,成昆铁路施工人数最多时达359754人[6],由此可估算民工数量应在5~6万人,他们也成为西南铁路大会战中不可或缺的力量。各方力量联合筑路,有力地推动了铁路施工的进程。

三、组织地方政府支援铁路建设

数十万筑路队伍集中于西南铁路建设前线,如何保障其基本的生产生活需要是当务之急。为此,党和政府一方面从全国调配人财物,另一方面则

---

① 中共雅安市委党史研究室编印:《三线建设在四川·雅安卷》,2017年,第76页。

② 《眉山县支援铁路委员会办公室关于组织农村场镇劳动力支援铁路建设的情况汇报(1965年4月5日)》,乐山市档案馆,档案号:1965-009-03-0855-007。

③ 中国人民政治协商会议凉山彝族自治州委员会文史资料委员会编印:《凉山文史资料选辑》(第14辑),1996年,第3页。

④ 关于西南铁路大会战的筑路人数,《新中国铁路五十年(1949—1999)》(中国铁道出版社,1999年,第85页)。记载为30万人;《成昆铁路(综合总结)》(第1册)(北京:人民铁道出版社1981年版,第29页)则统计为35.9万余人。

⑤ 彭倍勤、于平生:《彭敏的路桥情缘》,中共党史出版社,2017年,第279页。

⑥ 成昆铁路技术总结委员会编:《成昆铁路(综合总结)》(第1册),人民铁道出版社,1981年,第29页。

组织各地大力开展支援铁路建设（以下简称"支铁"）工作。铁路沿线的四川、云南和贵州三省各级党委和政府均设立了"支铁"领导机构，在西南支援铁路建设委员会的统筹下，除组织民工直接参与铁路建设外，还在修建临时住房、提供生活物资和建设物资、短途运输等方面给予了重点支援。

（一）帮助施工队伍解决临时住房问题

为妥善解决施工队伍的临时住房问题，地方政府一方面腾让房屋，另一方面则是提供物资，协助搭建工棚。例如，为帮助承建成昆铁路等在内的三线建设人员住房问题，四川省西昌专区一方面通过借房，将"西昌农校、民干校的房屋借出，各单位、各县、区、乡也尽力腾出住房给建设单位使用，仅1965年就提供临时住房52943平方米"，另一方面则是赶修简易住房共计23万平方米，并支持建设单位自己修建工棚、房屋；在施工单位用房急、建房一时跟不上的情况下，喜德县首先动员了沿线机关和群众调剂约0.3万平方米的房屋，然后组织广大群众突击支援了一定数量的房草、砖、瓦、石灰等建筑材料，从1964年7月至1965年8月，共计供应草280万余斤、箭竹200多万斤、竹笆4.06万平方米、青砖28.9万多块、青瓦73.2万多匹、石灰31.2万多斤、小树棒31万多根、木料678.3立方米、回填料76万余斤等，基本上保证了施工单位建筑房屋的需要和部分施工用料。[①] 又如，为保障滇黔铁路施工队伍的住房，贵州省水城县机关让出15188平方米砖木结构的房屋，为修建房屋和搭建工棚组织劳力割草190多万斤，调集稻草30多万斤，供应砖瓦216万块和石灰190多万斤。[②] 在地方政府的帮助下，施工队伍的临时住房需求基本得到了解决。

① 凉山州史志办公室编印：《三线建设在四川·凉山卷》，2019年，第96页。
② 覃爱华主编：《三线建设在贵州》，社会科学文献出版社，2020年，第143页。

（二）保障施工队伍的生活物资供应

为保障施工队伍的生活物资供应,地方政府一方面积极组织和扩大主副食品的生产与供应,另一方面则建立各种商贸网点,开展生产生活服务。例如,四川省眉山县在成昆铁路沿线共设置粮食供应点6处、商业供应点30余个(包括副食、百货、邮电、缝纫、银行、书店和理发等)。为保障施工队伍吃上蔬菜,该县既抓鲜菜基地面积的落实,组织生产队安排供应,又抓干菜储存,按计划生产、计划供应、就地生产、就地供应的办法,在沿铁路线就近组织生产队与施工伙食团挂钩,签订合同,不经过商业环节。1965年上半年,全县供应施工单位粮食100万余斤、各种豆类5万余斤,动员了8个公社、38个大队、291个生产队种植蔬菜420~820亩,供应鲜菜116万余斤、干菜8万多斤、肉类30余万斤、香烟1.8万余条、煤炭358吨。① 又如,1964年滇黔铁路复工建设后,贵州省水城县组织商业部门随即在沿线的耳甲、二道岩、陡箐、滥坝、老城、德坞、老卡子、葡萄菁、马嘎、巴西设置供应点,粮食、供销、饮食服务、银行、邮电、物资等部门又分别在上述各点设立供应服务点,配合商业部门进行配套服务。② 在铁路复工建设期间,该县共计供应粮食约2000万斤,肉约200万斤,食油约125万斤,劳保用布约3万丈,食糖、糕点、白酒敞开供应,还新辟200多亩蔬菜地生产蔬菜。③ 地方政府竭尽全力供应物资,基本上满足了施工队伍的日常生活需要。

（三）生产供应铁路建设所需的三类物资

三类物资也称地方管理物资,是我国计划经济时期的物资分类之一。

---

① 《眉山县铁路建设支援委员会关于修建铁路互相支援情况汇报(1965年9月3日)》,乐山市档案馆,档案号:1965-009-03-0855-013。
② 六盘水市地方志编纂委员会编:《六盘水市志·商业志》,方志出版社,2017年,第212页。
③ 覃爱华主编:《三线建设在贵州》,社会科学文献出版社,2020年,第143页。

具体是指除一类物资(统配物资)和二类物资(部管物资)之外,由地方负责管理的其他物资。[①] 为保证铁路建设的顺利推进,各相关省份生产并提供了大量三类物资,主要包括简单的生产工具与地方建筑材料。例如,四川省乐山专区本着"归口安排,分级负责,统一平衡,保证供应"的精神,自 1964 年 9 月至 1965 年 11 月,"供应三类工用具 1141070 件(担),其中土箕 405240 担,锄把 336779 根,两杠 69272 根,两筐 37214 个,建筑材料、杂竹 271.8 万斤,青砖 140 万块,青瓦 351 万块,石灰 348.3 万斤等。手工业支援铁路加工各种工用具及生活用品 62.7 万件,产值 129 万元,物资局供应黑色、有色机电产品、化工产品、五金工具等达 19.88 万元,产业系统各种产品供应总值据不完全统计达 1094.5 万元"[②]。又如,1965—1966 年,四川省米易县共"生产供应各种三类物资 4519 万件(主要是'五把一杠'和土撮箕),约重 29630 吨,可装 4 吨解放牌汽车 7410 部,房建用草 238.4 万公斤,压木杆共 30.82 万根,打隧道所需用的背顶柴(又名填塞木)1763.05 公斤,房建用的砖 500 余万块,石灰 2872 吨,捶道渣 4 万立方米,运送各类物资 6071 吨",放筏木材 5490 立方米。[③] 这些物资供应保证了施工队伍工程建设的需要,有力地推动了工程建设的开展。

(四)帮助施工单位开展短途运输

为协助各施工单位输送生活与建设等物资,各地还开展了大量短途运输。例如,云南省楚雄州先后支援马车 1900 余辆、木船 110 只、驮畜 4000 余

---

① 《工业管理常用名词解释》编著小组编:《工业管理常用名词解释》,天津财经学院工业管理系、工业会计教研室,1977 年,第 85 页。

② 《乐山专区铁路支援委员会关于乐山专区支铁工作一年来工作情况(1965 年 11 月 6 日)》,乐山市档案馆,档案号:1965 - 009 - 03 - 0851 - 001。

③ 中国人民政治协商会议米易县委员会文史资料委员会编印:《米易文史资料》(第 4 辑),1991 年,第 2 页。

匹。① 又如,四川省凉山州和西昌专区建设改造了皇越、甘斯、普洪等 3 条公路共 256 千米,开辟了金沙江、雅砻江、安宁河沿成昆线区段的木船运输。② 同时,凉山州还组织了大量人力、马力和架车为施工单位驮运物资器材和主副食品,其中,1964 年,越西县出动了架车 76 部、3500 人次,甘洛县组织架车 20 部、马 188 匹,喜德县则组织了 35 匹驮马。③

再如,四川省乐山专区对"支铁"重点公路和港口进行了新建与改造,截至 1965 年上半年,"新建与改造大、中、小桥 64 座,涵洞 75 座,对新乐、乐沙、苏鞠、夹峨、乐池等路突击进行了整修。采取打歼灭战的方法,增加设备人员,保证日夜行驶,运输物资,据不完全统计达 85740 余吨,运送施工人员 5.1 万人"④。地方政府在短途运输方面的支援,为施工人员流动及物资供应奠定了坚实的交通基础。

此外,各地还通过划拨铁路建设用地、协助拆迁安置及建设电力通信基础设施等,以切实有效的行动支援了西南铁路大会战。例如,为做好铁路建设土地征用和拆迁工作,中共贵州省水城县委、县政府领导率领有关干部,深入村寨和农户,做了大量深入细致的教育动员工作,从而征用土地 6000 多亩,搬迁房屋 2 万多平方米,迁坟墓 1103 座。⑤ 又如,至 1965 年 7 月底,云南省安宁县共征用耕地及山林面积 923.62 亩,拆迁 36 户民房 154 间 2672 平方米,搬迁坟墓 263 座。⑥ 再如,仅用 1 年 8 个月,四川省电力部门就在该省 3 个供电区段内建设了内燃电站 27 座,火力、水力电站各 1 座,沿成昆铁路

---

① 王有奇主编:《楚雄州交通志》,天津人民出版社,1992 年,第 213 页。
② 《攀西开发志》编纂委员会编:《攀西开发志(综合卷)》,四川人民出版社,2007 年,第 401 页。
③ 凉山州史志办公室编印:《三线建设在四川·凉山卷》,2019 年,第 50 页。
④ 《乐山专区铁路支援委员会关于乐山专区支铁工作一年来工作情况(1965 年 11 月 6 日)》,乐山市档案馆,档案号:1965 - 009 - 03 - 0851 - 001。
⑤ 覃爱华主编:《三线建设在贵州》,社会科学文献出版社,2020 年,第 143 页。
⑥ 中国人民政治协商会议云南省安宁县委员会文史资料委员会编印:《安宁文史资料》(第 7 辑),1994 年,第 26 页。

架设输电线900多千米;邮电通信部门则在铁路沿线架设了通信线路14449对千米,保证了每个新开工点都能立即通上电话。[①] 地方政府的支援有力地保障了筑路队伍生产生活的基本需要,为西南铁路大会战的顺利推进创造了有利条件。

四、通过思想教育激发筑路队伍士气

尽管基本的物质生活得到了保障,但数十万筑路队伍长期处于交通闭塞、劳动繁重、生活艰辛的环境下,难免滋生精神低落与消极怠工等负面情绪,不利于提高劳动效率。为此,党和政府在努力改善物质生活的同时,还注重通过加强思想教育工作激发筑路队伍的士气。

(一)统一筑路队伍的思想

1964年9月,吕正操在西工指第一次党委会上就如何指挥西南铁路大会战提出了一整套方针:"一个思想(马列主义、毛泽东思想),三大任务(建路、建章、建军),三高一低(高速度、高质量、高标准、低造价),八个字的要求(从难、从严、落实、过硬)"[②],并要求"施工队伍的各级党委和支部,除加强自身的建设外,要把工作重点放在施工生产上,发挥党委的核心领导和支部的战斗堡垒作用,坚决贯彻党中央对西南铁路建设的指示,认真执行指挥部党委的各项要求"[③]。实践证明,上述方针的及时提出,激发了广大筑路队伍的劳动热情,有力地推动了工程建设的开展。以成昆铁路为例,这些方针口

---

① 《当代四川》丛书编辑部组编:《当代四川铁路》,四川人民出版社,1993年,第107页。
② 成昆铁路技术总结委员会编:《成昆铁路(综合总结)》(第1册),人民铁道出版社,1981年,第9页。
③ 刘建章:《我的九十年(1910—2000年)》,中国铁道出版社,2001年,第363页。

号很快便"成为团结三十万筑路队伍的思想基础,以及统一大家行动的共同准则"①。

(二)开展各类先进人物评选工作

西工指及各施工单位均开展各类先进人物或群体评选。1965—1966年,铁道部第二工程局评选出各种先进人物 1.7 万人次,先进集体 1100 多个,"三手"(技术能手、革新能手、三八红旗手)9800 多人,有 6600 多人次立功;还树立了"五朵金花""十面红旗""十员闯将"及 57 名标兵等先进典型,作为全局学习的榜样。其中,有被铁道部和西工指党委命名的"硬骨头工程队"——701 队;被铁道部命名的"铁老虎工程队"——808 队、"工地好医院"——12 处医院;被西工指党委授予的"红色尖兵"张德义、好医生张玉芹、以身作则的"铁班长"冀汉朝、"十年修路十年红"的好队长乔科、"关不住的小老虎"吴承清;有全国学大庆先进工作者、节煤改灶能手王运歧;还有运输战线上的巾帼英雄、女汽车司机张莲花等叫得响、站得住的典型。西工指下属的其他施工单位也开展了类似活动。② 这些先进人物或集体的评选,大大激发了施工队伍的劳动积极性,为工程建设注入了强大的精神动力。

(三)举办多种劳动竞赛

以成昆铁路为例,在隧道施工中,西工指以《西南铁路隧道快速施工纲要》为准绳,号召全线召开"百米成洞"的群众运动,并于 1965 年 1 月在关村坝隧道首创双口各百米成洞的纪录,中共中央为此专门发来贺电。在贺电的鼓舞下,全路广泛开展隧道月成洞百米的"比学赶帮超"的群众运动。截

---

① 成昆铁路技术总结委员会编:《成昆铁路(综合总结)》(第 1 册),人民铁道出版社,1981 年,第 9 页。
② 王春才:《三线建设铸丰碑》,四川人民出版社,1999 年,第 101～102 页。

至 1965 年底,全线已有 150 个口次达到单口月成洞百米以上,其中有 17 个口次达到 150 米,12 个口次和 4 个口次突破单口成洞 200 米和 300 米。为保证隧道安全和快速施工,同年 12 月,西工指又进一步提出开展"双百、双保、两不超"(单口月成洞百米,每米成洞百工以下;保质量,保安全;风电和材料消耗不超过定额)为内容的隧道快速施工群众运动,取得了良好的效果。① 1966 年,全线超过百米月成洞 466 口次,其中 200 米以上 19 口次,300 米以上 8 口次,400 米以上 4 口次,500 米以上 2 口次。② 在桥梁工程施工中,西工指党委及时提出了"以高速度为核心,突出好和省"的具体方针,和"大桥不过月、中桥不过旬、小桥不过日"的号召,建桥大军战天斗地,你追我赶,掀起了桥梁墩台快速施工的高潮。③ 土石方施工中也出现了"万方(每台土方机械月产万方)""三保(保质量、保安全、保节约)""两率高(机械完好率、出工率高)"的先进典型。④ 通过劳动竞赛,施工队伍你追我赶的劳动热情被激发出来,保证了工程建设的进度。

(四)开展慰问演出与文体活动

以成昆铁路为例,在全面建设期间,老一辈革命家始终关心铁路建设。1965 年建设进入高潮后,朱德、贺龙、彭德怀、邓小平等中央领导先后到建设现场视察,看望慰问指战员,给建设者们以很大的鞭策和鼓舞。⑤ 与此同时,

---

① 成昆铁路技术总结委员会编:《成昆铁路(综合总结)》(第 1 册),人民铁道出版社,1981 年,第 47 页。

② 成昆铁路技术总结委员会编:《成昆铁路(隧道)》(第 3 册),人民铁道出版社,1979 年,第 37 页。

③ 成昆铁路技术总结委员会编:《成昆铁路(桥梁)》(第 4 册),人民铁道出版社,1980 年,第 564 页。

④ 成昆铁路技术总结委员会编:《成昆铁路(综合总结)》(第 1 册),人民铁道出版社,1981 年,第 48 页。

⑤ 中共四川省委党史研究室、四川省中共党史学会编:《三线建设纵横谈》,四川人民出版社,2015 年,第 314~315 页。

从上到下各级组织都很重视和关心群众的文化生活,从中央到地方先后组织了许多文艺团体到工地进行慰问演出,还有不少作家和文艺工作者深入工地体验生活,从事创作活动。此外,西工指党委还充分利用出版报纸、编印书刊、拍摄电影等宣传工具和举办"北有大庆,南有成昆"展览等活动激励群众。① 各建设单位还开展了多项体育运动,如篮球、排球及乒乓球等。② 通过慰问演出和丰富的文体活动,筑路工人因高强度劳动引发的紧张情绪得到缓解,精神世界更加充实。上述思想教育工作,使广大筑路工人在情感上得到了很大的慰藉,其工作的积极性和热情被调动起来,"当时在许多工地上,欢乐的歌声、热烈的球赛和紧张的劳动交相辉映,呈现一派团结、活泼、紧张的战斗景象"③。多年后,当年参加过西南铁路大会战的老铁路工作者都说,修了一辈子铁路,那段时间最苦最累,却也最快乐最难忘。④

五、开展设计与工程技术革命

除了动员大量的施工人员和发动各方支援外,铁路沿线复杂的地形和地质构造也给路线勘测设计与工程施工带来了不少难题。以成昆铁路为例,该路全线有 300 多千米穿过川西南和滇北山地,多为峡谷地段,山高坡陡,谷深壁峭,流急滩险,并通过纵向地层断裂带,构造运动活跃,地质极为复杂,滑坡、泥石流、崩坍、落石严重。⑤ 且全线桥梁、隧道密集,计有大、中、小桥 991 座,总延长 92.7 千米,占线路长度的 8.5%;涵管 2263 座;隧道和明

---

① 刘建章:《我的九十年(1910—2000 年)》,中国铁道出版社,2001 年,第 364 页。
② 文炜:《大国部长刘建章》,中国青年出版社,2019 年,第 286 页。
③ 成昆铁路技术总结委员会编:《成昆铁路(综合总结)》(第 1 册),人民铁道出版社,1981 年,第 14 页。
④ 文炜:《大国部长刘建章》,中国青年出版社,2019 年,第 286 页。
⑤ 铁道部基建总局:《1963—1980 铁路修建史料》(第 3 集第 1 册),中国铁道出版社,1991 年,第 89 页。

洞 427 座,总延长 341 千米,占线路长度的 31.5%。桥隧总延长 433.7 千米,占线路总长的 40%。① 为解决这些问题,西工指开展了设计与工程技术革命。

在理论层面,铁路勘测的设计思想、原则、标准和方法得到了革新。西南铁路大会战初期,吕正操等人在视察川黔、贵昆铁路后认为,"过去的设计是小半径、陡坡度、短隧道、大站场,是小脚女人的凑合思想,现在要彻底改变"②。其根源在于:"长期以来,铁路建设在勘测设计中存在着主观主义、教条主义的东西,往往机械地搬用外国的规章制度,忽视结合中国铁路建设的实际,不注意总结自身的实践经验。"③为此,1964 年 11 月,西工指党委在总结过去铁路勘测设计正反两方面经验的基础上,制订了《西南铁路勘测设计工作条例(草案)》,要求铁路勘测设计人员投入"群众性的设计革命运动中去",从实际情况出发,坚决打破各种"框框"的束缚;遵循"固本简末""理论与实际结合"等原则,坚持贯彻"领导干部、技术人员、工人"三结合的方法。④

在实践层面,该条例要求"勘测设计人员要下楼出院,到大自然的实际中去;谁勘测,谁设计;要体力与脑力结合,负责到底"⑤。对此,承担成昆铁路线路复测、定测的铁道部第二勘测设计院,除少数人留下坚持后勤工作外,全院 90% 以上的干部、工人和设计人员都背起行装,带着帐篷到现场去,开展设计革命。⑥ 而且,设计院机关也从北京搬迁至西南铁路大会战的最前

---

① 成昆铁路技术总结委员会编:《成昆铁路(综合总结)》(第 1 册),人民铁道出版社,1981 年,第 4 页。

② 彭倍勤、于平生:《彭敏的路桥情缘》,中共党史出版社,2017 年,第 282 页。

③ 吕正操:《吕正操回忆录》,解放军出版社,2007 年,第 448 页。

④ 保证铁路运输能力的基本技术条件、保证行车安全的大型建筑等是本,这些根本性的建筑,必须力求牢固可靠。参见中共中央文献研究室编:《建国以来重要文献选编》(第 19 册),中央文献出版社,1998 年,第 338、343、344、345、346、347 页。

⑤ 中共中央文献研究室编:《建国以来重要文献选编》(第 19 册),中央文献出版社,1998 年,第 347 页。

⑥ 《成昆铁路勘测设计总结》,铁道部第二设计院,1976 年,第 29 页。

线四川省西昌县。[1] 通过设计革命的开展,设计人员的思想得到解放,其工作效率也大为提高。

为推动技术革新,西南铁路大会战开始不久,西工指就做出了《关于成昆线采用和发展新技术的决定》,确定在牵引动力、通信信号、线路上部建筑、桥隧土石方及各种快速施工等方面,有目的地采用新技术、新设备、新工艺和新的施工方法,以改变中国铁路技术装备和施工技术的落后面貌。[2] 为实现这一目标,西工指采取了一系列重要措施:一方面是广泛组建战斗组开展技术革命。西工指将来自全国许多单位的 1200 余名科技人员,分项目统一组成 40 多个新技术战斗组[3],并且在设计和施工过程中推广了这些新的技术[4]。另一方面则是大力配置施工机械提高机械化水平。大会战前,我国铁路建设机械数量少、性能差、品种不全,机械施工还没有形成主要力量,基本上靠人力施工,工效低。这与当时西南铁路的工程量和工期要求极不适应。对此,西工指本着适当引进和自力更生相结合的原则,既注意由国内有关部门优先安排生产和供应铁路施工所需的机械设备,又有计划地从日本、英国、法国、瑞典、瑞士、匈牙利、捷克等进口一批机械设备,国家还为此专门划拨人民币 4 亿多元。[5]

通过开展铁路设计与工程技术革命,设计人员的思想得到了解放,线路设计标准大为提高,特别是线路基础工程的设计标准使线路质量有了很大

---

① 李本深:《忆西南铁路建设大会战:纪念"西工指"成立三十周年》,1994 年,第 23 页。
② 徐增麟主编,铁道部档案史志中心编著:《新中国铁路五十年(1949—1999)》,中国铁道出版社,1999 年,第 87 页。
③ 成昆铁路技术总结委员会编辑:《成昆铁路(综合总结)》(第 1 册),人民铁道出版社,1981 年,第 13 页。
④ 《当代四川》丛书编辑部组编:《当代四川铁路》,四川人民出版社,1993 年,第 100 页。
⑤ 成昆铁路技术总结委员会编辑:《成昆铁路(综合总结)》(第 1 册),人民铁道出版社,1981 年,第 132 页。

提高。① 与此同时,科技人员的积极性得到了有效发挥,短时间内产生了诸多科技成果,从技术上保证了西南铁路大会战的顺利推进。以成昆铁路为例,其成为当时我国采用新技术、新设备、新工艺、新结构、新材料和新的施工方法最多的一条铁路。②

六、结语

党和政府通过大会战的模式,快速推进了西南铁路建设。此后,党和政府沿用这种铁路建设模式,又陆续修筑了太焦、焦枝、湘黔、阳安、襄渝和枝柳等一批三线铁路。

这种模式主要包括以下几个方面特征:一是在铁路建设管理方面,没有按照铁路建设的正常程序即由铁路主管机构负责,而是设立由中央各部门和铁路所经地区党政共同组成的铁路项目领导机构,赋予其勘测、设计、施工、鉴定和验收的铁路建设全权。例如,1969 年 8 月,为修建焦枝铁路设立的焦枝会战总指挥部就由来自铁道部、武汉军区、商业部、物资部、水电部及河南、湖北两省革委会的人员组成,武汉军区负总责。③ 又如,1970 年 8 月,为建设湘黔、枝柳铁路设立的湘黔、枝柳铁路会战指挥部,其成员则来自广州军区、昆明军区、交通部、国家计委和商业部,广州军区负总责。④ 二是在筑路队伍来源方面,由铁道兵、铁路职工和民工(亦称民兵)共同参与铁路建设。需要指出的是,不是所有三线铁路都是由三者共同来完成的,三个群体均参与的主要是西南铁路大会战,湘黔铁路大会战和焦柳(焦枝、枝柳)铁路

---

① 虞倩文:《当代中国铁路计划管理》,中国铁道出版社,1999 年,第 229 页。
② 庄正:《中国铁路建设》,中国铁道出版社,1990 年,第 273 页。
③ 刘甲柱主编:《湖南交通建设四十年(1949—1989)》,湖南人民出版社,1989 年,第 115 页。
④ [美]柯尚哲:《三线铁路与毛泽东时代后期的工业现代化》,周明长译,《开放时代》,2018 年,第 2 期。

大会战。三是在工程技术方面,重视对铁路勘测设计与工程技术的革新,实行领导干部、科技人员和工人群众相结合的技术协作方式,并组织和动员设计与科研人员到现场进行工程设计与建设。铁路建设的主要任务,是上述铁路建设大军中的主力。

在大会战模式之下,全国大力支援三线铁路建设,尤其是在铁路经过的沿线地区,无不竭尽所能,一方面组织民工直接参与铁路建设,另一方面则为铁路建设提供各类生产、生活物资。如在襄渝、湘黔、焦枝和枝柳等铁路的建设中,筑路队伍分别约为 130 万人、113 万人、118 万人和 70 万人,其中地方政府组织的民工数分别约为 97 万人、100 万人、115 万人和 60 万人。[1]可见,地方政府组织的民工承担了这四条铁路建设的主要任务,是上述铁路建设大军中的主力。

从西南铁路大会战实施的路径和效果来看,该模式在特定历史条件下有效地推进了铁路建设,不仅在新中国铁路建设史上具有重要意义,而且为 21 世纪我国中西部开发奠定了交通基础。

本文曾载《当代中国史研究》2022 年第 2 期,此处有删改

作者简介:黄华平,安徽合肥人,安徽师范大学历史学院教授,博士生导师。研究方向为中国近现代铁路史。

---

[1]　洛阳市交通志编纂委员会编:《洛阳市交通志》,河南人民出版社,1986 年,第 293 页。

从7个大院到1个社区：宁夏某老工业单位居民生活区的空间重组与交流重构

辛文娟

一、问题的提出与研究回顾

（一）问题的提出

新中国成立之初，中国的各大城市形成了"国家—单位—个人"的纵向一体化社会联结模式。[①] 通过单位制度，国家将城市社会成员组织起来，获得了国家主导工业化来推动现代化进程的组织基础。单位大院成了城市社会生活中的基本场景。[②] 在单位大院这种庞大的工业社区空间中，居民都是同单位的职工及家属，具有"业缘"和"地缘"的双重属性，单位居民之间形成了一种"类首属"关系，在日常生活中结成了高度的生活共同体。20 世纪 90 年代中后期，随着计划经济向市场经济过渡和国企改革深化，单位制逐渐消解，单位大院随之解体，大量大院居民迁往城市社区，均质的城市空间向异

---

① 田毅鹏等：《"单位共同体"的变迁与城市社区重建》，中央编译出版社，2014 年。
② 张艳、柴彦威、周千钧：《中国城市单位大院的空间性及其变化：北京京棉二厂的案例》，《国际城市规划》，2009 年第 24（5）期。

质多元的城市空间转变。城市社区主要是由陌生人组成的异质社会,人们因社会经济地位接近而聚集在某一社区空间中,不再是因业缘而聚集。这样,社区居民之间的交流就与之前大不相同,存在隔阂与障碍,邻里关系较之单位制时代疏远很多。

在单位制度解体、城市空间重组的过程中,从单位大院搬迁到城市社区的单位居民面临种种交流困境。首先,大量单位居民之前在单位大院中结成的高度生活共同体解散了,单位归属感逐渐弱化,同时他们既有的社会网络被撕裂,因此他们亟须在新的城市社区重构交流并寻找归属感。其次,"文化堕距"①(cultural lag)深刻影响着单位居民在城市社区的适应情况。单位制度在逐渐退出的同时仍然具有一定的惯性,它仍可以一种非正式的例行化习惯扎根于许多单位居民的心灵深处。② 单位居民在大院中形成的实践意识和集体记忆被延续了下来,导致他们在城市中的生存技能、心理适应及交流方式等方面表现出明显的滞后现象。另外,在城市空间重组过程中,单位居民中的贫困人群面临被动迁居甚至无法迁居问题,在城市空间中不断被"滤下",他们往往聚居在特定的城市边缘空间,与其他城市居民隔离开来,导致他们聚居区内部紧密交流且抱团取暖,很难真正融入城市生活。

因此,单位大院逐渐解体、城市社区建设发轫之后,单位居民在城市社区中的"交流何以重构"问题逐渐浮出水面,亟须重视。

(二)研究回顾

学界目前关于居住空间、交流与社区归属感形成的研究,主要包括两种

---

① 美国社会学家奥格本(W Ogburn)指出,人的社会化过程就是接受世代积累的文化遗产,保持社会文化的传递和社会生活的延续。文化具有相对稳定性,它为人们的社会化提供一套"预设的价值标准"。但从社会发展的长远图景来看,文化又始终处在不断变化之中。文化发生变迁时,其各部分的变迁速度是不一致的,有些部分变化快,有些部分变化慢,结果就会造成各部分之间的不平衡、差距和错位,此即所谓的文化堕距。

② 柴彦威、塔娜、毛子丹:《单位视角下的中国城市空间重构》,《现代城市研究》,2011年第3期。

从 7 个大院到 1 个社区：宁夏某老工业单位居民生活区的空间重组与交流重构

研究视角：

第一，城市规划学视角下的社区交流问题研究。相关研究认为，社区归属感形成的一个重要前提就是充足的社区交往活动，而对于交往活动来说，社区交往空间是至关重要的物质载体①，社区空间的布局会直接影响居民的人际交流，进而影响他们的社区归属感。② 但是由于长期深受现代规划主义思想的影响，许多社区的空间设计不足够重视社区居民的交往需求，没有将居民的交往特点纳入社区空间的设计原则，而是过度追求社区的物质功能和美学特征。③ 为了促进异质化的社区居民之间的交流，城市管理者及规划者应当设计多样化的社区空间，使其适应不同居民的交往。④ 而有研究则发现其实社区居民自身就可以能动地改造社区空间并赋予这种空间以特定的生活意义。⑤

第二，社会学视角下的社会与空间相互作用研究。有学者将深刻影响居民的社区意识和归属感的主要因素归结为构成社区质量的物质生活、文化生活、环境、教育、能源等⑥，还有学者认为主要是社区公共空间、美学设计、公共服务设施和公共信息平台等社区条件⑦，另有学者则认为还应当将其他一些社会性因素纳入考量中，如社区交流基础结构⑧、居民的家庭生活

① 敬威：《社区归属感的营造与交往空间设计》，《艺术与设计（理论）》，2015 年第 2（06）期。

② Manzo L C, Perkins D D, Finding common ground: The importance of place attachment to community participation and planning, Journal of planning literature, No. 20(4), 2006, pp. 335－350.

③ 罗翔：《发展规划、空间规划与基层治理——以上海市浦东新区为例》，《北京规划建设》，2020 年第 3 期。

④ Rice T W, Steele B. White ethnic diversity and community attachment in small Iowa towns, Social Science Quarterly, No. 82(2), 2001, pp. 397－407.

⑤ 谢静：《地点制造：城市居民的空间实践与社区传播——J 市"健身坡"的案例解读》，《新闻与传播研究》，2013 年第 20（02）期。

⑥ 边燕杰、约翰·罗根、卢汉龙等：《"单位制"与住房商品化》，《社会学研究》，1996 年第 1 期。

⑦ 赵未坤、甄峰、秦萧：《南京中心城区居民社区满意度差异特征及优化策略研究》，《现代城市研究》，2020 年第 2 期。

⑧ 张咏华：《传播基础结构、社区归属感与和谐社会构建：论美国南加州大学大型研究项目〈传媒转型〉及其对我们的启示》，《新闻与传播研究》，2005 年第 2 期。

背景(包括家庭生命周期、居住安全感、居住在某个社区的时间长度、是否拥有房屋产权、在社区的人际网络、家庭中年幼孩子的数量等)[1],其中,邻里关系对居民的社区归属感的形成至关重要。[2] 实证研究发现良好的社区归属感会增强社区居民的交流互动及对社区公共事务的参与。[3]

既有研究为本文提供了丰富的理论基础和经验材料,但是也存在两个较明显的不足之处:第一,单位居民迁居和单位的隐性化作用是我国城市空间重组与居民交流重构的中心环节[4],但是现有研究鲜少结合"单位制度"的变迁来讨论我国城市居民面临的空间、交流与归属感之间的错综复杂问题,导致研究缺少对中国城市空间发展脉络的深层次剖析、缺乏对中国城市居民交流现状的深刻理解;第二,既有研究将城市居民按照"社区"进行划分,但是忽视了不同阶层的城市居民在社区居住空间获得与使用方面存在明显的分化。鉴于此,本研究结合"单位"视角,扎根于新中国特有的发展历史及社会脉络,以一个已经破产重组的煤矿单位的底层居民安置生活点——宁夏回族自治区 J 市 L 社区为例,通过 6 个月的田野调查,综合使用参与式观察、深度访谈和焦点小组访谈法,探讨 3 个问题:第一,在新修建的城市社区中,底层居民如何利用空间来重构人际交流并形成社区归属感;第二,底层居民聚居产生了哪些交流困境;第三,哪些因素影响了单位底层居民在城市社区的交往现状。

---

① Gonzalez J A, Ragins B R. Friends and Family: The role of relationships in community and workplace attachment. Journal of Business and Psychology, No. 33(1), 2018, pp. 89 – 104.

② 常江、谢涤湘、陈宏胜等:《城市更新对居民社区依恋的影响:基于广州新老社区的对比研究》,《现代城市研究》,2019 年第 9 期。

③ Theodori G L, Reexamining the associations among community attachment, community – oriented actions, and individual – level constraints to involvement, Community Development, No. 49(1), 2018, pp. 101 – 115.

④ 柴彦威、塔娜、毛子丹:《单位视角下的中国城市空间重构》,《现代城市研究》,2011 年第 3 期。

二、案例地的建设背景及总体形态特征

（一）建设背景及形态阶段

1956 年国家煤炭工业部成立了宁夏 J 市煤矿筹建处，计划将 J 市所在地建设成为新中国重点建设的十大煤炭生产基地之一。整个 J 市下辖两个新中国重点建设的矿务局，其中一个是成立于 1960 年的国家焦煤基地 S 矿务局。后来随着"三线建设"战略决策的全面实施，国家加强了对工业体系的投资、大力推进了西部地区的工业建设。在这个背景下，J 市的煤炭开发事业被纳入三线建设规划蓝图，各煤炭单位得以迅速拓展与加强，自 1965 年起一些外省煤炭单位迁入 J 市并被整编进 S 矿务局。在国家行政命令号召和调拨下，全国各地的数万名建设者相继来到 S 矿务局参与煤矿建设工作。S 矿务局随后逐渐发展成为下辖 7 个煤矿和 3 个工厂的大型煤炭单位。其中，7 个煤矿的地理位置相互隔绝，各矿职工和家属的生产与生活均被限定在本矿区大院内部，他们在日常工作和生活中朝夕相处，分别形成了基于本矿认同的单位共同体。

20 世纪 90 年代中后期，随着国企改革的深化和加速，单位制度开始消解或变异。更重要的是，S 矿务局的 7 个煤矿先后出现了资源枯竭和矿区地表沉陷问题。从 2000 年至 2008 年，7 个矿先后破产重组，各矿职工、家属逐渐分流且被迁出矿区。居民们去向各异，大部分集中迁到 J 市各社区。中高层收入的居民有条件按照自己的意愿尽早主动迁居，但底层居民（本文指人均收入位列原 S 矿务局人均收入后 20% 的居民）则因为迁居能力有限而被困在沉陷区。2003 年以后，随着各矿沉陷区逐渐扩大。为了尽快将底层居民迁出沉陷区，从 2004 年开始，国务院、J 市政府和 S 矿务局改制后的上级主管单位 S 煤业集团三方联手，实施沉陷区居民住房保障计划，在 J 市中心

区西南远郊的大荒滩填沙造林,2007 年在此建成 L 社区。从 2007 年至 2008 年,7 个矿最后的 14000 余名(共计 6521 户)底层居民全部搬至 L 社区,住上了保障房。目前,L 社区是 J 市人口最多、规模最大的底层居民聚居区。虽然修建保障性社区是各国解决中低收入群体住房困难的常见举措,政府常为此投入大量的人力、物力和财力,但是这种社区仍然常被视作"贫民窟"的代名词①,事实上,L 社区也被 J 市其他社区居民戏称为"穷窝窝子"。

(二)案例地的形态特征

L 社区的空间布局整体像个"回"字。外面的大"口"以居民住宅楼为主,里面的小"口"以各种配套生活设施为主。整个社区内部包含 6 个住宅片区,每个片区的临街居民楼的底楼全都是商业店铺,这些商铺以蔬菜店、麻将馆、小型超市和小饭馆为主。图 1 展示了 L 社区的功能布局情况。

L 社区的规划比较充分地考虑了居民的实际生活情况。从外观来看,这个社区的住宅楼完全一致,一律是 6 层单元住宅楼,每层居住着 2 户人家。每套房子的建筑面积在 75 至 100 平方米之间,其内部结构基本一致,只是面积大的房子多间屋子而已。这种趋同的房屋形式成了一种无声的空间语言,这里的居民经常自觉或不自觉地说:"我们都是差不多的人,你看我们住的就差不多嘛!"另外,L 社区在给 7 个矿的居民分配房屋时,采取了特殊的分配政策。前文已提到,该社区下辖 6 个住宅小区,每个小区有 20 栋楼,分配者将这 20 栋楼按照临近原则,又分为 7 个小住宅圈,每个小圈包含 2—3 栋楼且居住着同一个矿的居民。这样,各矿居民既能生活在过去的熟人片区中,又能方便地与其他几个矿的陌生人展开交流。笔者在调研中发现,这

---

① 陈红霞、华沐阳、李德智:《保障房社区住户社会网络构建影响因素研究》,《现代城市研究》,2018 年第 1 期。

种"大杂居、小聚居"的居住安排，在很大程度上保护了各矿底层居民原有的社会网络，又有利于居民结识其他矿的居民，为促进社区全体居民的交流奠定了良好的空间基础。

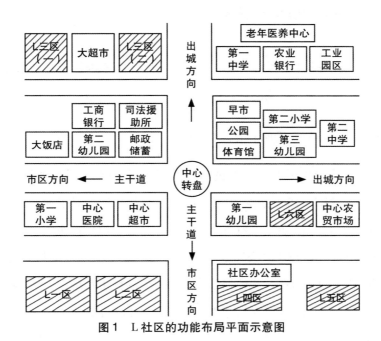

图 1 L 社区的功能布局平面示意图

L 社区的基础生活设施比较完备。这是由于政府及企业在建设 L 社区时，考虑到 L 社区地处远郊，居民又以老弱病残的底层居民为主，为了方便居民的日常生活，政府及企业投入大量专项资金来完善该社区内部的基础设施。L 社区目前拥有大型公园、体育馆、若干中型超市、银行或储蓄所、若干医院诊所、若干幼儿园、小学、中学和其他各种娱乐场所。社区内有 2 条公交线路可在半小时之内直达 J 市中心。J 市政府在社区西南角修建了大型工业园区，招商引资建设了几个工厂、果园和苗圃园区。这为尚有劳动能力的底层居民提供了大量就业机会，降低了该社区因地理位置偏远而对居民的就业可达性造成的影响。调研中，很多居民都会很满意地对笔者说："我们这儿啥都有呀，干啊都方便！"可见，在城市社区空间重构的过程中，完备的基础设施建设情况会在很大程度上影响社区居民的生活满意度及社区归属感。

三、利用与再造交流空间

L社区的居民直接利用或改造利用了社区空间来进行丰富的日常交流，在这个过程中拓展了多元的社区关系网络。

（一）自家私密空间：频繁的串门

虽然已经搬到居住环境更好的城市社区多年，但是L社区的许多居民都很怀念过去在封闭的单位大院中密切的邻里交往生活。对于他们来说，时代的尘埃落到他们头上，就是一座沉沉的大山。随着单位破产重组，他们的生活空间被动地从封闭的矿区大院走向开放的城市社区，随之，他们过去的社交网络被撕裂，生活轨迹被改变。他们猛然来到陌生的城市社区，与大量陌生人混居在一起，时常怀念过去密切的邻里交往生活。在调研中，一位58岁的女性居民跟笔者谈到了目前他们频繁使用的一种社交方式——串门。在她所居住的这栋6层楼中，5楼和6楼的4户人家以前都是同一个矿的居民，她家是其中一户。这4户人家的背景情况类似，都是单职工家庭，男主人在矿区工作，女主人则是专职家庭妇女，偶尔在L社区的果园打工挣钱，4户人家的孩子年龄都接近，基本都是20岁左右。这4户人家彼此非常熟悉，整栋楼的居民也彼此认识，笔者在调研时发现了一个很有趣的现状：白天时这4户人家经常敞开大门，便于彼此随时串门。这位女性居民告诉笔者："我们彼此串门的次数那真是数不清的。"笔者问她："开着大门是否担心有危险。"她回答说："我们都是熟人，我们在矿上时不就是这样常敞开大门，随便让熟人进来串门吗？我们的矿区大院没了，过去常能见到的矿区人很多都不见了，也就剩了我们这些还能又住到一起的老相识，不跟他们多来往，那跟谁来往呢？别的矿的人，也就是见面点个头，谁跟你一聊能聊老半天呢？"

串门这种人际交往方式沿袭了传统乡村人际联系的传统，在半乡村半城镇的 7 个矿的单位大院中曾普遍存在。先期搬迁到 J 市中心区的各矿中高层居民早已不习惯这种交流方式了，在他们看来，这是一种早已不可能频繁存在于城市生活中的交流方式。但是 L 社区独特的"大杂居、小聚居"的住户安排方式，使 7 个矿的底层居民聚集，且让他们在很大程度上保留了过去的社交网络，因此，他们依然习惯于像过去那样敞开大门且频繁串门，这种抱团生活方式有效地帮助他们消除对陌生空间的不适感，有利于他们尽快适应城市新生活。

（二）宅间半私密空间：邻里唠嗑的好去处

L 社区在社区空间规划时，比较重视对宅间交流空间的设计，这主要体现在充分利用楼与楼之间的空地、楼道入口处的半私密空地。在楼与楼之间的空地上，围绕每棵景观树建有 1 个四方围凳。另外，每个楼道口前的空地上都摆有 1 个圆石桌和 4 个石凳。社区居民常在这些地方打牌唠嗑。居民们还动手改造了部分宅间交流空间。如，在一些住宅楼外围的墙根处，居民们把从矿区搬来的破旧沙发摆在那里，临近几栋楼的居民们常坐在这里嗑瓜子并唠家常；住宅楼之间的空地上被铺上了报纸，一些居民在这里晒干货；住宅楼附近的树之间被绑上了绳子，有人在这里晒被子。天气暖和时，到了黄昏时分，许多住宅楼门口的石桌被居民铺上报纸直接变为自家饭桌，昏黄的路灯下一大家人就这样围桌吃饭，边吃边聊十分热闹。所有这些生活场景都与矿区时的情景极为相似：随意把公共空间当成私人空间，又随意把私人空间当成公共空间。可见，沿袭矿区的日常生活实践，是底层居民在新的城市空间中的常态。

（三）公共空间：直接利用

居民的公共空间是人类空间行为研究中的重要内容，反映了个体与城市物质环境及与其他行为主体之间的直接联系。[1] 丹麦建筑学家扬·盖尔认为公共空间应当使人们能方便而自信地进出，能在城市和建筑群中流连，能从空间、建筑物和城市中得到愉悦、能与人见面和聚会。[2] 这说明公共空间对于社区居民的日常生活而言极其重要。L 社区的公共空间可以分为生活型和休闲型，设计均比较人性化，充分考虑了大量底层居民聚居的需求，深刻影响了居民的日常交流。

L 社区的生活型公共空间以商业点为主，由于聚集在这里的上万名居民产生了巨大的生活需求，所以这里的商业点多且繁荣，其中最重要的交流空间是露天早市、两大超市和十几个小型商店。其中，早市在距离 L 社区公园以北 500 米处，东西宽 60 余米，南北长 100 余米。有趣的是居民来早市往往是三五成群，且在买菜之余长久闲聊。一位被访对象说："好多人买几根葱都能在早市聊一个上午。反正闲着也没事干。到早市上，看看人山人海，跟老熟人唠唠嗑，心里头舒坦得很！"另外，L 社区的居民们还经常在 2 个大型超市和众多小商铺门口长时间逗留。L 社区的老弱病残比例较高，居民收入总体接近，消费能力普遍偏低，J 市政府对 L 社区的 2 个大超市进行了特殊的财政补贴，所以这里的物价明显低于市区，居民们常来超市购物或闲逛。同时，社区规划者在每个大超市门口和小商铺的空地上均安放了 3 至 4 个长椅以供居民休息。笔者调研发现这些超市和小商铺门前，从早到晚都有居民群坐在长椅上打牌或闲聊，有些人没处可坐，索性就直接蹲在地上闲聊。

---

① 张艳：《中国城市居民行为空间及其社区分异研究——以北京市为例》，学苑出版社，2015 年。
② ［丹麦］扬·盖尔：《交往与空间》，何人可译，中国建筑工业出版社，2002 年。

由此可见,这些商业点不仅是 L 社区居民的消费空间,更是他们的交流空间。居民在消费的过程中,容易碰面,也就容易拥有交流的机会。这种精心布置的商业网点,给社区居民的日常交流带来了意想不到的便利之处。

在 L 社区,休闲型公共空间以 1 个公园及 1 个体育馆为主。这 2 个公共空间均具有明显的空间吸引力,只要是天气条件适宜,这里总是能看到大量的居民在户外活动。L 社区公园是这个万人聚集的社区仅有的大型公园,位于 6 个生活区的中心,南北长 250 米,东西宽 185 米。有篮球场、乒乓球场、羽毛球场、凉亭、舞池等活动场地,其设计合理、配套完善、景观打造用心,深受社区居民喜欢。这个公园方便了居民在此空间中聚集,更为他们提供了可供延展的话题。在居民热切的交流需求和 L 公园这个颇具吸引力的实体空间的共同促进下,又逐渐生成了大量类似老矿区时的生活交流方式。虽然这里的居民过去都分属于不同的矿区,彼此交流很少。但是矿工及家属们的生活方式其实是大同小异的,因此,7 个矿的居民集体搬迁到 L 社区以后,他们总体来说还是容易理解彼此的生活背景的。长期在 L 社区公园活动的各矿居民都彼此面熟,有些甚至能展开深入交流。只要天气适宜,居民自发组织的活动在公园随处可见。不少居民对我说:“没事儿时最爱去的就是 L 公园,那里能接触好多人,那里是我们 L 社区人的生活中心。”L 社区公园不仅促进了居民交流,还提升了居民的社区归属感。L 社区体育馆紧靠公园东侧,占地 4000 多平方米,2014 年修建完成,外观大气时尚。但是由于种种原因,这个体育馆从未开放过。社区居民们愤怒之余,也想方设法利用体育馆的外围空间来展开各种活动。L 社区地处风沙口,许多老年居民经常拿着小马扎,紧靠体育馆的墙根而坐以防风沙,并聚在一起打牌或下象棋。在煤矿生活时,居民自发的日常公共生活中最常见的场景就是户外扎堆儿。如今在 L 社区公园和体育馆常见的群体交流行为,说明这些底层居民延续了在矿区时的生活习惯。

（四）公共空间：改造利用

除了利用既有空间之外，居民还创新改造既有空间使其更符合自己的交流需求。典型的例子就是，L 社区秦腔剧团的成员们把一个原本废弃的地下车棚巧妙改造成了一个像模像样的剧场。

在单位制消解或变异之后，过去那些由单位承担的社会整合功能逐渐开始向社会转移，各种民间自发组织的社团开始在社会生活中发挥作用，孕育着城市市民社会的早期形态。① 目前在 L 社区，有 11 个活跃的民间社团，这些社团普遍活动频繁且组织化程度较高，有力促进了居民之间的交流。以下以秦腔团为例来看各社团如何创新利用甚至改造空间来促进交流。

被访对象：L 社区秦腔团长，男，65 岁，原某矿煤质科职工。

在矿上时，工会组织了一个秦腔剧团。单位破产重组了，团也就散了。2010 年，我在 L 社区里闲逛，偶然遇到原来矿上秦腔团里的几个老戏友。我们没事就聚在一起唱。L 社区是原来 7 个矿的人组合而成的大熔炉，人多，能人就显出来了。外矿唱得好的能人还真多，后来也加进来，我们就成了近 50 人的戏团。一开始我们就在马路边或者公园里唱。后来规模大了，我们就每人捐 300 块钱，买点服装、道具等。后来又先后找了社区居委会和街道办事处，得到了点戏服和 3000 块钱。再后来胆子大了，我们又跑市政府办公室、文化旅游局等。慢慢地，我们的设施就多了，这就需要放到固定的活动场所。我又和几个剧团人追着社区主任天天要活动场所，弄到了个废弃的地下车库。当时它又黑又脏又破，我们在这里打扫了十几天才弄干净！我们巧妙利用了车库原

---

① 袁祖社：《权力与自由：市民社会的人学考察》，中国社会科学出版社，2003 年。

有的空间格局，把它分隔成前台、后场和观众席。后来又到处卖唱攒钱买幕帘、收购旧椅子沙发当观众席、亲自缝椅垫。为啥这样做？除了爱秦腔，还是因为要给自己找点乐子啊！这里以前就是个大荒滩，只有我们这些人聚集在这里。大街上走两圈，到处都是老弱病残的人，要是不给自己找点乐趣，这生活多无趣，简直就像等死啊！

从秦腔团的发展过程来看，在脱离了单位制时代各个煤矿单位给职工家属们的那种"全方位的父爱保护"以后，部分底层居民的潜能被充分激发出来，逐渐成了 L 社区中的"能人"。当 L 社区的秦腔团的活动空间严重不足时，他们便充分发挥主观能动性，带头改造废弃空间以使其成为适宜自己交往的空间。可以说，地下秦腔剧场的产生得益于 7 个矿的部分秦腔戏迷基于趣缘的交往需求，而剧场的产生又进一步改变了秦腔戏迷的交往关系，使他们从松散的临时团体结成了紧密的固定团体，并为他们更频繁进行演出并团结更多的戏迷提供了交往空间。

四、总结与建议

从单位大院搬到了城市社区以后，居民的生活空间从封闭逐渐走向开放，从凝固逐渐走向流动。过去的单位大院是典型的熟人小社会，是温情脉脉的。但是城市社区则是由陌生人组成的异质社会，居民们不再像过去那样因业缘而居住在一起，而主要是因社会经济地位总体接近而聚集于此，因此，与单位大院相比，城市社区居民之间的交流疏远很多。但是 L 社区则显得与众不同，这里的居民在重组的居住空间中，重构了紧密的社交网络，形成了强烈的社区归属感。笔者认为造成这种现象的原因如下。

首先，社区偏远的位置与完善的设施。在快速城市化的进程中，政府和企业对 7 个矿的底层居民的安置,采取的是整体偏远化安置方式,使他们统一生活在偏远的 L 社区中。L 社区的生活设施比较齐全,居民们可以不出社区就满足日常生活所需。同时,底层居民普遍缺乏社会资本,活动空间主要局限在社区内部。最终,居民们鲜少与外界互动,密集地在社区内部交流,逐步形成了封闭的生活空间,出现了群体的"自我隔离"问题。这种"自我隔离"与"文化堕距"交互作用,使 7 个矿的底层居民适应城市生活的深度与广度远落后于其他阶层的单位居民。可以说,L 社区偏远的地理位置和完善的社区基础设施,一方面为 7 个矿的底层居民提供了庇护,最大程度削减了他们进入城市生活的成本,有利于他们抱团抵抗城市化对个体的冲击,强化居民对城市新生活空间的归属感。另一方面,L 社区也在客观上阻碍了底层居民与其他 J 市市民之间的交流,使他们缺乏城市化进程中重要的"参照体",难以真正融入城市生活。

其次,社区外部空间政策的倾斜。L 社区本身是国务院、J 市政府和 S 煤业集团三方联合打造的示范性沉陷区迁居工程,因此,三方都在政策和资金上对 L 社区有大力倾斜。政府还在此修建了大片工业园区和果园,以避免搬迁影响底层居民的就业可达性。另外,市政府对社区内的超市、市场一律实行了限价政策,居民们能以优惠的价格购买日常所需用品。这些特殊的政策都强化了底层居民对 L 社区的依附心理。

再次,单位居民多种关系的交织重叠与大量的共同行动。将 7 个单位大院的底层居民集体迁移到 L 社区,这种方式最大限度地保留了居民在老单位时人际网络中的几大核心纽带——业缘、地缘、亲缘,而这些纽带恰恰成了他们在获取城市身份时的重要资源。同时,在居住空间重构之后,L 社区的居民在人际关系网络上呈现出更大的开放性,趣缘和宗教信仰成为人际连接的新纽带。在组织各个趣缘社团的过程中,各群体内部的成员需要共同合作,将自己所属的社团做强办大。这种合作使社团成员在交流过程中获得了新的组织归属感，同时也促成他们获得了新的社会资本，从而更好地适应城市生活。

最后，在 L 社区这个被戏称为"穷窝窝子"的全新居住空间中，底层居民充分发挥主观能动性，灵活利用甚至改造了各种社区交流空间，在交流中巩固并拓展了社交网络，形成了重叠多样的社会关系纽带，最终形成了强烈的社区归属感。

国内外研究普遍认为社区空间环境对改善居民交流和促进居民的社区归属感方面所能起到的积极作用，本研究结合单位视角，扎根于中国城市空间变迁的独特情况，从历时性角度来解释单位制度对居民利用空间交往及形成空间归属感方面产生的独特而深刻的影响。针对既有研究发现的单位底层居民在适应城市社区新生活中可能存在的"文化堕距"现象和底层居民可能存在的"自我隔离"现象，本研究补充说明了在这两种表面现象之下，单位制度发挥的强大隐性支配作用。针对既往研究提出的在城市空间重组过程中城市底层居民往往处于被动状态，本研究需要补充两点：第一，造成这种现象的原因与底层居民能获得的居住空间质量和社会网络与他们被安置的生活区的地理位置、空间布局和基础设施等因素密切相关，而这些因素又是由政府和企业通过政策和资金等方式来隐形控制的。因此，其实是权力和资本从根本上决定了城市居住空间的建设与分配。第二，一部分底层居民一旦意识到了自己作为市民应当享受相应的生活资源和权利，就不会像在单位时那样被动等待居住空间的改善，而是会以自主的逻辑展开与城市空间的主动勾连，并在这个过程中改善自己的交流处境。

本文选取的案例宁夏回族自治区 J 市 L 社区具有较强的特殊性，是由 7 个矿区大院的沉陷区底层居民迁移而形成的 1 个城市社区，即由同质的小单位合并而成的大城市社区，因此在社区居民的交流重构和归属感的形成方面具有一定的优势。但是就更广泛的现实情况而言，当代中国的城市社区大部分都是"陌生人社区",其中的社会资本存量和人际信任程度均处于较低水平①,居民交往存在隔阂,社区凝聚力较弱,这给城市社区治理带来了相当大的挑战。针对这种情况,本研究亦能提供一些经验借鉴:第一,在规划城市社区空间布局时,应该兼顾居民的基础生活需求与精神交流需求,特别应当注意合理建设多样化的公共活动空间(如社区公园、社区运动场地、儿童游戏区等),甚至还可以巧妙规划社区的半私密空间(如单元楼入户大厅等)等,同时优化这些空间中的景观设计,吸引更多居民在此"相遇"并交流,进而提升他们的社区归属感。第二,充分重视社区中那些商业空间(如快递网点、杂货铺、理发店、饭馆、菜铺等)的作用,在其周围因地制宜地添置座椅、健身器材等各种休闲设施,令居民在日常消费之余能在此逗留,为他们创造潜在的交流机会。第三,在新建社区以安置移民时,应充分考虑被安置者以往的生活空间及社会网络特征,尽可能保护他们的社会网络结构,维护他们熟悉的社区文化,从而帮助他们尽快适应新的居住空间。

本文曾载《现代城市研究》2021 年第 9 期,此处有删改

作者简介:辛文娟,四川外国语大学新闻传播学院、三线建设与社会发展研究所副教授。研究方向为新媒体与社会发展。

基金项目:四川外国语大学 2017 年度后期资助项目"城市居住空间分异与交流重构"(项目编号:sisu201786);国家社科基金 2019 年度重大项目"当代中国公众历史记录理论与实践研究"(项目编号:19ZDA194)。

---

① 熊易寒:《国家助推与社会成长:现代熟人社区建构的案例研究》,中国行政管理,2020 年第 5 期。

一幅时代变革的历史图景

——《新中国小三线建设档案文献
整理汇编(第一辑)》述评

张 杨

　　20 世纪 60—80 年代,中央在三线地区和一线、二线腹地山区开展了以战备为中心的大规模建设活动,主要涉及国防、科技、工业和交通基本设施等领域。① 历时三个五年计划的三线建设对当代中国的社会经济结构产生了深远影响,是中华人民共和国史(以下简称国史)研究的重要组成部分。三线建设因涉及国防安全,长期以来该领域研究资料多呈现为口述史、回忆

---

① 三线地区主要指西南的四川、贵州、云南,西北的陕西、甘肃、宁夏、青海,还有湘西、鄂西、豫西、晋西、粤北、桂北,共 13 个省区;一线地区指沿海和边疆地区;一线、三线之间称二线地区;一线、二线地区的后方俗称"小三线"。参见《新中国 70 年》,当代中国出版社,2019 年,第 103 页。目前学界关于大三线的定义、范围并无异议,但关于小三线则有一定争议。事实上,除一线、二线地区布局有小三线企业外,三线地区也有自己的小三线企业。1981 年 4 月 6 日,国务院国防工业办公室向国务院、中央军委提交《关于调整各省、市、自治区小三线军工厂的报告》称:"一九六四年,党中央决定各省、市、自治区建设小三线军工厂,生产团以下轻兵器,装备民兵和地方部队,战时支援野战军作战。按照一九六五年中央批准的规划和布局,已在全国二十八个省、市、自治区建立了小三线军工企业、事业单位二百六十八个"。参见国务院国防工业办公室:《关于调整各省、市、自治区小三线军工厂的报告(1981 年 4 月 6 日)》,上海市档案馆,档案号:B1 – 8 – 178 – 26。大三线和小三线都是三线建设的组成部分,二者在建设目标、布局模式、组织架构、经营方式等方面一样。虽然本书记录的是小三线企业,但是也反映了大三线企业的基本特征。

录和地方志，学者获取一手资料途径有限，长期以来未受到学界的重视。近年来，国史研究领域新史料层出不穷，无论是中央文件和领导人文集的出版、地方档案与民间文献的整理，还是口述史料和影音资料的采集、地方报刊与史志资料的编纂，皆取得了突破性进展。史料的进一步扩充促使国史研究学术化程度加深，学者们有意识地利用多重史料构建立体多元的国史叙述。① 其中，三线建设的资料也取得了一定的突破。例如，2014 年，陈夕主编的《中国共产党与三线建设》一书出版，为学界提供了三线建设及调整改造的顶层设计和基本概况文献；2016—2020 年，四川省党史系统编辑的《三线建设在四川》系列丛书则为学界提供了三线项目实施的地方文献。② 在大量新资料的基础上，三线建设研究不断取得新的突破，其研究逐步走向繁荣。③ 与此同时，三线建设微观层面史料的不足也制约着研究的进一步发展，其中包括企业的生产经营、普通民众的日常生活、企业内部的社会结构、三线职工的文化情感等史料尤为缺乏。

2021 年 5 月，上海科学技术文献出版社出版了由 2020 年度国家出版基金资助、上海大学历史学系徐有威教授主编的《新中国小三线建设档案文献整理汇编（第一辑）》。该书整理出版了全国最大的小三线企业——八五钢厂创办的 3 份报纸：1970 年由五〇七工程④指挥部主办的《八五通讯》（以下

---

① 董国强：《中国当代史研究方法论两题》，《中共党史研究》，2021 年第 1 期。
② 江红英：《行进在四川三线建设研究的征途中》，载徐有威、陈东林主编：《小三线建设研究论丛》（第 6 辑），上海大学出版社，2021 年，第 28 ~ 41 页。目前已编纂并内部出版的有四川省省卷和绵阳、德阳、自贡、宜宾、泸州、攀枝花、广安、达州、眉山、乐山、遂宁、凉山、雅安、资阳 14 个地市州分卷，总字数超过 1000 万字。
③ 具体研究概况可参见秦颖等：《20 世纪 80 年代以来国外三线建设研究综述》，《当代中国史研究》，2020 年第 1 期；徐有威等：《近五年来三线建设研究述评》，《开放时代》，2018 年第 2 期；段娟：《近 20 年来三线建设及其相关问题研究述评》，《当代中国史研究》，2012 年第 6 期；董颖：《近 20 年三线建设若干问题研究综述》，《党史研究与教学》，2001 年第 3 期等。
④ 1969 年 1 月，国务院批准上海在皖南贵池和绩溪等地新建五〇七工程，主要生产"57 高炮"和"57 榴弹"，涉及 18 个上海小三线企业，八五钢厂主要负责为上述军工产品提供钢材。参见《上海国防科技工业五十年》，上海人民出版社，2005 年版，第 216 ~ 217 页。

简称工程指挥部《八五通讯》）共 12 期、1979 年 7 月 1 日至 1986 年 12 月 31 日由八五钢厂宣传科主办的厂报《八五通讯》（以下简称宣传科《八五通讯》）共 272 期、1976 年 8 月 28 日至 1984 年 12 月 15 日由八五钢厂团委主办的《八五团讯》共 355 期，此外还有八五钢厂档案全宗简介和 7 篇办报者的回忆、口述作为附录。全书共 8 册、3401 页、302 万字，充分反映了八五钢厂这个"在异乡的土地上"从事工业生产的小三线企业的方方面面，为学界深入研究当代中国企业史和三线建设提供了一个横切面。①

该书的出版弥补了三线建设微观史料缺乏的现状，且这种不加筛选、全文呈现的编辑方式，对学术研究中开展史料辨析奠定了基础。特别值得一提的是，本书开头附有 24 张八五钢厂老照片，结尾附有关键词索引，为学者研究提供了感性认识和检索便利。基于此，本文拟从该书透视出的三线单位的内部结构、改革开放前后的时代脉动两个层面介绍其基本内容，并以此为基点对未来三线建设可能的研究取向提出三点思考。

一、全景呈现三线单位的内部结构

钢铁是工业的粮食，中共中央在三线备战初期即提出要在西南、西北形成以攀枝花钢铁和酒泉钢铁为中心的工业基地。② 钢铁厂也是小三线建设的重点，上海小三线建设的主要任务是在皖南和浙西建设以反坦克武器和

---

① 目前，已有研究者利用该资料对小三线建设研究中的医疗卫生、物资供应、文娱活动、交通安全、工资改革等问题展开了深入探讨。如徐有威等：《意料之中与意料之外：上海小三线医疗卫生与皖南社会》，载张勇安：《医疗社会史研究》（第 10 辑），社会科学文献出版社，2020 年，第 3～31 页；崔海霞：《上海小三线社会研究》，上海大学，2013 年博士研究生毕业论文；李云：《上海小三线建设调整研究》，上海大学，2016 年博士研究生毕业论文；耿媛媛：《引导与监督：上海小三线企业报〈八五团讯〉研究》，上海大学，2019 年硕士研究生毕业论文等。
② 陈夕：《中国共产党与三线建设》，中共党史出版社，2014 年，第 40 页。

高射武器为主的综合配套的后方工业基地。① 八五钢厂即上海根据 1968 年
3 月召开的全国小三线建设会议精神,由上海市冶金局及上海第五钢铁厂
(以下简称上钢五厂)为主负责包建的钢铁企业,主要为 57 毫米高炮(以下
简称 57 高炮)提供部分铸、锻毛坯和军工钢材的原材料。② 该厂于 1968 年 8
月开始选址,定点在安徽省贵池县梅街村,1969 年 5 月破土动工,至 1985 年
职工人数达到 5328 人,1986 年开始迁回上海,1988 年厂房移交安徽省,国家
历年投资共 9205.5 万元,累计上缴利税 9359 万元,是全国小三线建设规模
最大的企业。③ 该书所收录的 3 份报纸生动描绘了八五钢厂及其职工的生
产生活图景,为我们研究三线企业提供了一个可以深入分析的样本。其中,
工程指挥部《八五通讯》基本反映了建厂初期的艰苦创业过程;宣传科《八五
通讯》基本每月 2~3 期,每期为 8 开、2 版,内容涉及国家政策、企业生产经
营状况、厂区内部新闻、文娱活动、职工子女教育等;《八五团训》每月 4~6
期,每期 1 张 8 开纸,内容多是工作纪实、文体活动、表彰先进等。综合而言,
这些资料全景呈现了八五钢厂所具有的下列特点:

(一)飞地式存在

八五钢厂虽在皖南,但行政上隶属于上海市冶金局和上海市后方基地
管理局,其党群组织、生产经营与安徽省无关,而与上海紧密相连,并在上海
设有办事处。该厂生产生活中的大部分物资供应、各项荣誉评奖、职工及子
女教育、语言、饮食、风俗习惯等涉及企业和职工生产生活的各个方面都与
上海直接关联,与所在地的互动较少。据该书辑录的八五钢厂与所在地的

---

① 陈夕:《中国共产党与三线建设》,中共党史出版社,2014 年,第 40、470 页。
② 本文中凡出自《新中国小三线建设档案文献整理汇编》(第一辑)(上海科学技术文献出版
社,2021 年)的引文不再——注出。
③ 徐有威:《中国地方档案馆和企业档案馆小三线建设藏档的状况与价值》,载徐有威、陈东林
主编:《小三线建设研究论丛》(第 3 辑),上海大学出版社,2018 年,第 399 页。

少量互动材料,例如,在节日召开电影招待会接待周边农民、偶尔参与安徽省贵池县的体育运动会、帮助农民拍摄照片、为周边提供医疗服务及在周边乡村开展社会调查等,反映出八五钢厂宛如嵌入内地乡村的工业飞地。

(二)福利制社会

三线企业深入乡村,不能利用城市市政设施的便利,因而都有一个明显的特征即企业办社会。八五钢厂内部的商业、医疗、教育、娱乐、交通等系统皆自成一体,由企业自办自营。为了稳定职工队伍,该厂为职工提供了良好的福利待遇,包括工资奖金相对较高、住房分配相对灵活、生活条件相对较好等。例如,该厂职工在1980年前后即用上了煤气、洗衣机、电视等,工厂每月放映6部不重复的影片、组织多场文化体育活动,甚至有的季度工厂体育活动超过百场,每年还会组织部分职工游览九华山、黄山、庐山等风景名胜。由此可见,八五钢厂是典型的福利制社会,在当代中国工业发展史上呈现出其特殊性。

(三)运动式生产

三线企业有一个共同的目标,即建成"大庆式企业",因此非常重视对职工的生产动员。八五钢厂也逐步探索出一套名目繁多的以开展运动为特色的生产动员机制,主要包括增产节约运动、安全生产运动、爱国卫生运动、技术革新运动、学习英雄模范运动、"四化"建设运动等。在这些生产动员工作中,该厂也总结出了激发职工生产热情的方式,如生产竞赛、大比武、光荣榜、流动红旗、技术操作表演赛、知识竞赛等,并给予优胜者物质和精神奖励。该书中辑录的材料记载了该厂生产运动的详细过程,反映出八五钢厂特殊的生产激励机制。

（四）引导式教育

三线企业一般建在偏僻山区,生产生活条件相对有限,且职工远离家乡,因此厂方十分重视对职工的思想教育,以期用精神觉悟克服物质的不足。八五钢厂通过召开专题讲座(报告),分发知识手册,刊载评论文章,举办集体婚礼、青年座谈会、征文比赛,组织社会调查等方式,先后在职工中开展了爱国主义、方针政策、意识形态、文明生活方式、普法宣传、职业道德素养、节约储蓄、正确婚恋观念等方面的教育,从而培养了职工集体主义、爱国主义的情怀,稳定了职工队伍和生产秩序。

总之,该书以如实记录的方式对八五钢厂的历史进行了详细呈现,充分展示了以战备为目的开展三线建设的基本样貌,为学界深入研究三线企业内部提供了一个可资分析的样本。同时,该书刊载的材料形成时间集中于中国由计划经济向有计划商品经济过渡的 20 世纪七八十年代,除了反映三线企业在此变革中的因应,也记录了时代变迁的历史信息。

二、全面反映改革开放前后的时代脉动

三线建设横跨改革开放前后两个历史时期。该书所辑录的资料以企业中观和个人微观的视角,充分反映了改革开放前后国家的政策转向、时代脉动与基层回应。工程指挥部《八五通讯》对基建阶段三线建设者的革命豪情有翔实记载,如土法上马、土洋结合的生产方式,为抢救国家财产与烈火搏斗的英雄事迹,不怕困难、无私协作的斗争精神,向五一、国庆献礼的动员目标,以及赞美三线、歌颂领袖、欢庆卫星上天的乐观主义等,充分体现了"艰

苦创业、无私奉献、团结协作、勇于创新"①的三线精神。宣传科《八五通讯》和《八五团讯》则全面记录了八五钢厂由计划向市场、由封闭向开放转型的发展历程，展示出改革开放背景下三线企业及职工砥砺奋进的光辉篇章。综合而言，该书充分反映了国家方针政策、企业生产经营、职工精神风貌三个层面的转型。

一是国家方针政策。国家方针政策的变化对三线建设影响深远。该书辑录的资料充分反映了国家历次政策调整在八五钢厂的基层回响，提供了国家政策在基层的实践样本。例如，为配合依法治国基本国策的推行，该厂积极开展普法宣传和法制教育，组织干部职工学习《中华人民共和国宪法》《中华人民共和国婚姻法》《中华人民共和国刑法》《中华人民共和国刑事诉讼法》《中华人民共和国治安管理处罚条例》等法律条令，并以举办讲座等方式增强干部职工的法治意识。该书全面记录了上海小三线建设的调整过程。如1983年，国家开始对三线建设进行调整改造，经上海与安徽协商，八五钢厂于1986年开始整体迁回上海，消化吸收进上钢五厂，开启了其在改革开放进程中的新发展。

二是企业生产经营。党的十一届三中全会以后，企业生产经营方式发生了深刻的变化。该书记录了八五钢厂推进企业改制的全过程，如推行厂长负责制、技术承包责任制、扩大企业自主权、进行技术职称工资改革、干部年轻化专业化改革、调整产品结构和销售方式、建立律师制度等，对该厂推行经济责任制的全貌及在此过程中职工的个体反映有生动描绘。同时，该书还记录了八五钢厂通过考察交流等方式积极学习同行业其他单位的改革经验，如学习首都钢铁厂、上钢五厂、马鞍山钢铁厂、宝山钢铁厂、南京钢铁

---

① 《中华人民共和国简史》编写组编：《中华人民共和国简史》，人民出版社、当代中国出版社，2021年，第95页。

厂等企业的改制经验,为我们研究冶金系统乃至其他行业早期的市场化改革提供了值得研究的个案。

三是职工精神风貌。20 世纪 80 年代,随着改革开放的发展,民众的日常生活和精神风貌发生了巨大变化,该书生动记录了八五钢厂职工个体精神世界的变化。首先,职工精神生活日益多元化,八五钢厂通过举办漫画展、猜谜语、运动会、知识竞赛、舞会、旅游、观影等活动,建构起丰富多彩的职工业余生活;其次,文娱产品更加丰富,听港台歌曲、看海外电影、跳交谊舞、读世界名著成为风尚,充分体现了改革开放后文娱产品供给的增加;最后,思想教育逐渐生活化,此时段各单位对职工的引导多与培养良好的生活习惯有关,如禁止赌博、倡导戒烟、爱情辅导、和谐邻里、禁止酗酒、开展文明礼貌活动等,展现出鲜明的时代印记。

总之,该书详细记录了在改革开放初期八五钢厂的具体因应,反映出国家、企业和个人三者在这一历史大潮中的互动关系。虽然八五钢厂深居皖南群山之间,但其全方位的变迁经历也凸显时代变革的印记,为学界推动改革开放史研究提供了独特的视角。

三、对未来三线建设研究的思考

国史研究因其有自身的独特属性,较之其他断代史研究更为不易。对此,有学者指出:"越是靠近我们今天的历史,越难研究,但也越重要。……当然,研究存在一定的困难,如一些资料看不到,时间太近使有些问题说不透,当事人依然活在世上,不易评说等等。"①但也正是因为其距离今天时间

---

① 向燕南:《世纪之交的史学回顾与前瞻——访中国史学会会长戴逸先生》,《史学史研究》,1996 年第 1 期。

近,保留了大量多层次、多角度、详尽的历史记录,为学界开展相关问题研究提供了无限可能。因此,有学者指出:"国史研究资料及种类之丰富是一些传统的历史学科所无法企及的,其对于国史研究的深入发展必将起到巨大促进作用。"①结合三线建设研究现状及该书丰富的资料,笔者认为未来可从以下三个层面进一步推进三线建设研究。

(一)加强三线企业资料的搜集、整理、出版工作,并做好对资料的解读

当前,三线建设研究正在向基层和微观领域拓展,研究视野的下移要求史料搜集范围也随之下沉。该书完整展示了八五钢厂的报纸资料,并在附录中介绍了该厂的文书档案全宗,涵盖工厂的历史沿革、党政机构、工会组织、典型个体、与地方关系等各个方面。当然,部分三线企业因涉及核心技术或其他问题,其资料可能不易获得或不宜公开,因此,学界今后对三线企业资料的搜集、运用可集中于破产企业、基础工业、地方配套企业等。例如,该书所汇集的资料来自八五钢厂,迁回上海后又经过30余年的历史沉淀,向学界公开其资料正当其时,也必将推动三线建设研究的进一步发展。

当然,任何一种史料都有其自身特性和生成过程,档案记录、报纸报道、回忆资料等皆主要反映叙述者所认知的历史逻辑。对此,有学者指出:"且不说档案创制者和保存者所处时代主流意识形态赋予档案的'主观性',就是各种偶然因素无意中的影响,也常常可以大幅度降低档案材料的'客观性'。"②该书辑录的3份报纸作为八五钢厂主办的内部发行的资料,毕竟不是正式出版物,在内容、视角、编校质量等方面主要还是从工厂的主体地位

---

① 李正华等:《中华人民共和国史学科建设的缘起、发展与展望》,《河北学刊》,2019年第5期。
② 罗志田:《近代中国史学十论》,复旦大学出版社,2003年,第128~129页。

出发,因此难免存在一些局限。例如,这3份报纸普遍存在语言重复、叙事不完整、对全厂面貌及职工个人发展反映不完全等问题,也没有涵盖1986年之后的调整工作。因此,我们在利用这些三线企业资料时,需要将报刊、档案、民间文献和口述资料结合起来,才能对三线建设及调整的全貌予以客观、公正、准确的还原和评价。

(二)注重三线建设的内部差异性,丰富其多重面向

综观当前学界对三线建设的研究,同质性过强而差异性不足,三线企业和三线职工的个体特征并不明晰。事实上,不同地区、不同行业、不同时期的三线企业和职工虽有其共性,但差异性也较为突出。例如,与其他各省小三线建设项目在本省内布局不同,上海小三线建设因后方地域狭窄,项目布局在皖南和浙西,并依据"靠山、分散、隐蔽"的原则选址在深入山区的乡村。①

以八五钢厂为代表的上海小三线建设体现了独特的两重飞地属性:其一,嵌入乡村的大工业;其二,深入他乡的小都市。因此,三线建设研究需要呈现出多层次、多面向、异质化的研究取向,在探讨国家与社会、中央与地方、外来者与本地人、经济效益与国防安全等宏大历史叙事之时,也应将地域因素、行业特性、历史场景、个体性情等不易察觉却无处不在的影响因素融入研究中,努力建构更为丰富多彩的三线建设图景,丰富其多重面向。

(三)打通大三线与小三线的研究壁垒

大三线与小三线虽同属三线建设,但在既往学界的认知中,对二者有严

---

① 除上海外,北京、天津的小三线建设项目亦布局在河北省内。参见《当代北京工业丛书》编辑部编:《当代北京国防工业》,北京日报出版社,1990年,第180~183页;天津市地方志编辑委员会办公室、天津市计划志编委会编著:《天津通志·计划志》,天津社会科学院出版社,2005年,第287页。

格的区分:从地域分布来看,大三线建设主要在西南、西北和中南地区开展,小三线建设则在一线、二线的战略后方开展;从管理体制来看,大三线建设主要由中央投资,其所属单位也多为中央部委直属企业,小三线建设则多由地方自筹资金,其下辖单位多归地方管理(或与部委共管);从建设内容来看,大三线建设以基础工业、国防工业和交通设施为主,目的是在内地形成相对完整的工业体系和战略后方,小三线建设则以地方军事工业为主,目的是在战争爆发之时一线、二线地区可以各自为营开展游击战争。①

当前学界对大三线研究关注度较高,小三线研究仍处于起步阶段,事实上,大三线与小三线是三线建设的一体两面,二者虽有差异,但在建设目标、开展方式、空间布局、所处境遇等方面具有高度的一致性。与大三线建设保密性强、调整改造完成时间短、资料获取不易相比,小三线建设的规模小、多数企业转为民用、史料开放度较高;同时,小三线建设虽然在建成企业数量上不如大三线,但分布范围更广、布局更为零散。因此,未来应该加强小三线建设研究,打通大三线与小三线的研究壁垒,既注重二者的差异,也相互借鉴,共享研究资料、研究主题、研究成果。

综上所述,该书对八五钢厂从建设到生产再到调整的多重面向有着深刻反映,其突出特点即资料的原始性、基层性、丰富性,不但开拓了三线建设新的研究方向,而且会成为党史、国史、改革开放史研究领域新的学术增长点,其学术价值是显而易见的。不过需要注意的是,该书所辑录的资料也有一定的局限性,一方面是在时段上没有完全覆盖八五钢厂从建设到调整的全过程,另一方面则是对企业经营和职工生活中的历史细节缺乏全面深入的反映。今后,需要研究者们不断扩充资料范围和研究样本,丰富对三线建

---

① 中华人民共和国国家经济贸易委员会编:《中国工业五十年——新中国工业通鉴》(第5部上),中国经济出版社,2000年,第53~54页。

设的历史叙述,进一步拓展与深化国史研究。

本文曾载《当代中国史研究》2022 年第 2 期,此处有删改。

作者简介:张杨,男,河南南阳人,上海交通大学马克思主义学院副教授,硕
  士生导师。研究方向为中共党史、中国现当代史。
基金项目:2023 年国家社科基金青年项目"中国共产党领导上海支援大三线
  建设口述资料采集、整理与研究"(23CDJ049)

三线建设时期职工体育活动开展、特征与影响

——以攀枝花为例

王 华

近 30 年来,三线建设研究已成为学界关注热点,在三线建设的战略决策、空间布局、建设成就、历史评价、调整改造、区域发展、城市变化、工业遗产、职工生活等领域取得了一系列成果。① 其中,亦有少量成果对该时期体育发展进行了探讨,主要集中在对该时期工厂和职工体育发展概况梳理、"文化大革命"期间城市体育发展过程及其所受影响,但对三线企事业职工体育活动的研究付之阙如。事实上,作为三线建设职工文化生活重要组成部分的职工体育活动,本是探索国家意志与地方实践多种关系的重要一环,由此从国家、单位与个人在职工文化生活中的互动方面这一视角出发,有助于进一步拓展三线建设研究。有鉴于此,本文以档案、文献和口述访谈等资

---

① 段娟:《近 20 年来三线建设及其相关问题研究述评》,《当代中国史研究》,2012 年第 19(6)期;徐有威、周升起:《近五年来三线建设研究述评》,《开放时代》2018 年第 2 期;张勇:《回溯与前瞻:多维视角下的三线建设研究述评》,《宁夏社会科学》,2020 年第 2 期。

料为基础,对三线建设重点地区攀枝花①职工体育活动开展、特点和影响进行检视,以期为全面理解三线建设时期生产建设与文化生活的关系提供典型个案。

一、三线建设时期职工体育活动开展

20 世纪 60 年代中期,毛泽东鉴于日益严峻的国家安全形势,做出加强战备、调整工业布局、进行三线建设的战略决策。1964 年 4—5 月,毛泽东多次强调建设攀枝花钢铁厂的重要性②,很快在中央集体达成共识。③ 攀枝花地处川滇交界的横断山区,云贵高原西北部的金沙江峡谷地带,深处大西南内陆优越的战略位置和特殊的资源禀赋成为"备战"特殊历史条件下毛泽东重点关注的战略大后方。④ 1964 年下半年起,在"好人好马上三线"的号召下,来自全国各地成千上万的职工开赴攀枝花地区。

三线建设地区因缺乏城市依托,三线企业无法获取城市的文化设施,整个工业区体育事业"是一张白纸,一无基础,二无场地,三无器材,四缺干部"⑤,职工也无法融入传统的乡村娱乐活动。建设初期,基础设施建设严重

---

① 攀枝花的建设发展以攀枝花钢铁厂的建设和生产作为核心,1965 年开始建设,1970 年攀钢形成出铁能力,1971 年出钢,1974 年开始出材,至此攀钢一期工程建设完成并形成比较完整的生产体系。本文论述的攀枝花钢铁厂除引用档案文献外,均统一为"攀钢",起讫年限以 1964—1974 年为主。本文所论之"攀枝花",是指三线建设时期,位于四川省西南部新成立的行政区域。1965 年初,因保密需要,"攀枝花特区"更名为"渡口市",1978 年 10 月,西昌地区建制撤销,所属米易、盐边两县划归渡口市,1987 年初再次改名为"攀枝花市"。为理解方便,除引用档案文献和口述文字外,本文涉及"渡口市"称谓时,统一为"攀枝花市",1966 年前"攀枝花特区"称谓不变。
② 李富春:《关于计划安排的几点意见(1964 – 05 – 28)》,《党的文献》,1996 年第 3 期;刘少奇:《继续控制基本建设,着手搞西南三线(1964 – 05 – 28)》,《党的文献》,1996 年第 3 期;周恩来:《关于第三个五年计划的若干问题(1964 – 05 – 28)》,《党的文献》,1996 年第 3 期。
③ 高扬文:《三线建设回顾》,《百年潮》,2006 年第 6 期。
④ 中共攀枝花市委党史研究室编:《攀枝花开发建设史文献资料选编》,攀枝花新华印刷厂,2000 年,第 2 ~ 17 页。
⑤ 攀枝花市体育运动委员会编:《攀枝花市体育志(修订稿)》,1988 年,第 1 页。

缺失造成生产生活上的严重困扰,职工抱怨攀枝花的工作和生活环境:"天是罗帐地为床,澡堂就是金沙江,哪里还有运动场。"①据统计,攀枝花三线建设职工的人口构成中99.5%为外来人员,其中绝大部分为非自愿申请到攀枝花工作。② 随着抱怨情绪的累积,职工队伍开始出现私自离厂等不稳定的现象,如四一〇厂职工抱怨"四面是高山,既无电影院,又无娱乐场……郎多姑娘少,对象不好找",有的甚至公开表示"只要调回重庆,宁愿降一级工资"。③ 职工中甚至出现"有的现在就要求回家探亲,有的要给中央写信,有的要跳金沙江"④的严重情况,生产建设受到严重影响。

随着生产建设的推进,为了解决文化生活的需要,职工自发性开展武术、摔跤等传统性地方体育活动,同时也组织小范围的象棋和游泳等简单易行的体育活动。伴随着三线建设职工的大量涌入,"小众型"的地方体育活动已无法满足日益增长的文化生活需要,开展有组织的职工体育活动势在必行。

首先,体育机构的成立与经费保障。1966年3月,国家体委下发通知,提出让"厂矿、企业、机关开展多种多样的群众性体育活动,组织小型比赛"⑤。攀枝花特区党委于当年5月20日成立工业区体委,从1966年到1974年的8年间,攀枝花市体委工作人员(不包括各指挥部、区专职体育干部在内)已从建设初期的"四人体委"发展到44人的体育领导机关。⑥ 随着

---

① 攀枝花市档案馆:《攀枝花工业基地情况汇报提纲》,档案号:0004-001-312。

② 史居明、任亚西、杨明甫等:《攀枝花市攀钢、城区职工社会心理调查结果的对策探析》,《软科学》,1987年第1期。

③ 攀枝花市档案馆:《四一〇厂在"练兵"运动中是怎样开展毛主席著作学习的(1966-03)》,档案号:11472。

④ 攀枝花市档案馆:《我市体育工作情况汇报(1970-12-24)》,档案号:0084-001-001。

⑤ 攀枝花市档案馆:《国家体委党委关于1966年全国体育工作会议的报告(1966-03-15)》,档案号:0001-002-043。

⑥ 攀枝花市档案馆:《渡口市体委关于编制十年远景规划说明(1974-09-19)》,档案号:0084-001-007。

三线建设的推进,农村地区也开始成立和完善体育主管机构。体育经费逐年增加。1971 年体育经费投入 114.85 万元,虽然随后基建费用有所下降,但体育行政费和事业费均有较大幅度的上升,为体育工作的进一步开展提供了资金保障。

其次,体育活动场地建设与体育活动的开展。有了体育领导机构和经费的保证,体委和各三线企业也开始发动群众开辟运动场地。例如,攀枝花地区煤炭指挥部所属 7 号信箱(4 - 7)①自己动手,发动群众开创各种简易场地,自做单杠、双杠、举重杠铃器材,因陋就简地广泛开展篮球、乒乓球、羽毛球、跳高、跳远、体操等各色各样的体育活动;汽车运输公司大修厂通过单位协作,开辟了一个七人比赛足球场。从 1967 年开始,基础建设投资有了较大增加,该年度体育场地建设计划投资达到 14 万元②,据不完全统计,截至 1972 年底,全域有各种运动场地 408 个,其中灯光球场 105 个。③

随着体育场地的建设,体育活动得以在更大范围开展。1970 年,全市性的体育表演活动有 6 次,其中 5 次大型体育活动在各地区、各单位 20 个点进行。其中,林业指挥部按各分信箱分头开设多项体育项目:17 - 1 组织全林区男、女篮球邀请比赛;17 - 6 组织男女乒乓球邀请赛;17 - 3 组织男子排球赛;17 - 5 选派男、女拔河队参加市里比赛;17 - 9 依托所办中学组织青少年田径队代表队和女子排球队参加市里比赛。④ 攀钢公司则按照小型、分散、业余的原则,经常组织拔河赛、越野赛、篮球赛、排球赛、乒乓球赛、棋牌比赛

---

① 三线建设期间为对外保密需要,单位名称以信箱代替,1、2、4、9、10、17 号信箱分别为总指挥部、冶金、煤炭、交通、建工、林业指挥部,各大信箱下属单位为附属信箱,如煤炭指挥部附 7 信箱即为 4 - 7,其他信箱同,全文同。

② 攀枝花市档案馆:《渡口市体育运动委员会关于 1967 年度体育场地建设计划(1967 - 02 - 04)》,档案号:0002 - 001 - 120。

③ 攀枝花市档案馆:《渡口市体委 1973 年工作总结(1973 - 12 - 30)》,档案号:0084 - 001 - 006。

④ 攀枝花市档案馆:《国家体委党委关于 1966 年全国体育工作会议的报告(1966 - 03 - 15)》,档案号:0001 - 002 - 043。

和田径运动会,小型分散的体育比赛经常举行。建工指挥部航道处除了开展传统的篮、排、足、乒乓、羽毛球、广播操、拔河比赛外,还根据自身特点开展游泳、水上救护、单杠、双杠、爬杆等体育运动项目,70%以上的职工参加了体育锻炼。① 此外,各单位还结合自己的生产特点,编制和推行生产操。据统计,仅1970年国庆期间即开展了7天62场比赛,观众就达近5万人次②,到1972年底全市第二届运动会,参加比赛的运动员1086人,最小年龄11岁,最大年龄为40岁,观众激增至18万人次。1973年上半年全市各县乡、各区举行各项竞赛多达24次,运动员3071人,观众达48万人次。③

不仅如此,各大企业和机关也开始有组织地通过体育活动相互交流互动。例如,煤炭指挥部要求机关和各生产单位采取"请进来,走出去,共同学习的办法进行友谊比赛";林业指挥部则根据作业林区范围广、职工分散的特点,组织篮球队深入到300千米内的各林区,为林业工人进行了16场慰问表演。林业指挥部各附属单位也先后开展体育交流活动,17-1所属大河林场就邀请全局各场(队)12个代表队在大河林场召开体育运动大会,共进行了20场篮球和5场乒乓球友谊赛;17-5邀请12个代表队在4连举行体育运动大会,自始至终开展得很活跃。④

二、三线建设时期职工体育活动的主要特点

三线建设早期,职工体育活动主要呈现出文化娱乐的基本特征。随着

---

① 攀枝花市档案馆:《关于参加渡口市首届工农兵体育运动会项目安排请示报告(1971-07-27)》,档案号:0037-002-012。
② 攀枝花市档案馆:《我市体育工作情况汇报(1970-12-24)》,档案号:0084-001-001。
③ 攀枝花市档案馆:《渡口市体委1973年工作总结(1973-12-30)》,档案号:0084-001-006。
④ 攀枝花市档案馆:《发展体育运动,增强人民体质(民兵政治工作简报第二期)》(1971-10-05),档案号:0049-002-057。

体育组织管理机构的成立,体育活动逐渐演变成政治宣传需要的集体化、仪式化的组织活动。

(一)体育成为职工文化娱乐的主要方式

1965年4月14日,攀枝花特区党委召开华北三公司支部书记以上的干部座谈会,针对职工的流失倾向,特区党委书记徐驰明确要求把集体文化娱乐好好搞上去。总指挥部在随后的调查中提出解决措施,指出在职工集中的地区设立新华书店或书摊,组织电影队巡回放映,解决职工的文娱生活。在"先生产,后生活"方针的要求下,"山坡是现成的剧院、电影院,稍加平整,坡地就成了球场"①,随之篮球队、宣传队、放映队"三大队"成为建设初期最受职工欢迎的文化生活方式。② "三大队"解决职工文化生活的功能趋同,但活动方式和时空需求殊异。宣传队"面对面"的歌舞表演形式虽然生动活泼,深受职工喜爱,但各单位专职演出人员少且不固定,一般只在重大节日从各单位临时抽调文艺爱好者组成,不能随时随地组织演出,且演出所需舞台搭建、化妆设施、电力和音响设备等硬件设施也无法得到保障。放映队同样存在队伍编制少、放映任务重、设备运输远和场地选择难等问题,无法随时随地放映。两者都存在时间安排、空间布置和设备安装等问题,无法普及到整个工业区。与之相较,体育活动具有不受场地影响、人数限制和时间安排的局限,逐渐成为全工业区范围内广泛开展的职工文化活动方式。

究其原因,建设初期基层职工绝大多数是男青年,对开展体育活动有着迫切的要求,青年职工"各显神通",自发性开展和参加一些带有地方特色的体育活动,"南北两大派的武术高手在工余切磋武艺,招收徒弟,经常自发组

---

① 攀枝花市档案馆:《渡口基本情况(1974)》,档案号:0001-001-003。
② 段HY(三线建设成昆铁路建设者,女铁道兵)访谈记录,攀枝花同德烈士陵园,2019年12月15日。

织棋类运动或下金沙江游泳"。1968 年,随着一批大专院校毕业生的到来,一些"篮球'精英'组建成立业余'金沙江'男、女篮球队,每逢周末和节假日驰骋于厂矿球场,蜚声渡口"。① 职工周末到渡口灯光球场看球赛,成为一种必不可少的生活方式和社交活动。职工除了欣赏精彩的体育比赛,平时见不到面的老乡在此欢聚畅谈,交友聊天,"体育成了联络感情、增进交往的活动方式"②。

三线企业充分利用体育比赛,活跃职工文化生活。四川省交通厅公路工程处在远离市区修建雅江桥时,组织男子篮球"桥工队"经常与铁道兵第五师 7662 部等 3 支队伍驻军篮球队和银江公社三大队农民球队开展联谊活动、交流球技。③ 随着体育活动的开展,职工观看比赛和参与体育活动成为生活常态。1975 年攀钢轨梁厂举行首届越野赛跑,"厂党委、厂革委的负责同志和观众一起站在起点观看比赛……会场四周红旗飘扬,响亮的锣鼓声、掌声、欢呼声、金沙江水的浪涛声汇成一片"④。

在文化生活贫乏的三线建设时期,体育活动成为各单位建设的重点内容,体育活动的趣味性和比赛的激烈性形成的可观赏性,能够让身心得到放松,也在一定程度弥补了远离亲人和"不带家属"的情感缺失。对于场上运动员来说,通过体育活动展示身体力量和运动技巧成为观众瞩目的焦点是很光荣的事情。据当年参与宣传和体育运动的参与者回忆:"那个时候一个宣传队员,一个篮球队员,不亚于现在当明星。"⑤

---

① 攀枝花市体育运动委员会编:《攀枝花市体育志(修订稿)》,1988 年,第 1 页。
② 仁和镇志编纂委员会编:《仁和镇志》,中央文献出版社,2009 年,第 369 页。
③ 攀枝花东区银江镇志编纂委员会编:《银江镇志》,中央文献出版社,2010 年,第 357 页。
④ 攀枝花市档案馆:《攀钢轨梁厂举行首届越野赛跑(1975 - 04 - 02)》,档案号:0084 - 001 - 008。
⑤ 《岁月山河·攀枝花》(第 4 集),央视网,http://tv.cctv.com/2017/07/11/VIDE4OOAEG8UW ibyuVEehsFr170711.shtml?Spm = C55924871139.PY8jbb3G6NT9.0.0。

（二）体育活动与政治宣传紧密结合

体育的娱乐功能与政治宣传具有"共时性"特征。地方政府和三线单位在利用体育活动丰富文化生活外，相继开始"长流水、不断线，根据革命、生产形势平时开展，周末组织活动，节日搞大的比赛"①，依据最高领导人的指示、参与活动日期的意义和结合节假日开展体育活动。

毛泽东对体育活动的指示和亲自参与活动的日期成为开展体育活动的必然选择。为了"使毛主席的革命体育路线更加深入人心"②，在每一年6月10日毛泽东"发展体育运动，增强人民体质"题词纪念日，地方政府和三线企业均举行重大体育比赛或组织精干队伍深入厂矿、林区、部队、医院进行慰问表演，使运动场成为宣传毛泽东思想的阵地。③ 1966年7月16日，毛泽东在视察武汉期间"万里长江横渡"，毛泽东在接受采访时说："游泳是同大自然作斗争的一种运动，你们应该到大江大海去锻炼。"④《人民日报》刊载了新华社《毛主席畅游长江》的通讯。此后每年7月16日横渡长江纪念日，全市组织职工横渡金沙江和水库的游泳比赛，以此促进广大职工对增强体质的热情，激励职工增强对攀枝花工业区的信心。⑤ 元旦和春节承载了地方政府和三线企业"更上一层楼"的期许。新年除了"辞旧迎新"之意，也是鼓舞职工士气、增强革命意识和战斗精神的契机。1967年元旦和春节期间，总指挥部、后勤部、政治部三大机构要求全市"广泛开展群众性体育活动，促进渡口

---

① 攀枝花市档案馆：《渡口市体委1973年工作总结(1973－12－30)》，档案号：0084－001－006。
② 攀枝花市档案馆：《四川省体育局关于1972年全省体育工作安排意见的请示报告(1972－03－03)》，档案号：0004－001－164。
③ 攀枝花市档案馆：《我市体育工作情况汇报(1970－12－24)》，档案号：0084－001－001。
④ 新华社：《毛主席畅游长江》，《人民日报》，1966年7月26日。
⑤ 攀枝花市体育运动委员会编：《攀枝花市体育志(修订稿)》，1988年，第1页。

建设事业的发展"①。1970 年元旦,"为了让广大工农兵过一个战斗化、革命化的春节","满怀革命豪情,为迎接伟大的 70 年代的第一个春天,鼓舞广大职工在新的一年里以实际行动创造优异成绩,为渡口建设再立新功",市委专门组织球队对工农兵群众进行慰问表演。为了"使广大革命群众的节日生活过得愉快,丰富多彩",1970 年农历春节期间,"全市组织了 12 个队,进行 9 天 31 场表演赛,慰问全体建设职工"。国庆节作为国家庆典日,更是政治动员与组织号召的重要节点。1966 年国庆节期间,特区党委举行全市职工篮球友谊赛,邀请机关和各大企事业单位参赛,"用毛泽东思想挂帅,在整个比赛期间大力开展学习最高指示,执行最高指示,宣传最高指示,捍卫最高指示的热潮"。② 三线企业也将国庆节和体育活动结合,赋予体育活动强烈的政治意义,如林业指挥部大河林场,认为"国庆 22 周年的这个大喜日子……是加强战备的大好时机"③,为此开山辟岭,新建一块篮球场开展群众性体育活动。④

体育活动因其娱乐性特征,很快在三线建设地区得以推广,地方政府和三线企业利用特定时间和特殊事件组织不同主题的体育活动,使体育互动与思想政治紧密结合,达到克服生产困难、鼓励职工信心、加强战备训练等宣传毛泽东思想和传递国家意志的目的。

---

① 攀枝花市档案馆:《中共渡口总指挥部后勤政治部关于成立后勤系统男女篮球代表的通知》(1966－12),档案号:0002－002－056。

② 攀枝花市档案馆:《庆祝攀枝花建设十周年篮球运动会简报第四期》(1975－4－12),档案号:0084－001－010。

③ 攀枝花市档案馆:《毛泽东思想育新人,林区盛开友谊花》(1971－08－26),档案号:0049－002－057。

④ 《毛主席畅游长江》,《人民日报》,1966 年 7 月 26 日。

三、三线建设时期职工体育活动的影响

作为集体性文化生活,职工体育的开展形式是三线建设特殊时期的产物。通过仪式化特征明显的体育活动,地方政府和三线企业将娱乐化与政治性相结合,实现思想教育和精神动员,在此过程中,体育活动产生了积极的影响,也不可避免地出现了一些问题。

(一)职工体育活动产生的积极影响

在职工体育活动开展的过程中,产生了一系列积极的影响,如加强职工体质、生产效率、集体意识、单位凝聚力,"有利于安定团结,进一步加强友邻单位的团结,有助于巩固工农联盟等诸多实效"[①]。

1. 增强了职工体质,提高生产效率

对于三线企业来说,体育活动既能弥补文化生活之不足,还能增强职工体质,从而提高生产效率,有着一举多得的功效,"有的职工过去体质弱,因气候变化经常感冒,被称为活的'气象台',通过参与各种形式的体育活动,活的'气象台'不灵了"[②]。交通指挥部下属航道工程处通过开展体育活动,职工"发病率下降15%以上,有效地促进了抓革命、促生产,所承建的三号公路比原计划提前两个月胜利通车"[③]。煤炭指挥部小宝鼎煤矿也因职工体育活动的开展而受益,采煤二队80%的工人成为体育运动积极分子,体质明显增强,出勤率达到94.7%,许多人还成为生产上的"闯将"。1972年冬天以

---

① 攀枝花市档案馆:《积极开展地区性的体育竞赛活动·体育工作简报第26期》(1975 – 09 – 06),档案号:0084 – 001 – 008。

② 攀枝花市档案馆:《1983年渡口市体委工作总结》(1984 – 03 – 10),档案号:0084 – 001 – 019。

③ 攀枝花市档案馆:《渡口市体委1973年工作总结(1973 – 12 – 30)》,档案号:0084 – 001 – 006。

来,该队每月生产都突破原煤万吨大关,被上级党委命名为学大庆先进采煤队,受到各级党委的通报表扬。建工部 2 号信箱原来是全市闻名的"老大难"单位,"是典型的吹牛打牌、赌博泛滥成风的单位",通过大力开展文体活动,先后组织了 100 多场连与连、班与班的篮球、乒乓球友谊赛,职工走出了宿舍,来到文体活动现场。2 号信箱五连 90% 的职工积极参加文体活动,该连面貌焕然一新,在"抓革命,促生产"中成为一支先进连队,提前两个月完成年度生产计划。① 通过大量体育活动的开展,身体素质得到提高,实现了职工精神面貌的转变和生产效率的提升。

2. 增强了集体意识,凝聚了单位向心力

体育活动在增强职工体质和提高生产效率的同时,也增强了职工的集体意识,凝聚职工的向心力。例如,水泥厂在举办篮球友谊赛时,观赛职工占全厂职工总数的 80% 以上,负责后勤者"主动打锣打鼓,热情迎送,整理比赛现场,为运动员送茶送水,踊跃参观比赛",观赛者则"热情饱满,遵守纪律,团结友好,鼓励运动员打出风格,打出水平"。② 场上参赛职工则认为,体育比赛"更有政治意义,比赛充满了浓厚的政治空气……起到了团结职工、鼓舞职工的作用"③。据煤炭指挥部一位参加慰问表演比赛的篮球队员回忆:"到兄弟单位去慰问表演,受到当地职工的热情欢迎,心里感到热乎乎的,那个时候考虑的不是别的,而是如何完成政治任务的问题。"运动员的个体认知在某种程度上反映着群体性的身份认同。体委一份篮球运动会《简报》对运动员和观众参与体育所体现出的政治关切进行了生动的描述:

　　　　篮球场内,掌声雷动。精彩球艺,吸引观众。友谊第一,比赛第二。

---

① 攀枝花市档案馆:《攀枝花工业基地情况汇报提纲》,档案号:0004-001-312。
② 攀枝花市档案馆:《渡口市体育局 1972 年工作总结》(1972-12),档案号:0084-001-004。
③ 攀枝花市档案馆:《我市体育工作情况汇报(1970-12-24)》,档案号:0084-001-001。

团结战斗，球场新风。勇敢顽强，你守我攻。精益求精，积极主动。胜者不骄，败者不馁。赛出风格，赛出水平。球场新风，到处传颂。宁失一球，不伤战友。汗流满面，毛巾送手。口渴舌干，茶水到口。党的路线，牢记心中。好人好事，层出不穷。狠批孔孟，反对锦标。团结战斗，力争上游。①

《简报》通过"短评"的形式，以朗朗上口的韵律形象地展现了体育比赛"全景"：组织者、观赛者、参赛者的主人翁意识和身份认同"三位一体"，场上职工"勇敢顽强""精彩球艺"所展示出的拼搏和技巧，为争取集体荣誉所体现出的"勇猛顽强"作风，场下观众"掌声雷动"所体现出的文明和热情，运动员和观众共同呈现出"汗流满面，毛巾送手，口渴舌干，茶水到口"的和谐画面。体育活动借此实现了"党的路线，牢记心中"的教化功能，"友谊第一，比赛第二""反对锦标"的政治表达及"团结战斗，力争上游"的凝心聚力作用。无论是场下观众还是场上运动员，均表现出明显的"主人翁"意识。

为了进一步凝聚单位向心力，三线企业还积极投入资金和训练，开展特色体育项目。例如，攀钢篮球运动成绩显著，篮球甚至成为攀钢职工引以为豪的身份象征。十九冶"不甘人后"，除了继续在体操这一优势项目上"独占鳌头"，篮球队也"异军突起"，"连续几年男女篮球队获得市级各类比赛第一名"。攀钢和十九冶作为攀枝花最具代表性的三线企业，模范带头作用突出，各三线企业均表示，"要更广泛地开展各种各色的体育活动，让社会主义更好地去占领职工业余阵地，使体育更好地为建设攀枝花工业基地服务"②。

---

① 攀枝花市档案馆：《庆祝攀枝花建设十周年篮球运动会简报第四期》（1975 - 4 - 12），档案号：0084 - 001 - 010。

② 攀枝花市档案馆：《积极开展地区性的体育竞赛活动·体育工作简报第 26 期》（1975 - 09 - 06），档案号：0084 - 001 - 008。

一些经济实力强的单位为了"占得先机",甚至走"捷径"直接从外地特招运动员,例如商业局就从重庆招收一批运动员,"女篮尤其出色,称雄渡口",交通、攀矿等单位也从外地特招一批运动员,从此整个攀枝花地区"赛事频频,竞争激烈,牵动人心"[①]。体育比赛提升了单位的凝聚力,成为三线企业宣传动员和生产建设的重要组织宣传方式。

3."溢出效应"带动了农村地区体育事业的发展

三线企业修建的体育设施,也为当地农民参与体育活动提供了场地条件。例如,地处攀枝花核心区的银江公社,各单位在"嵌入"到社队的过程中先后在该公社8个大队全部建起简易灯光球场,普通球场数量更多。体育场地的充足供给,促进了三线企业职工与农民的体育交流互动,铁道兵驻军、厂矿企业等单位篮球队频繁地与社队开展各种体育比赛。据当地村民回忆:"工人一下班就跑到小沙坝村和我们当地农民打篮球,我们开始不懂得打球,后来水平还不错,还可以和他们打比赛。"[②]

在体育互动过程中,不仅农村体育活动场地等硬件设施得到改善,当地农民的篮球运动成绩也因得到长时间、多频次的锻炼而得以提高,例如,攀钢和矿山公司经常与附近银江公社一些社队开展篮球比赛,银江公社的社队体育活动尤其是篮球运动水平得到迅速提升,甚至出现五道河余家篮球队、密地村杨家篮球队等一批球技出众的家庭篮球队。铁道兵和桥工队等邻近单位经常与附近倮果村比赛交流,倮果村柴家五兄弟篮球队和张家五兄弟、五姊妹篮球队也因此具有较强实力,常年活跃于全区农村和铁路沿线及金沙江两岸。柴、张两家五兄弟篮球队因此为倮果村赢得银江乡运动会三连冠,张家五姊妹篮球队还先后代表银江乡参加金江区、东区运动会,荣

① 攀枝花市体育运动委员会编:《攀枝花市体育志(修订稿)》,1988年,第1页。
② 康XL(攀枝花市东区银江镇沙坝村村民)访谈记录,攀枝花市东区银江镇沙坝村流沙巷小区,2018年7月13日。

获 3 个第一名的成绩。①

(二)职工体育活动开展过程中出现的问题

与此同时,由于受到"节约闹革命"冲击和"政治挂帅"的制约,在职工体育活动开展过程中,存在着体育设施建设受到阻碍和体育娱乐健身功能受到限制等问题。

1. "节约闹革命"导致体育设施建设受到影响

由于过分强调"先生产,后生活"的建设方针,体育活动的投资和建设受到不同程度的影响。1966 年,攀枝花开始单列文教、卫生事业经费,年度经费计划 150 万元,其中为生产直接服务的教育、卫生和文化支出分别为 71 万元、58 万元、18 万元,分别占总经费的 47.3%、38.7% 和 12%,广播和体育支出分别仅为 1 万元和 2 万元,占比分别仅为 0.67% 和 1.3%。② 由于体育经费严重不足,1966 年全市职工比赛时,篮球比赛"只能在一个 20 米长、不到 12 米宽,两根木棒几块板子钉起来的篮架的破烂球场和一个食堂进行",乒乓球表演只能在室外球场进行,有的单位只能在简易舞台上进行,市体委办公场所也"不过只有三间小小的木板房子,办公、保管东西、住人都在里面……比起有些市一个学校的体育部门的条件还不如"。③

即使已建成的体育设施,在"备战备荒"和"节约闹革命"主体话语之下,或被取消,或降低标准,影响了职工体育的有效开展。例如,1966 年第二指挥部特种公司建了 10000 平方米左右的大型体育场,但总指挥部认为与"争时间,抢速度"的备战要求不符,批评特种公司"不仅违规建设,还抽调重型

---

① 攀枝花市档案馆:《渡口市十七号信箱革委会关于新年、春节开展文体活动的通知(民兵政治工作简报第一期)》(1971 – 10),档案号:0049 – 002 – 057。

② 中共攀枝花市委党史研究室编:《攀枝花开发建设史文献资料选编》,攀枝花新华印刷厂,2000 年,第 2 ~ 17 页。

③ 攀枝花市档案馆:《我市体育工作情况汇报(1970 – 12 – 24)》,档案号:0084 – 001 – 001。

施工机械去干计划外的、非急需的体育场,造成了浪费",要求其"对这件事认真检查,吸取教训,防止今后发生类似情况。已推平的体育场,坚决作为目前急需的材料堆场使用"。① 1969 年 3 月,"珍宝岛事件"后,"备战备荒"再次成为焦点,体育设施同样受到影响。据统计,截至 1970 年 6 月,全市已有灯光球场 52 个,其中水泥地面或三合土地面,灯光在两排以上的球场 15 个;土地面,灯光在两排以上的球场 18 个;土地面,灯光在两排以下的球场 11 个;土地面,灯光只有 2~5 个的球场 8 个。② 同年中共中央、国务院、中央军委和中央文革小组联合发出《关于进一步实行节约闹革命,坚决节约开支的紧急通知》和毛泽东《关于国家体委体制改革的请示报告》的指示,要求"体育坚定不移地为工农兵服务,为无产阶级政治服务,为国防建设服务,为社会主义经济基础服务",进而"提出改革一切不适应社会主义的旧体育,发展社会主义的新体育"。③ 为此,攀枝花地方政府对已有灯光球场提出以下处理意见:

(1)只保留 9 个灯光球场,以使各地区有一个可供大型集会和文体活动的场地;(2)除以上球场外,其他所有球场的灯光全部拆掉,其电器用于生产建设;(3)保留的灯光球场必须加强管理,节约用电,除大型集会、正式的体育比赛活动外,一律不能使用灯光;(4)今后修建灯光球场和其他体育场所,需经市体委军管会,由市体委军管会承(呈)报上级部门审批后方可修建。

---

① 攀枝花市档案馆:《关于第二指挥部特种公司在计划外建设体育场的通报》(1967 - 01 - 24),档案号:0002 - 001 - 110。

② 攀枝花市档案馆:《全市灯光球场调查情况》(1970 - 06 - 03),档案号:0001 - 002 - 043。

③ 攀枝花市档案馆:《关于四川省渡口市体委体制改革的请示报告》(1970 - 12 - 10),档案号:0084 - 001 - 001。

这一决定很快延伸至全市各机关和企业,不但大部分灯光球场遭到"熄灯"甚至"拆灯"的处理,自建的体育设施也完全停止,即使有限的体育活动设施也因执行"节约闹革命"而废弃不用,造成职工文化生活的紧张。

2. 片面强调"为政治服务"使体育强身娱乐功能受到限制

三线建设特殊的"备战备荒"背景,让体育始终背负"政治挂帅"的责任,体育自身的健身娱乐功能无法真正"落地"。三线建设初期,国家体委党委提出"三五"期间体育工作必须坚决贯彻毛泽东"备战备荒为人民"和"发展体育运动,增强人民体质"的指示,要求"体育比赛中必须突出政治"[①]。直接后果表现在,选拔代表队和运动员时,不以技术水平为首要标准,而是侧重思想好、风格高,同时体育比赛过程也着重强调运动员的"风格"而不是"精彩球艺",赛事奖励把"风格奖"设置为赛会最高奖,要求必须讲"政治条件,活学活用毛主席著作,三八作风,抓活的思想"[②]。

四、结语

攀枝花作为毛泽东和党中央高度关注的三线建设核心地区,广大职工在"好人好马上三线"的号召下参加建设,职工体育活动也正是在此背景下产生和发展起来。其时,体育的发展起到了丰富职工文化生活、增强职工身体素质、提高生产效率、提升单位凝聚力和职工归属感方面的重要作用,并为巩固"工农联盟"起到了积极作用。攀枝花地区具有三线建设的典型代表性,其职工体育活动如一面镜子,从中可以映射出"备战备荒"战略的艰难实

---

① 攀枝花市档案馆:《国家体委党委关于 1966 年全国体育工作会议的报告》(1966 – 03 – 15),档案号:0001 – 002 – 043。

② 攀枝花市档案馆:《关于国庆节全市篮球、乒乓球比赛的几个有关问题》(1966 – 08 – 29),档案号:0002 – 002 – 056。

施过程,折射出三线建设时期职工文化生活发展轨迹。

那一段特殊时期留下的职工体育与生产建设协调发展的经验,对我们今天全面建设社会主义现代化国家,增强人民群众的幸福感和获得感具有一定借鉴意义,而其出现的问题及教训也值得警惕。

本文曾提交第三届全国三线建设学术研讨会,在会议期间及前后,得到李德英、徐有威、周明长、张杨、张治会、陈勇明等专家学者惠赐意见,本文外审期间专家提出宝贵修改意见,在此一并致谢。

本文曾载《成都体育学院学报》2022 年第 4 期,此处有删改

作者简介:王华,四川蓬溪人,攀枝花学院马克思主义学院讲师。研究方向为中国近现代史、中国当代史。

基金项目:教育部哲学社会科学研究重大课题攻关项目"三线建设历史资料搜集整理与研究"(项目编号:18JZD027);国家社会科学基金项目"新中国三线建设口述历史与三线精神研究"(项目编号:21XKS009);四川三线建设研究中心项目"三线建设时期职工体育活动研究"(项目编号:SXP22 - 03)。

后小三线建设时代的安徽企业发展研究

张　胜　徐有威

20 世纪 60 年代中期，中共中央根据当时国际环境和周边紧张局势，做出了三线建设的重大决策，小三线作为对三线建设战略决策的补充和衔接也随之开展建设。改革开放后，小三线军工生产体系已不能适应国家经济和国防工业发展新形势。1981 年，国务院国防工业办公室正式向国务院、中央军委提交报告，提出小三线进行调整的基本原则："着重进行生产结构的调整，适当保留军品生产线，变单一军品生产为军民结合的生产结构；对于要调整的工厂，应贯彻少关停、多并转的方针。"[1]这一调整原则随后得到了国务院和中央军委的复准。自此，小三线建设企业进入后小三线建设时代。[2] 在改革开放大潮中，这些企业的调整改造、兴衰成败，对所在区域乃至全国经济社会发展均产生了多方面影响。

安徽省皖西大别山区和皖南部分山区由于其地理环境符合小三线选址

---

① 《关于调整各省、市、自治区小三线军工厂的报告》，上海市档案馆藏，档案号：B1 − 8 − 178 − 26，1981 − 4 − 6。

② 1981 年 6 月由国务院、中央军委下发各省、市、自治区执行。《参见关于调整各省、市、自治区小三线军工厂的报告》，上海市档案馆藏，档案号：B1 − 8 − 178 − 26，1981 − 4 − 6。本文"后小三线建设企业"，特指 1981 年至今近 40 年的时间段内，发端于小三线建设的企业。

要求,资源物产丰富,成为小三线建设较为集中的地区。其中,皖西是安徽本省小三线建设主要地区,皖南是上海小三线建设主要地区。上海之所以选址皖南,主要是其自身没有适合小三线建设的地形地貌,从而造就了位于皖南的上海"飞地"。① 就安徽本省小三线而言,后时代之初,小三线企业普遍发展民品,但未能解决交通不便、信息不灵、经济效益差等现实问题。20世纪90年代,大部分企业调整搬迁至合肥等中心城市,开启发展新阶段。② 学界对于后时代小三线企业发展已有一些研究,涉及部分区域的个案考察。③ 然而在社会主义市场经济体制背景下,这些被调整后的小三线企业究竟做了怎样应对,取得了哪些成就和经验,仍未详尽探讨。鉴于此,本文基于对档案、企业志和口述史等资料梳理,侧重考察20世纪90年代安徽小三线企业④的发展脉络、成效与不足。

一、后小三线建设时代企业的发展方向

改革开放后,国家将工作重心转向经济建设,逐步确立了"军民结合、平战结合、军品优先、以民养军"的国防工业发展方针。随着国防工业发展方针的转变,以轻武器生产为主的小三线企业发展路径随之调整,在完成军品任务的同时,民品逐步成为这些企业生产发展的重要内容。

---

① 张秀莉:《皖南上海小三线职工的民生问题研究》,《安徽史学》,2014年第6期;李云、张胜、徐有威:《安徽小三线建设述论》,《安徽史学》,2020年第5期。

② 李云、张胜、徐有威:《安徽小三线建设述论》,《安徽史学》,2020年第5期。

③ 黄巍:《经济体制转型中的三线调整——以辽宁新风机械厂(1965—1999)为例》,《江西社会科学》,2018年第38(08)期;徐有威、张志军:《得失之间:江西小三线"军转民"问题研究》,《安徽师范大学学报》(人文社会科学版),2020年第4期;徐锋华:《东至化工区建设述论——上海皖南"小三线"的个案研究》,《安徽史学》,2016年第2期。

④ 20世纪80年代中期以后,在市场经济背景下,小三线企业多有合并、重组,并逐步建立现代化企业制度,名称亦发生变化。为示区别、方便表述,本文将进入后小三线建设时代的企业统称为后时代小三线企业。

部分小三线企业保留了军品生产能力,同时发展民品,实行"两条腿走路"。东风机械厂制定了"军品系列化,民品规模化"的发展方向。该厂还深化横向联合,促进民品发展走集团化道路。在合肥市政府、安徽省国防科学技术工业办公室(以下简称"安徽省国防科工办")、合肥市第二轻工业局的帮助下,东风机械厂于 1995 年 3 月 22 日,正式宣布加入合肥美菱集团控股有限公司(以下简称"美菱集团"),更名为"美菱集团安徽东风机械总厂"。东风机械厂加入美菱集团后,"保留法人地位,保留军工番号,军品生产相对独立,军工生产管理渠道不变,企业民品部分的人财物、产供销由美菱集团统一管理"①。有些企业则重点推动民品发展适应市场化的新形势。红星机械厂为发展民品,拓展市场,成立销售公司开展销售业务。1999 年 12 月,为加强销售人员队伍建设,红星机械厂还在全厂范围内"公开招聘销售人员和销售负责人","所有的销售人员竞争上岗,运用现代人事管理知识,采用科学的招聘方法,使一大批素质高、懂业务、懂营销的人员充实到销售人员队伍中"。②

部分企业不再承担军品任务,转产民品。其中以淮海机械厂发展规模较大。至 1994 年,该厂"生产能力在全国汽车行业中由 1993 年第 28 位跃居第 17 位,企业成为安徽省工业企业百强之一,位居合肥市工业企业十强第六"③。皖江机械厂"1986 年,开始完全脱离军品生产,先后生产摩托车配件、高压开关等产品。1987 年,成功开发织袜机整机"。"20 世纪 90 年代后期,企业抓住搬迁进城机遇使生产线技术水平达到国内先进行列"。④ 实际上,大部分小三线企业调迁到城市后都不再承担军品任务,大力发展民品是

① 九三二四厂志编写组编:《九三二四厂志》(第二卷·1986—2003),2004 年,第 39 页。
② 第二卷厂志编写组编:《安徽省红星机械厂厂志》(第二卷·1986—2006),2007 年,第 327 页。
③ 安徽省淮海机械厂编:《机电新产品导报》,1996 年,第 68 页。
④ 合肥市地方志编纂委员会办公室编:《合肥市志》(1986—2005)(中册),方志出版社,2012 年,第 691~692 页。

这些企业生存下去的唯一路径。部分小三线企业军品生产能力得以保留。20世纪80年代中期,全国大量小三线企业以"关、停、并、转、迁"的方式调整,至1989年,全国地方军工企事业单位减少到194个。① 在这一背景下,安徽部分小三线企业转产民品,至1989年,生产军品任务为主的企业仅剩皖西机械厂、东风机械厂、红星机械厂、江北机械厂、皖淮机械厂和红旗机械厂。至1994年底,国务院批复国防科学技术工业委员会《关于军工科研生产能力调整改革的意见》,正式揭开了20世纪90年代军工科研生产能力大调整的序幕。② 皖西机械厂、东风机械厂、红星机械厂、江北机械厂和皖淮机械厂是后时代安徽主要生产军品的小三线企业。尽管这些企业大力发展民品,但军品生产始终是这些企业的重要任务,民品对于企业生存发展的贡献相对较低。1994年9月,东风机械厂在了解到国家将进行军工科研生产能力调整的信息后,"委托厂长张友仁赴北京积极进行预先公关",争取保留工厂番号。"在京期间,张友仁向兵总设计计划处、兵总引信处、地方规划处及国防科工委、国家计委等部门主要领导宣传介绍了工厂及主要产品",以此争取保留其军工生产能力。同时,安徽省政府与省国防科工办亦对有关企业军品生产线的保留给予了积极支持。在各方共同努力下,皖西机械厂、东风机械厂、红星机械厂、江北机械厂和皖淮机械厂的军品生产线均得以保留。

总的来看,这些企业军工生产能力之所以能保留下来的原因是多方面的。首先,这些企业努力进取、不断创新,形成了拳头产品。其次,这些企业具有相对较好的技术、质量和信誉。安徽省皖西机械厂"凭借在中小口径迫弹领域先进的技术、可靠的质量和良好的信誉赢得了国防科工委等有关部

---

① 《当代中国的兵器工业》编委会编:《当代中国的兵器工业》,当代中国出版社、香港祖国出版社,2009年,第281页。

② 九三二四厂志编写组编:《九三二四厂志》(第二卷·1986—2003),2004年,第39页。

门的信赖",军工生产能力才得以成功保留。① 最后,相关企业联系紧密。早在 1964 年 10 月 28 日,中共国防工业党委就在《国防工业一九六五年工作要点》中要求,"必须坚决按照规模小、专业化、新工艺和协作的原则进行建设,决不能再建设全能的、综合性的工厂"②。此后的小三线地方军工建设遵循了这一原则。因此,安徽小三线企业在搬迁之前就存在高度的协作关系。例如,东风机械厂的部分产品出现问题,甚至会"影响 990 厂相关产品生产"③。搬迁后,部分企业仍有协作生产业务,这种密切的协作关系亦成为保留安徽省相关军工企业的因素之一。

这些企业产品普遍为消耗品,需求量相对较大。据亲历者忆述:"枪、炮在和平年代损耗小,一般都入了库房。像皖西机械厂、江北机械厂等单位生产弹药,是消耗品,需求量相对大一些。"④因此,无论从产品本身抑或产品需求考虑,皖西机械厂、东风机械厂、红星机械厂、江北机械厂、皖淮机械厂等企业军品生产能力保留与发展都具有一定优势。

二、后小三线建设时代企业面临的主要问题

小三线企业在计划经济体制向市场经济体制转变背景下进行改革、调整和转型,不可避免地给企业带来一些问题,具体而言:

第一,企业负债高、效益差,经济困难。改革开放后,小三线企业军品任务就已大量减少,民品发展并不平衡,一些企业能够维持生存已然不易。进入 20 世纪 90 年代,大部分小三线企业由于搬迁到城市,资金不足问题凸显。

---

① 第二卷厂志编写组编:《九九〇厂志》(第二卷·1986—2003),2004 年,第 56 页。

② 《地方军事工业》编委会编:《地方军事工业》,内部资料,1992 年,第 14 页。

③ 《关于协调调拨迫 1－甲引信的报告》,安徽省档案馆藏,档案号:161－1－202－5,1975－9－18。

④ 采访朱皖北(原通用机械厂党委书记),2020 年 6 月 4 日,安徽合肥。

截至 1991 年 8 月,淮河机械厂共投入迁建资金 2000 万元,其中贷款 1400 万元,企业自筹 600 万元,企业搬迁所需资金"还缺口 400 万元";江北机械厂要完成迁建任务,"还需 2400 万元,企业至多只能自筹 900 万元,尚缺 1500 万元"①。因而贷款搬迁成为这一时期小三线企业普遍的应对措施,而产生的负债逐渐成为企业负担。例如,20 世纪 90 年代初,金光钢厂"因搬迁投入资金量大,企业借贷多、负担重。累计贷款 6300 万元,年付利息 600 多万元,企业经济效益不好,还款难度很大"②。个别企业"搬迁所必需的几千万元费用和土建安装工程的支出 90% 以上均依靠银行贷款"。皖淮机械厂"随着市场经济的发展,国家资金投入的取消,企业经济十分困难"③。

第二,部分企业与接收城市矛盾显现。安徽小三线企业全部下放到地方城市,部分企业与接收地政府矛盾逐步显现,原因在于小三线企业原隶属安徽省国防科工办,根据国务院军转民的要求"下放"到有关城市,城市在具体处理过程中,又将企业进一步交给下一级区政府或有关的行业归口单位管理,导致部分小三线国有企业级别未下降,但管理单位级别降低。加之,小三线企业在军、民品生产发展过程中形成的新问题,致使部分企业与地方政府之间管理体制存在诸多不顺。以红星机械厂为例,该厂恢复生产后与当时的企业所在地合肥市东市区潜在矛盾日益显露,矛盾焦点集中在管理体制上。从企业发展考虑,管理体制难以适应企业的发展要求。一是军品和军管民品的管理问题。该厂属军民结合型企业,军品和军管民品(民爆器材)利润高,且有国家订货,仍是支撑该厂生存和发展的主导产品。这两类产品的特殊性,决定了其科研、生产计划、原材料供应、安全及军品生产优惠

---

① 《关于我市三线企业搬迁进展情况和要求解决问题的汇报》,蚌埠市档案馆藏,档案号:J022-001-1087-001,1991-8-8。

② 《关于灯芯绒集团公司兼并安徽第二针织机械厂落实情况的报告》,蚌埠市档案馆藏,档案号:J045-002-1119-003,1998-2-25。

③ 陈大众:《皖淮机械厂:风雨兼程四十年》,《安徽经济报》,2006 第 4 期。

政策等问题的贯彻落实,都需要通过专门渠道进行管理。而搬迁后由接收城市合肥东市区中转,企业不能适应。二是民品的行业支持问题。该厂射钉紧固器材(射钉弹射器、射钉)已形成完整产品系列,当时全国只有 2 家类似企业,竞争力强,市场前景好。但是该厂仅搬迁贷款就已达 4000 万元,难以继续申请贷款发展民品。因此,该厂希望实行归口管理,在政策上、资金上、技术上得到支持与帮助,而东市区难以提供上述帮助。三是企业的政治待遇问题。该厂当时是国家二级企业,隶属安徽省国防科工办,一直享受县级企业待遇,由于搬迁原因,到了合肥东市区后一直未能恢复县级企业政治待遇。合肥市政府及有关部门召开大中型企业负责同志会议也未能参加。这也导致企业对有关政策信息了解掌握不及时,影响工作。① 由于以上种种体制的不顺,导致企业内部想脱离东市区政府的意见不断出现,而东市区政府在前期接收红星机械厂的过程中,已经给予了该厂大量优惠政策,此时显然难以接受企业的脱离诉求,双方矛盾亦随之升级。

以上问题并非个案。皖西化工厂布点在当时的合肥市郊区,"行政隶属关系也归郊区政府,成为当时郊区唯一的一家国营企业,与郊区以管理乡镇企业为主的管理模式格格不入"②。尽管 20 世纪 90 年代中后期,安徽省政府支持并批准筹建安徽军工集团控股有限公司(以下简称"安徽军工集团"),并将原隶属合肥市的皖西机械厂、东风机械厂、红星机械厂和原隶属蚌埠市的江北机械厂等 4 个企业,改为隶属安徽省国防科工办,加强了对地方军工企业管理。然而大部分转向民品生产的企业只能努力融入城市发展,并在国有企业改革浪潮中或被兼并,或破产重组,或进行股份制改造,命运大相径庭。

---

① 《关于红星机械厂情况的调查》,合肥市档案馆藏,档案号:071 - 1 - 0052 - 001,1994 - 12 - 20。
② 《关于皖西化工厂情况的调查》,合肥市档案馆藏,档案号:071 - 1 - 0052 - 001,1994 - 12 - 20。

第三,部分企业职工生活困难。不可否认,大部分安徽小三线企业迁入城市后,具备了较好的生活环境和市场条件,有关城市亦在调迁期间给予了小三线企业较大支持。但随着各项搬迁优惠政策截止,职工面对新的生活环境,在一定时期内难免遇到各种困难。究其原因,部分企业搬迁后,仍处于城市边缘,远离中心城区。部分企业住房矛盾较为突出。例如,金光钢厂在职工安置过程中,由于厂里经济较为困难,"职工们只得采取群众集资的办法来解决,并不是每个人都有现钱,很多同志是临时借来的,有的连夜写信八方求援,有的卖掉了家中的猪,卖掉了家中的粮,在不长的时间里,凑了100万元,户均1200元,目睹此情此景,一贯坚强的厂长眼睛湿润了"①。这些问题在一定程度上加重了职工家庭的经济负担。此外,企业搬迁伴随着大量职工家属的进城,短时间内家属难以全面安置亦成为职工生活困难另一诱因。虽然这些企业职工在搬迁后确实面临一定的生活困难,但客观来看,城市中具有更多的就业岗位,国家经济快速发展,人民物质文化生活水平亦不断提升,这些因素对于搬迁后的职工生活和融入城市具有积极意义。

三、后小三线建设时代的企业制度改革

后时代小三线企业面临的问题,主要是对市场经济的不适应。现代企业发展离不开多种因素的共同作用。由此,改革创新、着力推动自身要素发展成为这些企业继续前行的因应举措。

其一,实行"三项制度"改革。"三项制度"改革即劳动用工制度、人事管理制度和收入分配制度改革。"三项制度"改革的目的就是解放和发展生产力。这一时期国营企业体制的固有弊病及企业职工思想观念的滞后是企业

---

① 刘田国主编:《安徽重要建设项目概览》,安徽人民出版社,1991年,第134~135页。

制度改革的主要阻力。以皖西机械厂为例,该厂先后制定了《关于实行岗位合同制的暂行办法》《关于劳动制度改革的暂行办法》《关于工资制度改革的暂行办法》,并提出了分设岗位工资、职务工资的设想。同时,该厂积极探索干部制度改革,按照"干部能上能下"的原则对中层干部采取公开招聘、民主选举、民主推荐或由主要负责同志"组阁"产生。从 1995 年 6 月起,皖西机械厂实行全员劳动合同制,工厂工人、干部身份被彻底打破。① 红星机械厂着力减少富余人员,引进人才,调动积极性,制定了《"三项制度"综合配套改革有关劳动用工管理的暂行规定》,进一步深化劳动制度改革,增强企业活力,并且根据工厂生产经营的需要,有计划"按定员、定编、定额合理配备人员,压缩非生产人员,以满足生产第一线的需要,严格控制一线岗位的职工向二、三线岗位倒流",推行厂内退休制度、厂内待业制度、职工"停薪留职"制度、厂内"休长假"制度等。② 这对于企业充分利用生产力优势,淘汰冗余、节约资金亦有积极作用。

其二,重视科研创新。部分企业设立专门机构、提供专项经费,用于科研发展。红星机械厂于 1998 年 10 月成立技术中心并使之成为一个独立机构,厂长兼任技术中心主任,总工程师兼任中心副主任。技术中心财务实行单独列账,工厂每年按不低于销售收入的 3% 提取资金作为技术中心开发经费。红星机械厂技术中心建设取得了一定成效,1999 年 1 月,安徽省经贸委、省国家税务局等部门批准红星机械厂技术中心为省级技术中心。③ 同时,一些企业还积极与高校、科研机构展开合作,实行了厂校、厂所挂钩,进行部分产品的联合研制,取得了比较好的效果。

---

① 第二卷厂志编写组编:《九九〇厂志》(第二卷·1986—2003),2004 年,第 109 页。
② 第二卷厂志编写组编:《安徽省红星机械厂厂志》(第二卷·1986—2006),2007 年,第 94 ~ 95 页。
③ 第二卷厂志编写组编:《安徽省红星机械厂厂志》(第二卷·1986—2006),2007 年,第 211 页。

其三,推行经济责任制。中国的工业企业经济责任制是在改革开放以后,企业自主权扩大的过程中逐步形成的。进入后小三线建设时代,小三线企业继续推行经济责任制,着力提升效益。1997年东风机械厂在原有改革基础上制定了《1997年经济责任制承包方案》,实行以"保证各项任务的完成,保证产品质量,保证安全生产,保证产品成本"为主要内容的多种经济承包责任制,包括单位承包、单项承包、营业额承包、个人承包等形式。为配合方案执行,东风机械厂还及时制定了《经济责任制考核细则》,"对全厂机关、车间按月分组从产品产量、进度、质量、安全、生产现场、综治等14个方面,制定具体考核内容、要求、办法和评分标准,按百分制进行评分,并与单位的经济效益挂钩"①。有关企业在实行经济责任制过程中对其具体内容不断补充修订,为企业的长远发展打好基础。

其四,发展对外经济技术合作。后小三线建设时代小三线企业不断推动民品发展,并积极引进外资。1995年12月22日,合肥市计划委员会对安徽省红星机械厂与港商举办合资企业项目可行性研究报告批复:"同意安徽省红星机械厂与香港大永真空有限公司举办合资企业项目可行性研究报告。合资期限十二年。"②合资企业经营范围为生产销售射钉弹和射钉等系列产品,这个项目推动了红星机械厂的民品发展。

其五,推动企业升级。自1986年7月国务院下发《关于加强工业企业管理若干问题的决定》后,安徽省大力推进国营企业升级改造工作,安徽省国防科工办对企业升级问题进行具体规划。东风机械厂于1989年5月开始进行"抓管理、上等级,全面提高企业素质"的争创省级先进企业的升级工作。为做好企业升级工作,工厂制定了"1个目标、2个重点"的企业升级规划。1

---

① 九三二四厂志编写组编:《九三二四厂志(第二卷)·1986—2003》,2004年,第60页。
② 《关于安徽省红星机械厂与港商举办合资企业项目可行性研究报告的批复》,合肥市档案馆藏,档案号:017-03-0855-006,1995-12-22。

个目标即 1990 年进入省级先进企业行列,1991 年争创国家二级先进企业。2 个重点即一是以整顿完善七项管理基础工作为重点,理顺纵向、横向关系,特别要在定额、标准化、计量、信息工作上重点提高、深化,以奠定企业升级的基础;二是以提高产品质量,降低消耗为重点,建立健全质量管理保证体系和全面采用节能降耗措施。1992 年 7 月,东风机械厂获批安徽省中型一档企业,后又获批"1995 年度全国新增大型二档企业"。红星机械厂早在 1990 年 4 月初,即"通过了国家二级企业的全面评审"。企业升级是企业自身全面发展提升的结果,企业争创升级的过程涉及企业的各个方面,促进了企业本身高质量发展和综合实力的提升。

除以上主要措施,这些企业还大胆突破,多措并举,如加强售后服务、开展国内企业合资经营等,有力促进了相关企业在后小三线建设时代的继续发展。以金光钢厂为例,该厂不仅积极改变所有制结构、推进合资经营,还通过加强内部管理等举措发展企业。1993 年 9 月 20 日,蚌埠市重工业局审批同意安徽省金光钢厂在深圳市与深圳国晔贸易有限公司联办"工贸公司"①。这一方案对于拓宽企业发展维度具有积极意义。至 1998 年,金光钢厂"通过强化内部管理、减员增效、压缩非生产性支出等措施已基本稳定了局面",并保住了市场。② 江北机械厂在发展军品的同时不断拓展民品生产,1987 年 11 月,"工厂被省机械工业厅列为工程机械油缸专业生产厂家。生产的液压油缸不仅为省内挖掘机、铲运机、装载机、叉车配套等,还供应天津、山东、南京等省市"③。至 1994 年,该厂"已具备年产工程液压油缸 500

---

① 《关于同意安徽省金光钢厂在深圳市与深圳国晔贸易有限公司联办"工贸公司"的批复》,蚌埠市档案馆藏,档案号:J036 – 001 – 0876 – 058,1993 – 9 – 20。
② 《关于转报金光钢厂请求补充流动资金贷款的报告》,蚌埠市档案馆藏,档案号:J034 – 004 – 0228 – 051,1998 – 7 – 28。
③ 第二卷厂志编写组编:《九三七三厂志》(第二卷・1986—2005),2006 年,第 5 期。

台(套)的生产能力",并进一步规划生产小型挖掘铲土机和小型(轮式)装载机。① 皖西机械厂在经历从计划经济向市场经济转变的过程中,开展二次创业,该厂"1986 年工业总产值仅 1312.4 万元,1998 年实现军、民品销售收入 10083 万元"②。

四、后小三线建设时代的企业命运各异

至 20 世纪 90 年代末,后小三线建设时代小三线企业逐步陷入生存危机,部分企业严重亏损,资不抵债。1998 年的原先锋机械厂"严重亏损且资不抵债,已无力偿还银行到期债务"。巨额的亏损,不仅制约了企业的生存和发展,并导致了企业后续贷款已无可能,流动资金枯竭,生产经营陷入巨大困境。③ 也有部分企业行业市场较好,却由于资金困难,缺少流动资金,无法盈利。1998 年前后,在针织机械营销市场需求旺盛的背景下,安徽省淮河机械厂却由于缺少流动资金,只能错失良机。④ 至 2000 年前后,该企业职工退休金⑤不但没有增长,反而逐渐减少,甚至拖欠。部分退休职工生活极为困难,已到无法生存之际,迫于无奈,退休职工只能求助主管部门"主持

① 《关于安徽省江北机械厂新上中小型装载机及小型挖掘铲土机项目建议书的报告》,蚌埠市档案馆藏,档案号:J036 - 002 - 1536 - 027,1994 - 5 - 5。

② 第二卷厂志编写组:《九九〇厂志》(第二卷·1986—2003),2004 年,第 7 页。

③ 《关于申报安徽先锋机械厂破产项目的情况汇报》,合肥市档案馆藏,档案号:Q1 - WS - Y - 1939 - 0305 - 001,1999 - 4 - 12。

④ 《关于转报安徽省淮河机械厂〈关于急需解决生产流动资金的报告〉的请示》,蚌埠市档案馆藏,档案号:J045 - 002 - 1129 - 005,1998 - 3 - 30。

⑤ 1991 年至 2008 年是我国城镇职工养老保险制度的改革时期。在此之前,城镇职工退休"由国家规定基本统一的养老保险待遇,由企业负责养老保险的发放",参见封进、赵发强:《新中国养老保险 70 年:经验、问题与展望》,《社会保障研究》,2019 年第 6 期,第 16 ~ 26 页。2000 年前后,淮河机械厂退休职工养老保险金仍是企业发放。

公道"。①

从全国来看,20 世纪 90 年代末的国有企业普遍面临困境,后小三线建设时代小三线企业在这个大背景下,难以独善其身。部分学者已就这一时期国有企业困难原因进行了总结。② 加之,大部分后时代小三线企业还需面对搬迁巨额债务,其困难处境可见一斑。

国有企业面临困境,中共中央高度重视。1997 年 9 月,中共中央对深化国有企业改革做出部署,决定通过改革、改组、改造和加强管理,使大多数国有大中型亏损企业摆脱困境。同时,对国有小型企业采取了改组、联合、兼并、租赁、承包经营和股份合作制、出售、破产等形式的改革,加快搞活国有小型企业的步伐。③ 1998 年,国有企业进入了三年改革脱困时期,安徽省陷入困境的后小三线建设时代小三线企业在国家政策影响下及有关城市、主管部门的帮助下,以债转股、被兼并、破产和重组等具体方式应对困局。

首先,对主要军品生产企业进行"债转股"。三年改革脱困期间(1998—2000 年),按照国有企业改革"有进有退,有所为有所不为"的指导思想,国家对部分国有骨干企业的债务问题实行"债转股",即将银行与企业的债务

① 《关于要求解决拖欠并且增加退休工资的人民来信》,蚌埠市档案馆藏,档案号:J045 - 002 - 1441 - 007,2000 - 7 - 22。

② 部分学者将 20 世纪 90 年代末国企困难原因归结为以下几点:第一,"九五"期间国内经济增速放缓,国内有效需求下降严重。其根本原因在于"八五"时期经济高增长导致的通货膨胀,这一时期国家财政紧缩。同时亚洲金融危机亦对外贸造成影响。第二,改革深化,国有企业体制保护伞逐步取消。第三,非国有经济迅速发展,对国有企业造成冲击。第四,市场经济体制下,国有企业自身生产、组织模式和发展观念难以适应市场供求关系转变,即国有企业长期适应的计划经济生产体制使其习惯于低水平重复投资、建设,各地区间产业结构趋同,企业轻开发、重生产,技术含量低,难以适应市场。第五,国有企业历史负担重,主要表现为过度债务、人员富余、企业办社会(包括厂办学校、厂办医院等)。第六,国有企业经营管理体制没有根本性转变。如"职工能进不能出、管理人员能上不能下、收入能高不能低"的问题仍然存在。参见陈清泰主编:《重塑企业制度:三十年企业制度变迁》,中国发展出版社,2008 年,第 54 ~ 56 页。

③ 贾康、赵全厚:《中国经济改革 30 年·财政税收卷(1978—2008)》,重庆大学出版社,2008 年,第 45 页。

关系转变为金融资产管理公司与企业的持股与被持股关系。① 以此帮助那些对国民经济发展起着举足轻重作用的大型、特大型国有企业渡过难关。安徽省国防科工办在获得有关"债转股"政策信息后,"随即前往省、国家经贸委、国防科工委,分别汇报争取"②。此后,安徽省国防科工办下属企业积极准备材料,推进申报工作。在申报过程中,安徽省最初是以皖西机械厂、东风机械厂、红星机械厂、江北机械厂4家企业各自作为"债转股"主体,虽经多方努力,但终因"盘子"太小而争取未果。安徽省国防科工办随即调整战略,改为将以上4家企业捆为一体并以安徽军工集团的名义上报,这一方案获得了安徽省政府、国家经贸委的赞同和支持。③ 最终,通过"债转股"的实施,皖西机械厂、东风机械厂、红星机械厂、江北机械厂4家企业3.5亿元的中长期贷款中2.55亿元实施债转股,资产负债率由80%下降到35%,转股后每年应支付银行的贷款利息可以下降1500万元以上。④ 由此,以上4家企业债务得以减少,企业减轻了负担,经营得到改善,效益得到提高,安徽军工集团的班底企业得到了重生契机。

其次,对转产民品的企业进行兼并、破产与重组。转产民品的后小三线建设时代小三线企业,并没有获得"债转股"的机会。面对经济效益滑坡的企业困境,部分企业开始寻求被兼并,以解决这一时期的资金困难。以淮河机械厂为例,该厂整体搬迁到蚌埠市后,企业经济效益滑坡严重,生产长期处在停产或半停产状态,职工的基本生活得不到保证。针对淮河机械厂的问题,安徽省蚌埠市于1997年5月组成了三级联合调查组,对该厂"进行了为期半个月的深入调查,通过调查分析,做出了调整厂级领导班子,企业享

---

① 陈清泰主编:《重塑企业制度:三十年企业制度变迁》,中国发展出版社,2008年,第63页。
② 九三二四厂志编写组编:《九三二四厂志》(第二卷·1986—2003),2004年,第42页。
③ 第二卷厂志编写组编:《安徽省红星机械厂厂志》(第二卷·1986—2006),2007年,第128页。
④ 九三二四厂志编写组编:《九三二四厂志》(第二卷·1986—2003),2004年,第44页。

受国家优惠政策,由蚌埠灯芯绒集团有限公司(以下简称蚌埠灯芯绒集团)对该厂实施兼并"。虽然这种兼并在一定阶段内滞缓了企业倒闭,推动了部分资产被兼并企业再利用,但淮河机械厂的兼并重组并未触及企业本身的贷款债务、企业制度等核心问题,因此,这种兼并对于企业发展意义仍显不足。部分民品生产企业难以为继,不得不依法破产。早在1986年,国家就颁布了《中华人民共和国企业破产法(试行)》。至1994年,国家又发布了《国务院关于在若干城市试行国有企业破产有关问题的通知》,从法律和政策上,为国有企业的破产重组提供了保障。20世纪末期,国有企业在面临资不抵债的困境时,企业的破产重组不仅可以使无法走出困境的企业减少亏损,同时可以减少银行坏账。在考察先锋机械厂是否破产问题时,合肥市企业兼并破产和职工再就业工作协调小组指出:"破产有利于加快军工行业内部结构调整。目前企业已无力参与市场竞争,生存空间越来越小,破产的结局在所难免。破产后,不仅可以消灭一个亏损源,而且有利于推进军工行业内部结构调整。同时,可以利用国家有关规范破产的政策,从根本上解除银企之间的债权、债务关系。"先锋机械厂无力偿还银行到期债务,一方面造成企业负债进一步上升,另一方面也增加了银行不良资产,给当地金融稳定带来不良后果。从当地政府角度考察,通过依法破产,可以利用国家政策,按规定核销银行坏账,减少银行资产损失。因此,这一时期部分企业选择了依法破产。然而企业破产过程会牵涉很多问题,职工安置又居于待解决问题的首要位置。职工安置费用一般由企业资产变现收入支付,不足部分由政府补充。例如,金光钢厂破产前,根据《国务院关于在若干城市试行国有企业兼并破产和职工再就业有关问题的补充通知》规定,初步估测安置企业破产职工费用以企业破产财产变现收入能够满足支付。并补充提出如果"破产财产变现收入不足支付职工安置费用,缺口部分由市财政负责兜底解决"①。此外,企业破产后导致职工下岗是不可避免的,安徽省这一时期采取了多项举措,对于确保国有企业下岗职工基本生活保障和再就业具有重要作用。②

总体而言,后小三线建设时代小三线企业破产与一般的企业破产处理情况相同,即依法以自身所有财产公平清偿给债权人。在破产后,企业的银行债务得以清算,部分企业在此基础上又进行了重组,以期重新发展。例如,通用机械厂"1996 年 9 月破产重组为合肥精工机械厂。1997 年 6 月,又以合肥恒通机械有限责任公司挂牌运行"③。部分企业破产资产被其他企业收购。例如,先锋机械厂和合肥手扶拖拉机厂合并后的合肥动力机械总厂在 2001 年 5 月宣告破产,"其破产资产由浙江万事利集团有限公司收购,组建合肥康恒机械有限公司和安徽友邦混凝土有限公司等"④。

小三线企业作为新中国国有企业体系中的一个小群体,在 20 世纪 90 年代末以被兼并、破产的方式应对困局,并于其后进一步重组,不仅对国有企业实现三年脱困目标、困难企业退出市场、建立市场经济体制有着积极意义,同时也有利于地方乃至国家经济社会的长久发展。

五、结论

后小三线建设时代小三线企业积极适应市场经济发展形势,为所在地

---

① 《关于金光钢厂破产后职工安置费用解决的承诺函》,蚌埠市档案馆藏,档案号:J059 - 003 - 0381 - 009,2000 - 8 - 4。
② 黄岳忠:《安徽国有企业改革与发展实践探索(1997—2002)》,安徽人民出版社,2008 年,第 347~353 页。
③ 合肥市地方志编纂委员会办公室编:《合肥市志(1986—2005)》(中册),方志出版社,2012 年,第 692 页。
④ 合肥市地方志编纂委员会办公室编:《合肥市志(1986—2005)》(中册),方志出版社,2012 年,第 689 页。

经济社会建设做出了一定贡献。《合肥晚报》曾评论:根据档案记载,小三线企业调整时期,"合肥人口不足 100 万,消费水平也一直上不去,这些'三线'军工企业的到来,不仅带来了设备和产品,还带来了一大批高素质的人才精英"。安徽省国防科工办有关专家指出,小三线调迁至少让合肥增加了 5 万人口,也为合肥带去了将近 20 亿的企业资金,为合肥工业化注入了新的血液。这些企业搬迁到合肥后,通过技术咨询、技术服务、技术合作等多种形式,推动军工技术向民用转移,"冲破了军事工业多年来形成的封闭状态,结合自身条件,纷纷提出了'军品做强,民品做大'的战略发展目标,涌现了'皖安''江淮仪表'等航空知名设备企业,昌河、江南等汽车及配件生产知名企业,'红星'射钉、'皖西'塑料等系列民品"。其中,先锋机械厂搬迁后与合肥手扶拖拉机厂合并成立合肥动力机械总厂,两者"强强联手生产的合肥东风 – 12 型手扶拖拉机和 12 型农用运输机两个产品屡屡获得部级表彰并畅销海内外……而且他们还完成了气垫式皮带输送机、激光切割机和运输车等三大产品的国家项目"。① 此外,进入后小三线建设时代的小三线企业继续为地方应对自然灾害贡献力量。尤其是在调整搬迁期间,部分小三线企业不仅在汛期"要确保山区各危险点的安全",同时还要担负城市防护部分河坝的任务。② 部分企业还在汛期成立"抗洪抢险应急分队",协助地方防汛抢险工作开展。这些企业的付出也体现了军工企业无私奉献、服务人民的优秀品质。

尽管进入后小三线建设时代的小三线企业对所在地经济社会建设产生了积极的影响,但仍需注意到其中存在的问题。一些企业虽继续发展,却亏损严重,在一定程度上成为城市负担。20 世纪 90 年代末,在国有企业普遍

---

① 程堂义、汪千永:《为合肥注入新鲜"血液"的军工企业》,《合肥晚报》,2018 年第 9 期。
② 《厂防汛工作第一次会议纪要》,安徽神剑科技股份有限公司(原皖西机械厂)档案室藏,档案号:1993 – 2 – 2 – 8,1993 – 7 – 18。

困难的背景下,这些企业难以独善其身,步履维艰。皖中机械厂调整搬迁到马鞍山市后,由于企业生产难以为继,只能以分散方式并入马鞍山市70多个单位中。"皖东机械厂调迁到合肥市后,无法继续生产,不得不寻求被当地企业兼并,以维持职工生活稳定"①。从以上实例考察,部分困难企业调迁对于接收城市而言是一种负担。接收城市在这些企业搬迁过程中不仅要帮助企业解决搬迁资金的问题,同时还要妥善安置企业职工。

由上可见,后小三线建设时代小三线企业对所在地经济社会建设具有促进作用。然而在20世纪末国有企业整体困难背景下,这些企业囿于历史发展大势,困难重重,使之对于地方经济社会建设贡献有所局限。

本文曾载《江淮论坛》2022年第1期,此处有删改

作者简介:张胜,安徽霍山人,历史学博士、东华大学马克思主义学院讲师,主要研究方向:新中国史。

徐有威,江苏吴县人,上海大学历史系教授,博士生导师,研究方向:新中国史,小三线建设史。

基金项目:2017年度国家社会科学基金重大项目"三线建设工业遗产保护与创新利用的路径研究"(项目编号:17ZDA207)。

---

① 采访韦久跃(原皖东机械厂党委书记),2020年5月28日,安徽合肥。

后小三线建设时代的企业与地方经济

——以安徽池州为例

李　云　徐有威

上海小三线是 20 世纪六七十年代基于战备的因素建设起来的产物,是全国小三线中门类最全、人员最多、规模最大的综合性后方工业基地。在从建设到调整的 24 年间,上海小三线不仅为其所在地皖南的工业建设提供了一次重要机遇,而且对皖南山区经济的发展起到了重要的促进作用。上海小三线建设不仅给皖南留下了大量的物质财富,还留下了优秀的技术人才和丰富的精神文化。安徽也由此迎来了后小三线建设时代。所谓的后小三线建设,指调整之后的小三线建设企业在 1981 年至 2021 年间在改革开放时代大潮中的发展变化,其对区域经济社会乃至全国经济社会发展都产生了重要影响。

安徽池州曾是上海小三线企事业单位在皖南最为集中的地区之一,小三线建设对于当地经济发展、产业转型、文化生活及城镇化建设有显著的促进作用。在接收上海小三线企业的后小三线建设时期,池州政府全力以赴盘活资产搞活地方经济,这种工业投资的溢出效应对池州经济的增长发挥了重要的促进作用。①

基于学界已有的研究成果,笔者认为上海小三线仍有值得研究的学术空间,特别是在后小三线建设这一研究视野下的拓展。② 本文以实地调研为基础,运用档案、口述和报刊资料等,探讨后小三线建设时期的安徽池州通过横向联营、资产重组等方法使地方工业及各项社会事业获得发展的历史事实,期望对当前安徽全面融入长三角一体化和现代化美好安徽建设提供有益的历史借鉴和发展启示。③

一、小三线建设对池州经济社会发展的影响

1965 至 1988 年期间,根据毛泽东和党中央、国务院及中央军委在全国范围内建设小三线的指示,上海按照南京军区、华东局的总体部署,组织 7 万多名干部、知识分子、科技人员、工人和家属,组成小三线建设大军,在"备战备荒为人民""好人好马上三线"的时代旗帜下,跋山涉水,开山炸石、架桥修路,在皖南和浙西的深山密林中建起了 81 家企事业单位。其中,位于安徽池州的 20 多家上海小三线企业及配套单位分布在贵池东南部的梅街、棠溪、刘街和东至西部的合镇、建新、香口等乡镇,涉及机械、冶金、化工、电力、交通、通信、卫生和文教等行业(参见表 1)。

---

① 段伟:《安徽宁国"小三线"企业改造与地方经济腾飞》,《当代中国史研究》,2009 年第 3 期;胡静:《上海小三线的调整与改造——以安徽省贵池县为例》,上海大学,2013 年硕士学位论文;徐锋华:《东至化工区建设论述——上海皖南"小三线"的个案研究》,《安徽史学》,2016 年第 2 期;李云、张胜、徐有威:《安徽小三线建设述论》,《安徽史学》,2020 年第 5 期。

② 徐有威、陈东林主编的《小三线建设研究论丛》(第四辑)的副标题就是"后小三线时代与档案资料",该书由上海大学出版社于 2018 年出版。

③ 今安徽池州下辖贵池区、东至县、青阳县、石台县。其中贵池区于 1988 年改贵池县为贵池市,2000 年又改贵池市为贵池区;池州市于 2000 年 6 月撤地建市。本文中凡涉及上述地区统称为池州。参见池州市贵池区地方志编纂委员会编:《贵池市志(1988—2000)》,黄山书社,2009 年;池州市地方志编纂委员会编:《池州市志》(第一册),方志出版社,2016 年。

1969 年 12 月,上海在贵池梅街成立"507 工程指挥部",随之在贵池境内筹建了以生产五七高炮为核心的工厂和与之配套的 12 个企事业单位,职工 1.1 万余人,拥有固定资产原值 1.72 亿元,其中房屋建筑面积 47.2 万平方米,各类机电设备 4660 台(件)。①

东至化工区是一个年生产能力 1.5 万吨的化工产品生产基地,共投资 1.33 亿元,建成 11 个企事业单位。1970 年破土动工,1975 年部分试投产,1980 年全面停产和缓建,形成固定资产原值 1.23 亿元,占地 2750 亩,房屋建筑面积 21 万平方米,各种设备 6000 多台(套)。②

表 1　安徽池州境内部分上海小三线企事业单位名录

序号	单位名称	单位所在地	备注
1	胜利机械厂	安徽池州市贵池区	生产五七高炮
2	前进机械厂	安徽池州市贵池区	生产五七高炮
3	五洲电机厂	安徽池州市贵池区	生产五七高炮
4	永红机械厂	安徽池州市贵池区	生产五七高炮
5	火炬电器厂	安徽池州市贵池区	生产五七高炮
6	红星化工厂	安徽池州市东至县	生产炸药等
7	卫星化工厂	安徽池州市东至县	生产炸药等
8	金星化工厂	安徽池州市东至县	生产炸药等
9	自强化工厂	安徽池州市东至县	生产合成氨、硝酸等
10	八五钢厂	安徽池州市贵池区	
11	325 电厂	安徽池州市贵池区	
12	长江医院	安徽池州市贵池区	

① 贵池县三线办:《贵池县小三线调整交接工作总结》,1988 年 5 月 4 日,安徽省池州市贵池区招商局档案室藏。

② 东至县小三线交接办公室:《东至县"小三线"改造利用规划》,1986 年 11 月 8 日,章炎盛提供。章炎盛曾任安徽东至县委副书记等职,是东至县上海小三线交接办负责人之一。

序号	单位名称	单位所在地	备注
13	胜利中学	安徽池州市贵池区	
14	八五中学	安徽池州市贵池区	
15	703 变电所	安徽池州市贵池区	
16	260 电话班	安徽池州市贵池区	
17	683 车队	安徽池州市贵池区	
18	707 仓库	安徽池州市贵池区	
19	长江化工机修厂	安徽池州市东至县	
20	龙江水厂	安徽池州市东至县	
21	天山医院	安徽池州市东至县	
22	化工中学	安徽池州市东至县	
23	703 供电所	安徽池州市东至县	
24	260 通讯站	安徽池州市东至县	

资料来源:上海市后方基地管理局党史编写组:《上海小三线党史》,1988 年印刷;上海市后方化学工业公司:《关于上海在我县"小三线"的综合情况》,1985 年 5 月 10 日,安徽省东至县档案馆藏,档案号:21 – 1 – 1 – 152。

历史上,池州素来以农业为主,工业落后。已具备一定规模和生产能力的小三线工厂的迁建,以及大量工程技术、经济管理、医务文教人员的内迁,对池州工业经济和社会各项事业的发展起到了重要作用,主要表现在以下方面。

第一,改善基础设施条件。在电力方面,原来池州主要依靠柴油机发电和小水电站,功率很小,乡村山区无电可供。325 电厂和 703 供电所的建立,促进了池州电力网及工农业的发展。在交通方面,由于工厂地处深山僻谷,交通条件落后,小三线建设者为小三线发展奠定交通基础的同时,也从根本上改善了池州交通运输条件,方便了群众出行,扩大了对外交流,促进了山货流通。八五钢厂在梅街白洋河上修建连通内外的大桥,东至 507、305 码头的建设,以及为小三线工厂的迁建而修筑的专用公路等,都是很好的案例。与此同时,上海小三线还为当地人民生产生活提供了很多便利,如长江医院和天山医院帮助地方治病救人;683 车队、260 通讯站等小三线企事业单位的兴建和发展,大大促进了地方公共事业的发展。这些基础设施的巨大改善,使池州相较于其他地区提前实现了通信、通电和通路等,池州曾经由此一度荣获"小上海"的美誉。

第二,扶植地方工农业发展。上海小三线从人力、物力、财力和传递信息、发展横向联合上为当地工农业生产和发展提供了有力的支持和帮助。上海小三线的迁入,为池州带来了知识与技术,不仅为地方工业的发展提供技术人员,还帮助地方培训技术人员,同时无偿支援钢材、水泥、拖拉机、汽车、化肥、机电设备等工业品。仅胜利机械厂给所在公社、队各方面的支援就达 114 万元。[1]

第三,丰富农民文化生活。小三线企事业单位周围的村庄实现通电,这让村民们不仅用上了照明灯,还看上了电影。小三线职工的海派文化生活、现代化的思想观念和对工作精益求精的敬业精神,都潜移默化地影响和改变着当地人的观念。由上可知,上海小三线虽然独立于池州,但对池州的经济发展有很大帮助,促进了池州电力、通信和交通运输等方面的发展,道路水利等基础设施也得到巨大改善。同时对池州民众开阔视野、更新观念、改善物质生活等都创造了有利条件。

二、后小三线建设企业的移交与改造利用

1985 年,根据国务院办公厅的指示和沪、皖两地关于上海皖南小三线的

---

① 上海后方基地管理局党史编写组:《上海小三线党史》,1988 年,第 48 页。

调整交接协议,池州境内的上海皖南小三线企事业全部无偿移交给所在地经营管理。这些固定资产为池州发展壮大国有、乡镇企业提供了必要的设备和资金,经过资产重组、联营合营等,部分有着上海小三线背景的企业,逐渐成为区域行业的强劲力量。

(一)小三线企业的无偿移交

党的十一届三中全会以后,上海小三线企业在上海前方的大力支持下,生产经营实行大规模军转民,但随着经济体制改革的深入,这些企业产品单一,交通不便,信息闭塞,存在不少困难,迫切需要调整。为妥善解决这些困难和问题,根据全国小三线工作会议精神,上海、安徽于1985年1月在合肥就上海小三线调整问题进行协商,上海市表示愿意将小三线资产无偿移交给安徽,就近就地改造利用。

沪、皖双方根据企业产品、地理情况,确定企业的分类,规定分期分批交接的单位及条件、进度、要求。池州小三线企业中动态交接的有2个,关停交接的有11个。贵池接收的上海小三线固定资产原值1.72亿元,净值1.07亿元,流动资金约2773.6万元,专用资金结余款5万元,一次性补偿费227.9万元,上海留皖人员安置费270万元,实际接收的小三线资产共计约1.39亿元。这些固定资产原值和流动资金相当于贵池国营预算内企业的12倍。[①]上海后方化工公司移交给东至固定资产原值1.2亿元,净值0.67亿元,货币资金250万元。[②] 这是一笔巨大的经费,为池州经济的增强提供了坚实支撑。上海与安徽协商决定将上海小三线企事业移交给安徽,这是我国经济体制改革、国防科技工业实行战略转移的需要。其时正值池州提出工业强

---

① 贵池县三线办:《贵池县小三线调整交接工作总结》,1988年5月4日,安徽省池州市贵池区招商局档案室藏。

② 李玉祥、谢光远:《送阅材料》,1987年3月5日,章炎盛提供。

市战略之际,大量小三线工业资产的注入,为池州经济发展带来了宝贵的机遇。

(二)后小三线建设企业改造利用的重要举措

池州工业基础薄弱,技术人才缺乏。如何盘活这些资产,为振兴地方经济和现代化建设,尤其是为推动池州全面深化改革,建立新型港口城市发挥作用,这是摆在池州面前的一个重大课题。

第一,政府的高度重视为小三线企业的改造利用提供了有力保障。上海小三线的调整改造,不仅是一个经济问题,还是一个政治问题和社会问题。池州在"唱好三步曲,下活一盘棋"的指导思想下,成立了有 13 个主管部门参加的领导小组,主要负责加强行业指导,协助各地搞好利用改造规划,审批复产、改产方案,帮助疏通产供销渠道,加强企业管理,协调横向经济联合等。在人员配备上,地方政府的主要领导成为企业改造利用的骨干力量,如八五钢厂和 325 电厂是上海小三线企业中的大厂,为了利用搞活,池州县委、人大、政府、政协、纪委等五大班子的领导齐上阵助力。

东至为了使小三线企业尽快发挥效益,专门调入人员成立小三线调整交接领导小组办公室、第二经济委员会,统管小三线的人、财、物,组织行业主管部门和接收单位进行调查研究,确定改造利用方向,还担负着聘请和培训、人才、开发利用小三线资产的重任。

第二,制定优惠政策,帮助搞活企业。在坚持和上海签订的商定协议的精神下,安徽以"搞活企业"、发展县级经济为原则,为企业提供减税让利、吸引人才、疏通产供销渠道、行业归口管理等优惠扶持政策,并在能源、原材料供应、技改资金上给予支持和帮助。如为解决企业调整所需资金,地方政府规定企业三年内的利润不必上缴,可以全留。对于被接收的小三线企业在过渡期内的原料需求,由省计委予以调剂解决。

池州为促进搞活小三线企业,使之尽快发挥经济效益,对相关国家工作人员和专业技术人员,一律实行优惠待遇,规定进山人员享受进山补贴、浮动工资、解决家属"农转非"和子女就业等;对招标或承包的企业,采取与效益挂钩的办法,让利提成。除此之外,东至为鼓励和支持县办工业、乡镇企业迁驻小三线办厂,规定凡利用原小三线已有设施办企业,三年内工房、宿舍不收租用费;办企业所需要的设备、材料等优先解决;设立税收专管员,税收归企业所属区、乡、镇所有。①

为搞活原八五钢厂,安徽省还给予特殊优惠政策,规定接盘八五钢厂的安徽马鞍山钢铁公司在承包期间,实行利润全留,减半征收增值税,其资金主要用于技术改造;生产所需的原材料、燃料,其指令性计划部分按国家规定的配额和渠道供应,其余实行市场调节;电力指标增加到 6000 万千瓦时;解决家属子女"农转非"。此外,安徽还给予职工奖金、生活补贴等。② 这些政策措施为小三线企业改造利用创造了有利的条件。

第三,利用已有的工业基础,开展多种形式的经济联合,组织产品对口、技术力量雄厚的大企业承包或经营。325 电厂和八五钢厂属于一类企业,由于企业经营比较好,产品有发展前途,本着保护和发展生产力的原则,实行边生产边接收边承包。前者由贵池接收后更名为贵池发电厂,按所有权与经营权分开的原则,由望亭发电厂综合服务公司承包经营,并由其培养一批技术力量和管理人员;后者自贵池接收后易名为贵池钢厂,由马鞍山钢铁公司承包经营三年,并帮助培养一支能独立生产经营的职工队伍,疏通产供销渠道,使企业略有盈余,为地方自营创造必要条件。

---

① 中共东至县委、东至县人民政府:《关于"小三线"工作人员的优惠办法》,1986 年 10 月 12 日;东至县小三线交接领导小组办公室:《交接工作情况》,1986 年 6 月 25 日,章炎盛提供。

② 《贵池县人民政府马鞍山钢铁公司关于承包经营贵池钢厂的协议》,1986 年 10 月 8 日,贵池县调整交接小三线办公室:《安徽省皖南小三线交接和调整有关文件汇编》,1986 年,第 140~141 页。张渭德提供。张渭德曾任安徽贵池县副县长等职,负责安徽方面接收上海小三线的工作。

池州接收的 5 个机械厂,属于关停的三类企业。为了利用搞活,发挥作用,采取对口接收和分步走的办法,先利用接收的设备,发展适销对路的传统产品和拳头产品的生产,扩大接收企业的生产能力,然后在进行市场行情调查的基础上,开展多层次、多渠道的横向经济联合,寻求单项产品的合作生产和联营,或利用已有设备优势开发新产品,以逐步提高设备利用率。通过以上措施,改造利用初见成效,如通用机械厂接收前进机械厂,利用移交的技术、图纸,与上海开展联营协作,组织恢复皮带运输机的生产;江南轴承厂接收五洲电机厂后,与芜湖微型电机厂联营生产耐氟电机和分马力电机;起重工具厂接收火炬电器厂后,分别与武汉起重设备厂、北京机床厂、上海工业大学、上海缝纫机工业公司等单位联营开发、生产和加工电动葫芦、链条、电磁钻等产品。①

东至本着"交接、管理、协调、开发"的方针,采取"走出去,引进来"的方式,盘活三线资产。其一,以提供厂房、设备、水电等生产设施和生活设施吸引乡镇企业进山;其二,利用地方资源优势,开展横向联营,引进技术资金。至1993 年,东至先后复产龙江水厂、305 码头、自强化工厂、长江化工机修厂,同时扩建硫酸厂,新建氧化铁红厂、钢球厂等,利用资产3300 万元,占移交固定资产总值的48%;聚集和培养各类专业人员 180 人(工程技术人员128 人),同 10 多个教学、科研等企事业单位建立技术协作关系。②

第四,组织"贵申情"联谊活动,谋求与上海的经济协作。在上海小三线建设长达24年的时间里,池州与上海结下深厚情谊。基于此,地方政府以"贵申情"为纽带,开展联谊活动,不仅获得了大量经济、技术和市场信息,还通

---

① 贵池县三线办:《贵池县小三线调整交接工作总结》,1988 年 5 月 4 日,安徽省池州市贵池区招商局档案室藏。
② 东至县人民政府:《关于请求将我县化工基地(三线企业)列入重点技改专项扶持的报告》,1993 年 10 月 14 日,安徽省东至县档案馆藏,档案号:21 - 1 - 2 - 223。

过个别对口活动,巩固和新建立一些物资、技术的协作关系,同上海市有关单位签订了12个意向性经济技术合作协议,接受了一部分扩散产品加工业务。[1] 其时,上海不仅主动为池州提供信息,牵线搭桥,解决生产原料和产品销路问题,还派遣技术骨干、管理人才,帮助地方发展工业,并在培训生产技术骨干、衔接供销渠道、组织生产方面发挥积极作用,做到了"人走情更浓"。

当时,为加强两地的交流和联系,推进双方经济技术协作和联合,池州在上海特别成立了办事处,这是皖南地区在上海成立的第一个县级办事处,并与上海徐汇区结成了友好区县。[2] 池州根据"扬长避短、形式多样、自愿互利、共同发展"的原则,制定优惠灵活的扶持政策,广开门路,依靠省内外拥有雄厚经济实力和技术力量的大中型企业和大专、本科院校,积极开展多种形式的横向经济联系,引进技术、人才、产品、信息和资金等,开拓市场和协作配套,谋求各方合作,为小三线企业的改造利用和池州的经济建设提供支持。如此既保护和发展了生产力,又能把资源优势变为产业优势和经济优势,实现地方经济发展。

三、后小三线建设企业成为池州经济发展的新动力

20世纪50年代,池州几乎没有任何现代意义上的工业。时至20世纪60年代初,池州的工业还是以食品和纺织业等为主。1970年,池州才开始兴办"五小"(小家机、小化肥、小农药、小纺织、小粮油加工)企业。上海小三线企业及其辅助单位全部移交池州经营管理后,两地倾全力加以改造利用,从

---

① 安徽省皖南小三线交接办公室整理:《贵池县横向经济联系的路子越走越宽阔——上海"小三线"交接后》,1988年3月10日,安徽省池州贵池区招商局档案室藏。

② 《一位上海籍安徽县长经历的上海小三线建设——安徽省贵池县原县长顾国籍访谈录》,载徐有威主编:《口述上海:小三线建设》,上海教育出版社,2013年,第197页。

而实现了国家三线资产与地方国有、集体企业的资产重组,不仅填补了池州工业门类的空缺,而且有力地促进了工业经济的发展。其中,贵池电厂、贵池钢厂、池州家用机床厂、自强化工厂等成为池州工业的骨干力量,这些后小三线建设企业成为池州经济发展的新动力。

第一,电力工业。325电厂是上海小三线的配套工程,池州将其接收后发电能力增加,随即成为池州地区利用产值最高、经济效益最好的企业。该厂年发电量在3.6亿千瓦时以上,年产值达2000多万元,占池州工业企业年产值的1/4,创利税800万元。① 1986至1987年,该厂共发电7.5亿千瓦时,创产值4461万元,实现利税1352万元。其中1986年该厂发电超4亿千瓦时,创建厂最高纪录;1987年,该厂成为池州地区唯一实现年上缴利税超千万的企业。②

1988年是池州电力工业发展的分水岭。1989年贵池电厂由地方自主经营后,升级改造为一家总装机容量为5万千瓦、年均发电量达3亿千瓦时的火力发电厂,不仅填补了池州现代电力工业的空白,还成为池州企业利税大户和骨干企业。该厂1990年共发电2.3亿千瓦时,供电2.1亿千瓦时,创利税551.9万元,上缴利润191万元,占全市工业企业上缴利润总额的1/2③,被认定为该年池州六家国有中型企业之一。随之,池州不断加强基础建设,加大发展农村电网,大大扩宽地方电力的流通领域,进一步开拓电力供应市场,企业效益显著增长。2000年,池州发电量达3.16亿千瓦时,产值8178万元,利税1608万元。其中,贵池电厂发电3.075亿千瓦时,产值7958万

---

① 《贵池发电厂剪影》,《贵池报》,1986年10月18日,载吴少华主编,徐有威执行主编:《安徽池州地区上海小三线档案报刊资料选编》,2017年,第209页。

② 贵池县三线办:《贵池县小三线调整交接工作总结》,1988年5月4日,安徽省池州市贵池区招商局档案室藏;《贵池发电厂今日起自主经营》,《贵池报》,1989年1月1日,载吴少华主编,徐有威执行主编:《安徽池州地区上海小三线档案报刊资料选编》,2017年,第209页。

③ 《贵池发电厂经济效益显著》,《贵池报》,1991年3月2日,载吴少华主编,徐有威执行主编:《安徽池州地区上海小三线档案报刊资料选编》,2017年,第252页。

元,利税 1575 万元。①

1990 年 7 月,安徽省委、省政府提出开发皖江战略,贵池发电厂抓住机遇,一方面,分离企业办社会的职能,另一方面,进行设备改造、技术更新和产业升级,筹建现代化电力企业。步入 21 世纪后,根据国家新能源产业发展战略及相关政策,企业通过设备更新、技术改造、改革改制和资产重组,按照现代企业制度组建公司。公司寻找机会获得德国政府贷款 1300 万欧元,通过贷款和自筹筹集 14993 万元,建立农林生物质发电项目,由此闯出一条绿色发展新路,当前年发电量 1.6 亿千瓦时,产值 1.5 亿元,税收 1000 多万元。每年可为当地农林和运输业带来超 7000 万元的收入,实现了经济效益、社会效益和生态效益的统一。该公司被国家林业局和安徽省政府列为"国家林业生物质能源示范项目"和安徽省"861"行动计划项目。② 电力工业大幅度的发展及电力供应的保证,不仅使其成为池州的支柱产业,而且极大地促进了工农业生产的发展和人民生活水平的提高。

第二,机械工业。池州接收的上海 5 家机械厂虽然属于关停企业,但拥有固定资产 6302 万元(净值 4278.49 万元),流动资金 1591.56 万元。③ 由此池州市属机械工业的技术装备、生产能力得到显著增强。如胜利机械厂将 26 台机器设备提前移交给池州家用机床厂,使该厂生产的多功能家用机床由 1986 年的 310 台增长到 1987 年的 3024 台,企业开始扭亏为盈,实现利

① 池州市贵池区地方志编纂委员会编:《贵池市志(1988—2000)》,方志出版社,2016 年,第 156～157、161 页。

② 钱学勤口述,余顺生、武昌和整理:《我所知道的上海小三线 325 厂》,载徐有威、陈东林主编:《小三线建设研究论丛》(第三辑),上海大学出版社,2018 年,第 333～334 页。

③ 贵池县调整交接小三线办公室编:《安徽省皖南小三线交接和调整有关文件汇编》,1986 年,第 243～244 页。

税 69 万元,产品销往 22 个国家和地区,创汇 100 万美元。[1] 永红机械厂由银河机械厂对口接收后,1987 年利用其设备扩大了农用拖车生产能力,年创产值 180 万元,获利 7.7 万元,分别比 1986 年提高 110% 和 700%。[2]

池州在对口接收壮大了一批市属国有和集体机械企业的基础上,又通过改制、重组增强了境内机械工业的市场竞争力。池州以家用机床厂为核心,联合通用机械厂、银河机械厂、铸造厂等企业的设备和资产,于 2006 年组建安徽白鹰企业集团,下辖 3 家机床生产制造企业、2 家贸易型公司和九华数控研究设计院,公司拥有的 500 多台生产设备,有近一半的生产设备来自上海小三线企业。在深化改革进程中,企业转换经营机制,不断优化产品结构,产品广泛用于航空航天、汽车、船舶、电力、纺织、信息产业等多个领域,建立了遍及世界 130 多个国家和地区的国际市场网络。其产量最高年产 15000 多台,年创利税最多可达 2000 万元。该公司作为池州重点骨干企业、安徽省优秀民营高新科技企业,还先后被国家经贸部批准为家用机床出口基地企业,列入安徽省出口创汇重点企业。[3]

池州接收的技术装备支持了地方工业企业,扩大了机械工业产品生产,促进了企业的转型升级。同时,企业培养的一批技术力量和管理人员发挥了作用。起重工具厂接收火炬电器厂后,实施了整体搬迁和技术改造,其一,加强与武汉起重设备厂的协作关系,利用接收设备,扩大链条、葫芦的生

---

① 黄岳忠:《接收、利用皖南小三线发展安徽经济——上海市安徽省皖南小三线交接工作总结会议发言》,1988 年 8 月 19 日,安徽省池州贵池区招商局档案室藏。黄岳忠时任安徽省经委副主任兼军工局局长。

② 贵池县三线办:《贵池县小三线调整交接工作总结》,1988 年 5 月 4 日,安徽省池州市贵池区招商局档案室藏。

③ 张渭德:《上海小三线在贵池的往事回忆》,载贵池区委党史研究室、贵池区地方志办公室编:《上海小三线在贵池》,团结出版社,2018 年,第 19～20、18～19、20～21 页;口述张渭德,采访人胡静:《地方对小三线的交接高度重视》,载吴少华主编,徐有威执行主编:《安徽池州地区上海小三线口述史资料汇编》,2017 年,第 249、248～249、250～251 页。

产能力,转产的手拉葫芦成为省部优产品。其二,积极寻求新的合作伙伴,与上海缝纫机工业公司联合,生产加工缝纫机配件。随着国有企业改革的推进,企业着手改制后一分为三:一部分人利用工厂设备继续从事缝纫机配件生产;一部分人利用积累的生产技术、管理经验和创业资本,于2006年组建旭豪机械有限公司,专业从事特种工业缝纫机的研发、生产和进出口贸易.是国家缝纫机械协会会员单位、行业标准制定单位之一,被认定为安徽省高新技术企业和池州优秀民营科技企业;还有一部分人创立了安徽九华机械有限公司,继续从事电动葫芦、手动葫芦、轻小型起重机械设备的制造和销售,产品远销欧美、中东等几十个国家,是国家定点生产起重工具的专业单位,也是全国手拉葫芦行业协会会员。[1]

第三,冶金工业。上海小三线来皖之前,池州尚无冶金企业。八五钢厂的建立,填补了池州冶金工业的空白。作为上海乃至全国小三线系统内最大的企业,八五钢厂拥有固定资产原值8017万元,净值5460万元,流动资金3031万元。[2] 池州接收八五钢厂后,由安徽的马钢公司承包三年,1991年由池州市自主经营,属地方国营企业,被安徽省冶金厅列为地方冶金骨干企业。作为一座已初具规模的特种钢厂,贵池钢厂成为安徽省内第三大钢铁企业。这不仅对振兴地方经济有着举足轻重的作用,而且对合理布局长江沿岸钢铁生产企业和全省钢铁生产的发展有着重要的意义。在安徽省市两级政府的重点扶持下,该企业获得短暂的发展,一度成为池州的骨干企业,被列为市属工业前十强企业。1993年有职工1336人,产钢3.8万吨,销售

---

① 张渭德:《上海小三线在贵池的往事回忆》,贵池区委党史研究室、贵池区地方志办公室编:《上海小三线在贵池》,团结出版社,2018年,第19~20、18~19、20~21页;口述张渭德,采访人胡静:《地方对小三线的交接高度重视》,吴少华主编,徐有威执行主编:《安徽池州地区上海小三线口述史资料汇编》,2017年,第249、248~249、250~251页。

② 贵池县调整交接小三线办公室:《贵池县小三线交接工作情况的汇报》,1987年4月13日,安徽省池州市贵池区招商局档案室藏。

收入 11506 万元,实现利税 509 万元,利税、销售收入分别居池州企业的第一、二名。① 此外,贵池钢厂还带动采矿、建材、机械加工等行业,这对振兴地方经济极为有利。

20 世纪 90 年代以来,随着国有企业改革与重组的推进,贵池钢厂在优胜劣汰的竞争机制中被淘汰。该企业在政府的扶持下,有过短暂的发展,但由于新旧问题的叠加,仍旧难以逃脱被市场淘汰的命运,1999 年依法破产。然而企业留下的有形资产和无形资产,对池州经济发展仍然具有积极作用。一方面,企业在改制中寻找新的出路。池州通过招商引资、利用厂房设施先后兴办电池厂、毛竹加工厂,在开办资金和产品开发等方面都得到小三线企业及其回沪职工的帮助和支持。该厂在整合钢厂下属 507 码头资产,又吸纳钢厂 150 余名职工后,与池州港务局重组贵池港埠公司,实现了较好的经济和社会效益。在不断整合、扩大、重组的基础上,公司已发展成为池州的骨干企业,是安徽省最大的冶金辅料生产企业,长江中下游地区重要的冶金辅料供应商,宝钢、马钢冶金辅料供应主要配套企业。另一方面,在无形资产方面,为适应国家产业政策,池州整合了贵池钢厂和多家小钢铁企业资源。安徽贵航特钢有限公司顺势而为,以贵航金属制品厂为依托,利用贵池钢厂的钢铁产能,整合资源,以商招商,在贵池前江工业园区建成年产 300 万吨规模的钢铁生产企业,获得了良好的经济效益,2014—2016 年连续三年蝉联安徽综合百强企业,2020 年位列中国制造业民营企业 500 强,为实现池州跨越式发展做出了积极贡献。

第四,东至化工园。上海小三线后方化工区的建立,为现今东至化工生产和经济建设打下了良好的基础。上海小三线工厂移交地方管理之后,东

---

① 池州市贵池区地方志编纂委员会编:《贵池市志(1988—2000)》,方志出版社,2016 年,第 156 ~ 157、161 页。

至化工行业开始有了一定的发展。当地政府依托原东至化工区的基础设施、化工设备、闲置厂房和周边土地资源，注入资金，开创化工生产新局面。

东至境内的上海小三线自强化工厂原投资 3071 万元，形成固定资产 2368 万元，占地 412.38 亩，拥有建筑面积 35514 平方米，各种设备 1459 台（套），移交净值 2300 万元。[①] 1989 年东至接管自强化工厂之后投资 750 万元，全面恢复自强化工厂生产，并将硫酸生产能力扩至年产 2 万吨。时至 20 世纪 90 年代，该企业因技术力量薄弱、管理人才缺乏，以及产品市场的不稳定，生产难以为继，濒临破产倒闭的边缘。2000 年后，企业迎来新的转机，在整合上海小三线下属的红星化工厂、金星化工厂和卫星化工厂等企业资源的基础上，该公司进行了技术改造升级，深化人事管理体制改革，转换企业经营机制，转变职工的思想观念，改革企业产权制度和引进外商投资，逐步建立了现代企业制度，实现扭亏脱困，产生利润。

随后，该公司又引入外来资本扩充企业实力，重组更名为华尔泰化工股份有限公司。公司生产规模不断扩大，装置技术显著提升，经济效益大幅度攀升，已发展成为以合成氨、硝酸、硫酸等基础化工产品为主线，以精细化工产品为方向的综合型化工企业，其中浓硝酸产销量位居国内首位。该公司拥有合成氨、硝酸、硫酸等成套装置及年吞吐总量为 63 万吨的长江危化品码头和件杂货码头，已成为东至重要的化工支柱企业和安徽化工行业的重点骨干企业，连续 20 年为东至利税首户。2020 年 9 月 29 日，华尔泰化工股份有限公司凭借扎实的工艺技术、多元化产品形成的竞争优势等实现了资产证券化，在深圳证券交易所主板正式挂牌上市，成为东至县乃至池州市境内第一家有着昔日上海小三线背景的上市公司。

---

① 安徽省东至县经济委员会：《东至县（三线）化工区简介》1992 年 1 月，章炎盛提供；《自强化二厂复产项目建议书》，安徽省东至县档案馆藏，档案号：21-1-1-188。

2004—2006 年,池州政府借助长三角地区产业梯度转移和资本向内地转移的契机,依托华尔泰化工股份有限公司,充分利用其技术、人才、管理、信息等优势,发展硝酸等基础化工的下游企业,不断延伸产业链条,发展化工产业集群,开始建立东至香隅化工园。该化工园成为池州沿江产业发展四大基地之一,也是安徽省最大的精细化工产业聚集地。2010 年,该化工园已形成销售收入百亿元的化工特色工业园。2019 年,入园企业已达 58 家,其中超亿元企业 17 家,10 亿元以上企业 3 家,工业总产值达 101.8 亿元。[①] 当前,化工产业作为东至县三大工业体系之一,是带动地方经济发展的重要力量之一。自强化工厂及香隅化工园的发展壮大与上海小三线化工基础有着密不可分的关系,也打破了当初"在山沟里继续办化工企业是没有出路的"论断。[②] 由于化工园区的发展,企业数量逐渐增多,进而带动了人口就业,收益显著。香隅镇成为东至除县城外最为繁华的乡镇,香隅人的经济思维也是最为积极活跃的,这一切与后小三线建设直接相关。[③]

除此之外,上海小三线配套单位如 260 电话班、683 车队、703 供电所、天山医院和长江医院等,分别由地方邮电、交通、供电、卫生部门整体消化利用,改善了地方社会各项事业的条件。原属东至化工区配套单位的龙江水厂(包括码头)由地方接收后,成为东至周边区域最大规模的水厂。1997 年水厂改制成东至县龙江供水有限公司,主营自来水制造和码头装卸业务。公司以投入与技改作为发展的动力,依靠内部融资,投入资金 50 万元,大大

---

① 池州地区地方志编纂委员会编:《池州地区志》,方志出版社,1996 年,第 392 页;安徽华尔泰化工股份有限公司:《安徽华尔泰化工股份有限公司首次公开发行股票(A 股)招股说明书》,安徽华尔泰化工股份有限公司提供;方锦波采访安徽华尔泰化工股份有限公司董事长吴李杰,2021 年 2 月 22 日,安徽东至县安徽华尔泰股份有限公司董事长办公室。

② 东至县人民政府:《关于东至化工区交接工作进展情况和今后工作意见的报告》,1985 年 8 月 29 日,安徽省东至县档案馆藏,档案号:21-1-1-152。

③ 方锦波采访安徽华尔泰化工股份有限公司董事长吴李杰,2021 年 2 月 22 日,安徽东至县安徽华尔泰股份有限公司董事长办公室。

提高了码头吞吐量,2004 年实现工业产值 305.15 万元。同年,东至启动了"引江济尧"供水工程,将公司改造成一座日制配、输水能力为 40000 立方米的净水厂,向香隅至东至县城沿线、县城居民及经济开发区供应饮用水和工业用水,开创了东至供水事业的新局面。近年来,随着东至经济的快速发展,需水量逐年增加。于是,公司开始实施改扩建项目,为其发展带来了新契机。2019 年,根据县政府的要求,公司作为集团"水业板块"并入安东投资控股集团,成为其旗下的控股公司。2020 年,公司荣获全国首批农村供水规范化水厂称号。根据《龙江供水公司"十四五"发展规划(纲要)》,"十四五"时期是公司实现跨越式发展的关键期,公司将对县域水务资产进行重组、扩张,组建安东水务集团公司,推进实现供排水一体化、管网一体化、城乡区域统筹,建成现代化综合性水务企业,2025 年工业总产值、年利税分别增长到 4526 万元和 956.01 万元,年平均增长 10%,以增加设施建设投资、加强品牌和业务目标建设的措施,实现经济效益、社会效益和环境效益的协调统一。①

综观池州 20 世纪八九十年代乃至 21 世纪初工业经济发展进程,其与上海小三线有着密不可分的关系。1979 年,国家对部分三线企业实行"关、停、并、转",拉开了城市经济体制改革的序幕。上海小三线企业经历了转产民品、自谋出路、移交返城等一系列阵痛,为安徽经济发展积蓄了力量,注入了动力。1988 年,贵池设立池州地区和撤县立市之初,把发展工业经济作为强市之路,抓住国家小三线建设调整之机,对口接收并改造利用一批上海小三线企业,实现了国家三线资产与池州国有企业的资产重组,继而通过组建企业集团、企业整合兼并等方式,促使池州国有企业实力显著增强,工业经济

---

① 《认清形势,强化管理,为完成全年目标而努力》,2005 年 2 月 22 日,龙江供水有限责任公司提供;东至县龙江供水有限责任公司:《龙江供水公司"十四五"发展规划(纲要)》,2020 年 12 月 24 日,龙江供水有限责任公司提供;方锦波采访安东集团龙江供水公司董事长徐林辉,2021 年 2 月 22 日,安徽东至县田园新村小区;《东至县"引江济尧"供水工程建设情况》,东至县人民政府网站,https://www.dongzhi.gov.cn/OpennessContent/shou/800140.html。

取得突破性进展。

一方面,1986 年,上海小三线企业开始无偿移交给池州,是年池州工业产值达 1.78 亿元,工业发展速度达 43.3%,占工农业总产值的 52.1%,首次超过农业产值。东至小三线化工企业的转产复产及化工产品区的形成,加快了工业的发展,全民所有制工业固定资产原值由 1983 年的 2419 万元增长到 1987 年的 7827 万元。1987 年,全县工业总产值超过 1.5 亿元,占工农业总值的 46.3%。① 1988 年初上海小三线交接工作全部结束,当年池州工业产值为 2.56 亿元,占全县工农业总产值 60.4%。②

池州工业经济的发展离不开接收的上海小三线企业。1984 年,池州境内的小三线企业工业总产值达 1.13 亿元,1980—1985 年上半年,上缴国家税金 3701 万元,创利润 4613 万元。③ 池州接收利用之初,企业就产生了经济效益。据统计,1987 年这些企业产值达到 2100 多万元,创利税 629.5 万元,同时解决了 1200 余人的就业问题。④ 其中净增产值为 630 万元,销售收入净增 750 万元,利税净增 150 万元。该年,池州共净增工业产值 3187 万元,净增销售收入 4489 万元,净增利税 1158 万元。⑤

另一方面,池州随着小三线企业的改造利用,冶金、机械、化学等工业取得快速发展,并日益成为地方经济支柱产业,逐步形成机械、冶金、纺织、化工、建材、轻工六大优势产业,这无疑对促进池州经济和社会发展具有重大意义。

---

① 东至县地方志编纂委员会办公室编:《东至县志》,安徽人民出版社,1991 年,第 274 页。
② 贵池市地方志编纂委员会编:《贵池县志》,黄山书社,1994 年,第 464～466 页。
③ 《三线交接顺利结束调整利用全面展开》,《贵池报》,1988 年 1 月 27 日,载吴少华主编,徐有威执行主编:《安徽池州地区上海小三线档案报刊资料选编》,2017 年,第 221 页。
④ 《三线交接顺利结束调整利用全面展开》,《贵池报》,1988 年 1 月 27 日,载吴少华主编,徐有威执行主编:《安徽池州地区上海小三线档案报刊资料选编》,2017 年,第 240 页。
⑤ 钱世托:《小三线调整交接工作的情况汇报》,载贵池县调整交接小三线办公室:《贵申情材料汇编》,安徽省池州市贵池区招商局档案馆室藏,1988 年,第 20 页。钱世托曾任安徽贵池县副县长等职,负责安徽方面接收上海小三线的工作。

四、结论

从 20 世纪 80 年代中期直到时下,除了池州对于上海小三线企业的改造利用取得良好效果外,安徽的宁国、旌德和绩溪等曾经有上海小三线建设企业落户的地区,也因地制宜盘活了小三线资产。宁国接收 13 个小三线单位,其中企业 5 个,事业单位 8 个,拥有固定资产原值 5101.88 万元,净值 3410.34 万元,国拨流动资金 1045.3 万元。该县利用改造后,1990 年这些企业的产值达 1.5 亿元,实现利税 2000 万元,产值增加了 3.3 倍,利税增加了 4.2 倍。由此,1988 年宁国就摘掉了贫困帽子,1990 年成为比较富裕的县[①],1992 年进入安徽省综合经济实力十强县,1995 年进入全国综合经济实力百强县。坐落在旌德的上海小三线素有"三个九"之称,即总投资 9000 万元,占地面积 91 万平方米和干部职工近 9000 人,是该县国营、集体和乡镇企业固定资产总数的 7 倍。[②] 当地接收后由此兴办了一批国有、集体和乡镇工业企业。绩溪是上海小三线企事业单位最多的地区,接收的 23 个小三线单位拥有固定资产净值 6385.15 万元,国拨流动资金 1910.13 万元,机械设备 6420 台,县政府结合地方资源优势,兴办了 11 家国有企业和集体企业。[③]

改革开放初期,安徽解放思想,开拓创新,主动寻求机遇,加快开放步伐,紧抓上海小三线调整交接的机遇,制定优惠扶持政策,鼓励全民、集体、乡镇企业利用改造小三线企业,开展承包、联营、合作等多种形式发展生产,

---

① 宁国县人民政府接收沪属小三线办公室:《关于沪属"小三线"接收工作的总结》,1987 年 2 月 5 日,安徽省宁国市档案馆藏,档案号:85 - 15. W - 1 - 21;胡盛林:《关于小三线调整工作的总结报告》,1991 年 9 月,上海市档案馆藏,档案号:B67 - 1 - 312。

② 章亚清:《抓紧抓细抓实,搞好接收扫尾工作——在全县三线改造利用单位负责人和财务负责人会议上的讲话》,1988 年 3 月 25 日,安徽省旌德县档案馆藏,档案号:24 - 9 - 48。

③ 绩溪县地方志编纂委员会编:《绩溪县志》,黄山书社,1998 年,第 302 页。

大力发展地方工业企业,发挥了小三线原有资产在经济建设中的作用,初步实现了地方经济的发展与起飞。可以说,上海将小三线企事业单位的主管权全部无偿移交给安徽后,安徽就不断开创县域经济社会发展的新局面。

上海小三线建设和发展时期,无论是上海先进的思想理念,还是小三线企业带来的机械设备,都为当地的现代化发展奠定了基础,尤为显著的是经济效益的提高、观念和文化的改变以及物质生活的改善。[1] 池州抓住国家开发浦东和安徽省委开发皖江战略决策的机遇,把目光聚焦长三角,广泛开展横向联营,推进了小三线企业的改造利用,取得了良好的社会效益和经济效益。上海小三线与池州交融与共、和合共生,给双方带来了发展机遇,更为池州经济快速发展和社会进步发挥了重要作用。

如今,长江三角洲是国家经济发展最活跃、开放程度最高、创新能力最强的区域之一,在国家现代化建设大局和全方位开放格局中具有举足轻重的战略地位。推动长三角一体化发展,增强长三角地区创新能力和竞争能力,提高经济集聚度、区域连接性和政策协同效率,对引领全国高质量发展、建设现代化经济体系意义重大。[2] 作为长三角的成员之一,如何发挥优势融入长三角一体化,推动城市工业高质量发展,是安徽面临的新机遇和挑战。2020 年 8 月,习近平总书记考察安徽时强调,要深化体制机制改革,加强城市基础设施、生态环境和营商环境建设,畅通与长三角中心城市连接的交通网络,提高生产生活便利化、舒适化程度,更好吸引和承接长三角地区资金、技术、产业、人才等的转移。[3] 因此,安徽要把握战略机遇,以求真务实、开拓

---

① 《生产,搬家,安置三不误的小三线调整——原上海市后方基地管理局局长王志洪访谈录》,载徐有威主编:《口述上海:小三线建设》,上海教育出版社,2013 年,第 62 页。

② 《长江三角洲区域一体化发展规划纲要》,中华人民共和国中央人民政府网站,http://www.gov. cn/zhengce/2019 - 12/01/content_5457442. . htm。

③ 《下好先手棋,开创发展新局面——记习近平总书记在安徽考察》,新华社客户端,https://baijiahao. baidu. con/s?id = 1675864641780346977&wfr = spider&for = pc。

创新的精神,根据全省各区域的特色优势,精准推动各地与沪苏浙的产业联动发展。而池州利用国家重大战略决策,依托丰富的地方资源,围绕努力打造承接长三角产业转移示范区、长三角重要旅游目的地、长三角重要休闲康养地、长三角绿色有机农产品生产供应地的目标定位,在推动创新共建、协调共进、绿色共保、开放共赢、民生共享上取得实质性进展。①

上海小三线经历了改革开放前后两个历史时期,在建设和发展中积累的许多宝贵的经验和教训,对于加强沿海与内地的交流合作,实现区域协同发展具有一定的启示意义。特别是在改革开放初期,随着国际国内形势的发展变化,小三线建设进入"调整、改造、发挥作用"时期,小三线企业在改革中不断走向社会主义市场经济的过程,企业历经的兴衰成败,以及在人才引进、资产重组、横向联营、改制转型中积累的经验教训,定能为安徽深度融入长三角一体化发展和建设现代化美好安徽提供借鉴。

本文曾载《学术界》2022 年第 1 期,此处有删改

作者简介:李云,历史学博士,淮北师范大学马克思主义学院讲师。

徐有威,江苏吴县人,上海大学历史系教授,博士生导师。研究方向:新中国史、小三线建设史。

基金项目:本文系安徽省哲学社会科学规划一般项目"经济体制改革中的安徽小三线调整改造研究"的阶段性成果。

---

① 《开放发展,全方位融入长三角一体化发展——池州推进长三角高质量一体化发展侧记》,池州市人民政府网站,https://chizhou.gov.cn//OpennessContent/show//1110607.html。

三线建设研究三十年变迁：现状、热点与趋势
——基于文献计量与定性分析方法

陆　婷

从 1964 年下半年至 1970 年代末，新中国在内陆开展了一场以备战为中心的三线建设①，初步建成了我国的战略后方基地。三线建设研究横跨历史学、经济学、地理学、军事学、社会学、民族学、城乡规划学和建筑学等多个学科，具有相当的特殊性与复杂性，由此凸显出其重要的学术价值和现实意义。对此，研究者们从多学科视角展开诸多方面的研究，涌现出较为丰富的高质量学术成果，形成一批专业化和有影响力的核心作者和研究团队。

三线建设，曾经是一个非常神秘的字眼，涉及国防机密和国家安全，相关档案资料长期秘不示人。而在短短的三十多年间，三线建设是如何从一

---

① 说明：第一，"三线分两大片，一是包括云、贵、川三省的全部或大部分及湘西、鄂西地区的西南三线；一是包括陕、甘、宁、青四省区的全部或大部分及豫西、晋西地区的西北三线。三线又有大小之分，西南，西北为大三线，中部及沿海地区省区的腹地为小三线"。参见薄一波：《若干重大决策与事件的回顾》（下），中共中央党校出版社，1993 年，第 1200 页。第二，三线建设（指大三线建设）涉及"云、贵、川、陕、甘、宁、青、晋、豫、鄂、湘"11 个省区，小三线建设涉及除西藏（未建成）和台湾以外的全国 28 个省市区。

个令人不敢触碰的冷门转变成中国当代史的热门领域?[①] 目前的研究进展如何? 取得什么样的成果和存在什么样的问题? 未来研究方向是什么? 本文以文献计量方法为基础,充分利用 CNKI 核心期刊和 CSSCI 数据库的文献数据,运用 CiteSpace V 软件绘制作者、机构、关键词共现的知识图谱,同时,为克服文献计量分析的缺陷,不迷信于数据的表象,结合研究者的口述资料与数据相互补充、相互印证,力求更加准确、形象地反映出三线建设研究领域的基本状况、热点前沿和演化趋势,从而对回答上述问题更具有解释力和预测力,并为三线建设研究者提供更客观的参考和有益的借鉴。

一、研究方法选择与文献数据来源

(一)研究方法选择

文献计量方法是目前文献研究的主流方法,CiteSpace 软件通过可视化手段得到的"科学知识图谱","既是可视化的知识图形,又是序列化的知识谱系"[②],能够直观和准确地展示一个学科或知识领域在一定时期内发展的演进历程和趋势动向,已成为国内外广泛应用于文献计量研究的重要工具。近几年,在历史学领域,此研究方法也开始被关注。[③] 本文运用此软件来呈现过去 30 年三线建设研究的发展脉络、研究热点和趋势动向。同时,以 Excel 软件作为辅助工具,对核心作者、机构和期刊分布等外部特征做整体

---

① 据不完全统计,从 2013 年至今,全国约有 80 个"关于三线建设研究"的基金项目立项(指立项标题中有三线建设、小三线建设等主题词的项目),其中,国家社会科学基金项目 12 个、国家自然科学基金项目 1 个、省部级人文社会科学基金项目 20 个,还有地方政府和大专院校等项目。

② 陈悦等:《CiteSpace 知识图谱的方法论功能》,《科学学研究》,2015 第 2 期。

③ 毕学进:《新中国成立以来中国经济史研究的热点、趋势与展望——基于 Citespace 空间可视化分析方法的计量研究》,《北京社会科学》,2019 年第 12 期;高灿、叶青:《知青史研究的热点、趋势与展望——基于 Citespace 可视化分析方法的计量研究》,《浙江工业大学学报》(社会科学版),2021 年第 2 期。

描述。

　　诚然，CiteSpace 可视化软件是一个能够帮助研究者从海量文献中提炼研究领域的趋势和规律的高效软件，但因数据来源的选取、参数设置的不同及软件本身的技术局限等原因而导致最终结果可能会有所偏差，故不能完全单纯仰赖于数据本身。若要突破繁杂的表层沉潜至深层的本质，则需进一步结合定性的研究方法。学界对三线建设学术史的梳理目前已取得较丰富的成果①，从总体上初步构筑三线建设研究的大厦。本文在前人的研究基础上，并结合对部分主要研究者的口述采访等资料②来验证数据的可靠性，以避免"只见数据不见人"的缺憾，借此弥补计量分析的单薄，以绘制出更为准确和清晰的三线建设研究全景式学术地图。

（二）文献数据来源

　　为保证研究的质量和学术价值，本文选取 CNKI 数据库中的核心期刊和 CSSCI 期刊作为本文的文献数据来源。在文献数据收集过程中，先通过高级

---

　　①　董颖：《近20年三线建设若干问题研究综述》，《党史研究与教学》，2001 年第 3 期；段娟：《近 20 年来三线建设及其相关问题研究述评》，《当代中国史研究》，2012 年第 6 期；张勇：《近三十年国内三线建设及相关问题研究概述》，《三峡论坛》（三峡文学・理论版），2014 年第 2 期；徐有威、杨华国：《"全国第二届三线建设学术研讨会"会议综述》，《史林》，2014 第 3 期；汪红娟：《三线建设研究的回顾与展望（1980—2016）》，《开发研究》，2017 年第 4 期；徐有威、周升起：《近五年来三线建设研究述评》，《开放时代》，2018 年第 2 期；徐有威、张程程：《2019 年三线建设研究述评》，《三线论丛》（三峡文学・理论版），2020 年第 3 期；张勇：《回溯与前瞻：多维视角下的三线建设研究述评》，《宁夏社会科学》，2020 年第 2 期；秦颖、刘合波：《20 世纪 80 年代以来国外三线建设研究综述》，《当代中国史研究》，2020 年第 1 期；徐有威、张程程：《2020 年三线建设研究述评》，《三峡大学学报》（人文社会科学版），2021 年第 4 期；徐有威、张程程：《上海小三线建设史研究述评》，载现代上海研究中心编：《现代上海研究论丛》（第 15 辑），上海书店出版社，2022 年，第 156～170 页；徐有威、张程程、喻双全：《"第三届全国三线建设学术研讨会"会议综述》，《西南科技大学学报》（哲学社会科学版），2022 第 2 期。

　　②　徐有威、陈东林主编：《小三线建设研究论丛（第 6 辑）》，本书为收录三线建设研究者的自述专辑；笔者于 2021 年 10 月 23 日至 24 日在四川绵阳参加"第三届全国三线建设研讨会"期间对徐有威、周明长、张勇等作者进行了相关采访，会后 20 天中，还多次通过电话对徐有威、周明长等老师作了进一步采访和交流。

检索设定文献类型为"期刊",将"三线建设"设定为检索主题,设定时间为"1992—2022 年",期刊来源 = CSSCI + 核心期刊,检索条件 = 精确,共获得相关文献 413 篇(检索时间截至 2022 年 5 月 1 日)。同时,人工剔除出版信息、书籍简介、工作记录、会议综述、论点摘编、单位简介等,以及与主题明显不相符合的文献,得到 366 条有效数据。同上,将"小三线建设"①设定为检索主题,其他条件不变,得到 35 条有效数据。

二、文献基本特征分析

(一)总体发展趋势脉络

在不同时期发表的文献数量是研究某一学科领域样态最直观的反映。20 世纪 80 年代以来,随着相关文献档案的公开与出版②、西部大开发战略的出台③,都有力推动三线建设逐渐成为学术研究的热点,并在近 10 年中呈现出前所未有的繁荣局面。如图 1 所示,国内学界对三线建设的研究文献自1992 年起呈现逐步上升的趋势,但也存在一定波动,结合当时历史背景可划

---

① 因近年来小三线建设研究更趋活跃,成果显著,发展势头强劲,故本文在分析三线建设研究总体脉络之际,特将小三线建设单独进行可视化研究,期冀获得新知。

② 国务院三线建设调整改造规划办公室编:《三线建设》,内部资料,1991 年;国务院三线建设调整改造规划办公室编:《三线建设调整改造有关政策文件选编》,内部资料,1992 年;《当代中国的兵器工业》编辑委员会编:《地方军事工业》,中国兵器工业总公司内部资料,1992 年;甘肃省三线建设调整改造规划领导小组办公室编:《甘肃三线建设》,兰州大学出版社,1993 年;薄一波:《若干重大决策与事件的回顾》(下),中共中央党校出版社,1993 年;《党的文献》在 1995 年第 3 期、1996 年第 3 期和 2000 年第 2 期,分别刊发了《六十年代三线建设决策文献选载(一九六四年八月——一九六五年十一月)》《关于第三个五年计划的文献选载(一九六四年四月——一九六六年三月)》和《关于制定"四五"计划的文献选载(一九七〇年八月——一九七一年三月)》。

③ 王庭科:《三线建设与西部大开发》,《党的文献》,2000 年第 6 期;王卫方:《三线建设与西部开发刍议》,《江西社会科学》,2001 年第 7 期;徐天春:《三线建设——新中国西部大开发的先行》,《西南民族学院学报》(哲学社会科学版),2002 年第 10 期;陈东林:《三线建设:备战时期的西部开发》,中共中央党校出版社,2003 年;何郝炬、何仁仲、向嘉贵主编:《三线建设与西部大开发》,当代中国出版社,2003 年。

分为三个时期:1992—1999 年是萌芽期,此阶段发文量较少,共 28 篇,平均每年约 4 篇。2000—2010 年为起步期,2000 年突然达到一个高潮,从 1999 年的 6 篇激增至 34 篇(因"西部大开发战略"正式出台),占文献总量的 9.3%,随后慢慢回落下去,发文量共 128 篇,平均每年约 12 篇,比前一时期增加 100 篇。2011 年以后三线建设研究的发文量呈现出稳定的攀升态势,进入全面发展期,发文量共 210 篇,平均每年为 18 篇。根据笔者所掌握的基本情况来看,未来仍会稳定保持这种增速,这无疑表明学界对三线建设的关注程度和研究能力都在不断增强。学界对小三线建设的研究发端于三线建设研究的起步期,在 2013 年后开始进入全面发展期。2018 年发文量为 6 篇,占同年三线建设研究总发文量的 31.58%,这就说明随着三线建设愈来愈成为研究热点,作为其重要组成部分的小三线建设也步入研究者的主视野。虽然,本文所采用数据并不能反映该研究领域成果的全貌,但可一窥其研究轨迹与发展趋势。

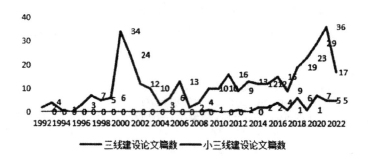

图1 1992—2022 年三线建设研究发文量年度分布

(二)核心作者分析

运行 CiteSpace V 软件,网络节点选择"Author",设置适当阈值"Threshold"，生成三线建设领域的核心研究作者合作知识图谱（见图2），节点大小表示该研究者发文量的多少，连线的粗细表示合作关系的强弱。图2中节点较大的有徐有威、陈东林、周明长、张勇、王毅、崔一楠等人，连线较少，绝大多数的研究者是单独著文。

图2 1992—2022年三线建设研究核心作者与合作网络知识图谱

通过图2和表1可以看出，这些核心作者在相当程度上推动了三线建设研究的进展。徐有威被引频次最高的是《三线建设对中国工业经济及城市化的影响》，他的主要涉猎领域涵括三线建设述评、小三线建设研究等①，是小三线建设研究领域中成就最丰富、影响力最大的学者，主编的《小三线建设研究论丛（第1—7辑）》是对"小三线建设研究成果进行系统整理和出版的重要出版物"。陈东林是该领域的开拓者和领军人物，其《三线建设：备战

---

① 徐有威、杨华国：《政府让利与企业自主：20世纪80年代上海小三线建设的盈与亏》，《江西社会科学》，2015年第10期；徐有威、张志军：《得失之间：江西小三线"军转民"问题研究》，《安徽师范大学学报》（人文社会科学版），2020年第4期等。

时期的西部开发》是第一部三线建设研究专著,被奉为研究三线建设的必读书。在其所发表文章中,被引频次最高的是《历史与现实结合视角的三线建设评价——基于四川、重庆三线建设的调研》,该文以实地调研为基础,从四个角度对三线建设进行历史评价。除此,陈东林还在三线建设与西部开发的关系、三线建设的决策和调整改造方面发表高质量成果。① 周明长的被引频次最高为《三线建设与中国内地城市发展(1964—1980 年)》,对三线建设与三线城市发展之间的关系率先进行研究,作者深耕三线建设城市发展领域并取得一系列成果。② 张勇被引频次最高的为《社会史视野中的三线建设研究》,主要贡献是拓展三线建设的研究路径,将社会史、社会学等学科的理论方法运用于三线建设研究之中。③ 王毅被引频次最高的为《三线企业的搬迁对内迁职工生活的影响——以重庆的工资、物价为例》,主要关注三线建

---

① 郑有贵、陈东林、段娟:《历史与现实结合视角的三线建设评价——基于四川、重庆三线建设的调研》,《中国经济史研究》,2012 年第 3 期;陈东林:《走向市场经济的三线建设调整改造》,《当代中国史研究》,2002 年第 3 期;陈东林:《评价毛泽东三线建设决策的三个新视角》,《毛泽东邓小平理论研究》,2012 年第 8 期等。

② 周明长:《三线建设与四川省城市现代化》,《当代中国史研究》,2014 年第 1 期;周明长:《三线建设调整改造与重点区域城市发展》,《贵州社会科学》,2016 年第 10 期;周明长:《三线建设与贵州省城市化》,《中共党史研究》,2016 年第 12 期;周明长:《东北支援与三线城市发展》,《开放时代》,2018 年第 2 期;周明长:《三线建设与宁夏城市化》,《宁夏社会科学》,2018 年第 3 期;周明长:《三线建设时期的中国城市化——以四川德阳为中心》,《江西社会科学》,2018 年第 8 期;陈超:《标签化的族群:一个三线企业中的社会结构》,周明长译,《江苏大学学报》(社会科学版),2018 年第 5 期;周明长:《铁路网建设与三线城市体系研究》,《宁夏社会科学》,2020 年第 4 期;周明长:《嵌入式运作:东北对四川三线建设城市的支援》,《江淮论坛》,2022 年第 1 期等。

③ 张勇:《社会史视野中的三线建设研究》,《甘肃社会科学》,2014 年第 6 期;张勇:《三线建设移民的内迁、去留与身份认同——以重庆地区移民为重点》,《贵州社会科学》,2019 年第 12 期;张勇:《多维视野中的三线建设亲历者》,上海大学出版社,2019 年;张勇:《区隔与融合:三线建设内迁移民的文化适应及变迁》,《江海学刊》,2020 年第 1 期等。

设在川渝地区的布局和对川渝地区发展的影响等问题。① 崔一楠、李彩华、刘洋的高被引文献分别从工农关系、调整改造、科研机构布局等角度开拓我国三线建设研究的新主题。②

表1 1992—2022 年三线建设研究的高频作者和高下载、高被引文献列表(发文量≥5)

序号	作者	发文量	文献名称	下载次数	被引次数
1	徐有威	12	三线建设对中国工业经济及城市化的影响	2130	49
2	陈东林	12	历史与现实结合视角的三线建设评价——基于四川、重庆三线建设的调研	1640	26
3	周明长	11	三线建设与中国内地城市发展(1964—1980 年)	2174	34
4	张勇	10	社会史视野中的三线建设研究	903	18
5	王毅	10	三线企业的搬迁对内迁职工生活的影响——以重庆的工资、物价为例	577	16
6	崔一楠	7	1965 年四川广元对三线建设的支援	481	11
7	李彩华	5	三线建设调整改造的历史考察	1758	49
8	刘洋	5	备战压力下科研机构布局——以中国科学院对三线建设的早期应对为例	492	3

尤其值得注意的是,三线建设研究的核心作者基本上都主持有国家社会科学基金项目,李彩华主持 2007 年国家社会科学基金一般项目"三线建

① 王毅:《三线企业的搬迁对内迁职工生活的影响——以重庆的工资、物价为例》,《中共党史研究》,2016 年第 4 期;王毅:《三线建设中重庆化工企业发展与布局初探》,《党史研究与教学》,2015 年第 2 期;王毅:《三线建设与川渝地区城市发展》,《理论月刊》,2017 年第 9 期;王毅:《四川三线建设企业布局与工业发展刍议》,《当代中国史研究》,2020 年第 3 期;王毅、钟谟智:《川渝地区三线建设企业区位选择及其对当地经济的影响——以军工、化工、机械三类工业企业为例》,《军事历史研究》,2021 年第 2 期等。
② 崔一楠、赵洋:《嵌入与互助:三线建设中工农关系的微观审视》,《华南农业大学学报》(社会科学版),2016 年第 1 期;李彩华:《三线建设调整改造的历史考察》,《当代中国史研究》,2002 年第 3 期;刘洋、张藜:《备战压力下科研机构布局——以中国科学院对三线建设的早期应对为例》,《中国科技史杂志》,2012 年第 4 期等。

设调整改造与党的区域发展理念研究（2007—2012）"（07BDJ002）和2018年国家社会科学基金一般项目"东北支援三线建设研究"（18BDJ056）、徐有威主持2013年国家社会科学基金重大项目"小三线建设资料的整理与研究"（13&ZD097）、张勇主持2014年国家社会科学基金西部项目"西南三线建设单位的社会文化变迁研究"（14XZS022）、崔一楠主持2016年国家社会科学基金青年项目"三线建设与西南地区城市发展研究（1964—1990）"（16CZS023）、王毅主持2019年国家社会科学基金青年项目"三线建设与西南地区工业布局研究"（19CZS073）、周明长主持2020年国家社会科学基金西部项目"西北地区三线建设城市发展史研究"（20XZS021）。由此观之，国家社会科学基金项目主持者同核心作者成果的产出、质量和影响力之间存在着明显的正相关。

图2显示共有103节点、22条连线，网络密度为0.0042，若仅从图中可以得出这样的结论：三线建设领域中的研究力量较为分散，很多学者处在孤军奋战的状态，当然这也是人文社会科学研究中的普遍现象。但是研究者之间的合作并不是只有合作发文这一种表现方式，而且由于数据源的限制，也无法呈现相对完整的合作发文网络。而结合相关口述资料深入探究后，却得到与图2截然相反的结论。事实上，该领域中核心作者之间的合作是相当紧密的。图2中虽然陈东林与徐有威之间没有连线，但其实是有非常密切的合作关系，徐有威于2013年申请国家社会科学基金重大项目"小三线建设资料的整理与研究"过程中，受到陈东林老师的帮助①，两位核心作者共同主编《小三线建设研究论丛（1—7辑）》《中国共产党与三线建设》等。陈东林在自述中也特别指出，徐有威是"我研究三线建设的第一个合作者"，"我

---

① 徐有威教授于2021年10月24日上午，在绵阳举行的第三届全国三线建设学术研讨会闭幕式上的发言。

和他,有一个自然分工,我致力于中央高层三线建设决策档案,他致力于小三线档案"。①

在此还需特别指出的是,在图2和表1中没有出现的名字——三线建设的亲历者、领导者和研究者王春才老师②,他不遗余力地支持和帮助三线建设的研究者,有力推动了三线建设研究向纵深性发展,用他自己的话说,"我把宣传三线当作自己义不容辞的责任,不但自己写三线,报社的记者、学者采访我,我也主动向他们宣传三线,支持他们写三线的文章,拍三线的电视和电影"。同时,王春才还筹建中华人民共和国国史学会三线建设研究分会、多渠道筹集研究会资金、全力推动和成立重庆市、四川省等三线建设研究会等。陈东林自身在研究过程中也深受王春才的支持和帮助,"我只想强调一点,遇到王老师,在他的支持和指导下进行三线建设研究工作,是我的幸运"。李彩华也曾说王春才老师是"引领我真正走进三线历史、使之成为我生命的重要部分"的"引路导师"。图2中节点较大没有连线的核心作者还有周明长与崔一楠,他们其实也是有内在联系与合作的,崔一楠在绵阳市档案馆查阅关于三线建设的资料时,工作人员向他提及周明长也曾来此查阅相关资料,崔一楠说:"我早就拜读过周教授的论著,于是就记下了他的联系方式,便于日后请教。没过几天,周教授电话联系我,让我十分欣喜,与他畅谈了近一个小时,让我深受启发。自此之后,我每遇问题,便会电话请教周教授"。三线建设研究者们还非常有意识地去打造学术共同体,以推动三线建设的多方面跨学科研究,张勇曾于2019年6月在江西南昌举行的"首届

---

① 陈东林:《从历史研究到遗产保护:我和三线建设研究》,载徐有威、陈东林主编:《小三线建设研究论丛》(第6辑),上海大学出版社,2021年,第50页。

② 王春才,历任中共中央西南局国防工业办公室、四川省国防科学技术工业办公室基建规划处长、国务院三线建设调整改造规划办公室规划二局局长、国家计委三线建设调整办公室主任,出版有《元帅的最后岁月——彭德怀在三线》《苍凉巴山蜀水情》《巴山蜀水"三线"情》等,主编《中国大三线报告文学丛书》《三线建设铸丰碑》等,任《三线风云(第1—4辑)》编委会主任。

中国三线建设史研究工作坊"会议上,"呼吁学界通力合作,全方位地推动三线建设的研究"。在此基础上,张勇创建"三线建设研究中青年学者群","此后在徐有威教授等人的推动下,不断有研究者加入。目前,我们这个团体已初具规模,囊括了国内大部分从事三线建设研究的学者,搭建起了彼此间交流甚至合作的平台"。①

单从发文合作关系来看,其中发文数量相对较多、合作相对突出的有陈东林—段娟—郑有贵,徐有威—张勇,王毅—万黎明等合作关系。作者合作一般基于"学缘"或"志缘"的关系②,以上这几组关系多为同事之间的"学缘"关系,如陈东林—段娟—郑有贵是中国社会科学院当代中国研究所的同事关系。徐有威—张勇是"志缘"关系,两位核心作者在 2013 年 11 月重庆大学的一场学术研讨会相识,因学术旨趣相投,都对三线建设有着浓厚的兴趣,此后便开展一系列合作。需要指出的是,在该研究领域中,因"志缘"合作关系不乏少数,这种"志缘"不是建立在行政联系之上的,而是单纯源起于个人的学术兴趣。

与此同时,可以明显发现,以"小三线建设"为主题的核心作者合作知识图谱(见图 3)与图 2 呈现出两个迥然不同的状态,图 2 是点状的分散分布,而图 3 是以中心点向外发散,这意味着小三线建设研究已形成了以徐有威为核心的成熟研究团队。小三线建设研究发文量共 35 篇,有 34 位作者,徐有威发文 18 篇,占 51.4%。其余 33 位作者中与徐有威有合作关系的共 13 位,占 39.4%。图 3 共有 34 节点、24 条连线,网络密度为 0.0428,反映出小三线

---

① 王春才:《从参与者到研究者:我与三线建设》、陈东林:《从历史研究到遗产保护:我和三线建设研究》、李彩华:《走近三线的心路》、崔一楠:《在三线建设之地结下的三线建设学术之缘》、张勇:《八年磨一剑:我与三线建设研究的不解之缘》,载徐有威、陈东林主编:《小三线建设研究论丛》(第 6 辑),上海大学出版社,2021 年,第 13、48、195、322、279~281 页。

② "学缘"关系一般指互为同学、师生、校友、同事之间的关系,"志缘"一般是指以共同志趣为纽带而进行人际交往的关系。

建设领域中的研究力量紧密,合作相对突出的有徐有威—李云、徐有威—周升起、徐有威—陈熙、徐有威—杨帅、徐有威—张志军、徐有威—张胜等,这些合作关系中都是基于"学缘"关系,李云、周升起、杨帅、张胜和张志军等均是徐有威的博士生、硕士生或博士后。陈熙—徐有威的合作关系始于徐有威义务指导并参加陈熙的博士论文答辩的全过程中,为陈熙提供大量档案资料来丰富和深化他的研究,而后进行大量合作。徐有威不仅与三线建设研究领域的专家教授和自己的学生进行合作,甚至对自己素未谋面、不是自己门下的学生,只要致力于该领域的研究,都会提供无私的帮助和提携。在《小三线建设研究论丛(第6辑)》一书中,中共上海市静安区党校邹富敏老师、西南科技大学崔一楠老师、大连理工大学博士生袁世超、兰州大学硕士生方锦波、山东师范大学本科生朱焘等人的自述中都有提及。①

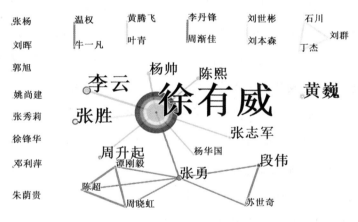

图3 1992—2022年小三线建设研究核心作者与合作网络知识图谱

① 陈熙:《移民史视角下的三线建设研究》、邹富敏:《巨人肩膀上:我的三线建设研究"速成"之路》、崔一楠:《在三线建设之地结下的三线建设学术之缘》、袁世超:《"跨界"的我:从身体探寻,到使命担当》、方锦波:《心慕笔追:我的三线建设学习之路》、朱焘:《蹒跚学步:我的江西小三线建设学习与研究》,载徐有威、陈东林主编:《小三线建设研究论丛(第6辑)》,上海大学出版社,2021年,第295、237~245、320~324、536~542、445~453、454~469页。

之所以能够形成以徐有威领衔的成熟研究团队，笔者结合相关文献初步总结如下：第一，"文章乃天下之公器"。徐有威团队在搜集、整理、编纂和出版小三线建设历史档案资料方面做出突出贡献。"由于小三线的特殊性和保密性，从档案馆获取相关档案资料就非常有限。徐老师不辞辛劳，经常到全国各地探寻有小三线的遗址，或深入企业挖掘企业档案资料"，并且慷慨无私地将辛苦收集到的资料分享给研究同人。① 目前在档案资料方面出版了《中国共产党与三线建设》《小三线建设研究论丛》(第1—7辑)、《新中国小三线建设档案文献整理汇编·第1辑(全8册)》，其第2辑也在筹备的过程中，与中共池州市委党史研究室合作主编了《安徽池州地区上海小三线档案报刊资料选编》(内部资料)。除档案文献资料，徐有威团队还收集整理了丰富的口述资料，出版了《口述上海：小三线建设》，与中共池州市委党史研究室合作主编《安徽池州地区上海小三线口述史资料汇编》。在《小三线建设研究论丛(第1—7辑)》均收录了宝贵的口述资料，后续还会继续出版各辑。第二，高屋建瓴地谋划全国三线建设研究的顶层设计和学科建设，为下一步在高校、党校开设三线建设课程，将三线建设研究成果推向更大的服务范围而奠定基础。第三，搭建学术平台，打造三线建设学术共同体。连续举办第一、二、三届全国三线建设学术研讨会(2012年、2013年、2021年)，其间还举办"首届中国三线建设研究工作坊"(2019年)、"记忆与遗产：三线建设研究"高峰论坛(2019年)两次小规模会议，为学界提供学术交流与合作的重要平台，促进全国三线建设研究的协同发展。在徐有威的持续推动下，第四届全国三线建设学术研讨会于2022年由宜宾学院举办。第四，惠泽学林，奖掖后学。徐有威作为小三线建设研究的开拓者和研究专家，不断奔

---

① 窦育瑶：《从相遇到相知：我与小三线的情缘》、陈熙：《移民史视角下的三线建设研究》、周晨阳：《曲折中前进：我的广东小三线建设研究》，载徐有威、陈东林主编：《小三线建设研究论丛》(第6辑)，上海大学出版社，2021年，第545、295、510页。

走、激励、帮助众多青年学者、研究生和本科生参与其中的学习与研究工作，一定程度上壮大了三线建设学术研究队伍，促进该领域不断开枝散叶和产生累累硕果。"一般人很难想象，在中国当代史下属一个名不见经传的旁支学科，在十年时间中几乎是从零开始，会如此的异军突起。"①

（三）核心研究机构分析

运行 CiteSpace V 软件，网络节点选择"Institution"，设置适当的阈值"Threshold"，生成三线建设领域的研究机构合作网络图谱（见图4）。因高校院系的调整和研究者单位的变动，具体机构的发文量经笔者手动修改制作图5。

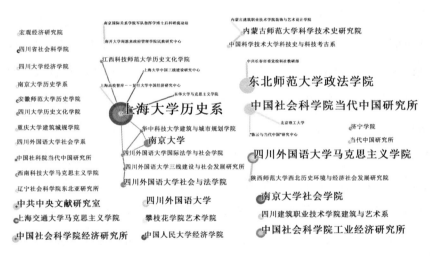

图4　1992—2022年三线建设研究机构合作网络图谱

① 徐有威：《小三线大格局：从事小三线建设研究八载忆述》，《经济学茶座》，2021年第3期。

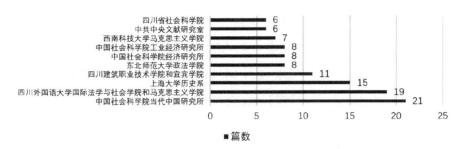

图 5　1992—2022 年三线建设研究机构发文分布（发文量≥5）

从图 4 和图 5 的研究机构发文量来看,中国社会科学院当代中国研究所（21 篇）、中国社会科学院经济研究所（8 篇）、中国社会科学院工业经济研究所（8 篇）,乃是三线建设研究的第一主力军团。同时,四川外国语大学国际法学与社会学院和马克思主义学院（19 篇）①、上海大学历史系（15 篇）、四川建筑职业技术学院和宜宾学院（11 篇）②、东北师范大学政法学院（8 篇）、中共中央文献研究室（6 篇）、四川省社会科学院（6 篇）和西南科技大学马克思主义学院（7 篇）③,都是发文量较高的具有强大学术能力和研究实力的研究机构和高校,成为推动全国三线建设研究发展的中坚力量。从学科属性可见,主要以历史学、经济学和社会学为主,同时呈现出跨学科研究的新趋势。以地域分布观之,若将二级部门归总至同一个机构,发文量靠前的中国社会科学院、四川外国语大学、上海大学及四川建筑职业技术学院和宜宾学院,分别处于北京、重庆、上海和四川。这就较为充分地表明:第一,地处全国政治中心和经济中心地区、原三线重点地区和上海小三线地区的研究活跃度高,可依托所独具的区域优势深入研究;第二,从总体上来看,高校正在

---

①　此为将四川外国语大学国际法学与社会学院改名前的社会学系、社会与法学院和马克思主义学院改名前社会科学部计入在内后的该大学发文总量。

②　将周明长教授在两所高校工作期间发文计入在内。

③　将西南科技大学马克思主义学院改名前政治学院计入在内。

取代或者已经取代了国家级、省级社科院对三线建设研究的优势地位。

在小三线建设领域的研究机构合作网络图谱（见图6）中，上海大学历史系的节点最大，共18篇，是国内最高产的研究机构。究其原因，一是有校方的大力支持，上海大学成立中国三线建设研究中心，为其提供平台和资金的稳定保障；二是有两个国家社科基金重大项目的支撑；三是有三线建设领域的权威学者徐有威教授的开疆拓土。小三线建设研究机构节点较大的都属于历史学科，图6共有节点34个，连线29条，网络密度为0.0517，形成上海—江西南昌、上海—安徽淮北、上海—浙江湖州等较稳定的跨地区合作关系。在全国小三线建设研究中，上海处于领先地位，因为上海是全国各省市区小三线建设中"门类最全、人员最多、规模最大"[①]的后方工业基地，有大量可供研究的档案资料，同时也更因有核心作者的推动和国家社科基金重大项目的强力支撑。

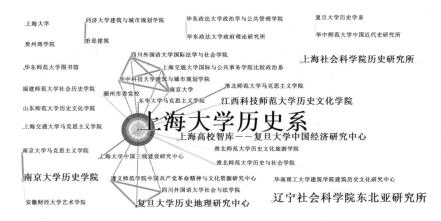

图6　1992—2022年小三线建设研究机构合作网络图谱

---

① 徐有威：《中国地方档案馆和企业档案馆小三线建设藏档的状况与价值》，《中共历史与理论研究》，2017年第1期。

（四）核心期刊分析

366 篇文献的期刊分布情况具体见表2，载文量在 5 篇及 5 篇以上的期刊共 11 个，发文量 118 篇，占比 32.24%，可见其提供了良好的学术平台和主要的学术阵地。居于榜首的《当代中国史研究》是当代史研究领域中最具影响力的期刊，所发成果不仅水平较高，而且易受主流期刊的关注。以上这 11 种期刊以当代史、经济史、中共党史类核心期刊为主，同样也有《贵州社会科学》《宁夏社会科学》《江西社会科学》等综合性人文社会科学类核心期刊，且这三个期刊都专门开设"三线建设研究"专栏。依此论之，原三线建设重要区域的地方学术期刊对三线建设的关注度更高，正如《贵州社会科学》在专栏中如此介绍："贵州曾是三线建设的重点地区，对于这段历史的回顾与评估，作为贵州的学术期刊有责任引领这方面研究的深入，促进相关领域的研究发展。"①

表2　1992—2022 年三线建设研究的期刊分布（发文量≥5）

序号	期刊名称	发文量（篇）	占比
1	当代中国史研究	35	9.56%
2	贵州社会科学	15	4.1%
3	宁夏社会科学	13	3.55%
4	中国经济史研究	11	3.01%
5	中共党史研究	9	2.46%
6	毛泽东思想研究	8	2.19%
7	开放时代	6	1.64%
8	江西社会科学	6	1.64%

① 《〈贵州社会科学〉开设"三线建设研究"专栏》，贵州社会科学，http://gzshkx. guizhou. gov. cn/lmjs/201707/t20170725_55887605. html。

序号	期刊名称	发文量(篇)	占比
9	党的文献	5	1.37%
10	理论导刊	5	1.37%
11	开发研究	5	1.37%
合计		118	32.24%

　　据表3可见,在35篇小三线建设的研究文献中,载文量在2篇及2篇以上的期刊共有8个,发文量23篇,占比65.71%。除延续该领域的主流学科历史类期刊,还出现《工业建筑》等建筑工程类期刊,这标志着小三线建设研究已经向着更加多元和广阔的视角发展。《江西社会科学》《安徽史学》《安徽师范大学学报》(人文社会科学版),刊登的基本上是上海支援安徽和江西的小三线建设内容[1],足见地方学术刊物对刊发当地小三线建设研究文章更具倾向性。

表3　1992—2022年小三线建设研究的期刊分布(发文量≥2)

序号	期刊名称	发文量(篇)	占比
1	当代中国史研究	5	14.29%
2	江西社会科学	4	11.43%
3	安徽史学	4	11.43%
4	史林	2	5.71%
5	工业建筑	2	5.71%

---

[1]　张秀莉:《皖南上海小三线职工的民生问题研究》,《安徽史学》,2014年第6期;徐峰华:《东至化工区建设述论——上海皖南"小三线"的个案研究》,《安徽史学》,2016年第2期;李云、杨帅、徐有威:《上海小三线与皖南地方关系研究》,《安徽史学》,2016年第4期;李云、张胜、徐有威:《安徽小三线建设述论》,《安徽史学》,2020年第5期;朱荫贵:《上海在三线建设中的地位和作用——以皖南小三线建设为中心的分析》,《安徽师范大学学报》(人文社会科学版),2020年第4期;张志军、徐有威:《成为后方:江西小三线的创设及其初步影响》,《江西社会科学》,2018年。

序号	期刊名称	发文量(篇)	占比
6	开放时代	2	5.71%
7	贵州社会科学	2	5.71%
8	安徽师范大学学报(人文社会科学版)	2	5.71%
合计		23	65.71%

三、研究热点与趋势探析

(一)关键词共现分析

关键词出现的频次、中心性、突现性等均可以反映出三线建设研究领域的热点和前沿。运行 CiteSpace V 软件,网络节点选择"Keyword",设置适当阈值"Threshold",生成三线建设领域的关键词共现知识图谱(见图 7)。表 4 中共现频次大于或等于 5 且中心性大于 0.1 的关键词有 8 个,分别是"三线建设"①"西部开发""西部大开发""毛泽东""中西部地区""东部地区""军工企业",这些关键词形成三线建设研究中的主要论域。

表 4   1992—2022 年三线建设和小三线建设研究的高频关键词
(频次≥5,且中心性≥0.1)和(频次≥2,且中心性≥0.1)

序号	关键词 三线建设/小三线建设	频次 三线建设/小三线建设	中心性 三线建设/小三线建设
1	三线建设/小三线建设	129/10	0.9/0.57
2	"三线"建设/小三线	48/9	0.44/0.72
3	西部开发/三线建设	20/8	0.31/0.8
4	西部大开发/皖南	13/4	0.15/0.12

---

① 将"三线建设"与"'三线'建设"合并。

序号	关键词 三线建设/小三线建设	频次 三线建设/小三线建设	中心性 三线建设/小三线建设
5	毛泽东/上海小三线	12/3	0.32/0.27
6	中西部地区/后小三线建设时代	8/2	0.25/0.33
7	东部地区/亲历者	7/2	0.3/0.72
8	军工企业/安徽	5/2	0.15/0.16

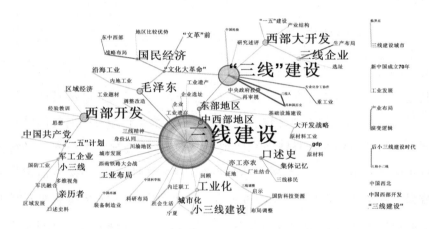

图7　1992—2022年三线建设关键词共现知识图谱

通过图7和表4,笔者尝试抓取三线建设研究中的某些特点:第一,三线建设研究在客观上处于一种特殊的"困难环境"。如图7中有一个节点较小的关键词"文化大革命",而"三线建设与'文化大革命'时间重叠度较高,很多档案馆并不开放这部分档案,甚至直接不开放共和国时期的档案,这给课题组的工作造成了极大的困难"①。由于资料档案的限制,致使三线建设在宏观层面的研究一直处于凝滞状态并难以取得新突破。如《三线建设:备战

① 李德英:《我与三线建设研究:四川大学团队所做的工作》,载徐有威、陈东林主编:《小三线建设研究论丛》(第6辑),上海大学出版社,2021年,第208页。

时期的西部开发》《三线建设研究》于 2003 年、2004 年出版之后近 20 年里，都没有出现过真正意义上的全国性三线建设研究学术专著。

第二，目前研究的重点有三个大方向。一是由"工业化""重工业""国防工业""工业布局""工业遗产"等关键词组成的工业方向。这无疑彰显出三线建设"是一场大规模推进西部工业化的运动"①，"以国防工业和重工业为核心"②，对工业布局进行大规模调整和规划建设并"促使内地工业迅速崛起"③，进而对西部地区工业化进程和新中国工业化做出巨大贡献④等建设效应。然而对三线建设的工业布局研究中则存有较多的批评，这也在客观上反映出三线建设在取得巨大成绩之际所存在着不容忽视的重大问题。有鉴于此，有学者从历史地理学角度出发，如段伟对天水三线企业选址研究后认为其选址具有相当的合理性⑤；张勇以彭县三家企业为例，虽然其选址遵循"靠山、分散、隐蔽"的原则，但在中央部门、三线企业和地方政府之间的相互博弈之下也获得局部性合理微调⑥。这种对具体三线项目布点问题进行具体分析的微观视角，不仅具有一定的科学性和启发性，也可以继续应用于该子领域中相关工业项目的布局研究。二是由"'一五'计划""西部开发""西部大开发""中西部地区""东部地区""区域经济""区域发展""城市化"等关键词聚焦的地区经济发展方向，这就从长时段上阐明三线建设是新中国

① ［美］柯尚哲：《三线铁路与毛泽东时代后期的工业现代化》，周明长译，《开放时代》，2018 年第 2 期。

② 周明长：《三线建设与中国内地城市发展（1964—1980 年）》，《中国经济史研究》，2014 年第 1 期。

③ 徐有威、陈熙：《三线建设对中国工业经济及城市化的影响》，《当代中国史研究》，2015 年第 4 期。

④ 范鹏臻：《三线建设与西部工业化研究》，《长白学刊》，2011 年第 5 期；黄巍：《东北亚局势视域下新中国三次工业布局的规划与调整》，《当代中国史研究》，2021 年第 1 期。

⑤ 段伟：《甘肃天水三线企业的选址探析》，《开发研究》，2014 年第 6 期。

⑥ 张勇、肖彦：《三线建设企业选址的变迁与博弈研究——以四川三家工厂为例》，《贵州社会科学》，2017 年第 5 期。

继"一五"计划后对西部的第二次大规模开发①,堪称是西部大开发的先行,为其提供可资借鉴的经验与教训。由此可见,三线建设初步奠定西部重要的工业基础,改善交通落后状况,带动资源开发,促进西部新兴城市的兴起②,扭转内地城市的落后状态,故"总体上是成功的,促进了中国经济发展,保障了国家安全"③。三是由"小三线""小三线建设""后小三线建设时代""上海小三线"等关键词集中的小三线建设方向(详述见下)。

第三,"多维视角""口述史""亲历者""集体记忆""身份认同"等关键词鲜明展现了以社会学为主的多学科结合等研究方法,这对研究三线建设有着天然的学科优势,能够较为深刻地诠释三线人与三线社会之间多向互动的历史情境。

以"小三线建设"为主题的关键词共现知识图谱在图8中则呈现出相对孤立状态,不似图7中密集发散的结构,其囿于小三线建设领域中多以个案等微观研究为主。表4中频次大于或等于2且中心性大于0.1的关键词有8个,分别是"小三线建设""小三线""三线建设""皖南""上海小三线""后小三线建设时代""亲历者""安徽",其勾勒出小三线建设研究的主要领域。目前小三线建设研究的方向有:一是以"前进机器厂""新光厂""新风机械厂"等小三线企业微观视角的研究方向。④ 二是小三线企业与地方经济之间

---

① 董志凯、吴江:《我国三次西部开发的回顾与思考》,《当代中国史研究》,2000 年第 4 期;陈东林:《党的三次西部开发战略及指导思想的探索发展》,《毛泽东邓小平理论研究》,2011 年第 6 期。

② 陈晋:《三线建设战略与西部梦想》,《党的文献》,2015 年第 4 期。

③ 姜长青:《1949 年至 1978 年中国区域经济发展演变研究》,《毛泽东邓小平理论研究》,2021 年第 1 期。

④ 温权、牛一凡:《山西小三线建设始末——以山西前进机器厂为中心(1965—1992)》,《南京大学学报》(哲学·人文科学·社会科学),2021 年第 1 期;徐有威、李云:《困境与回归:调整时期的上海小三线——以新光金属厂为中心》,《开发研究》,2014 年第 6 期;黄巍:《经济体制转型中的三线调整——以辽宁新风机械厂(1965—1999)为例》,《江西社会科学》,2018 年第 8 期。

的关系问题,体现在"上海""安徽""福建""皖南""地方经济"等关键词。①
三是小三线"工业遗产"的开发和改造的经验总结和教训吸取。② 四是小三
线的"民生""环保"等问题。③ 五是突破以往研究时段的范式,提出后小三
线建设时代的研究命题。④

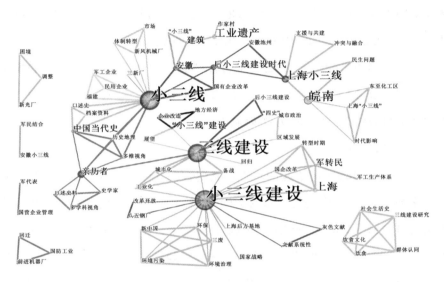

图 8　1992—2022 年小三线建设关键词共现知识图谱

　　① 段伟:《安徽宁国"小三线"企业改造与地方经济腾飞》,《当代中国史研究》,2009 年第 3 期;
李云、杨帅、徐有威:《上海小三线与皖南地方关系研究》,《安徽史学》,2016 年第 4 期;朱荫贵:《上海
在三线建设中的地位和作用——以皖南小三线建设为中心的分析》,《安徽师范大学学报》(人文社
会科学版),2020 年第 4 期;李云、徐有威:《后小三线建设时代的企业与地方经济——以安徽池州为
例》,《学术界》,2022 年第 1 期。
　　② 徐有威、张胜:《小三线工业遗产开发与乡村文化旅游产业融合发展——以安徽霍山为例》,
《江西社会科学》,2020 年第 11 期。
　　③ 张秀莉:《皖南上海小三线职工的民生问题研究》,《安徽史学》,2014 年第 6 期;徐有威、杨
帅:《为了祖国的青山绿水:小三线企业的环境危机与应对》,《贵州社会科学》,2016 第 10 期。
　　④ 徐有威:《开拓后小三线建设的国史研究新领域》,《浙江学刊》,2022 年第 2 期。

(二)突变词检测图谱分析

运行 CiteSpace V 的"Bursts"检测算法,设置适当阈值"Threshold",生成三线建设研究中排名前30的关键词突变列表(见图9),可追踪三线建设研究热点的演化动态。1992 年"国民经济"的突变强度最大(4.7086),突变年份为1992—2000 年,最初学界多在国民经济研究中提及三线建设,当时国家把三线建设调整改造作为整个国民经济发展的重要组成部分,将三线建设调整改造纳入整个国民经济全局中进行大调整和新发展。2000 年,"国民经济"退出前沿,取而代之的是"西部大开发"(4.6823,2000—2005)、"西部开发"(4.5014,2001—2013),这是因为2000 年正式出台"西部大开发"战略,强力刺激着学界对三线建设研究的关注度。"'三线'建设"和"三线建设"的突变时间分别是2006—2009 年、2013—2014 年,一方面,表明三线建设已不再是作为研究国民经济、西部大开发等领域中的"配角"而存在,而作为"主角"的三线建设专门研究真正开始发展起来了。此外,涉及"三线"建设和三线建设两个概念的差异化问题,随着国家级相关档案文献的公开及对其研究的深入而得以清晰化并趋向于普遍使用三线建设这个符合历史真实的规范名称。2011 年以后研究视域继续扩大和细化,出现"三线企业""城市化""小三线""宁夏""亲历者"等新的关键词。"国民经济""西部大开发""三线企业""西部开发""毛泽东""中西部地区""三线建设""工业化""东部地区""工业布局""亲历者""三线建设""城市化""小三线"等突变强度最高,是该领域研究的重点。"国民经济""西部大开发""西部开发""三线企业"等关键词的突现时间跨度都大于等于5 年,乃是研究者们一直保持密切关注的持续型前沿热点。近5 年来,突变强度大于2 的有突变词分别是"小三线""亲历者"等,由此初步构建出未来研究的新基础。

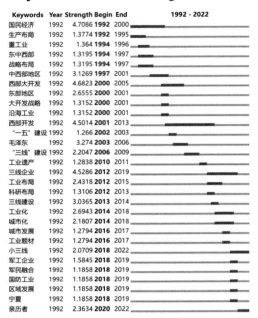

Top 30 Keywords with the Strongest Citation Bursts

Keywords	Year	Strength	Begin	End	1992 - 2022
国民经济	1992	4.7086	1992	2000	
生产布局	1992	1.3774	1992	1995	
重工业	1992	1.364	1994	1996	
东中西部	1992	1.3195	1994	1997	
战略布局	1992	1.3195	1994	1997	
中西部地区	1992	3.1269	1997	2001	
西部大开发	1992	4.6823	2000	2005	
东部地区	1992	2.6555	2000	2001	
大开发战略	1992	1.3152	2000	2001	
沿海工业	1992	1.3152	2000	2001	
西部开发	1992	4.5014	2001	2013	
"一五"建设	1992	1.266	2002	2003	
毛泽东	1992	3.274	2003	2006	
"三线"建设	1992	2.2047	2006	2009	
工业遗产	1992	1.2838	2010	2011	
三线企业	1992	4.5286	2012	2019	
工业布局	1992	2.4318	2012	2015	
科研布局	1992	1.3106	2012	2013	
三线建设	1992	3.0365	2013	2014	
工业化	1992	2.6943	2014	2018	
城市化	1992	2.1807	2014	2018	
城市发展	1992	1.2794	2016	2017	
工业题材	1992	1.2794	2016	2017	
小三线	1992	2.0709	2018	2022	
军工企业	1992	1.5845	2018	2019	
军民融合	1992	1.1858	2018	2019	
国防工业	1992	1.1858	2018	2019	
区域发展	1992	1.1858	2018	2019	
宁夏	1992	1.1858	2018	2019	
亲历者	1992	2.3634	2020	2022	

图 9　基于 CiteSpace 的三线建设突变词检测图谱

　　小三线建设突变词检测图谱如图 10 所示,小三线建设研究出现于三线建设研究第二阶段末期的 2009 年,并在第三个阶段与之共同进入全面发展时期,尤其是在 2013 年出现 6 个突变词,则缘于该年国家社科基金重大项目"小三线建设资料的整理与研究"的立项。"皖南"突变强度最大,为 1.945,说明相关的研究成果最为丰富。"地方经济""企业改造""口述史""中国当代史""档案资料""上海小三线""皖南""工业遗产""江西""建筑"等突变时间跨度都大于等于 3 年,既是持续型的研究前沿,也是未来研究的重点方向。

Top 17 Keywords with the Strongest Citation Bursts

Keywords	Year	Strength	Begin	End	2009 - 2022
地方经济	2009	0.6798	2009	2011	
"小三线"建设	2009	0.6661	2009	2011	
企业改造	2009	0.6798	2009	2011	
口述史	2009	0.6731	2010	2013	
中国当代史	2009	0.6526	2010	2013	
档案资料	2009	0.6731	2010	2013	
调整	2009	0.6256	2013	2014	
上海小三线	2009	0.731	2013	2016	
新光厂	2009	0.6597	2013	2016	
皖南	2009	1.945	2013	2016	
民生问题	2009	0.6597	2013	2014	
困境	2009	0.6597	2013	2014	
小三线建设	2009	0.8087	2015	2016	
工业遗产	2009	1.035	2018	2020	
江西	2009	0.6836	2018	2020	
建筑	2009	0.6836	2018	2020	
小三线	2009	1.0702	2019	2020	

图10　基于 CiteSpace 的小三线建设突变词检测图谱

（三）关键词时区图谱分析

运行 CiteSpace V 中的 TimeZone View 功能选项，获得三线建设研究关键词共现时区图谱（见图11），由之可探寻三线建设研究的历史跨度和热点发展趋势。图11较为清晰地展现了三线建设研究主要经历的三个阶段：第一，萌芽阶段（1992—1999年）。20世纪80年代中期，三线建设进入调整改造的新阶段，人们开始直面、质疑和反思三线建设已经暴露出来的种种问题和发展困难，故节点较大的关键词有"国民经济""毛泽东""三线企业""中西部地区"等，这说明此阶段学界主要关注着三线建设的决策形成、战略布局、历史评价和经济效益等问题。在该阶段，虽然三线建设研究有所起步，却还没有成为国史党史研究中的热点。但学者在史料整理、问题分析等方面作了积极探索，提出既客观又新颖的见解和观点，为后来的深入研究奠定了基础框架。第二，起步阶段（2000—2010年）。世纪之交，国家启动"西部大开发"战略，促使三线建设研究走向一个新高潮，因此2000—2002年出现节点较大的关键词是"西部开发""西部大开发""工业化"等,但对三线建设的关注度迅速下降,所以2002—2009年没有较大的节点出现。第三,全面发展阶段(2011年至今)。2011年以来,因相关研究平台的搭建、学术会议的召开、10余个国家社科基金项目的立项都在如火如荼地进行,所取得的研究成果最为丰硕。节点较大的关键词为"小三线建设""口述史""城市化""小三线""工业布局""亲历者"等,成为三线建设研究中着墨较多的内容,其映射出三线建设研究在此阶段的多维面相。

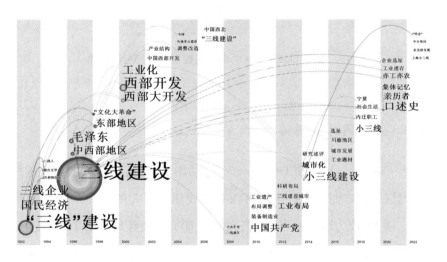

图11　1992—2022年三线建设研究关键词共现时区图谱

与之同时,由小三线建设研究关键词共现时区图谱(见图12)可见,小三线建设研究在2012年之后开始井喷式的发展。从2012年的节点来看,小三线建设在研究初期就注重运用"口述史"的研究方法并收集口述资料。2014—2015年节点较大的关键词是"上海""皖南",反映出小三线建设领域中对上海小三线研究的起步较早;2016年重点关注的是生态环保问题;2018年出现4个较大节点,分别是"工业遗产""建筑""区域发展""体制转型"。

2020 年以后出现的关键词确证了学者在小三线建设研究所运用的视角和方法更加多元化，如历史地理学、社会学等学科的理论方法在此展现出较强的生命力。

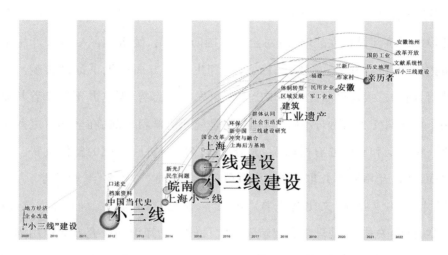

图 12　1992—2022 年小三线建设研究关键词共现时区图谱

四、结语

经过 30 余年的发展，我国学术界在三线建设研究领域中，除继续重点研究三线建设的决策原因、实施过程、建设成效和历史评价等宏观方面外，也开始关注三线建设的中观和微观方面，研究视野不断拓展、研究重心持续下移、研究方法更加多样、研究成果日益丰富，呈现前所未有的发展态势，有力提升三线建设研究的总体学术水平。三线建设（包括小三线建设）研究之所以能够由冷转热、由浅入深和从单一化走向多元化，这既是三线建设研究者对时代和人文的积极关照，又是其自身历史意识和学术自觉的主动感召。

但是相对于三线建设对中国特别是对中西部地区经济社会的深远历史

影响而言,三线建设研究无论广度上还是高度上都尚显不足,仍有广阔的学术讨论余地和诸多新的研究空间。未来的研究应朝以下三个方面发力:

一是在丰富研究的理论方法之际,需要致力于多学科的交叉和融合。三线建设是新中国成立以来时间跨度大、地区涉及广、社会影响深远的国防建设和经济建设重大战略,既对全国的国防、政治、经济和区域发展产生了重大影响,也对社会、文化、民族、民生和生态等方面产生了深远影响。虽然,目前的三线建设研究已呈现出多学科发展的态势,但这并不意味着其克服了多学科交叉与融合不够的问题,而是应超越学科畛域,在多学科之间建立一种广泛和立体的有机联系,充分发挥多学科协同研究的整体优势。一方面,通过互相借鉴并取长补短,将政治学、管理学、档案学、社会学、人口学、人类学、文物学(文化遗产学)、民族学、文化学、心理学、新闻传播学、战略学、国际关系学、地理学和建筑学等学科的理论知识和研究方法运用到三线建设研究上来;另一方面,在多学科适度交叉融合并厚植史学底色的基础上,通过全面拓展史料且多角度利用史料为途径,以更广阔的学术视野、更多元的研究范式、更充分的学术对话为导向,由此提升三线建设研究的整体水平和层次,从而进一步增强三线建设研究的学术性、时代性、理论性和价值性。唯有如此,三线建设研究之未来方能"百尺竿头,更进一步"。

二是在拓宽研究主题之际,需要注重以点引线、以线带面、以面构体,实现点、线、面、体的有机结合。我国著名思想家潘光旦曾提出社会学"点、线、面、体"的概念①,对我们今天研究三线建设有着重要的启示。潘光旦认为"点"是指个人,"我们不能想象一个没有人的社会与文化",每一个三线人都是三线建设这段历史的一个时代缩影,通过对三线人的考察来导引三线建设研究的"线",有助于加深对党史、新中国史、改革开放史、社会主义发展史

---

① 潘乃谷、潘乃和选编:《潘光旦选集》(第3集),光明日报出版社,1999年,第478页。

的理解。笔者尝试对三线建设研究做出"线"性梳理,第一条线是由重工业、沿海工业、内地工业、国防工业、工业布局、工业化、工业题材、工业遗产和工业文化等关键词串联起来的"工业线",第二条线是由国民经济、计划经济、西部开发、中西部地区、东部地区、战略布局、基础设施建设、城市发展和区域发展等关键词串联起来的"经济与区域线",第三条线是由小三线、小三线建设、皖南、江西、军转民、调整、民生问题等关键词串联起来的"小三线线"。通过对三线建设研究中三条主线的爬梳来带"面",力求在三线建设研究中观层"面"上实现突破,以达到"面的累积就是体",三线建设研究不管采取什么样的学科方法、什么样的研究视域,最终还是要置放在长时段历史的大框架、大脉络里去阐释。这要求我们对三线建设研究始终要保持大历史观和整体观,才不会偏离历史演进及其价值判断的重心,防止研究中的简单化和单一化等倾向。在三线建设一些关键问题上,如对三线建设的决策原因、建设成效、经验教训和历史评价等关键问题的研究,至今依然谨慎或"自觉"地限定在已有定论的框架内,这仍是未来研究的难点和焦点所在。仅就三线建设的原因、成效、评价等问题而论,无论是自上而下的传统研究方式,还是"以人为主"的新文化史研究方式,乃至由中段向两端推展的"中层理论"的研究方式,都很可能难以切实找寻出新的突破口。如此一来,这就需要研究者在具备"国际化视野"的前提下,采用"以点引线、以线带面、以面构体"及其可进行多元逆向化的综合性研究思路,正确运用扎实史料并通过国内外比较研究的路径,去展开实证性和理论性兼具的系列化问题探析,才有可能扩破此类研究之困境,从而有效推进对三线建设的立体化研究。

三是深化对三线建设各主要问题研究之际,需要提升三线建设研究的人性温度。20 世纪 60 年代中后期,在"备战备荒为人民""好人好马上三线"的政治动员下,来自全国四面八方数以百万计的优秀建设者汇聚在深山峡谷、戈壁沙滩之中,献了青春献终生,献了终生献子孙,谱写出可歌可泣的历史篇章。人民群众是历史的创造者,马克思主义一直强调要从现实中的个人及其活动出发去研究历史的重要性,否则只是"一些僵死的事实的汇集"①,著名历史学家钱穆也提出对待历史要"抱有温情和敬意"。毋庸讳言,三线建设研究过去更多的是关注主要决策者,而对数以万计普通三线人和一系列三线典型人物(包括三线英雄人物②)的研究严重不足。我们应多援借口述史学、人类学、人口学等研究方法,让三线建设研究肌理中闪耀着人性的温度。当然,我们保持温度的同时,还必须保持适当的距离。

本文曾载《江苏大学学报》(社会科学版)2022 年第 5 期,此处有删改

作者简介:陆婷,复旦大学马克思主义学院博士研究生、研究方向为中共党史。

基金项目:西南科技大学四川军民融合战略研究中心 2021 年度重点课题"川渝地区三线建设历史文化遗产及开发研究"(JMRH – 2102)。

---

① 《马克思恩格斯选集》(第一卷),人民出版社,2012 年,第 153 页。
② 陈东林在 2021 年 10 月 24 日第三届全国三线建设学术研讨会闭幕式的发言,提出要挖掘三线英雄人物的三线精神。

清华大学三线分校的历史文化研究

张　勇　吴传文　陈丽娜

　　三线建设是指 1964—1983 年期间,国家在中西部地区 13 个省、自治区进行的一场以战备为中心的大规模工业、交通、国防和科技设施建设。根据当时中央军委文件,从地理环境上划分的三线地区是:甘肃乌鞘岭以东、京广铁路以西、山西雁门关以南、广东韶关以北的广大地区。[①] 具体来说,西南的四川(含重庆)、贵州和云南;西北的陕西、甘肃、宁夏和青海;还有湘西、鄂西、豫西、晋西、粤北、桂北等,共涉及 13 个省区。[②] 一线地区指沿海和边疆,一、三线之间称为二线地区。1964 年 5 月 15 日至 6 月 17 日,中共中央在北京举行工作会议,会议期间,毛泽东从存在着新的世界战争的严重危险的估计出发指出,在原子弹时期,没有后方不行。他提出把全国划分为一、二、三线的战略布局,要下决心搞三线建设。[③] 清华大学三线分校就是应三线建设而生,并成为全国高等学校三线建设的先进代表。

---

　　① 陈夕主编:《中国共产党与三线建设》,中共党史出版社,2014 年,第 8、55、71、73、131~133 页。

　　② 中华人民共和国国家经济贸易委员会编:《中国工业五十年:新中国工业通鉴 1966—1976. 10》(上),中国经济出版社,2000 年,第 95 页。

　　③ 中共中央党史研究室编:《中国共产党历史大事记(1919.5—2009.9)》,中共党史出版社,2010 年,第 225 页。

一、文献回顾、研究成果和主要内容

（一）文献回顾

我国三线建设的研究曾长期被忽视，受多种因素影响，清华大学三线分校这段历史更是缺乏系统整理，包括清华大学的校史和分校校舍继承者西南科技大学的校史对清华大学三线分校都没有专门系统记述。

目前，三线建设研究渐成学术界的热点。关于清华大学三线分校建设的历史文化也有不少涉猎，但是研究成果主要分散在教育史著作、当事人传记、回忆性文章的部分章节中，专题系统研究的学术论文较少。近年来也有学者对清华大学三线分校建设历史文化作了有益探讨，在全国较早梳理了三线建设初期高教部所属高校布局调整的历史过程，对清华大学三线分校进行了简要介绍。① 从已有研究成果来看，除少数研究成果以外，大多数研究成果呈碎片化展现，甚至有的报道存在着明显错误。系统完整高质量的研究成果缺失，制约了清华大学三线分校历史文化的保护利用，这不能不说是一个遗憾。

（二）研究成果

本课题组选择对清华大学三线分校建设的历史文化开展了系统研究，一方面是为弥补当前理论研究缺陷；另一方面是力争为全国三线建设历史文化保护利用提供一个典型案例。

课题组历时近两年，在大量查阅资料、实地调研和人物访谈的基础上，

---

① 刘洋、胡晓菁：《三线建设时期高教部所属高等院校的布局调整研究》，《科学文化评论》，2019 年第 4 期。

撰写完成研究报告,提炼形成学术论文,并在姚荣东、郝中军等曾经在清华大学三线分校工作过的老同志指导下修改完善,直到最终定稿。

课题组研究工作取得了一系列新发现、新突破和新成果。本论文许多内容也是首次面向社会公开发布,力求以飨读者。

(三)主要内容

论文主要内容包括清华大学三线分校建设的决策背景、选址定点、规划设计和建筑施工,以及领导体制、管理运行、专业设置、办学成就、重要人物、迁回北京等。

二、清华大学三线分校建设的决策背景

清华大学三线分校从 1964 年开始建设,1979 年搬迁结束,历时 16 年,大致分为"清华大学西南分校""清华大学绵阳分校"①两个阶段。为了较为准确地还原这段历史,下面先交代一下决策背景。

(一)清华大学西南分校

1964 年 8 月 4 日,"北部湾事件"爆发。8 月 7 日,美国国会通过《东京湾决议》(东京湾即北部湾),批准总统采取所有必要的措施抵抗任何针对美国军队的武装袭击,越南战争全面爆发。在坚定支援越南抗美斗争同时,中央关于高等学校三线建设的重大决策迅速形成。

1964 年 8 月 12 日,毛泽东在解放军总参谋部作战部上报的国家经济建设如何防备敌人突然袭击报告做出重要批示:"此件很好,要精心研究,逐步

---

① 崔一楠、喻双全:《备战搬迁中的清华大学绵阳分校》,《炎黄春秋》,2020 年第 6 期。

实施。国务院组织专案小组,已经成立、开始工作没有?"①8 月 19 日,李富春、薄一波和罗瑞卿关于落实毛泽东对国家经济建设如何防备敌人突然袭击问题批示的报告提出:"各个方面的防备措施,除作战部提的四条外,还应包括大专学校、科学研究、设计机构、仓库、机关、事业单位等。""在一线的全国重点高等学校和科学研究、设计机构,凡能迁移的,应有计划地迁移到三线、二线去,不能迁移的,应一分为二。"8 月 20 日,毛泽东在北戴河听取薄一波汇报时强调:"沿海各省都要搬家,不仅工业交通部门,而且整个学校、科学院、设计院,都要搬家。迟搬不如早搬。"②

毛泽东关于高等学校搬迁三线的指示做出以后,中央很快做出了清华大学在三线建立分校的决定。关于这段特殊历史,时任清华大学党委第一副书记刘冰作为亲历者有详细记述:"大约是 1964 年 10 月下旬的一天,接到通知,要清华、北大各去一位负责人到高教部,有重要事情传达。当天下午,北大的陆平,清华是我,在高教部三楼会议室,听部长杨秀峰(1965 年初人代会选为最高人民法院院长)向我们传达了中央关于建立大三线,进行备战,北大、清华在三线建立分校的决定。""杨秀峰同志说:'我刚从李富春同志处回来,富春同志向我传达了毛主席、党中央关于形势的分析和备战的指示。'""富春说:'中央决定北大、清华在三线建立分校,打起仗来,总校就搬到那里。'"③

1964 年 11 月间,高教部根据中央关于平战结合、加强战争观念和加强三线建设的指示,提出了《关于调整第一线和集中力量建设第三线的报告》,确定向三线地区迁建部分高等学校。④ 1965 年 1 月 18 日,国家计委、经委同

① 陈夕主编:《中国共产党与三线建设》,中共党史出版社,2014年,第8页。
② 陈夕主编:《中国共产党与三线建设》,中共党史出版社,2014年,第55页。
③ 刘冰:《风雨岁月:1964年—1976年的清华》,当代中国出版社,2010年,第22页。
④ 中央教育科学研究所编:《中国人民共和国教育大事记(1949—1982)》,教育科学出版社,1984年,第428页。

国务院文教办公室等有关部门共同研究后,向毛泽东和中央报送了《关于科研、勘察设计、文教系统搬迁项目的报告》,报告提出:"全国重点高等学校也有85%在第一线,特别是国防机要专业集中在一线地区的有83%。""这样的分布状况,从战略观点来看,是十分不利的。因此,急需把一线地区一些重要的同国防尖端有关的科学研究机构、勘察设计单位和高等学校,采取'一分为二'的办法,分期、分批地迁到三线地区。"报告明确提出了高教部负责4个直属高校的搬迁,清华大学名列其中。国家计委、经委的报告很快得到了中央批准,清华大学三线分校由此掀起了第一次建设高峰。

1965年5月16日,高教部《关于确定清华大学等四校在三线新建分校的校名的通知》(高计事密字第228号),将清华大学在四川绵阳建立的分校定名为"清华大学西南分校"。

1966年5月,"文化大革命"爆发,清华大学西南分校建设受到了较大影响。1966年7月,中央决定高教部并入教育部,清华大学西南分校工程建设奉命暂停。

(二)清华大学绵阳分校

1969年3月中苏珍宝岛自卫反击战发生后,6月、7月、8月中苏又爆发了苦斯提事件、八岔岛事件、铁列克提事件等一系列武装冲突。1969年8月28日,中共中央向全国发布了加强国防保卫祖国的命令。①

1969年10月26日,中共中央发出《关于高等院校下放问题的通知》,《通知》说:"教育部所属的高等院校(包括函授学校),全部交由所在省、市、自治区革委会领导。""高等学校在本校所在省、市、自治区以外设有分校或

---

① 《中国人民解放军通鉴》编辑委员会编:《中华人民解放军通鉴(1927—1996)》,甘肃人民出版社,1997年,第2002~2003页。

教改机构的,则实行以总校为主,当地革委会为辅的双重领导。"①

1970 年元旦,周恩来在清华大学关于"651 工程"复工的报告上批示同意,并更名为清华大学绵阳分校。② 清华大学三线分校掀起了第二次建设高峰。

根据邓小平的批示,1978 年 9 月 1 日,教育部正式通知同意清华大学绵阳分校迁回北京。1979 年 5 月 9 日,绵阳分校搬迁完毕,结束了持续 16 年的清华大学三线分校历史。

三、选址定点、规划设计和建筑施工

(一)选址定点

中央做出清华大学在三线建立分校的决定以后,清华大学积极响应号召建设西南分校。刘冰记述道:"中央要北大、清华在三线建立分校,当然这是战略大事,我们立即召开书记会、常委会进行传达讨论,决定由胡健同志全力抓这件事,这就是后来在四川绵阳建立的清华大学分校。"③

清华大学党委决定做出以后,时任清华大学党委副书记的胡健随即带领选址工作组深入四川,为清华大学西南分校选址。选址工作组先后到四川北碚(现重庆市北碚)、内江、宜宾和绵阳四个地方进行勘察,经过比较,认为西南分校选址建设在绵阳县青义镇是合适的。1964 年 12 月 3 日,胡健就选址问题向时任中央政治局委员、中央西南局第一书记的李井泉,时任中央西南局书记处书记阎秀峰,时任四川省委书记杜心源做出了书面报告。胡

---

① 中央教育科学研究所编:《中国人民共和国教育大事记(1949—1982)》,教育科学出版社,1984 年,第 428 页。
② 吴佑寿、张克潜、冯正和、冯振明、王希勤、金德鹏、黄翊东编:《清华大学电子工程系系史》(第一卷),清华大学出版社,2016 年,第 167 页。
③ 刘冰:《风雨岁月:1964 年—1976 年的清华》,当代中国出版社,2010 年,第 22 页。

健在报告中提到"考虑到这个学校是一个以新技术为主的多科性理工大学，校址所在地点必须有一定的工业基础和较方便的交通条件""最后……大家认为绵阳地区的工业作为学校的教学、科研和劳动生产基地较合适。同时为绵阳地区的工业发展来说，也需要一个理工大学作为一支技术力量。因此我们认为选定绵阳县青义镇为清华大学西南分校校址是合适的"。①

1965 年初，时任高教部部长兼清华大学党委书记、校长的蒋南翔带队深入绵阳，确定了清华大学西南分校选址定点于绵阳县青义镇。

（二）规划设计

清华大学三线分校的工程建设代号是"651 工程"。"651 工程"的规划和设计主要由清华大学土建系组织实施。1965 年 1 月，由清华大学土建系的刘鸿滨、王炜钰、谢照唐、梁鸿文、周逸湖、郑光中、田学哲等教师组成的队伍赶赴绵阳县青义镇开展了地形测量、总体规划和建筑设计。在规划过程中土建系教师发现了地质滑坡现象，水利系教师随即参加了相关研究和设计工作。

清华大学三线分校规划设计任务繁重，部分清华大学土建系 1965 届毕业生也参与了分校的规划设计。曾任国家城乡建设环境保护部部长的叶如棠就是其中一位，他毕业前曾在绵阳实习，参加过清华大学三线分校设计工作。1988 年 9 月 1 日，时任国家建设部副部长叶如棠视察绵阳城市建设后，挥毫留下美好的诗句："江河依旧环绵州，有心难得觅故楼，三年胜过二十载，古城新曲无尽头。"②

1965 年，清华大学西南分校建设规划完成。按照 1965 年的规划，分校

---

① 《清华大学西南分校校址选址问题》，绵阳市档案馆，档案号：069 - 04 - 0307 - 010。

② 绵阳市建委《建筑志》编纂委员会：《中华人民共和国地方志·四川省绵阳市建筑志》，内部资料，1988 年，第 348 页。

占地 60 多公顷,教学、宿舍楼建筑面积 82000 多平方米,将设置工程化学、工程物理、数学力学、无线电子学、自动控制等 5 个系①、40 个教研组、30 个实验室,学生规模 3000 人左右。

(三)建筑施工

1. 第一次建设高峰

1965 年 6 月 21 日至 7 月 4 日,清华大学党委在三堡举行工作会议,会议研究了西南分校建设问题。② 随即,"651 工程"正式动工。

"651 工程"最初由建工部西南建筑工程局第 9 公司承建。1965 年 8 月,由于建工部管理体制调整,撤销西南建筑工程局,成立第一、二、三、四工程局,西南建筑工程局第 9 公司变更为建工部第一工程局 6 公司。"651 工程"继续由建工部第一工程局 6 公司承建。为加快西南分校建设,1965 年 8 月,"651 工程办事处"还在成都市和绵阳专区招了 400 多名青工作为固定工使用,后称"老青工"。

"651 工程"建设迅速,到 1966 年夏工程奉命暂停时,已完成了三栋学生宿舍楼的结构工程和三栋教学楼的一、二层结构工程。② "651 工程"暂停后,绵阳专区为支援重点建设,对"651 工程"部分多余职工做了力所能及的安排。③

2. 第二次建设高峰

1969 年 10 月 18 日,"关于加强战备,防止敌人突然袭击的紧急指示"正

---

① 吴佑寿、张克潜、冯正和、冯振明、王希勤、金德鹏、黄翊东编:《清华大学电子工程系系史》(第一卷),清华大学出版社,2016 年,第 166、177、231、232 页。

② 清华大学校史研究室编:《清华大学一百年》,清华大学出版社,2011 年,第 277、296、301、292 页。

③ 《调 651 工程处所接收的职工 135 人另行分配给 0821 现场指挥部的通知(劳配字第 074 号)》,绵阳市档案馆,档案号:098 – 01 – 0294 – 021。

式下达当天,清华大学革委会召开全校大会进行战备动员,要求部分教职工有计划地战备疏散外迁,清点重要物资准备转移。1969 年 10 月底,在战备号令下,清华大学无线电系及机械系、仪器系、数学力学系、自动控制系部分师生和基础课部分教师 735 人到达四川绵阳分校工地。三线分校建设复工。

三线分校建设正式复工以后,"清华大学西南分校"更名为"清华大学绵阳分校",建筑施工单位变更为建工部第一工程局 103 工程指挥部。工程建设规划和设计方案依然采用清华大学西南分校当年的全套设计图纸,工程代号"651 工程"以及通信邮箱号"201 信箱"不变。

为加快绵阳分校建设,清华大学从 1970 届毕业生中挑选了一大批优秀毕业生留校工作,仅无线电系就有 140 人留在绵阳分校。当时称为"新工人",后改称"新教师",他们年轻力壮,知识基础好,成为基建和教学科研的新生力量。1970 年,清华大学绵阳分校招收了第二批青年工人,统称"新青工"。"新青工"大多是四川第一批到农村插队的知识青年,经历了农村艰苦生活的锻炼,带着吃苦耐劳、自强不息的精神,加入绵阳分校建设者行列。

建工部第一工程局 103 工程指挥部、清华大学绵阳分校"老教师""新教师""老青工""新青工"等全体教职工团结协作,分校建设掀起了第二次建设高峰。1971 年 12 月 11 日,绵阳分校大体建成。[①] 建成了 3 栋教学科研大楼、10 栋家属楼、6 栋学生宿舍,还完成了办公楼、食堂、医院、中小学及其他附属设施。

中央对清华大学三线分校建设给予了大力的持续投入,即使在三线分校下放时期也不例外。例如 1973 年,国务院教科组给予了四川大学、重庆大学、清华大学绵阳分校和上海化工学院四川分院 4 所下放高校基建投资 246

---

① 清华大学校史研究室编:《清华大学一百年》,清华大学出版社,2011 年,第 277、296、301、292 页。

万元,其中清华大学绵阳分校46万元,主要建设教室1 300平方米,附属中学1 260平方米,门卫室50平方米,水泵房70平方米,以及供电、供水、排水、道路、围墙、运动场、游泳池等室外工程。①

四、分校的领导体制、管理运行、专业设置

(一)领导体制

"清华大学西南分校""清华大学绵阳分校"领导体制有较大不同,现分别介绍如下:

1. 清华大学西南分校

清华大学西南分校是中央直属的三线建设项目,根据1965年2月26日中共中央、国务院发布的《关于西南三线建设体制问题的决定》,该项目以高教部为主,负责统一指挥,统一管理,四川省和中央各部门协助进行。

为加快清华大学西南分校建设,教育部任命著名理论化学家、卓越的教育家唐敖庆教授任西南分校校长。② 专门设立了"651工程办事处",其党总支书记、主任由时任清华大学党委常委解沛基担任,张静亚、庄前昭任副主任。

清华大学西南分校建设所需的地方建筑材料、地方协作产品、粮食和副食品供应、临时工,以及其他问题,由四川省负责安排。1964年12月25日,四川省委下发《省委关于积极支援国家重点建设有关分片挂钩问题的通知》,指出"国家重点建设在我省新建或迁来的企业,凡是建在各专区的,其

①《转知国务院教科组拨给你校1973年基建投资(高教计(1973)第136号)》,绵阳市档案馆,档案号:144-01-0040-043。

② 吴佑寿、张克潜、冯正和、冯振明、王希勤、金德鹏、黄翊东编:《清华大学电子工程系系史》(第一卷),清华大学出版社,2016年,第166页。

党的关系分别划给重庆、成都、自贡三个市委领导,并由三个市组织对这些企业的支援""在乐山、绵阳、温江、雅安等地区的企业,由成都市委领导"。①

2.清华大学绵阳分校

清华大学绵阳分校时期,分校设立革命委员会和党委,革委会主任任党委书记。根据《清华大学志》记载,绵阳分校的主要领导名单如表1②:

表1 绵阳分校的主要领导一览表

姓名	职务	任职年限
林基玉	8341部队军代表	1968—1978年
胡健	革委会主任、党委书记	1970—1973年
张慕萍	革委会主任、党委书记	1973—1978年

(二)管理运行

为了保证日常运行,清华大学绵阳分校还建立了一套完整的行政、教学和科研管理运行机构。下面将有关机构名单整理如下③:

1.行政机构

办公室:负责党委和革委会的综合性工作。

教改组:负责教务、科研、生产、图书资料、教材、科研生产物资供应、小学等工作。

政工组:负责组织、人事、学生、政治课、广播站和安全保卫工作。

后勤组:负责财务、仪器设备、材料库房、校医院、食堂、基建、修缮、运输

---

① 中共四川省委党史研究室编:《三线建设在四川·省卷》(下),内部资料,2016年,第544~545页。
② 方惠坚、张思敬主编:《清华大学志》(下),清华大学出版社,2001年,第284页。
③ 吴佑寿、张克潜、冯正和、冯振明、王希勤、金德鹏、黄翊东编:《清华大学电子工程系系史》(第一卷),清华大学出版社,2016年,第166、177、231、232页。

车队、农副排等后勤保障工作。

驻京办事处:负责分校与校本部的沟通联系、分校重要物资采购、照顾留京或返京职工。

2. 公共基础课教研组设置

清华大学绵阳分校公共基础课教研组共设立了3个,分别为基础课教研组、计算机教研组、体育教研组。

3. 实验室设置

清华大学绵阳分校总共设立了9个实验室,分为教学专用实验室和专业实验室两大类。化学、物理、电工和计算机4个实验室为教学专用实验室,通信、雷达、电真空技术、半导体物理与器件和激光技术5个专业实验室承担本专业的教学实验和科研工作。

4. 生产机构设置

总装车间:总装车间1971年底成立,设在分校101大楼三楼西半部。主要为通信、雷达专业学生提供电子工艺实习场所。

机加工车间:机加工车间是分校独立建制的一个单位。共有4座厂房,分别为机加工、铸工、锻工、电镀和表面处理,车间总建筑面积约3 000平方米。

(三)专业设置

三线建设期间,清华大学绵阳分校建设起雷达、通信、电真空、半导体、激光和无线电机械结构6个国防尖端专业。6个专业按照军事化管理,教研组设置为连,设连长和指导员。

五、清华大学三线分校的办学成就

清华大学三线分校从西南分校到绵阳分校,在人才培养、科学研究和服务社会方面取得了重要的办学成就。

（一）人才培养

清华大学三线分校开展了全日制普通本科生、全日制工农兵大学生、短期专业进修等多种形式的人才培养,取得了重要成绩。

1. 全日制普通本科学生

1969 年战备搬迁过程中,清华大学 1970 届许多毕业生紧急搬迁绵阳,仅无线电系 1964 年入学的 6 年制 0 字班和 1965 年入学的 5 年制 00 班毕业生,迁往绵阳的学生约有 1/3。这些学生在绵阳完成了他们最后的大学学业,并顺利毕业。

2. 全日制工农兵大学生

1970 年 6 月 27 日,根据中共中央批转《北京大学、清华大学关于招生(试点)的请示报告》,1970 年秋,清华大学迎来了中国大学招收的第一届工农兵学员,这批大学生直接来自工厂、农村和部队。当时没有全国统一考试,工农兵学员的招生采用地方推荐,再由学校面试的方法进行。清华大学绵阳分校每年招生 200 ~ 300 人,学制三年半。

清华大学绵阳分校 1970 年招收的首届学员在北京入学,学生包括雷达、电真空器件与物理、半导体和无线电技术 4 个专业。其中无线电技术专业留到北京,其他 3 个专业一年后迁往绵阳。这四个专业共招了 6 届。

从 1972 年开始,分校的学生都直接到绵阳入学。从 1972 年起,增加了多路通信专业。从 1974 年起增设激光专业。1976 年增设无线电机械结构专业。1976 年入学的学生由于毕业期间正处于分校迁回北京阶段,学习时间延长一年,于 1980 年毕业。

从 1971—1980 年的 10 年中,清华大学绵阳分校共培养了 6 届工农兵大学生,共计 1422 人。[①]

3. 短期专业进修生

除了开展全日制教学以外,绵阳分校还进行了多种形式的人才培养。搬迁绵阳以后,通信专业继续招收部队学员,延续在北京时的名称,称为"抗大班"二期,学制一年半,针对通信需要进行了系统培训。1970 年绵阳分校半导体专业招收了两个一年制的短训班。1971 年 12 月,清华大学绵阳分校和北京总校自动化系、建工系的第一批老工人进修班学员 138 人毕业,成为清华大学第一届老工人进修班毕业学员。[②] 另外,绵阳分校还开办了农业机械班,为绵阳地区农业发展做出了贡献。

(二)科学研究

清华大学三线分校主要从事国防尖端技术的教学科研工作,在科学研究方面具有深厚的军民融合背景。1962 年,经教育部批准设立无线电电子学研究室,由清华大学和国防部第 10 研究院共同领导。研究室由第 10 院院长孙俊人直接领导,日常的研究和行政工作由清华大学无线电系负责,研究任务和经费由第 10 院下达。[③] 后来,虽然国防部 10 院历经集体转业、集体参军,到 1975 年再次集体转业成为四机部第 10 研究院等体制调整变化,但是第 10 院与清华大学在电子领域的科研合作历久弥坚,在清华大学绵阳分校时期取得辉煌成就。

1969—1978 年的 10 年里,清华大学绵阳分校承担并完成了一大批国家战略急需的重大科研项目,取得了丰硕的科研成果,其中 5 项成果在 1978 年

---

① 方惠坚、张思敬主编:《清华大学志》(下),清华大学出版社,2001 年,第 284 页。

② 清华大学校史研究室编:《清华大学一百年》,清华大学出版社,2011 年,第 277、296、301、292 页。

③ 吴佑寿、张克潜、冯正和、冯振明、王希勤、金德鹏、黄翊东编:《清华大学电子工程系》(第一卷),清华大学出版社,2016 年,第 108 页。

的全国科技大会上获奖。我国第一个激光测距仪、第一台可视电话编码设备、第一套数字通信系统等许多一流的科研成果都诞生于此,清华大学绵阳分校成为我国数字通信的摇篮。主要科研成果有:

1. 靶场引导雷达改装

1971 年初,清华大学绵阳分校承担了靶场引导雷达——黑龙江雷达的天线、测距机及经纬仪三项改装任务。改装任务于 1976 年完成,并在酒泉卫星发射基地顺利通过了地对空导弹打靶验收测试。该成果使靶场引导雷达的作用距离大大增加,为我国远程导弹的试验工作做出了重要贡献。

2. 参量放大器和微带电路研究

1970 年 5 月,国务院电子振兴办下达了雷达接收系统小型化和集成化的研究任务。为了达到任务要求,绵阳分校决定采用当时最新科学技术——微波集成电路。经过努力,1976 年底完成了符合正在研制的歼 8 飞机要求的集成参放样机。1976 年底到 1977 年初,通过江西空军基地试飞试验,军方认为效果显著,满足实战需要。

3. 激光测距仪

1970 年 12 月,清华大学绵阳分校激光专业刚刚成立,就组织开展了炮兵激光测距仪研制,并很快取得成功。炮兵激光测距仪被送往北京炮兵部队并成功进行了实地测距试验,后由北京光学仪器厂生产。激光测距仪 1978 年获全国科技大会奖。

4. 宽带大容量数传终端机研制

1970 年四机部和总参通信兵部下达了宽带大容量数传终端机的研制任务。1973 年底,230.4kb/s 的基群数传机在绵阳分校研制成功;1974 年初通过总参通信兵部组织的现场联试,同年总参通信兵部和四机部安排绵阳 730 厂试生产;1975 年完成生产样机的设计定型;1984 年这一成果获电子工业部科技成果一等奖。

5. 军用数字保密电话网设备的研究

1972 年总参决定全军数字保密电话通信网建设采用增量调制制式,速率为 32kb/s。为此由总参通信兵部和四机部在全国组织选型评比会,清华大学绵阳分校提出的"全数字压扩增量调制"方案获得第一名,被选定为全军保密电话编码标准。

随后,绵阳分校受四机部委托主持了 6 路、12 路和 24 路增量调制保密电话终端机的统一设计工作,并由四机部有关单位投入试制与生产,成为我国数字化军用保密电话网的多路终端装备。

6. 数字可视电话编码终端机

为了加快我国激光通信的研发,在四机部、中国科学院及总参通信兵部的支持下,中国第一个光通信计划"723 机"①于 1972 年 3 月由四机部立项。该项目为国家重点科研项目,起止时间为 1973 年 1 月至 1977 年 12 月。项目下达给中国科学院福州物构研究所、清华大学绵阳分校和成都电讯工程学院等单位共同承担。在该项目资助下,清华大学绵阳分校通信教研组研制出"数字可视电话编码终端机",该成果 1978 年获全国科技大会奖。

7. 120 路 CM 数字微波传输系统

1975 年 11 月,四机部主持的国家重点工程川沪(一期工程四川至武汉,称川汉)微波通信系统正式启动,其目标是为四川到上海的天然气输气管道提供沿线的通信及监控系统。该工程分为"北方点"和"南方点"。北方点由石家庄 19 所牵头,包括北京大学、北京广播器材厂、北京电控厂等;南方点由清华大学绵阳分校牵头,包括重庆 716 厂、绵阳 730 厂等。绵阳分校在 1975—1978 年的三年时间完成了 120 路 CM 数字复接终端设备的研制,并在绵阳 730 厂投产。该成果后来获得国家科技进步奖二等奖。

---

① 黄肇明:《"723"机——中国的第一个光通信计划》,《光学学报》,2011 年第 9 期。

《中国通信学科史》对该成果做出了高度评价:"中国数字微波通信真正有影响的研究和开发是从川汉输气工程开始的……由清华大学绵阳分校牵头主攻 2GHz120 路系统,经过两年多的努力攻关,于 1978 年 3 月在石家庄全国总联试中取得成功,并先后投入生产。在中国数字微波的发展史中具有划时代的意义。"[①]

清华大学三线分校辉煌的办学成就很大程度上得益于聚集了一批我国国防尖端技术领域的名师大家,包括后来担任了清华大学党委书记的李传信、党委副书记胡健、常务副校长解沛基、副校长赵访熊、副校长张慕津,以及成为我国著名科学家的常迥院士、李志坚院士、吴佑寿院士、周炳琨院士等都在绵阳分校工作过。

六、清华大学绵阳分校迁往北京

"文化大革命"结束以后,我国高等教育管理体制进行了重大调整,从事国防尖端技术教学和科研,具有军民融合深刻背景的清华大学绵阳分校何去何从,成了一个令人瞩目的问题。

(一)中央决策

1977 年 4 月,长期关注和支持清华大学无线电学科发展的王诤中将调任中国人民解放军副总参谋长兼总参谋部四部部长,1977 年 8 月升任中央军委委员。为加快发展军事电子工业,经总参四部和清华大学商议,并初步达成一致意见,同意由总参谋部四部接收清华大学绵阳分校大部分学科。随后,王诤向再次给刚刚恢复党政军职务不久的邓小平写信,提出将清华大

---

① 中国科学技术协会主编:《中国通信学科史》,中国科学技术出版社,2010 年,第 131 页。

学绵阳分校通过改造,建成一所规模比较齐全的电子对抗雷达工程学院。1977 年 10 月,邓小平将此件批转时任教育部部长刘西尧:"此事请教育部党组研究一下,提出意见,再决定(我意如对清华无大妨碍,拟可同意)。"①

正在教育部研究清华大学绵阳分校去留之际,传出了中央同意北京大学汉中分校搬回北京的消息,由此清华大学绵阳分校部分教职工人心思归。时任清华大学校长刘达在听取了绵阳分校代表反映的意见后,认为"原无线电电子学系各专业是清华大学的重要组成部分",应当把这些专业迁回清华。② 1978 年 5 月,清华大学党委向教育部报送了关于清华大学绵阳分校问题的请示报告(〔78〕清字第 143 号),报告提出"我们认为:把这些专业同时迁回清华,有利于加速培养无线电电子学方面的科学技术人才,开展有关科学技术研究、早出成果;有利于清华各系科之间的配合,促进边缘学科的生长,办好清华大学。"刘西尧在此件批示"呈邓副主席,我们拟日内即招双方一谈"。邓小平在此件批示"同意"。

为了"毁约",刘达校长请部队同志来校谈判,并派分校的领导去部队解释。③ 在清华大学和总参四部商谈清华大学绵阳分校何去何从的关键之际,王净中将因癌症于 1978 年 8 月 13 日病逝于北京。由于清华大学积极主动沟通等原因,总参四部不再坚持原来意见,但是要求去绵阳分校动员教师参军。最后,经总参代表到绵阳分校动员以后,有近 20 位年富力强的新教师被批准参军调入总参。这批教师在解放军电子工程学院的建设中发挥了重要作用。

1978 年 9 月 1 日,教育部给清华大学下发《关于清华大学绵阳分校迁往

---

① 中共中央文献研究室编:《邓小平年谱(1975—1997)》,中央文献出版社,2004 年,第 228 页。
② 吴佑寿、张克潜、冯正和、冯振明、王希勤、金德鹏、黄翔东编:《清华大学电子工程系系史》(第一卷),清华大学出版社,2016 年,第 166、177、231、232 页。
③ 吴一枫、黄永峰:《吴佑寿传》,人民出版社,2016 年,第 124 页。

北京的通知》,通知指出:"根据邓副主席的批示,同意你校绵阳分校迁回北京,现有校舍移交四川省筹建高等学校。"

(二)校舍移交

1978 年,经国务院批准,国家建筑材料工业总局在绵阳清华分校原址建设四川建筑材料工业学院。[①] 1979 年 4 月,清华大学绵阳分校和四川建筑材料工业学院办理完毕校舍和人员交接手续。清华大学绵阳分校教职工 560 人(包括家属)返京,176 名转入四川建筑材料工业学院工作,424 人安排到其他单位。1979 年 5 月 9 日,最后一批搬迁专列从绵阳火车站徐徐开出,次日下午到达北京,绵阳分校搬迁工作结束。绵阳分校搬迁工作从 1978 年夏季开始,于 1979 年 5 月全部结束,运输仪器设备、生活资料和教职工的家私,用了 200 多个车皮。

四川建筑材料工业学院 1993 年更名为西南工学院,2000 年 8 月 23 日,经教育部批准组建西南科技大学。西南科技大学校园内遗存大量清华大学三线分校建筑,这些建筑承载着厚重的历史文化,值得保护传承利用。

本文曾载《西南科技大学学报(哲学社会科学版)》2022 年第 2 期,此处有删改

作者简介:张勇,男,四川绵阳人,博士,西南科技大学教授。研究方向:军民融合发展、科技城建设、三线工业遗产。

　　　　　吴传文,女,重庆武隆人,大学本科,西南科技大学讲师。研究方向:历史建筑。

---

① 四川省地方志编纂委员会编:《四川省志·教育志》(下册),方志出版社,2000 年,第 32 页。

陈丽娜,女,四川绵阳人,硕士,西南科技大学副教授。研究方向：军民融合发展、高新技术产业发展。

基金项目:2020 年四川省、重庆市社科规划"成渝地区双城经济圈"重大项目"成渝地区双城经济圈军工遗产群的旅游开发研究",项目编号：SC20ZDCY013。

支援与反哺:绵阳地区与
三线建设双向互动研究

陈君锋　张　勇

　　20 世纪 60 年代初,美苏为遏制中国核武器的发展,在中国周围制造紧张局势。面对复杂多变、危机四伏的国际国内环境,毛泽东认为"我们应当以有可能挨打为出发点来部署我们的工作"①,三线建设随之而起。四川省绵阳地区②(以下简称"绵阳地区")因其拥有优良的地理环境、较为雄厚的工业基础等独特优势成为全国三线建设重点区域之一。关于绵阳地区三线建设基本历程及项目布局,学界已有研究成果③,本文就绵阳地区与三线建设间的支援与反哺情况略做探讨,以弥补学界对此问题研究的不足,并就教

---

　　①　中华人民共和国国家经济贸易委员会编:《中国工业五十年:新中国工业通鉴第四部》(1961—1965 下卷),中国经济出版社,2000 年,第 638 页。
　　②　三线建设时期,省辖绵阳市还没有设立,还处在绵阳专区和绵阳地区的地级行政区阶段。新中国成立后,1950 年设立绵阳专区。1970 年绵阳专区改称绵阳地区,因三线建设大部分历史时期都属于绵阳地区行政设置时期,为方便行文,故选用绵阳地区来指代该区域,地区驻地绵阳县,辖绵阳、江油、青川、平武、广元、旺苍、剑阁、梓潼、三台、盐亭、射洪、遂宁、蓬溪、潼南、中江、德阳、绵竹、安县、北川等 19 县,面积 44000 平方千米,人口 1000 余万人。
　　③　张勇:《原四川省绵阳地区三线建设中央直属项目述论》,《西南科技大学学报》(哲学社会科学版),2021 年第 5 期。

于方家。

一、布点:绵阳地区三线建设的基本概况

三线建设期间,中共中央、国务院和中央军委 29 个直属部门在绵阳地区下辖 13 个县域建设了 108 个项目[1],因征地困难、铁路改道、政策调整而搬迁、合并、撤销了 9 个项目[2],实际建成 100 个项目。建成项目主要有核、军事电子、航空航天、兵器、机械、能源、化学、冶金、教育、民用航空、建材、物资储备、交通、邮电通信、医疗卫生、测绘、轻工业、地质勘探等 20 个行业领域。

二、支援:绵阳地区助力国家三线建设

三线建设时期,中央企业在绵阳地区开始大量新建、迁建、扩建工程,基本建设任务繁重,且所需物资庞大,1965 年 1 月,绵阳地区地委成立支援三线建设领导小组,下设"绵阳专区支援重点建设办公室"(后改称"支重办公室"),负责全区支重工作的具体组织与协调,为三线建设提供土地、建筑材料、建筑用具、建筑五金、生活用品、粮食蔬菜、劳动力等,以配合中央各部委项目在绵阳地区落地生根,并顺利投产。

(一)土地支持

厂区、生活区建设得到了当地政府的大力配合。例如 1965 年,成都军区

---

① 根据统计方式不同,数据略有不同。例如有学者将九〇二工程统计为 9 个项目,而本文将其统计为 1 个项目。

② 张勇:《原四川省绵阳地区三线建设中央直属项目述论》,《西南科技大学学报》(哲学社会科学版),2021 年第 5 期。

要求绵阳机场扩建,本着尽量少占好地、民房,能飞就行的原则,共需建筑用地 340 亩,其中机场用地 180 亩,工作和生活区房屋用地 107 亩,房屋用地 4.4 亩,家属宿舍 20 亩。[①] 东河印制厂在旺苍县甘公社征用土地 19.10 亩建厂,其中水田 7.95 亩、旱田 9.95 亩,非耕地 1.2 亩,后又征用土地 25.42 亩作为修建铁路专用线用地。[②] 这一系列的土地使用都得到了当地政府的配合。

能源建设占用大量耕地和水田。例如 1966—1978 年,地质部第二普查大队同时在安县、晓坝、庆兴、水口场、老龙坝、唐僧坝、界牌诸构造上施钻浅井 9 口[③],还建设了蓬莱、桂花、遂南、金华 4 个油田。所有这些,都要占用大量的土地。为了国家战备和建设的需要,当地群众义无反顾以国家大局为重,献出赖以生存的土地。

军工项目建设更是得到了地方政府的大力支持。如 1979 年国营旭光电子管厂在占用耕地 1.6 亩、荒坡 8.4 亩,用于职工宿舍建设。[④] 1967 年 1 月,建工部一局第一安装公司在安县某公社征地四亩二分九厘作为修建公路之用。[⑤] 1965 年,651 工程在青义公社、龙门公社共征地 606.27 亩。[⑥]

仅截至 1966 年,绵阳地区各重点县征地情况有:绵阳 2319.5 亩,德阳 18249.33 亩,剑阁 1182.99 亩;梓潼 1109.47 亩;安县 3388 亩;江油 18433 亩;北川 360 亩;绵竹 100 亩;旺苍 673 亩;广元 2179.41 亩;共计

---

① 《关于绵阳机场用地事》,绵阳市档案馆,档案号:074 - 01 - 0003 - 002。
② 《关于同意东河印制公司征用土地的通知》,绵阳市档案馆,档案号:093 - 06 - 0608 - 015。
③ 四川省地方志编纂委员会编:《四川省志·石油天然气工业志》,四川人民出版社,1997 年,第 42 ~ 43 页。
④ 《征地报告》,绵阳市档案馆,档案号:144 - 01 - 0231 - 010。
⑤ 《安县人民委员会关于同意建工部一局第一安装公司征用土地的批复的通知》,安县档案馆,档案号:031 - 01 - 0228 - 006。
⑥ 《绵阳县计划委员会关于 651 工程土地征用、工农结合、相互支援的报告》,绵阳市档案馆,档案号:074 - 01 - 0019 - 001。

47994.7亩。①

（二）地方建筑材料和三类物资支持

三线建设重点工程的科研生产用房、办公用房、职工住房建筑材料主要是砖、瓦、砂石,这三种物资投资额占建设工程建筑总额的70%～80%。各县组织专业的生产队伍从事石材、砂石、砖瓦生产,很多社队修建了专业的砖瓦窑。以1965年为例,绵阳地区采取专业和副业并举的方式,新建砖瓦窑和挖掘现有旧窑潜力并举,以打歼灭战的方式新建一座年产3000万匹的东兴机砖厂,扩大江油、广元两个原有小机砖厂的规模,增加了部分手工业砖瓦社的设备能力,使机砖生产能力达到了年产8千万匹。副业方面,本着农闲多搞,农忙少搞或不搞的原则,积极组织重点建设地区靠交通沿线的副业砖瓦窑生产。德阳、绵阳、江油、广元几个重点县生产最高时,点火的砖瓦窑有454个,从事副业生产的人员3546人。在此情况下,最终整个绵阳地区1—9月共生产砖9168万块,其中机砖3321万块,手工砖5847万块,已供应8593万块。生产小青瓦2625万匹,供应2547万匹。砂石方面,绵阳地区1—9月共生产供应91万立方米,其中调往成都地区约37万立方米。从事砂石生产的专副业人员最高时高达5536人,在农忙时,除专业1000余人继续生产外,副业人员全部返回农业战线。

三类物资供应方面即属于土建方面所需要的各种工具。例如绵阳地区1965年1—9月份共提供抬杠59989根,工具把108386根,箩筐12216担、土箕132537担,扁担12495根,各种筛子114255床,杂竹1313432斤,黄荆条557614斤,棕麻制品63468斤,木床3142架,办公桌866张,文件柜93个,

---

① 《各重点县六六年征用土地统计表》,绵阳市档案馆,档案号:074－01－0021－003。

木、竹、藤椅 5736 张。① 此外，各主管部门为了满足施工单位的需要和习惯，本省不能生产的，还从省外请来技术工人传授经验。如合办处从河南省请来编柳条筐的技术工人开办训练班，江油从江苏请来编草袋工人。

（三）日常生活支持

粮食、蔬菜等供应是地方支援三线建设的重要层面，整个三线建设时期，绵阳地区为各工矿企业专门提供了大量的粮食与蔬菜，为三线企业职工及家属免除后顾之忧。以蔬菜供应为例，1966—1967 年绵阳地区蔬菜种植（如表 1 所示），基本供应了绵阳地区重点工区的日常粮食蔬菜需求。

在大面积种植蔬菜的同时，绵阳地区还配套了大量商业服务。以广元为例，1965 年初，广元县成立了工区贸易公司，增加服务人员，充实和整顿了住宿、饮食、蔬菜、百货、布匹、粮油、烟酒等行业，设蔬菜商店 5 个、合作商店 4 个、蔬菜供应组 15 个。单独成立了 5 个工区贸易商店，并在荣山、拣银岩、杨家岩、宝轮院、火车站等单设网点，到 1965 年底，广元商业网点供应人数达 9 万人，较 1964 年增长 3 倍。②

表 1　1966—1967 年绵阳地区蔬菜种植情况表③

县别	1966 年面积			1967 年面积			1967 年减产			1967 年菜面积			1967 年春		
	供应人口（万人）	实种面积（亩）	每亩菜地供应人口（人）	供应人口（万人）	面积（亩）	每亩菜地供应人口（人）	供应人口（万人）	面积（亩）	每亩菜地供应人口（人）	合计（亩）	老菜地（亩）	新菜地（亩）	计划面积（亩）	已奠定面积（亩）	占计划的%
总计	46	14970	32.5	62.3	21,552	32	+35.40	+32.6	-1.6	21,552	5845	15707	21552	19286	89.49

① 《绵阳专区支援重点领导小组办公室关于支援国家重点建设工作的汇报》，绵阳市档案馆，档案号：074-01-0004-012。

② 绵阳专区支重办公室编：《地区有关局、司和有关县关于工厂贸易、商业网点和支重情况的汇报档案汇编》，绵阳档案馆，1965 年。

③ 《绵阳专区蔬菜生产情况的汇报提纲》，绵阳市档案馆，档案号：074-01-0023-003。

县别	1966 年面积			1967 年面积			1967 年减产			1967 年菜面积			1967 年春		
	供应人口（万人）	实种面积（亩）	每亩菜地供应人口（人）	供应人口（万人）	面积（亩）	每亩菜地供应人口（万人）	供应人口（万人）	面积（亩）	每亩菜地供应人口（人）	合计（亩）	老菜地（亩）	新菜地（亩）	计划面积（亩）	已奠定面积（亩）	占计划的%
射洪	10				800					800		800	800	1000	
绵阳	10	2460	40	11	3400	32	+10	+38.2	−20	1400	1378	2022	3400	3524	103.64
梓潼	1.8	878	2.1	3.5	1630	26	+94.4	+54.4	−23.1	1330	140	1190	1330	902	67.83
江油	11	3427	3.2	16	4000	40	+35.4	+16.7	−25.6	4000	675	3325	4000	3940	98.50
安县	2.3	1047	2.2	2.8	1050	27	+21.7		−22.5	1050	187	863	1050	1047	90.70
绵竹	3.5	1321	2.6	5	2000	25	+45.7	+51.00	−4.00	2000	880	1120	2000	1935	96.25
德阳	6.5	2197	2.9	7.5	2700	28	+15.4	+22.9	−4.00	2700	858	1840	2700	1697	52.85
广元	7.0	2028	6.28	12	3500	34	+71.42	+44.1	−2100	3500	1277	2223	3500	3000	85.71
剑阁	1.2	200	6.0	1.5	500	30	+15.02	+15.0	−50	500	100	400	500	600	100
旺苍	3.7	1012	2.6	3	1372	21	+11.1	+35.0	−19.7	1372	350	1022	1372	60	84.51
青川					900					800		802	800	500	62.5
北川					100					100	100		100	101	101.0

（四）劳动力支持

绵阳地区对国家重点建设项目劳动力的支持主要采用直接调配与组织承包工程两种模式。

1. 直接调配劳动力给重点项目

直接调配劳动力给重点项目是劳动力支援的重要方式。例如根据《四川省绵阳专员公署关于三线建设当前急需劳动力安排的紧急通知》显示：省委决定在绵阳地区城镇和农村招收劳动力 21050 人，其中西南铁路局 10000 人、成都铁路局 5000 人、林业厅 5000 人、省建设局 950 人（其中建筑安装技工 400 人,建材普工 550 人)、机械厅招学工 100 人。① 1965 年绵阳地区为省以上重点建设单位抽调长期工 34035 人,其中调出区外 13564 人,参加区内重点建设 20471 人。区内为重点建设服务的长期性工作共上劳动力 22083 人,其中,新办砖瓦厂上劳动力 2683 人,专业沙石队伍上劳动力 1150 人,短途搬运装卸工 1500 人,工矿贸易新增职工 1408 人;新增菜农劳动力 12750 人。为重点建设单位解决临时性、突击性任务、搬运装卸、抢修抢险所需要的临时工 20000 多人,其中,修建公路 1400 人,修建铁路 1200 人,其他临时任务所需约 3000 余人。②

2. 组织劳动力承包工程任务

重点建设单位为了尽快搞好"三通一平",非常欢迎各地方公社组织劳动力进行整体工程的承包,且这种方法是行之有效的:一是有利于公社、生产队机动灵活地调度劳动力,上多上少,何时上人,可以由社、队灵活安排,工业、农业都不会受到影响。通过对广元元坝、东坝、河西、三合、工农等公社工程任务承包完成情况及农田基本建设和田间管理的调查,各公社都按计划和不误农时地完成任务。二是有利于调动劳动积极性,提高劳动率,加快工程进度,节约国家建设资金。依据对以上公社进行调查,在包工的"三通一平"工程,按临时工预算需 187650 个劳动日,通过承包工程的方式,实际只花费了 139000 个劳动日,包工比临时工一般提高工效 35% ,个别高达 40% 以上。例如七七九厂改造一条长 4.5 千米的公路,临时工预算为 4962 元,需 200 个劳动力搞二十天。后来河西公社和平大队承包了这项工程,只用 180 个劳动力,搞了 13 天便保质保量完成任务,只花了七七九厂 2970.44 元,节约了 1990 元,节省劳动工 2000 多个。三是因工程是承包制,其劳动力

---

① 《关于三线建设急需劳力安排的通知》,绵阳市档案馆,档案号:098 - 01 - 0220 - 050。

② 《关于我区一九六五年支重劳动力调配情况及一九六六年支援重点建设的劳动力调配工作的情况(草稿)》,绵阳市档案馆,档案号:074 - 01 - 0006 - 003。

主要来自附近村民,可以大大减少临时工棚驻防和其他费用开支。[①]

三、反哺:三线建设推动绵阳地区城市发展

历经近 20 年的三线建设,绵阳地区获得了巨大的成就,不仅城市化水平得到了巨大提升,交通基础设施得到了很大改善,而且科教文卫、农业经济也得到了普遍提升,奠定了中国(绵阳)科技城腾飞的社会经济基础。

(一)城市化水平不断提升

三线建设在绵阳地区开始后,其下辖县市区的城市化水平得到了大幅度的提升,主要体现在城市数量的增加、城建面积的扩大、城市人口的激增、工业经济比重加大四个方面。

1. 工业城市城镇数量的增加

从 1964 年到 1980 年全国城市增长情况来看,全国城市数量从 167 个增加到了 223 个[②],增长了 33.53%,年均增长率约 2.1%。同一时期,四川省的城市数量由 8 个增加到了 13 个[③],增长了 62.5%,年均增长率 3.91%。其中,1976 年由绵阳县析置绵阳市,1978 年撤销绵阳县并入县级绵阳市;1983 年绵阳地区析置德阳市,并单独建制;1985 年绵阳地区一分为三(绵阳市、广元市、遂宁市),并升格为地级绵阳市;1988 年,江油县升格为县级江油市。这些城市的升格与析置皆因其在三线建设时期打下了坚实的工业化基础。例如江油市、德阳市,三线建设时期都建立了工区,进驻了大量的国家重点

---

① 《广元县支援重点建设领导小组关于利用农闲季节组织农村劳动力搞三通一平的情况报告》,绵阳市档案馆,档案号:104 - 01 - 0534 - 009。

② 周明长:《三线建设与四川省城市现代化》,《当代中国史研究》,2014 年第 1 期。

③ 国家统计局城市社会经济调查总队编:《中国城市四十年》,中国统计信息咨询服务中心,1990 年,第 3 页。

项目：进驻江油的有长城钢厂、国营八五七厂等 22 项；进驻德阳的有第二重型机器厂、东方电机厂等 11 项。江油迅速成为重要的基础工业制造基地，而德阳则迅速成为全国著名的重型机械和动力设备制造基地，党和国家领导人先后到德阳视察指导。① 虽然德阳、绵阳、广元、遂宁分别在 1983 年、1985 年成为省辖建制市，但其在三线建设时期已经成为西南地区乃至全国的工业重镇，只是因为从 20 世纪 60 年代中后期开始，国家层面暂停了县升级为市和市领导县这两种行政制度，80 年代初才恢复，所以德阳、绵阳、广元、遂宁、江油的建市工作因政策所限而被推迟，从工业发展水平来说，这些城市在 20 世纪 70 年代末已经达到建市的初步水平。

与此同时，三线建设还催生出了一系列工业城镇，如德阳县罗江镇（现罗江区）、黄许镇，绵竹县汉旺镇，江油县武都镇、二郎庙镇、马角镇，绵阳永兴镇，梓潼县长卿镇、许州镇，广元县宝轮镇、三堆镇、蓬溪县蓬莱镇，北川县永安镇，旺苍县东河镇，射洪县瞿家镇等，这些工业城镇的崛起极大地推动了绵阳地区的城市化进程。

2. 城建面积的扩大

三线建设时期，绵阳地区因入驻大量的企事业单位，使得城建面积不断扩大。以绵阳县城为例，1958 年，"四厂两院"并列在平政桥 1200 米长度内建设，生产区和生活区之间建设一条跃进路；1965—1966 年建成绵阳第一个电子工业区新区，同时新建迎宾路、绵州中路、青年路、红旗路，全长 5700 米的"十里长街"和先锋路、玉女路、绵兴路等 8 条大街，建城规模由 2 平方千米扩大到 7 平方千米。1979 年，三线建设国家重点项目西南电子计算中心、五洲电源厂、西南自动化研究所等一大批企业迁至城区的南山、御营片区建

---

① 《国务院关于加强新工业区和新工业城市建设工作几个问题的决定》，中华人民共和国国务院公报，1956 年，第 3 页。

设;至 1984 年底,新开辟的 6 个工业小区基本建成,城市规模扩大到 18.5 平方千米。整个三线建设使得绵阳市中区面积扩大了 8 倍之多。

3. 城市人口的激增

三线建设时期,随着大量外来人口迁入绵阳地区,使得绵阳地区人口规模不断扩大,同时城市人口的规模也日益激增。1964—1983 年,绵阳地区[①]人口由 335 万 7528 人增至 467 万 2210 人,20 年间增加人口 131 万 4682 人。其中 1965 年、1966 年两年,因三线建设在绵阳地区大规模展开,故这两年迁入人口分别达到 13 万 9837 人、10 万 4073 人,此后有所消退,但依然平均每年有近 7 万人迁入绵阳。在大规模的人口迁入过程中,绵阳地区的城市人口亦随之激增,由 1964 年的 17 万 5960 人上升至 1984 年的 122 万 602 人[②],增长了 104 万 4642 人,城镇人口占绵阳地区总人口的 26.1%。[③]

4. 工业经济比重增加

工业化是城市化的主要推动力,因此工业经济比重的增加预示着该城市的城市化水平在不断提升。1965 年绵阳地区工农业总产值[④]为 73207 万元,其中工业总产值为 14474 万元,占比 19.77%;1983 年工农业总产值为 288429 万元,其中工业总产值为 161950 万元,占比 56.15%,二十年间工业经济比重增加了近 36% 多,充分说明三线建设为绵阳地区的城市化水平提升提供了强劲的工业经济动力。

(二)交通基础设施不断完善

三线建设时期,为了国家重点项目建设的顺利推进,为了物资的运输畅

---

① 该数据主要使用 1985 年绵阳市建立地级市后所辖的市中区、安县、江油县、梓潼县、平武县、北川县、三台县和盐亭县七县一区 1965—1983 年的历年数据,下文所涉数据相同。

② 1982 年以后,市中区人口全部列为城镇人口。

③ 绵阳市统计局编:《绵阳市国民经济统计资料(1949—1985)》(上),1987 年,第 10 页。

④ 该数据按照 1980 年不变价计算,只计算现绵阳市所辖县市区。

通,为了三线职工的日常出行便利,中央与地方在绵阳地区投入巨额资金对交通基础设施进行了升级、改造、新建。

1. 铁路建设

三线建设时期,绵阳地区辖区的铁路建设主要有国家主干线、地方铁路线和铁路专用线建设三种类型。国家主干线主要是宝成铁路。宝成铁路全长668.2千米,其中四川境内375.34千米,其中大部分位于绵阳地区境内。该条铁路在三线建设时期进行了两次大的改造提升,即罗妙真至二郎庙改线工程以及宝成铁路电气化工程。

1959年12月,铁道部决定对广元县罗妙真车站至江油县二郎庙车站这段限制运量的高坡线路进行改道。全部工程由成都铁路局主持,施工单位有铁二局、铁三局、成铁局。1960年2月15日开工,1969年9月完工,共投资8704.6万元,其中大部分工程在三线建设时期完成。改线后,使通过能力提高68%,输送能力提高1倍(原为750万吨)。①

20世纪60年代中期,西南地区三线建设全面展开,入绵物资急剧增长。宝成线运输能力严重不足,堵塞情况日趋严重。为迅速解决运能与运量增长的矛盾,保证三线建设,国家决定对宝成线实施电气化改造。1966年下达设计任务书,由铁道部第三勘测设计院为总体设计单位,通信、信号及电源等工程由电务工程总队负责设计。1968年开工,1975年6月竣工,历时6年半。绵阳地区境内的技术改造,由成铁局担任。广元以南路段工程,共投资11397万元,占整个宝成铁路电气化工程投资额的60.9%。全线电气化后,年输送能力,宝鸡至广元间,由262万吨提高到1100万吨;广元至成都段,由

① 四川省地方志编纂委员会编:《四川省志·交通志》,四川科学技术出版社,1995年,第27~28页。

750 万吨提高到 1500 万吨。①

除此之外,为保障重点项目的铁路运输,中央及地方政府不仅改造升级了原有地方铁路德天铁路、广旺铁路与中武铁路,并移交国家运营,而且在宝成线绵阳地区境内段还建设有大量的专线铁路,按照从北向南各接轨专线依次为:广旺矿务局唐家河煤矿专用线、广旺矿务局白水煤矿专用线、广旺矿务局代池坝煤矿专用线、广元上西坝粮库专用线、广旺矿务局拣银岩煤矿专用线、三七六二油库专用线、东河公司专用线、八二一厂专用线、中国水利水电部第五工程局专用线、广旺矿务局宝轮院煤矿专用线、江油发电厂专用线、二机部九○三厂专用线、三○五仓库专用线、成都铁路局水泥专用线、二五五石油库专用线、四七五七石油库专用线、绵阳水泥制品厂专用线、江油水泥厂厂区专线、冶金工业部长城钢厂二分厂专线、东方绝缘材料厂专用线、绵阳粮食储备库专用线、绵阳肉联厂专用线、绵阳石油库专用线、红白场金河磷矿专用线、谭家坝八一九单位第二研究所专用线、九五厂专用线、成都铁路局黄许轨枕厂专用线、四川省第一建筑工业公司专用线、第二重型机器厂专用线、东方汽轮机厂专用线、东方电工机械厂专用线、东方电机厂专用线、德阳耐火材料厂专用线、绵竹磷肥厂专用线、清平磷矿专用线等。

2. 公路建设

公路运输是三线企事业单位出川的重要途径,各级政府为支援三线建设所修筑的公路、桥隧、渡口等都便利了三线企业的物流通畅。1966 至 1972 年,为贯彻毛泽东"抓革命,促生产,备战备荒为人民"的指示,绵阳地区(19 县)重点采取民工建勤、民办公助的办法,结合地方自筹资金,新建公路 3092 千米,通车里程达 7810 千米。1973 至 1974 年,主要采取民工建勤的形式确

---

① 国家统计局城市社会经济调查总队编:《中国城市四十年》,中国统计信息咨询服务中心,1990 年,第 28~30 页。

保黑色路面的加宽和县与县之间已建成公路的改善和提高,并有计划地发动群众修建了一批区乡公路,至 1974 年,通车里程达 8118 千米。1975—1976 年新修公路 1161.1 千米。1976—1982 年,公路建设贯彻"调整、改革、整顿、提高"的方针,坚持民工建勤、民办公助的原则,新建公路里程 3174 千米。① 主要修缮、新建的公路有川陕公路绵阳段、川甘公路绵阳段、绵渝公路、成青路、南泸路。除此之外,还建有厂矿专用公路,如小伏路(小溪坝至伏虎)、剑阁小开公路(小溪坝至开封)、罗江谭家坝—安县睢水—高川公路、梓江公路等。

3. 水运建设

三线建设时期,绵阳地区航道主管部门,即内河航道管理处先后对嘉陵江、涪江、通口河、凯江、梓江、安昌河等航道进行了整治,提升了绵阳地区的水运条件。

三线建设开始后,嘉陵江上段航道越来越不适应运输的需要,国家将整治广元至南充段航道列入基本建设计划。1975 年 12 月,广元至南充 419 千米航道进行整治,由省交通厅第二航道工程处负责施工。从 1966 年开始到 1975 年基本结束,共整治滩险 129 个,炸礁 11700 立方米,疏浚 745000 立方米,筑坝 1034000 立方米,共完成工程量 179 万余立方米,并新建了苍溪、阆中、南部、蓬安、武胜和广元塔山湾 6 座码头,14 个泊位,经费开支 1800 万元。②

除此之外,还对广元港、绵阳港进行了修缮。例如广元港,1973 年国家投资在塔山湾修建简易码头。1975 年广元港被交通部定为嘉陵江重点港口

---

① 绵阳市交通局编:《绵阳市交通志》,四川辞书出版社,1997 年,第 177~178 页。
② 四川省地方志编纂委员会编:《四川省志·交通志》,四川科学技术出版社,1995 年,第 38 页。

之一,并列入长江水系航运规划①,至此结束了广元至重庆只能行木船不能行轮船的历史。1983 年,四川省交通厅批准,投资 250 万元建设绵阳东风坪码头,增设泊位,增加装卸机械,修建专用铁路线 1720 米,输油管道 2580 米,极大地促进了绵阳地区三线企业货物的河运出川通畅性。②

4. 航空建设

三线建设时期,绵阳地区的航空建设主要体现在对绵阳塘汛机场的扩建以及对遂宁机场的重新利用。1967 年,中国人民解放军空军第十四航校第四飞行训练团将塘汛机场利用起来训练飞行员。1980 年 3 月,在此基础上组建中国民用航空飞行专科学校绵阳分校,培养运输机飞行驾驶员。三线建设时期,塘汛机场经扩建后占地 1200 亩,建筑面积 3 万平方米,机场全长 1520 米,宽 378 米,水泥跑道长 1000 米,宽 30 米,厚 0.12 米,可供小型运输机和直升飞机使用,成为西南民航基地网点之一。③ 遂宁机场同样于 1965 年划归民航飞行学院作为飞行训练基地使用。

正是通过这一系列的交通基础设施建设,绵阳地区逐渐成为海、陆、空立体交通枢纽,为绵阳地区后期发展奠定了坚实的交通基础。

(三)科教文卫事业普遍提升

科教文卫事业是社会经济协调发展的重要指标。三线建设时期,中央及地方为了解决重点项目建设的顺利推进,免除三线职工的后顾之忧,在绵阳地区配套建设了大量的科教文卫企事业单位,这为绵阳地区的可持续性发展奠定了基础,也为绵阳今后发展储备了人才资源。

---

① 国家统计局城市社会经济调查总队编:《中国城市四十年》,中国统计信息咨询服务中心,1990 年,第 38 页。

② 国家统计局城市社会经济调查总队编:《中国城市四十年》,中国统计信息咨询服务中心,1990 年,第 3 页。

③ 绵阳市志编纂委员会编:《绵阳市志(1840—2000)》(下),四川人民出版社,2007 年,第 125 页。

1. 科学教育

中央在绵阳地区布点有中国科学院西南物理研究所、高教部清华大学西南分校,还有重点厂矿所开设的职业技术类学校,如广元无线电技工学校、第一机械工业部德阳重型机器制造学校、四川建筑材料工业学院、绵阳建筑材料工业学校、建材部江油水泥工业技工学校、北京钢铁学院四川分院、西南建筑工程管理局德阳建筑职业学校等。这些科研院所、大中专院校的设立为绵阳地区的科学研究和高教事业发展起到了发动机的作用。例如清华大学西南分校(绵阳分校)回迁北京后,其原址发展为今天的西南科技大学,西南建筑工程管理局德阳建筑职业学校发展为今天的四川建筑职业技术学院等,都成为四川乃至全国颇有名气的特色高校。

与此同时,厂矿企业迅速增加,随之而起的是厂矿学校发展前所未有,奠定了绵阳地区基础教育腾飞的基础。据1973年7月14日,绵阳地区文教局不完全统计,在绵厂矿已办小学120多所,初中71所,已批准的完中和高中4所;当年秋季小学毕业生5393人,初中毕业生原按隶属关系统计为4491人,按地区所辖范围统计为6800余人。1973年厂矿企业学校招生,省计委下达指标为小学5300人,初中5550人,高中500人,共计11350人。[①]按照1973年的文化普及率而言,这是一个相当可观的数字,表明三线建设重点企业为绵阳地区带来和培养了大量的人才,也为当地居民文化素质水平提升起到了巨大的推动作用。

2. 医疗卫生

1974年,卫生部同意在四川建立医用电子仪器厂,并选点绵阳县。1975年3月,由卫生部批准补助地方投资304万元,在绵阳地区医疗器械修造厂

---

① 《四川省绵阳地区革命委员会转发地区文教局关于内迁厂矿一九七三年高中招生计划的请示报告》,绵阳市档案馆,档案号:150-01-0574-010。

的基础上,扩建成四川省绵阳医用电子仪器厂。1979 年 9 月,第一期建成投产,并由绵阳地区卫生局管理移交至四川省医药管理局管理。1984 年 5 月,医用电子仪器厂建制由四川省医药管理局下放到绵阳市医药管理局,并成为我国西南地区专业生产医用电子仪器的定点企业。[①]

与此同时,大型中央厂矿还在绵阳地区建有附属医院、疗养院。例如,为了绵阳电子企业的发展,保护职工身体健康,1963 年第四机械工业部以(63)四基字第 1296 号文批准建立四机部绵阳职工医院。1964 年 2 月 10 日,四机部以(64)四基字第 0665 号文批示,职工医院的院址确定在涪江有线电厂北面开始筹建。从 1965 年开始,绵阳职工医院的建设工程,在四机部设在绵阳跃进路上的绵阳公用事业管理局(后撤销)领导下进行。1966 年 10 月,职工医院住院部土建工程竣工,是年 11 月 29 日交付使用,1968 年 1 月 16 日正式对外门诊。此后又于 1973 年 10 月 30 日,由四机部行文批复,将四〇四医院扩建成为具有 300 张床位的综合性医院。[②] 此外,还有汉江医院(现科学城医院)、四一〇医院、国营九〇三厂职工医院(现江油九〇三医院)、中国人民解放军五二〇医院等,都为绵阳地区卫生事业的发展做出了巨大贡献。

(四)农业得到相应发展

三线建设也为绵阳地区的农业发展起到了推动作用。例如,为了农业领域的用水、灌溉而上马的人民渠第六、第七期工程、武都引水工程等;为了农业肥料、农药生产而修建了四川农药厂、绵阳地区氮肥厂、马角坝磷肥厂、中坝磷肥厂等;为了农业机械化进程推进而修建了绵阳农机修配厂、绵阳专

---

① 绵阳市志编纂委员会:《绵阳市志(1840—2000)》(中),四川人民出版社,2007 年,第 892 页。
② 绵阳市电子工业局编:《绵阳市电子工业志》,四川辞书出版社,1996 年,第 65 页。

区第一机械厂等,在中央厂矿支农项目的帮助下,绵阳地区的农业经济也得到相应发展。

本文曾载《中共四川省委党校学报》2022 年第 5 期,此处有删改

作者简介:陈君锋,男,浙江缙云人,博士,西南科技大学讲师。研究方向为三线建设。

张勇,男,四川绵阳人,博士,西南科技大学教授。研究方向为军民融合发展、科技城建设、三线工业遗产。

基金项目:文化产业发展研究中心 2021 年度重点项目(项目编号:WHCY2021A04);四川革命老区发展研究中心一般项目(项目编号:SLQ2021CB - 01);地方文化资源保护与开发研究中心一般项目(项目编号:DFWH2020 - 007);中国近现代西南区域政治与社会研究中心一般项目(项目编号:XNZZSH2008);四川三线建设研究中心重点项目(项目编号:SXZ22 - 01);四川军民融合发展研究智库课题(项目编号:20sxb069)。

后　记

本书系"第三届全国三线建设学术研讨会"论文集。

1964—1980 年开展的三线建设,是中华人民共和国历史上一个规模空前的重大国防、交通经济建设战略。近年来,三线建设研究日益成为中国当代史研究中的热点领域。2021 年恰逢中国共产党成立 100 周年,为了更好地推动三线建设研究的向前发展,由中华人民共和国国史学会三线建设分会、上海大学和西南科技大学主办的"第三届全国三线建设学术研讨会"于2021 年 10 月 22 日至 24 日在西南科技大学召开。

来自国务院参事室、中国社会科学院、工业和信息化部、军事科学院、中国科学院、复旦大学、四川大学、国防科技大学、上海大学、西南科技大学等单位约 70 位专家学者和三线建设亲历者,以及多家学术期刊编辑,就三线建设研究的过去、现状及未来进行探讨和交流。会议由西南科技大学尚丽平副校长主持会议,董发勤校长出席会议并讲话。国务院参事室原副主任蒋明麟、原国家计委三线建设调整办公室主任王春才等老领导出席会议并讲话,武力、陈东林、郑有贵等三线建设研究领域资深专家做主旨报告。与此同时,会议共遴选出 50 多篇论文参加会议宣读。这些论文涉及三线精神、政治工作、经济史、工业遗产保护与利用、社会史与文化史、民兵工作、小三线建设、后小三线时代等问题。现在呈现在读者面前的这本书,就是从提交会议论文中挑选出来部分文章的结集。

此次会议的顺利举办,得到了中华人民共和国国史学会三线建设分会的大力支持,中国社会科学院原副院长、中华人民共和国国史学会会长朱佳木发表主旨演讲,就三线建设研究提出了全面深入的阐述。上海大学承办了会议的前期召集组织工作,西南科技大学负责会议的具体过程。在这个过程中,我们得到上海大学党委副书记段勇教授,西南科技大学社科处、学报编辑部、马克思主义学院、三线建设历史与文化研究中心,绵阳市社科联及新华社、人民网和中国社会科学网等媒体的支持,对此我们深表感谢。

长风破浪会有时,直挂云帆济沧海。三线建设研究这个中国当代史研究的新课题方兴未艾,正昂首阔步走在全面发展的道路上。希望在这个征途中,得到所有对三线建设有兴趣的学术界和社会各界朋友的帮助和支持。

我们期待着。